Le rôle du Saint-Esprit dans la vie et l'œuvre du Fils incarné chez Abraham Kuyper

Thomas Traoré

Langham
MONOGRAPHS

© Thomas Traoré, 2023

Publié en 2023 par Langham Monographs,
Une marque de Langham Publishing
www.langhampublishing.org

Les éditions Langham Publishing sont un ministère de Langham Partnership.

Langham Partnership
PO Box 296, Carlisle, Cumbria, CA3 9WZ, UK
www.langham.org

ISBN :
978-1-83973-731-2 Format papier
978-1-83973-862-3 Format ePub
978-1-83973-864-7 Format PDF

Ce travail est à l'origine une thèse de doctorat en théologie écrite par Thomas Traoré dans le cadre de ses études doctorales à la Faculté Libre de Théologie Évangélique de Vaux-sur-Seine, France.

Conformément au « Copyright, Designs and Patents Act, 1988 », Thomas Traoré déclare qu'il est en droit d'être reconnu comme étant l'auteur de cet ouvrage.

Tous droits réservés. La reproduction, la transmission ou la saisie informatique du présent ouvrage, en totalité ou en partie, sous quelque forme ou par quelque procédé que ce soit, électronique, mécanique, photographique, est interdite sans l'autorisation préalable de l'éditeur ou de la Copyright Licensing Agency. Pour toute demande d'autorisation de réutilisation du contenu publié par Langham Publishing, veuillez écrire à publishing@langham.org.

Sauf indication contraire, les citations bibliques sont tirées de la Nouvelle Bible Segond © Société biblique française – Bibli'O, 2002. Avec autorisation.

British Library Cataloguing in Publication Data
A catalogue record for this book is available from the British Library

ISBN : 978-1-83973-731-2

Composition et couverture : projectluz.com

Langham Partnership soutient activement le dialogue théologique et le droit pour un auteur de publier. Toutefois, elle ne partage pas nécessairement les opinions et avis avancés ni les travaux référencés dans cette publication et ne garantit pas son exactitude grammaticale et technique. Langham Partnership se dégage de toute responsabilité envers les personnes ou biens en ce qui concerne la lecture, l'utilisation ou l'interprétation du contenu publié.

L'étude d'un grand auteur au niveau doctoral exige d'avoir accès à son texte original. « Si vous voulez travailler, pour votre thèse, sur Abraham Kuyper, il vous faut pouvoir le lire en hollandais » : je ne déguisais pas la difficulté à l'adresse du jeune étudiant dont j'avais suivi les progrès. Il n'a pas hésité : cet étudiant, Thomas Traoré, a appris le hollandais dont il n'avait jamais tâté au préalable ! Assez pour lire Kuyper, assez pour aller aux Pays-Bas s'entretenir avec des spécialistes. Le fait est significatif de son courage et de sa persévérance, de son sérieux dans la recherche et de son intégrité (c'est un vrai Burkinabé).

Je relève en outre le choix d'un sujet qui réclame un discernement aigu, et qui oppose des interprètes de renom. Le pasteur Thomas Traoré, docteur en théologie, n'a pas cédé à la facilité d'un sujet seulement régional : c'est à la théologie *mondiale* qu'il fait une contribution de valeur, prémices de l'apport africain à l'intelligence de la foi dans toute l'Église.

Henri Blocher
Doyen honoraire
Faculté Libre de Théologie Évangélique,
Vaux-sur-Seine, France

À mon épouse Hinèhan et à nos filles bien-aimées, Sianwa, Mahovah, Sinmalé et Beyira pour avoir supporté mes multiples voyages de recherches.

Remerciements

Nous sommes très reconnaissants à ScholarLeaders International pour la bourse d'études qui nous a été accordée afin de rendre possible le projet d'études en troisième cycle de théologie. Notre reconnaissance va à l'Église de l'Alliance Chrétienne du Burkina Faso (EAC/BF) et à la Christian and Missionary Alliance au Burkina Faso (C&MA/BF) pour leur soutien financier, ainsi qu'à l'Institut Maranatha pour la disponibilité qui nous a été accordée pour poursuivre les études doctorales en vue d'accroître nos capacités pour le ministère de l'enseignement théologique.

Nous exprimons également notre gratitude à la Faculté Libre de Théologie Évangélique de Vaux-sur-Seine (France) pour son accueil et son accompagnement, et en particulier au professeur Henri Blocher pour la direction du présent travail de recherche et de rédaction.

Notre reconnaissance va aussi à la Vrije Universiteit d'Amsterdam (VU) pour le libre accès à sa bibliothèque, et au Professeur George Harinck de la VU qui, à la suite de notre directeur de thèse, nous a encouragé à travailler sur la pensée du fondateur de la Vrije Universiteit. À la famille Gerda et Ab Goldberg (Hollande) et à Stringer Gretha (Hollande), nous exprimons notre gratitude pour leur hospitalité durant notre voyage d'études à la Vrije Universiteit d'Amsterdam et à La Haye.

Que l'Église Protestante Évangélique de la Défense (EPED/Paris) et tous les frères et sœurs au Burkina Faso, en France, en Suisse, et en Allemagne trouvent dans ces quelques lignes l'expression de notre reconnaissance pour leur soutien multiforme et leur amour fraternel manifesté à notre égard.

Soli Deo Gloria !

Sigles et abréviations

AK.ACR	*Abraham Kuyper : A Centennial Reader*
art.	article
CEB	Commentaire Évangélique de la Bible
CG	*Common Grace*
coll.	Collection
ET	*Institutes of Elenctic Theology* (F. Turretin)
et al.	et autres
GG	*Gemeene Gratie*
Ibid.	*ibidem* (même endroit)
IC	*Institution Chrétienne*
IVP	InterVarsity Press
NIDNTT	*New International Dictionary of New Testament Theology*
OC	*On the Church*
p(p).	page(s)
sous dir.	sous la direction de
RD	*Reformed Dogmatics*
ThEv	*Théologie Évangélique*
TrinJ	*Trinity Journal*
vol(s).	volume(s)
VU	Vrije Universiteit (Amsterdam)
VW	*De Vleeschwording des Woords*
WBC	*Word Biblical Commentary*
WHG	*Het Werk van den Heiligen Geest*
WHS	*The Work of the Holy Spirit*

INTRODUCTION GÉNÉRALE

Justification, limites du sujet et méthodologie de travail

I. Justification et limites du sujet

1. Justification du sujet
a. *L'importance du sujet dans les débats actuels*

L'un des sujets théologiques qui suscitent de nos jours beaucoup d'intérêt dans le domaine de la dogmatique est le rapport du Fils incarné à l'Esprit. Des auteurs comme G. McFarlane, David Dorries, Byung Sun Lee et David Malcolm Bennett[1] ont récemment posé le problème à partir d'une relecture de l'œuvre d'Edward Irving (1792-1834). Irving était un théologien écossais dont la thèse sur la relation du Fils incarné à l'Esprit a été jugée non orthodoxe. En ravivant ce vieux débat à la suite de Barth[2], McFarlane, très représentatif de la tendance irvingienne, a voulu faire justice à la pensée d'Irving. Mais d'autres théologiens ont défendu une thèse contraire à celle de McFarlane.

---

1. Graham McFarlane, *Christ and the Spirit. The Doctrine of the Incarnation according to Edward Irving*, Carlisle, Paternoster Press, 1996 ; David W. Dorries, *Edward Irving's Incarnational Christology*, Fairfax, Xulon Press, 2002 ; Byung Sun Lee, « *Christ's Sinful Flesh* ». *Edward Irving's Christological Theology within the Context of his Life and Times*, Newcastle, Cambridge Scholars Publishing, 2013 ; David Malcolm Bennett, *Edward Irving Reconsidered. The Man, His Controversies and the Pentecostal Movement*, Eugene, Wipf and Stock, 2014.
2. Karl Barth, *Dogmatique. 1ᵉʳ vol., La Doctrine de la Parole de Dieu. Prolégomènes à la Dogmatique, tome deuxième*, Genève, Labor et Fides, 1954, pp. 141-142. On retiendra *Dogmatique*, I, 2* comme le titre abrégé de cet ouvrage de Barth.

Donald MacLeod[3] est représentatif de cette tendance. La bipolarisation du débat sur cette question démontre qu'il y a encore des désaccords, et l'actualité du débat témoigne de son importance.

Tous les auteurs que nous venons de mentionner ont contribué à enrichir les débats en défendant une thèse ou une autre. Cela prouve que le sujet, du point de vue de la dogmatique, est important et en même temps délicat. Ce débat mérite qu'on s'y intéresse. C'est vers Abraham Kuyper (1837-1920) que nous nous tournons pour essayer d'y voir un peu plus clair. Car Kuyper, théologien néocalviniste hollandais, homme de la renaissance, politicien, journaliste et homme d'Église[4], pourrait illuminer, par son expérience et par ses écrits, le problème en cause dans notre travail.

b. Kuyper, un homme de la renaissance

Le choix de Kuyper pour essayer d'apporter un peu de lumière dans ce débat nécessite une clarification. Abraham Kuyper, le théologien néocalviniste hollandais, connaît un regain d'intérêt de nos jours, au point où un auteur a qualifié ce siècle de celui de Kuyper[5]. Sa pensée suscite de l'admiration et parfois de l'opposition[6]. L'aspect de sa pensée le plus étudié, au regard des publications relatives à cet aspect[7], correspond à ce qu'on pourrait appeler

---

3. Donald MacLeod, *La personne du Christ*, traduit de l'anglais par C. Paya, Charols, Excelsis, 2009 ; MacLeod, « The Doctrine of the Incarnation in Scottish Theology. Edward Irving », *Scottish Bulletin of Evangelical Theology*, vol. 9, 1/1991, pp. 40-50.
4. James Bratt, *Abraham Kuyper. Modern Calvinist, Christian Democrat*, Grand Rapids, Eerdmans, 2013, p. ix ; Vincent Bacote, *The Spirit in Public Theology. Appropriating the Legacy of Abraham Kuyper*, Eugene, Wipf and Stock, 2010, p. 15.
5. Steve Bishop, « On Kuyper. An Introduction », dans Steve Bishop et John H. Kok, sous dir., *On Kuyper. A Collection of Readings on the Life, Work and Legacy of Abraham Kuyper*, Dordt, Dordt College Press, 2013, p. 2 ; voir aussi J. W. Skillen, « Why Kuyper Now ? », dans Luis E. Hugo, sous dir., *Religion, Pluralism and Public Life. Abraham Kuyper's Legacy for the Twenty-first Century*, Grand Rapids, Eerdmans, 2000, pp. 47-68.
6. Jan de Bruijn, « Kuyper as Romantic », dans Cornelis van der Kooi et Jan de Bruijn, sous dir., *Kuyper Reconsidered. Aspects of his Life and Work*, Amsterdam, VU Uitgervije, 1999, p. 50.
7. Des ouvrages, thèses et articles ont été consacrés à ce sujet par les auteurs tels que R. Ellison Lascelles Rodgers, *The Incarnation of the Antithesis. An Introduction to the Educational Thought and Practice of Abraham Kuyper*, Édimbourg, Pentland, 1992 ; Wayne A. Kobes, *Sphere Sovereignty and the University. Theological Foundations of Abraham Kuyper's View of the University and Its Role in Society*, Floride, Florida University, 1993 ; McKendree R. Langley, « Emancipation and Apologetics. The Formation of Abraham Kuyper's Anti-Revolutionary Party in the Netherlands, 1872-1880 », Westminster Theological Seminary, Philadelphie, 1995 ; Nicholas Wolterstorff, « Abraham's Kuyper's

sa *Public Theology*[8]. Cependant, on ne s'est pas beaucoup penché sur d'autres domaines théologiques de son œuvre. Ce constat vaut particulièrement pour sa pneumatologie. C'est à juste titre que Hans Boersma a affirmé que sa pneumatologie n'a pas encore fait l'objet de recherches approfondies[9]. Pour explorer ce champ théologique du théologien hollandais, peu travaillé et moins connu, il nous semble que c'est le sujet, si brûlant aujourd'hui, de l'œuvre de l'Esprit dans la vie et l'œuvre du Fils incarné qu'il serait important de réfléchir, en vue de contribuer à la réflexion sur ce problème.

Kuyper a laissé un héritage théologique et historique important en écrivant plusieurs ouvrages théologiques au nombre desquels il y a *Het Werk van den Heilige Geest* en trois volumes, consacré au Saint-Esprit. Il n'a pas laissé une œuvre de théologie systématique, mais plusieurs importants ouvrages, dont son encyclopédie. Cela permet de se tourner vers lui pour découvrir ce qu'il pourrait apporter à notre réflexion sur le rôle de l'Esprit en relation

---

Model of a Democratic Polity for Societies with a Religiously Diverse Citizenry », dans Cornelis van der Kooi et Jan de Bruijn, sous dir., *Kuyper Reconsidered. Aspects of his Life and Work*, Amsterdam, VU Uitgeverij, 1999, pp. 190-205 ; Luis E. Hugo, sous dir., *Religion, Pluralism and Public Life. Abraham Kuyper's Legacy for the Twenty-first Century*, Grand Rapids, Eerdmans, 2000 ; John Bolt, *A Free Church, A Holy Nation. Abraham Kuyper's American Public Theology*, Grand Rapids, Eerdmans, 2001 ; Peter S. Heslam, « Prophet of a Third Way. The Shape of Kuyper's Sociopolitical Vision », dans *Journal of Markets & Morality*, vol. 5, 1/2002, pp. 11-33 ; Vincent Bacote, *The Spirit in Public Theology. Appropriating the Legacy of Abraham Kuyper*, Eugene, Wipf and Stock, 2010 ; Ernst M. Conradie, *Creation and Salvation. Dialogue on Abraham Kuyper's Legacy for Contemporary Ecotheology*, Leiden, Brill, 2011 ; Harry Van Dyke, « Abraham Kuyper. heir of an anti-revolutionary tradition », dans Steve Bishop et John H. Kok, sous dir., *On Kuyper. A Collection of Readings on the Life, Work and Legacy of Abraham Kuyper*, Dordt, Dordt College Press, 2013, pp. 7-26 ; McKendree R. Langley, « The Political Spirituality of Abraham Kuyper », dans *On Kuyper*, pp. 65-74 ; Vincent Bacote, « Abraham Kuyper's Rhetorical Public Theology with Implications for Faith and Learning », dans *On Kuyper*, pp. 205-220 ; Pearson Clive, « Constructing a Public Theology of Common Grace. From Constantine to Abraham Kuyper », *St Mark's Review*, vol. 225, 2013, pp. 58-69 ; Daniel Strange, « Rooted and Grounded? The Legitimacy of Abraham Kuyper's Distinction between Church as *Institute* and Church as *Organism*, and Its Usefulness in Constructing an Evangelical Public Theology », *Themelios*, vol. 40, 3/2015, pp. 429-444.

8. V. Bacote, *The Spirit in Public Theology*, p. 15. L'expression *Public Theology* renvoie à la notion d'engagement du chrétien dans la société dans les domaines de la politique, la science, la culture et l'environnement. Étant donné que la traduction par « théologie publique » en français peut porter à confusion, nous choisirons de l'appeler : « la théologie de l'engagement public du chrétien dans la société ».

9. Hans Boersma, « Blessing and Glory. Abraham Kuyper on the Beatific Vision », *Calvin Theological Journal*, no. 52/2, 2017, p. 207. Il a écrit ceci : « Kuyper's broader spiritual theology has also not yet been the subject of extensive scholarly investigation. »

avec Christ. N'a-t-il pas été, à l'image de Calvin[10], qualifié de « théologien du Saint-Esprit » par J. C. Rullmann, cité par Velema[11] ? Par son intérêt pour la pneumatologie, au moment où peu de théologiens, surtout à l'intérieur de sa propre tradition théologique réformée, s'intéressaient à l'œuvre de la troisième personne de la trinité, en relation avec le Fils incarné, Kuyper s'est illustré comme un systématicien qui s'est démarqué de son époque.

Il y a également l'expérience spirituelle de Kuyper, dont la vie a été touchée par les mouvements de réveil et de sainteté, qui ont préparé le pentecôtisme et le charismatisme typiques du XXe siècle. Ces mouvements ont mis le sujet du Saint-Esprit en évidence dans le domaine de la sainteté et dans celui du baptême du Saint-Esprit[12]. Or Kuyper lui-même a été marqué un tant soit peu par une expérience dans ce domaine avec effets positifs ou négatifs. Il a pu apporter à la tradition calviniste, qu'il a ressuscitée aux Pays-Bas, des éléments nouveaux et une certaine originalité. Cela laisse espérer qu'il y aura aussi dans son œuvre théologique quelque chose d'enrichissant pour le débat en cours sur le rôle de l'Esprit dans la vie et l'œuvre du Fils incarné. Étant donné l'intérêt, l'importance et la délicatesse du sujet choisi, nous prenons Kuyper comme une aide pour entrer dans le débat que le sujet continue de susciter.

2. Les limites du sujet

Le sujet, tel qu'il est formulé ou libellé, indique que le point central ou le noyau du travail va consister à déterminer le rôle ou la place de l'Esprit dans l'existence et dans l'expérience du Fils éternel devenu homme. Il nous faudra circonscrire ce rôle au niveau des rapports entre le Fils et l'Esprit, qui sont de trois ordres. D'abord, dans l'union trinitaire, il y a les rapports de toute éternité de l'Esprit au Fils éternel ou au *Logos* incréé. Il y a peu de choses sur ce rapport chez Kuyper, car il vise essentiellement le rôle de l'Esprit dans les œuvres *ad extra* de la trinité ; on se situe donc dans l'économie. Ensuite, il y a les rapports de l'Esprit au Fils durant les jours de sa chair, c'est-à-dire dans

---

10. Benjamin B. WARFIELD, *Calvinism and Augustine*, sous dir. S. G. CRAIG, Philadelphie, Presbyterian and Reformed, 1956, pp. 484, 487.
11. W. H. VELEMA, *De Leer van de Heilige Geest bij Abraham Kuyper*, Gravenhage, Keulen, 1957, p. 7.
12. Abraham KUYPER, « Perfectionism », dans J. BRATT, sous dir., *Abraham Kuyper. A Centennial Reader*, Grand Rapids, Eerdmans, 1998, p. 141 ; *idem*, *Abraham Kuyper. Modern Calvinist, Christian Democrat*, p. 103.

la vie du Fils incarné non glorifié. C'est à ce niveau que se situe le principal centre d'intérêt de cette étude, car c'est le lieu où Kuyper mène des réflexions qui méritent une attention particulière. Enfin, au dernier niveau des rapports, la relation du Fils incarné glorifié à l'Esprit, une autre façon de percevoir les choses se dessine chez notre auteur et mérite qu'on s'y intéresse. La réflexion sera axée essentiellement sur les deux derniers niveaux des rapports, puisqu'il s'agit du Fils incarné.

De quoi s'agira-t-il dans cette recherche ? Aux niveaux mentionnés ci-dessus, on note que l'Esprit est en rapport avec le Fils incarné et le Fils incarné glorifié. Cela permet de suivre un itinéraire tracé par le rôle de l'Esprit dans la vie et l'œuvre du Fils incarné. En ce qui concerne notre recherche, il ne s'agit pas seulement d'un travail historique sur Kuyper et sa pensée, qui se limite à une description de la vie de l'auteur et de l'œuvre qu'il a accomplie en son temps. Ce n'est pas une biographie intellectuelle ou théologique que nous voulons écrire. Il n'est plus question ici d'un travail qui se focalise seulement sur le Christ ou sur le Saint-Esprit, mais c'est le lien entre les deux qui est visé.

Cette réflexion est avant tout un travail de théologie systématique qui prend en compte plusieurs disciplines, dont l'histoire, la théologie et l'anthropologie théologique. Il s'agit d'un repérage de l'ensemble des actions de l'Esprit en lien avec l'existence et l'expérience du Christ humilié et glorifié. Il s'agit de déterminer dans l'économie du salut ce que l'Esprit apporte dans la vie et dans l'œuvre du Christ et comment Christ agit en retour par l'Esprit dans l'expérience chrétienne et dans la constitution et la vie de l'Église, qui est son Corps.

II. État de la question et questions à élucider par la recherche

1. État de la question

Des travaux ont été faits sur différents aspects de la vie et l'œuvre d'Abraham Kuyper. Il suffit de se référer à certaines œuvres bibliographiques pour s'en rendre compte[13]. En faisant l'état de la question, nous pouvons

---

13. La riche bibliographie de Steve BISHOP, « A Bibliography of Works On/About Abraham Kuyper », dans Steve BISHOP et John H. KOK, sous dir., *On Kuyper*, pp. 453-471 et la bibliographie numérique de *WorldCat* de plus 800 ouvrages sur Kuyper (http://www.

apprécier ce qui a été fait par d'autres théologiens et nous pourrons alors suggérer la nécessité de poursuivre la réflexion en identifiant de nouveaux centres d'intérêt, non encore mis suffisamment en lumière par les précédents travaux. Nous retiendrons quelques auteurs dont les travaux semblent être les plus aboutis ou plus indiqués sur le sujet qui nous préoccupe.

L'une des thèses qui abordent le sujet et à laquelle on se réfère généralement dans les études du sujet est le *De Leer van de Heilige Geest bij Abraham Kuyper* de W. H. Velema, datant de 1957. Cette thèse est un survol de la doctrine kuypérienne du Saint-Esprit, prenant en compte des thématiques variées telles que la révélation, la doctrine de Dieu, les décrets divins, la création, l'œuvre du Médiateur, l'ordre du salut, l'Église et les sacrements[14]. L'auteur aborde le rôle de l'Esprit dans une perspective assez large et ne traite pas spécifiquement l'aspect qui nous concerne, à savoir le lien entre la christologie et la pneumatologie.

Il aborde la christologie (chapitre 6) avec le but clairement défini de faire ressortir le rôle spécial de l'Esprit dans celle-ci[15]. Pour ce faire, il s'est proposé d'étudier les questions relatives au Christ fait nouvelle tête de l'humanité d'une part, et d'autre part il jette un regard sur son office[16]. Cela l'a conduit à l'examen de l'anthropologie théologique, de la nature humaine impersonnelle (*De onpersoonlijke menselijke natuur*) et de l'incarnation comme humiliation (*vernedering*).

La thèse de Velema a l'avantage de mettre en lumière l'œuvre du Saint-Esprit dans plusieurs domaines théologiques en saisissant par endroits le lien entre la pneumatologie et la christologie. Quoique très peu développés, les aspects christologiques et anthropologiques en lien avec la pneumatologie abordés par l'auteur dans sa thèse nous semblent très importants et nous préoccupent dans notre relecture de Kuyper. La brièveté de leur traitement par l'auteur laisse ouverte la possibilité de poursuivre la réflexion amorcée quant au rôle de l'Esprit en relation avec Christ.

---

worldcat.org) montrent que le terrain d'étude n'est pas du tout vierge et que des travaux existent.

14. Velema, *De Leer van de Heilige Geest bij Abraham Kuyper*, p. 13.
15. *Ibid.*, p. 98. « We zullen dan special op de funktie van de Heilige Geest in de Christologie moeten wijzen. »
16. *Ibid.*

Après la thèse de Velema, quelques auteurs ont abordé la question dans des articles. L'incarnation, vue comme une humiliation (*vernedering*) sous la plume de Velema, a été reprise par J. Faber en 1970 dans son article « Kuyper over de Vleeswording des Woords[17] ». Cet auteur s'est surtout intéressé aux motifs de l'incarnation d'une part et à la relation entre l'incarnation et l'humiliation chez Kuyper d'autre part. Plus récemment, Chris Gousmett, dans son article « The Christ of the Spirit[18] », est revenu sur le rapport de l'Esprit au Fils incarné en comparant Athanase et Kuyper. Il s'agissait de déterminer le rôle précis de l'Esprit en lien avec les actes accomplis par le Fils incarné. Étant donné la centralité de l'Esprit dans la vie et l'œuvre de Jésus, Gousmett a qualifié le rapport du Christ à l'Esprit de « christologie pneumatique de Kuyper[19] ».

Le point commun entre Gousmett et Velema, c'est la volonté de l'un et l'autre de déterminer la place de l'Esprit dans la christologie kuypérienne. La reprise du sujet par des auteurs différents et à des moments historiques différents témoigne de son importance, mais cela est également un signe d'insatisfaction quant au traitement qu'il a connu et continue de connaître. Le sujet mérite d'être réexaminé avec de nouveaux outils qui permettront de cerner la pensée de Kuyper dans sa profondeur et dans sa richesse.

2. Les questions à élucider par la recherche

L'objet de notre travail consiste à découvrir ce qu'il en est exactement du rôle de l'Esprit dans la vie et l'œuvre du Christ. Il y a à cet effet des questions auxquelles nous aurons à prêter une attention particulière pour comprendre le sens de la pensée de Kuyper. Les questions à élucider s'articulent autour de quatre thématiques clés de la pensée de l'auteur. Nous allons tirer nos conclusions à l'issue d'une investigation, que nous voulons minutieuse, après avoir réfléchi avec l'auteur, mais aussi de l'intérieur. Nous nous garderons de

---

17. J. Faber, « Incarnation of the Word », traduit par R. Koat, première publication en hollandais sous le titre de « Kuyper over de Vleeswording des Woords », dans *The Canadian Reformed Magazine*, 1970, pp. 5-9.
18. Chris Gousmett, « The Christ of the Spirit. The Relationship of the Holy Spirit to the Incarnate Christ in Athanasius and Kuyper », www.allofliferedeemed.co.uk. Cet article n'est pas publié, mais l'auteur s'y réfère dans son article traitant de la création et du miracle, « Abraham Kuyper on Creation and Miracle », dans Steve Bishop et John H. Kok, sous dir., *On Kuyper*, p. 121.
19. *Ibid.*

conclure trop vite sur le sens de tel ou tel passage, car Kuyper est un orateur, avant même d'être un théologien, qui lance des formules dont le sens n'est pas toujours facile à saisir avec certitude.

Penser notre sujet, c'est prendre en compte l'anthropologie théologique, puisqu'il s'agit de parler du Fils éternel devenu homme. L'union hypostatique est le dogme auquel nous voulons rester fidèles dans cette recherche. L'incarnation suppose une union de la nature humaine avec l'unipersonnalité du Fils de Dieu. Le présupposé de notre étude, partagé par Kuyper, fervent défenseur de l'orthodoxie, c'est le dogme de l'union hypostatique. Ce dogme de l'union hypostatique pose cependant le problème du rapport entre la nature humaine et la personne dans l'incarnation. Nous avons trouvé Kuyper assez mouvant et peut-être ambigu sur ce point. Il ne s'est pas toujours exprimé de la manière la plus transparente et la plus rigoureuse. A-t-il séparé radicalement la nature humaine de la personne du Fils tout en rejetant l'idée de personne humaine dans le Fils incarné ? Il faudra que nous nous penchions spécialement sur ce point pour voir de plus près s'il rend compte, de façon heureuse et orthodoxe, du rapport entre la nature humaine et la personne du Fils dans l'incarnation.

Dans la description de la nature humaine du Christ, Kuyper utilise un langage assez riche et varié, mais dont le sens n'est pas facile à saisir. Il semble y avoir un problème avec la conception de la nature humaine du Christ. Kuyper semble se rapprocher d'Irving par le langage. Il va falloir réfléchir à la manière de bien comprendre Kuyper. La question mérite qu'on s'y intéresse pour déterminer clairement la position de Kuyper sur l'assomption de la nature humaine par le Fils incarné. A-t-il défendu, comme le théologien écossais, la thèse de l'assomption d'une nature humaine pécheresse ?

Le point de la dépendance du Fils incarné vis-à-vis de l'Esprit est un point sur lequel le lecteur peut être étonné par certaines formulations kuypériennes. Kuyper s'est-il limité à décrire le rapport du Fils incarné à l'Esprit en termes de subordination ou de subordinatianisme ? C'est un point qui demande une attention particulière, afin d'élucider le type de rapports qui unissent ces deux personnes de la trinité dans l'incarnation.

Il y a également des zones d'ombre quant à l'humanité du Fils incarné glorifié. Cette humanité semble avoir atteint sa perfection seulement à l'ascension du Fils incarné. Le don de l'Esprit au Corps, ou à l'Église, et non à l'individu semble dépendre, selon Kuyper, de la perfection de l'homme Jésus à l'ascension. Dès que l'on postule que l'Esprit est donné au Corps et non à l'individu, on peut se demander pour quel but l'Esprit est donné au Corps et comment l'individu peut néanmoins avoir part à l'Esprit. Le rôle de l'Esprit vis-à-vis du Corps du Christ et son rapport à la foi nécessitent tous les deux une clarification.

III. Méthodologie de travail
1. La diversité des écrits et la méthode de relecture

La plus récente et peut-être la plus complète bibliographie de Kuyper, publiée par Tjitze Kuipers[20], permet de prendre la mesure de l'œuvre de l'auteur et indique la grandeur du défi que représente sa relecture. Que faut-il lire et comment le lire ? Entre la lecture diachronique et la lecture synchronique, laquelle peut le plus ouvrir l'accès à la pensée de l'auteur ? Telles sont les questions de méthode ou d'herméneutique qui imposent un choix des matériaux, une approche de relecture et même une périodisation de la vie et l'œuvre de l'auteur.

La périodisation de la vie de l'auteur permettra de lire de façon chronologique son œuvre. Avant de fournir plus de détails dans la partie biographique de notre travail, nous adoptons, sans une grande justification, la périodisation de la vie de l'auteur faite par Bratt plutôt que celle de J. de Bruijn. En effet, la périodisation de Bratt en trois grandes phases nous semble plus facile à suivre qu'une périodisation de la vie de l'auteur en dix étapes faite par J. de Bruijn[21]. Les trois étapes proposées par Bratt sont : la fondation, allant de 1837-1877, la phase de la construction, de 1877-1897, et la dernière phase de 1898-1920. Notre lecture de l'œuvre pourrait prendre en compte cette périodisation, car les éventuels éléments de continuité et de discontinuité dans la pensée de l'auteur pourront être mis en évidence à partir de ses expériences vécues à des périodes différentes.

Que faut-il lire ? L'option chronologique, descriptive et annotée choisie par les éditeurs de la récente bibliographie de Kuyper[22] pour présenter son

---

20. Tjitze Kuipers, sous dir., *Abraham Kuyper. An Annotated Bibliography 1857-2010*, Leiden, Brill, 2011.
21. J. D. Bratt, *Abraham Kuyper. Modern Calvinist, Christian Democrat*, Grand Rapids, Eerdmans, 2013 ; J. de Bruijn, *Abraham Kuyper. A Pictorial Biography*, Grand Rapids, Eerdmans, 2014.
22. *Ibid.*, p. 1.

œuvre aide à connaître la typologie des documents ou des écrits. Mais faute de classement thématique, le lecteur intéressé par la question théologique se perd un peu dans cette bibliographie. Il se doit de repérer lui-même les documents à caractère théologique visés par sa recherche. Dans notre approche, ce sont les écrits à caractère théologique qui nous intéresseront. Le repérage va concerner essentiellement les ouvrages et les sermons publiés. Il y aura un regroupement des écrits en trois groupes en suivant notre périodisation adoptée : les écrits de la période dite de la fondation, ceux de la phase de construction et les écrits tardifs.

Nous retenons, parmi les écrits correspondant à la période dite de la fondation (1837-1887), l'étude comparative de l'ecclésiologie de Calvin avec celle de Jean de Lasco, faite par le jeune Kuyper et publiée en septembre 1862. Cette étude a marqué de façon décisive la vie et l'œuvre de l'auteur. Car c'est par cette œuvre qu'il a remporté la compétition interuniversitaire organisée par Groningue en remportant le titre de médaillé d'or en 1860. En 1867, Kuyper inaugure son ministère à Utrecht par un sermon sur l'incarnation comme principe de vie pour l'Église, sous le titre de *De menschwording Gods het levensbeginsel der kerk*. Son sermon inaugural à Amsterdam en 1870 portait encore sur l'Église comme organisme et institution sous le titre *Geworteld en Gegrond*. L'ecclésiologie semble être le thème dominant dans la pensée de Kuyper à ses débuts comme en témoignent les premiers écrits importants de l'auteur sur le sujet. Son *Conservatisme en orthodoxie. Valsche en ware behoudzucht* de 1870 examine la relation entre l'orthodoxie et le conservatisme.

La deuxième phase de la vie de l'auteur (1887-1897) est marquée par une abondante publication. C'est la phase de la construction. Il y a l'œuvre théologique incontestable sur l'incarnation : *De Vleeschwording des Woords*, publiée en 1887, qui traite particulièrement la question de l'incarnation du Fils de Dieu. Il y a également l'œuvre systématique sur le Saint-Esprit, *Het Werk van den Heiligen Geest* (1888-1889). Cet écrit constitue le projet central de l'auteur sur la personne et l'œuvre du Saint-Esprit[23]. Le commentaire sur la confession de foi de Heidelberg, *E Voto Dordraceno* (1892-1895), est à la fois didactique et doctrinal. *L'Encyclopaedie der Heilige Godgeleerdheid* de 1894 est une véritable œuvre encyclopédique traitant des sciences théologiques qui incluent, par exemple, la systématique, la théologie pastorale et l'homilétique.

---

23. Bratt, *Abraham Kuyper*, p. 103.

Enfin, au nombre des écrits tardifs (1898-1920), il y a les *Stone Lectures on Calvinism* prononcées en 1898 et publiées en 1899 ; la *De Gemeene Gratie* de 1902. La piété ou la vie de dévotion spirituelle de Kuyper est décrite dans son volumineux ouvrage *Nabij God te zijn* (1902-1905), traduit en anglais sous le titre *To Be Near Unto God*. Le *Pro Rege of Het Koningschap van Christus* de 1911 traite particulièrement de la seigneurie et souveraineté du Christ. Il y a aussi sa dogmatique, une compilation des notes de cours prises par les étudiants de l'auteur, publiée en 1910 sous le titre de *Dictaten Dogmatiek*.

Comment faut-il procéder à l'exploitation et la présentation des matériaux sélectionnés ? Si le théologien peut évoluer en fonction du temps et des circonstances, alors il est convenable de procéder à la lecture diachronique de notre auteur pour déceler d'éventuelles évolutions dans sa pensée. Bratt a noté que Kuyper a commencé avec l'ecclésiologie pour finir avec la culture[24]. Pour parvenir à une telle conclusion, sur une théologie qui sait évoluer, Bratt a dû faire une lecture diachronique de l'œuvre de l'auteur. Nous ferons une lecture diachronique et, en cas de besoin, une lecture chronologique de l'œuvre de l'auteur pour comprendre l'évolution de la pensée et les facteurs qui ont éventuellement conduit à cette évolution. Les deux approches, diachronique et synchronique, permettront de tracer l'itinéraire de la pensée tout en favorisant aussi un dialogue fécond entre les thématiques abordées. C'est dans ce sens que ce travail sera une œuvre de systématique.

La difficulté que nous rencontrons avec les écrits de Kuyper est la langue. Les écrits sont pour la plupart en langue hollandaise, même si beaucoup sont traduits de nos jours. Dans ce travail, nous essaierons de rendre notre propre texte facile à lire et à comprendre. Nous avons certes choisi de recourir aux textes originaux pour être plus proche du sens des mots, des termes et de la pensée de l'auteur, mais nous rendrons en langue française, selon notre propre traduction, les citations faites à partir des originaux en hollandais. Autant que cela soit possible et nécessaire, cette règle reste valable pour toutes les citations dont l'original est écrit dans une langue autre que la langue française.

---

24. *Ibid.*, p. 172.

2. L'interprétation de la pensée de Kuyper

Face à la complexité du personnage et de la personnalité de Kuyper, justifiée d'ailleurs par J. de Bruijn par le romantisme de Kuyper[25], l'interprétation de la pensée de l'auteur reste difficile. Cela est souvent dû à son langage, au contexte et au public cible. Bacote pense que Kuyper était intéressé avant tout par l'atteinte de ses objectifs plutôt que par l'articulation précise de la construction théologique[26]. Il est plus un théologien spéculatif qu'un fin dogmaticien[27]. Pour avoir une bonne interprétation de la pensée d'un théologien comme Kuyper, il est important pour nous de faire un exercice herméneutique, car les données que nous livre notre auteur sont assez complexes et ne s'interprètent pas aisément.

La *Public Theology*, théologie de l'engagement public du chrétien, à laquelle une attention particulière est accordée dans le monde anglophone, est symptomatique de l'aspect ou l'orientation théologique choisie par notre auteur. On pourrait dire que la théologie de Kuyper est une « théologie pour le peuple (*kleine luyden*)[28] ». Même si une telle qualification pourrait nuire à l'aspect académique de l'œuvre de l'auteur, c'est bien sous cet angle que l'auteur serait mieux compris. Il était une figure publique qui rendait publiques ses convictions personnelles[29]. Sa mission était la libération du bas peuple marginalisé[30] dont il se faisait le porte-parole[31]. Le public cible était en partie le « *kleine luyden* » de la société hollandaise, y compris les « mécontents[32] ». Kuyper a-t-il accommodé son langage théologique en fonction de sa cible ? Le moins qu'on puisse dire est que sa théologie était beaucoup orientée vers

---

25. Bruijn, « Kuyper as a Romantic », p. 45.
26. Bacote, « Abraham Kuyper's Rhetorical Public Theology », p. 218.
27. J. Mark Beach, « Abraham Kuyper, Herman Bavinck, and The Conclusions of Utrecht 1905 », *Mid-America Journal of Theology*, vol. 19, 2008, p. 11.
28. Des études ont été consacrées à la figure de Kuyper comme défenseur du bas peuple. Jan Waterink, « Dr Kuyper als volksleider », *Antirevolutionaire Staatkunde*, 1937 ; Jan Romein, « Abraham Kuyper, 1837-1920. De klokkenist der kleine luyden », dans Jan et Annie Romein, *Erflaters van onze beschaving*, Amsterdam, Querido's, 1971, pp. 747-770.
29. George Harinck, « Being Public. On Abraham Kuyper and His Publications », dans Tjitze Kuipers, sous dir., *Abraham Kuyper. An Annotated Bibliography 1857-2010*, p. vii.
30. Bacote, « Abraham Kuyper's Rhetorical Public Theology », p. 215.
31. Michael Brautigam, « The Christian as *homo politicus*. Abraham Kuyper and Democratic Imbalance in Post-Democratic Times », dans John Bowlin, sous dir., *The Kuyper Center Review. New Essays in Reformed Theology and Public Life*, vol. 4 Calvinism and Democracy, Grand Rapids, Eerdmans, 2014, pp. 76-77.
32. Bacote, *The Spirit in Public Theology*, p. 50.

un auditoire populaire[33]. Sa mission contextuelle de théologien consistait, selon Kuyper, à relever le peuple, qu'il soit théologique ou politique[34], de son humiliation, pour qu'il prenne part au combat.

Le contexte polémique dans lequel l'auteur s'inscrit souvent peut jouer sur la façon de le comprendre. J. de Bruijn, en présentant Kuyper comme un romantique, le qualifie d'enseignant talentueux, mais aussi de polémiste[35]. Pour ses adversaires politiques, Kuyper était le « premier polémiste et leader de parti aux Pays-Bas[36] ». Comparant Kuyper à son collègue Bavinck, Mark Beach le décrit comme étant « le plus controversé des deux » et « un excellent polémiste »[37].

Au regard de la complexité des données, complexité nourrie souvent par la rhétorique, la polémique et le caractère journalistique, tel que nous l'avons fait ressortir, il est important de réinterroger la pensée de Kuyper avec des outils herméneutiques qui aident à saisir le sens de ce que l'auteur a vraiment dit ou écrit.

3. Quelques outils et théologiens de référence

Il serait instructif de faire dialoguer Kuyper avec quelques auteurs contemporains ou interlocuteurs directs ou indirects. Certains collaborateurs et interlocuteurs de Kuyper peuvent apporter une contribution significative dans notre interprétation de sa pensée. Nous retiendrons comme théologiens, dont les avis serviront de cadre référentiel, Herman Bavinck, K. Barth, Graham McFarlane et Gordon Strachan. Pour remonter à l'orthodoxie réformée ou aux origines du calvinisme, nous prendrons appui sur Jean Calvin (1509-1564), sur John Owen (1616-1683) et sur François Turretin (1623-1687).

Le choix de Bavinck comme référent dans notre approche est dû au fait qu'il était très proche de Kuyper pour avoir été d'abord son étudiant, ensuite

---

33. BEACH, « Abraham Kuyper, Herman Bavinck, and The Conclusions of Utrecht 1905 », p. 11. On note néanmoins quelques exceptions au regard des *Stones Lectures* prononcées pour le monde académique américain et l'*Encyclopaedie der Heilige Godgeleerdheid*, voir BACOTE, « Abraham Kuyper's Rhetorical Public Theology », p. 215 ; BEACH, « Abraham Kuyper, Herman Bavinck, and The Conclusions of Utrecht 1905 », p. 12.
34. A. van EGMOND, « Kuyper's Dogmatic Theology », dans *Kuyper Reconsidered*, p. 86.
35. BRUIJN, « Kuyper as a Romantic », p. 50.
36. BRUIJN, *Abraham Kuyper. A Pictorial Biography*, p. viii.
37. BEACH, « Abraham Kuyper, Herman Bavinck, and The Conclusions of Utrecht 1905 », p. 11.

son collaborateur et son successeur à l'université[38]. Les deux théologiens néo-calvinistes furent très proches et unis par le même combat : la cause du néo-calvinisme. Herman Harinck, cité par Eglinton, disait ceci d'eux :

> [q]uand nous [les] mentionnons ensemble, nous prenons les noms d'Abraham Kuyper et d'Herman Bavinck non pas comme les noms de deux individus, mais comme le nom d'une marque. Kuyper et Bavinck vont ensemble comme Goldman et Sachs ou Mercedes et Benz. Ensemble, ils ont soutenu le néo-calvinisme[39].

Quel crédit doit-on donner à l'interprétation que Bavinck fait de Kuyper, qu'il cite abondamment ? S'ils sont liés étroitement, doit-on alors favoriser ou même valider l'interprétation de Kuyper par Bavinck ? Certes lire Kuyper par le prisme de Bavinck pourrait aider à le comprendre, car Bavinck est mieux placé que quiconque pour comprendre ce que notre auteur a dit ou écrit. Mais cela ne devrait pas nous conduire à une dépendance totale vis-à-vis de Bavinck. Néanmoins, Bavinck constituera un référent important dans notre lecture ou notre interprétation de Kuyper. Fidèle interprète, il est celui qui a traduit ou interprété la pensée de Kuyper pour les générations futures aux Pays-Bas[40].

Graham McFarlane, professeur de théologie systématique au London Bible College, est un théologien contemporain et se situe dans la tendance d'Edward Irving (1792-1834). Le choix de cet auteur se justifie par le fait qu'il a relancé à nouveau, à la fin du XXe siècle, le débat sur la nature humaine pécheresse du Christ en défendant surtout la position d'Irving ; or Kuyper se rapproche, par le langage, de la position irvingienne, d'où l'intérêt pour nous de faire dialoguer Kuyper avec G. McFarlane[41]. Mais Barth, rappelons-

---

38. James Perman EGLINTON, *Trinity and Organism. Towards a New Reading of Herman Bavinck's Organic Motif*, Londres, T & T Clark, 2012, pp. 4-5. Lorsque Kuyper était devenu un homme politique occupé par ses fonctions, Bavinck a pu lui succéder dans la gestion de l'université. Il ne s'agit pas d'une succession au sens propre du terme, étant donné que Bavinck est décédé quelques mois après le décès de Kuyper. L'auteur note qu'entre 1874 et 1880, Bavinck eut Kuyper comme professeur à l'université de Leyde, où Kuyper était surnommé « l'étoile montante » du calvinisme hollandais. Les deux personnes seront les figures clés de l'Union des Églises Réformées Hollandaises en 1892 à Kampen.
39. *Ibid.*, p. 19.
40. Michael R. WAGENMAN, « Abraham Kuyper and the Church. From Calvin to the Neo-Calvinists », dans *On Kuyper*, p. 125.
41. Graham MCFARLANE, *Christ and the Spirit. The Doctrine of the Incarnation according to Edward Irving*, Carlisle, Paternoster Press, 1996.

le, est le premier, avant même McFarlane, à relancer la thèse d'Irving et cela fait également de lui un référent important dans le débat en ce qui concerne la nature humaine du Christ. Gordon Strachan est aussi un interlocuteur important qui se situe dans la ligne irvingienne.

Mais il n'y a pas que les théologiens de la période moderne ou postmoderne qui peuvent servir de référents pour comprendre la pensée de Kuyper. En effet, Kuyper, tout en étant l'initiateur principal du néo-calvinisme, était un théologien qui défendait les valeurs ou les principes de la réforme et de l'orthodoxie réformée ; alors on choisira de mesurer sa pensée à celle de Calvin, mais également à celle d'Owen, et à celle de Turretin, surnommé « le Thomas d'Aquin des protestants[42] ». Le but de cette remontée dans le temps est de situer notre auteur dans la continuité ou dans la discontinuité du réformateur de Genève et de l'orthodoxie réformée représentée par Owen, Turretin, et Bavinck, dans une moindre mesure à cause de sa proximité théologique avec Kuyper. Nous nous référerons aussi à Blocher, sans pour autant le citer comme un définisseur de l'orthodoxie réformée, mais comme un théologien baptiste avec une grande connaissance du calvinisme.

Un autre apport pour lire la pensée de l'auteur serait de la comparer aux textes de la confession des Églises réformées à laquelle Kuyper se réfère lui-même parfois pour justifier ses points de vue. Il serait possible de prendre comme outil de travail les confessions de foi telles que le *Catéchisme de Heidelberg* (1563), la *Confession de la Foi belge* (*Confessio Belgica*, 1566) et les *Canons de Dordrecht* (1566 et 1619), quoique ces derniers soient simplement des textes doctrinaux établis comme une réplique aux remonstrants. Face à la situation de crise spirituelle dans son pays, Kuyper n'hésita pas à demander au peuple de faire allégeance à ces trois formes de confessions[43]. Ces différents textes pourraient servir d'outils de référence, car notre auteur s'y réfère souvent pour se situer dans sa tradition réformée.

---

42. Henri BLOCHER, *Original Sin. Illuminating the Riddle*, New Studies in Biblical Theology, vol. 5, sous dir. D. A. CARSON, Downers Grove, InterVarsity Press, 1997, p. 19.
43. James Edward MCGOLDRICK, « Every Inch for Christ », dans *On Kuyper*, p. 77. Les trois confessions de foi étaient si chères à Kuyper, que lorsque le synode national avait jugé non nécessaire de les signer pour être pasteur, alors Kuyper « conclut en 1886 que le synode national était devenu corrompu de façon incurable, et par conséquent la séparation était nécessaire », p. 79.

Enfin, le dernier outil de référence, non pas pour comprendre, mais surtout pour évaluer la pensée de Kuyper, reste l'Écriture sainte, la *norma normans non normata*. Notre auteur lui-même reconnaît l'Écriture comme le principe de la connaissance de Dieu[44]. Tout en nous référant aux travaux d'exégèse, nous serons amenés, si cela est nécessaire, à faire notre propre exégèse du texte biblique, en vue d'évaluer les thèses de notre auteur à la lumière du texte biblique. Ainsi l'Écriture sainte sera la norme suprême de notre évaluation de l'orthodoxie de la pensée de l'auteur. Du moment où la théologie se définit comme le dire de l'homme sur Dieu, elle doit prendre pour appui ferme le donné révélé ; surtout si elle veut garder l'étiquette de théologie évangélique. L'Écriture, *principium cognoscendi externum*, restera notre principe de connaissance du rôle de l'Esprit dans la vie du Christ.

IV. L'intention, la contribution et l'organisation du travail

1. Intention et contribution du travail

Ce travail contribuera à valoriser Kuyper comme théologien de l'Esprit. En partant de notre hypothèse qui consiste à étudier le rôle de l'Esprit dans la vie et l'œuvre du Christ tel qu'il est perçu par Kuyper, un des buts que nous voulons atteindre est de faire plus connaître l'œuvre du Saint-Esprit et la place qu'elle occupe dans la théologie de Kuyper. Par la même occasion nous contribuerons à faire connaître Kuyper comme théologien de l'Esprit, en particulier pour le monde théologique francophone.

La position kuypérienne sur la nature humaine du Christ ne fait pas l'unanimité, car certains théologiens affirment qu'il aurait défendu l'idée de l'assomption de la nature humaine pécheresse par le Christ, tandis que d'autres disent le contraire. À partir de l'examen rigoureux des textes et du langage de Kuyper sur la nature humaine du Christ, ce travail aidera à comprendre ce que l'auteur a vraiment défendu comme position. On vise à lever un coin du voile sur sa position.

---

44. KUIJPER, *WHG*, I, p. 4. Kuyper, tout en reconnaissant l'originalité de la pensée des théologiens tels qu'Augustin, Thomas d'Aquin, Luther, Calvin, Comrie et Kohlbrügge, fait de l'Écriture la base de toute connaissance de l'œuvre du Saint-Esprit dont il traite dans le *WHG*.

Le rôle cosmique de l'Esprit a servi de base pour l'élaboration d'une théologie de l'engagement public du chrétien dans la société, avons-nous remarqué, chez Bacote par exemple, dans la revue de la littérature sur Kuyper. Une contribution de ce travail sera de proposer un essai théologique visant à définir le rapport de l'Esprit au Fils incarné chez Kuyper comme étant une christologie kénotique. Le Fils éternel de Dieu, en devenant homme et vivant dans le domaine du créé, a fait preuve d'un renoncement volontaire à ses droits et prérogatives pour créer un espace théologique nécessaire à l'œuvre de l'Esprit.

2. Articulation du travail

Après l'introduction générale qui présente l'intérêt et les enjeux du sujet et annonce notre méthodologie, le traitement du sujet se fera en cinq chapitres. Kuyper a été un homme d'idées, mais aussi un homme de son temps. Même si ce sont les idées de l'homme qui nous intéressent dans cette recherche, il est important de situer notre auteur dans les différents contextes qui ont donné naissance à ses idées ou qui les ont nourries. Un premier chapitre (chapitre 1) sera consacré à la présentation des contextes et à la biographie de l'auteur. Un survol de sa théologie sera nécessaire, car il faut dresser le cadre théologique dans lequel sa christologie et sa pneumatologie trouvent leur expression.

Le sujet place l'incarnation au centre de nos préoccupations, car elle est le lieu théologique et le moment historique de la mise en œuvre de l'Esprit dans la vie du Fils incarné. À l'arrière-plan de l'incarnation se trouvent la création et l'anthropologie théologique ; nous allons donc consacrer un chapitre (chapitre 2) à la création et à l'anthropologie théologique chez l'auteur pour préparer le développement du rôle de l'Esprit dans la conception du Fils incarné.

Une fois que nous aurons étudié la question de la création et de l'anthropologie, nous pourrons examiner de plus près la question de l'incarnation, l'impeccabilité du Christ et le rôle de l'Esprit (chapitre 3). Nous passerons en revue la pensée de Kuyper sur la nature humaine du Christ ; nous ferons un survol du débat en présentant les différents avis des théologiens retenus. Au moyen de l'exégèse de certains textes clés sur le rapport du Christ à la nature humaine faible, déchue et pécheresse (Rm 5.12ss ; 8.3 ; Hé 7.26)[45], nous en

---

45. Les abréviations des livres bibliques sont celles de la Nouvelle Bible Segond.

saurons davantage sur le sujet pour être alors en mesure de déterminer la thèse de Kuyper en prenant en compte tous les contours de la question et les arguments avancés.

Chez Kuyper, le Christ semble dépendre totalement de l'Esprit dans l'accomplissement de son office de médiateur. Cette supposée dépendance du Fils incarné à l'égard de l'Esprit fera l'objet d'une étude (chapitre 4) en examinant le rôle de l'Esprit dans les miracles de Jésus et son rôle dans l'épisode fatidique de sa mort sur la croix. L'Esprit éternel dont il est fait mention dans le texte de l'épître aux Hébreux (9.14) sera particulièrement dans notre viseur, car l'exégèse qu'on fait de ce texte a une incidence sur le rapport de l'Esprit au Christ. Il en sera de même pour le texte johannique (Jn 14.12) relatif aux œuvres plus grandes que les disciples seront en mesure d'accomplir. Le rapport du Christ à l'Esprit, à la glorification, connaît un changement remarquable. À ce niveau, Kuyper semble désormais faire de l'Esprit l'Esprit du Christ répandu corporativement sur les membres de l'Église. Nous allons nous pencher sérieusement sur la question pour comprendre comment l'Esprit occupe une place importante dans l'expérience chrétienne et dans la constitution de l'Église.

Dans notre dernier chapitre (chapitre 6), nous allons interpréter et évaluer la pensée de notre auteur. Après avoir exposé sa pensée et les arguments avancés (chapitres 2-4), nous pourrons reprendre quelques thèses majeures pour les interpréter et les évaluer sur des points précis. Nous aurons l'occasion de nous prononcer sur la continuité et la discontinuité de la pensée de Kuyper avec la tradition réformée classique et de montrer en quoi sa pensée interpelle la théologie contemporaine.

CHAPITRE 1

Contextes de la vie de Kuyper et survol de sa théologie

Ce premier chapitre, avec sa fonction introductive à notre thèse, permettra de situer l'auteur dans les différents contextes : historique, culturel, philosophique et théologique. Son rôle, dans notre travail, est de déblayer le chemin qui nous conduira à étudier plus particulièrement le rapport du Christ à l'Esprit. Pour y arriver, il est nécessaire de présenter les grandes lignes de la théologie de Kuyper, afin d'avoir une vue panoramique sur sa pensée.

A. La vie de Kuyper et les contextes d'influence

James Bratt, dans sa biographie de Kuyper, propose trois temps ou trois phases historiques de la vie de l'auteur. La période dite de fondation, allant de 1837 à 1877, celle de la construction, de 1877 à 1897 et la dernière de 1898 à 1920[1]. Jan de Bruijn propose dix phases[2]. Pour notre part, sans prétendre faire une autre biographie, il s'agira de retenir essentiellement les éléments biographiques et contextuels qui pourraient aider à comprendre notre auteur et le rapport qu'il établit entre l'Esprit et le Fils incarné.

---

1. BRATT, *Abraham Kuyper. Modern Calvinist, Christian Democrat*, pp. vii-viii.
2. BRUIJN, *Abraham Kuyper. A Pictorial Biography*, p. v.

I. Le cursus scolaire et universitaire

Abraham Kuyper est né le 29 octobre 1837 à Maassluis, aux Pays-Bas ; fils de Jan Frederik Kuyper[3] (1801-1882) et de Henriette Huber (1802-1881). Son père a été pasteur de l'Église réformée officielle. Lorsque la famille Kuyper a déménagé en 1849 à Leyde[4], ville universitaire, Abraham Kuyper a été inscrit au lycée de la ville en 1849[5], où il a obtenu son baccalauréat en 1855 avec la mention excellente[6]. Il y avait l'université de Groningue, celle d'Utrecht et de Leyde. C'est à l'université de Leyde, dans la même année, que Kuyper a poursuivi ses études de théologie, de philologie et de langage gothique[7]. Il a achevé avec succès ses études universitaires en obtenant une licence *ès art summa cum laude* en 1858[8]. L'année 1862 a marqué la fin de son cursus universitaire à Leyde[9].

Son cursus à l'université de Leyde, 1858-1862, a été marqué par son *Commentatio*, une étude comparée de l'ecclésiologie des réformateurs Jean Calvin et Jean de Lasco. Un essai qui lui a valu le titre de médaillé d'or de la compétition universitaire de Groningue en 1860[10]. Avec quelques mises à jour, cette dissertation a été validée comme thèse de doctorat pour Kuyper en 1862[11].

---

3. Kuipers, *Abraham Kuyper. An Annotated Bibliography 1857-2010*, pp. 4-5. Le nom Kuijper a été celui que le père d'Abraham portait, mais le fils a préféré le nom de Kuyper à celui de Kuijper, qui reste présent néanmoins sur certains ouvrages publiés par l'auteur. Dans ce travail les deux écritures seront respectées, selon ce qui est écrit sur l'ouvrage cité.
4. Nous retiendrons, autant que cela est possible, la version française des noms de villes, par exemple : Leyde pour Leiden ; Groningue pour Groningen. Ce principe ne sera pas respecté en ce qui concerne les données bibliographiques.
5. Catherine M. E. Kuyper, « Abraham Kuyper. His Early Life and Conversion », dans Steve Bishop et John H. Kok, sous dir., *On Kuyper*, p. 28.
6. Bruijn, *Abraham Kuyper. A Pictorial Biography*, p. 15. Nous voulons signifier aux lecteurs que les diplômes mentionnés sont des équivalents de ceux que Kuyper a obtenus en son temps.
7. Kuyper, « Abraham Kuyper. His Early Life and Conversion », p. 28.
8. Bruijn, *Abraham Kuyper. A Pictorial Biography*, p. 17.
9. Kuipers, *Abraham Kuyper. An Annotated Bibliography 1857-2010*, p. 11.
10. Bruijn, *Abraham Kuyper. A Pictorial Biography*, p. 17 ; Bratt, *Abraham Kuyper. Modern Calvinist, Christian Democrat*, p. 36. L'auteur fait part des éloges que Kuyper a reçus à l'occasion en ces mots : « [...] l'université de Groningue lui décerna le prix avec une exceptionnelle louange flatteuse. »
11. Bratt, *Abraham Kuyper. Modern Calvinist, Christian Democrat*, p. 38.

II. Cursus professionnel

Les titres de théologien, homme politique, journaliste et homme d'Église par lesquels le personnage de Kuyper est généralement introduit ou présenté montrent la complexité de l'auteur. Trois temps forts ont marqué la vie de Kuyper en tant que pasteur. Après ses études universitaires à Leyde, en 1863, l'année de son mariage, il a commencé à exercer son ministère pastoral dans la paroisse de Beesd au sein de l'Église Réformée des Pays-Bas, connue sous le nom de *Nederlands Hervormde Kerk* (NHK). Les membres de la paroisse de Beesd dont Kuyper avait la charge pastorale n'étaient pas zélés pour la cause du royaume de Dieu, même si en leur sein il y avait une minorité très attachée aux principes et à la confession de foi calviniste[12].

Cette période a été marquée par la publication d'un pamphlet par Kuyper sur la base et la limite de l'autorité dans la relation entre l'Église et l'État, ainsi qu'entre autres institutions et entités[13]. Kuyper semble déjà amorcer dans cet écrit la notion de sphère de souveraineté, qui sera plus tard une thématique clé de sa théologie. En outre, le tract, dans la perspective kuypérienne, pose les bases d'une réforme de l'Église. L'Église y est déjà décrite comme un organisme et une institution[14]. Ce pamphlet eut un écho favorable auprès du public et aurait joué un rôle décisif dans son affectation à Utrecht[15].

En 1867, Kuyper est affecté à Utrecht, où il assumera la fonction de pasteur jusqu'en 1870. Tout en assumant ses charges pastorales, il a continué son combat pour la réforme de l'Église et a écrit à cet effet le *De menschwording Gods het Levensbeginsel der Kerk*. Dans cet écrit, il présente l'incarnation comme le principe de vie pour l'Église, en tant qu'organisme et institution. Cet écrit était en fait le sermon inaugural prononcé à Utrecht en novembre 1867. L'incarnation est, selon Kuyper, le commencement et la condition préalable de la véritable union de l'homme avec Dieu[16].

---

12. Kuyper, « Abraham Kuyper. His Early Life and Conversion », p. 30.
13. Le titre du pamphlet est « Wat Moeten wij doen, het stemrecht aan ons zelve houden of den kerkeraad machtigen? Vraag bij de uitvoering van Art. 23 ». On le considère comme un tract visant la réforme de l'Église telle que Kuyper l'entendait.
14. Henry Zwaanstra, « Abraham Kuyper's Conception of the Church », *Calvin Theological Journal*, vol. 9, 2/1974, p. 150.
15. Henderson, « How Abraham Kuyper Became a Kuyperian », dans *On Kuyper*, p. 42.
16. Zwaanstra, « Abraham Kuyper's Conception of the Church », p. 154.

Le contact entre Kuyper et son mentor Willem Groen Van Prinsterer[17], établi par correspondance depuis 1864, prend une autre forme en 1869, quand les deux hommes partageant la même vision politique se rencontrent pour la première fois à Utrecht. C'est à l'occasion d'un congrès national portant sur l'éducation chrétienne. Ainsi la vision politique de Kuyper s'est consolidée et Groen Van Prinsterer, « le général sans armée[18] », avait trouvé un digne successeur au niveau du parti politique antirévolutionnaire[19]. Kuyper nourrissait le désir de conquérir tout domaine de la vie pour le Roi-Christ, *Pro Rege*[20].

Après Beesd et Utrecht, Kuyper est en poste pastoral à Amsterdam à partir de 1870 et jusqu'en 1874, date à laquelle il met fin à sa fonction officielle de pasteur au profit de son titre d'élu à l'assemblée parlementaire[21]. Comme à l'accoutumée, Kuyper a prononcé un sermon inaugural tiré de l'épître aux Éphésiens (3.17). Il est resté dans la continuité thématique des précédents sermons par lesquels il avait inauguré son service pastoral à Leyde et à Utrecht en se focalisant sur l'ecclésiologie. Dans *Geworteld en Gegrond*, l'Église est vue comme un résultat de l'élection divine. La notion d'organisme et d'institution, qui caractérise l'Église, est reprise et traitée plus amplement que dans les précédents écrits ecclésiologiques.

Kuyper, qui s'était déjà illustré comme journaliste depuis la parution en octobre 1869 de son premier article dans l'hebdomadaire *De Heraut*, dont il deviendra plus tard le rédacteur en chef[22], a continué de mener son combat pour la réforme de l'Église. Ce journal a joué un rôle important dans la vie de Kuyper, non seulement en tant que journaliste, mais aussi en tant que théologien du Saint-Esprit, car son *Het Werk van den Heiligen Geest*

---

17. Willem Groen Van Prinsterer (1801-1876), converti à la foi chrétienne en 1833, a été considéré comme un des acteurs du réveil réformé en Hollande aux côtés du poète Bilderdijk et de Da Costa. Il était à la fois un historien, un journaliste chrétien et un homme politique chrétien. Il a été à trois reprises élu député au Parlement au compte du Parti antirévolutionnaire officiellement établi en 1848 ; il a aussi travaillé au compte de l'hebdomadaire *Nederlandsche Gedachten* de 1869-1876. Cf. les deux articles de Pierre COURTHIAL, « Le mouvement réformé de reconstruction chrétienne », *Hokhma*, 14/1980 ; « Un Critique Réformé de la Révolution Française : Guillaume Groen van Prinsterer », *Revue Réformée*, vol. 155, 3/1988.
18. KUYPER, « Abraham Kuyper. His Early Life and Conversion », p. 32 ; COURTHIAL, « Le mouvement réformé de reconstruction chrétienne », p. 50.
19. COURTHIAL, « Le mouvement réformé de reconstruction chrétienne », p. 50.
20. KUYPER, « Abraham Kuyper. His Early Life and Conversion », p. 32.
21. COURTHIAL, « Le mouvement réformé de reconstruction chrétienne », pp. 55-56.
22. *Ibid.*, p. 55.

(1888-1889) est la compilation des différents articles publiés dans ce journal entre septembre 1883 et juillet 1886. Dans la continuité de l'œuvre réformatrice, un deuxième organe de presse avait vu le jour grâce à Kuyper en avril 1872. Il s'agissait du quotidien *De Standaard*, qui joua également un grand rôle dans la formation officielle et la propagande de l'idéologie du Parti antirévolutionnaire[23].

Conscient que l'enseignement théologique est la voie par laquelle une véritable réforme est possible, Kuyper parvint à créer une association pour l'enseignement supérieur, et grâce à cette association il récolta des fonds pour ouvrir la première université libre, la *Vrije Universiteit* (VU) d'Amsterdam en 1880. Le nombre d'étudiants, dont la majorité était dans la filière théologique, est passé de la cinquantaine à la centaine entre 1885 et 1896[24].

L'ouverture d'une université libre était la réalisation de l'un des vœux les plus chers à Kuyper pour réaliser ses rêves ou sa vocation[25]. À l'inauguration, Kuyper a prononcé un discours sur la souveraineté de Dieu qu'on a souvent résumé par l'expression « À moi »[26]. Le Seigneur doit être reconnu comme souverain, et tout domaine de la vie doit lui être soumis grâce à l'engagement du chrétien dans toutes les sphères de la société telles que la politique, la science, l'éducation, l'État ou même l'Église[27].

III. L'itinéraire spirituel de Kuyper

On peut tenter de tracer un itinéraire spirituel de la vie de Kuyper au travers de son cursus universitaire et professionnel. Sur le plan spirituel, on a souvent proposé deux grands mouvements ou temps forts : il s'agit d'une part de sa conversion en tant que chrétien, et d'autre part de sa deuxième conversion, sur le plan théologique, au calvinisme[28].

---

23. McGoldrick, « Every Inch for Christ », p. 78.
24. Bratt, *Abraham Kuyper. Modern Calvinist, Christian Democrat*, p. 123.
25. A. Kuyper, « Sphere of Sovereignty », dans J. Bratt, sous dir., *AK.ACR*, p. 461.
26. Ce discours est publié sous le titre : « Abraham Kuyper, Souvereiniteit in Eigen Kring. Rede ter inwijding van de Vrije Universiteit, den 20sten October 1880 gehouden, in het Koor der Nieuwe Kerk te Amsterdam », Amsterdam, J. H. Kruyt, 1880.
27. Timothy I. McConnel, « Kuyper and Sphere of Sovereignty », dans Steve Bishop et John H. Kok, sous dir., *On Kuyper*, p. 303.
28. Kuyper, « Abraham Kuyper. His Early Life and Conversion », pp. 30-31.

1. Kuyper : chrétien et pasteur

Kuyper a grandi dans les milieux réformés orthodoxes, puisque son père Frederik était pasteur de la *Nederlands Hervormde Kerk* (NHK). Il a appris, en tant que fils de pasteur, beaucoup de choses relatives à la foi chrétienne et a même choisi d'être pasteur comme son père[29]. Mais durant ses études à Leyde, le jeune Kuyper a subi l'influence du modernisme allemand et des théories nouvelles relatives à la religion et à l'Écriture[30]. Il a évolué dans un contexte libéral à l'université de Leyde, et sa foi chrétienne a cédé peu à peu sa place à l'intellectualisme et au moralisme, au détriment du dogme chrétien[31].

En 1863, quelque temps avant d'être pasteur à Beesd, il s'est marié à Johanna Hendrika Schaay (1842-1899). Dans la même année, il s'est converti à la foi chrétienne à la lecture du roman *The Heir of Redclyffe* (1853) de Carlotte M. Yonge[32]. Par son identification au héros Philip, dont l'orgueil est brisé par le sacrifice de soi de Guy, Kuyper a aussi eu le sentiment d'être brisé dans son amour personnel[33]. Il a découvert dans le modèle de Guy la manière de devenir enfant de Dieu par la foi[34]. Cette conversion a été considérée comme la première conversion de Kuyper. Elle a été un tournant décisif[35] dans la vie de l'auteur, même s'il n'était pas encore un chrétien affermi, ni calviniste ni grand théologien[36].

2. Kuyper : théologien calviniste

Le jeune pasteur et théologien diplômé de Leyde fera encore une autre expérience de la vie chrétienne quand il sera en poste à Beesd à partir de 1863. Sa vision libérale et intellectuelle du monde sera remise en cause par une autre « vision du monde plus ordonnée[37] ». Cette vision du monde, Kuyper l'a

---

29. HENDERSON, « How Abraham Kuyper Became a Kuyperian », p. 44.
30. *Ibid.*
31. *Ibid.*, pp. 44-45.
32. KUYPER, « Abraham Kuyper. His Early Life and Conversion », p. 30.
33. BRATT, *Abraham Kuyper. Modern Calvinist, Christian Democrat*, p. 39.
34. HENDERSON, « How Abraham Kuyper Became a Kuyperian », p. 47.
35. *Ibid.*, p. 46.
36. BRATT, *Abraham Kuyper. Modern Calvinist, Christian Democrat*, p. 39. « Kuyper a expérimenté une conversion religieuse. Il n'était pas encore calviniste ni théologien pour le moment ; néanmoins c'était suffisant pour être un chrétien avec un cœur engagé. Il a repris le chemin de l'Église et participait à la table du Seigneur. »
37. A. KUYPER, « Confidentially », dans J. BRATT, sous dir., *AK.ACR*, p. 55.

apprise auprès de ceux qu'il appelle « un groupe de mécontents parmi le bas-peuple », dont la connaissance de la Bible et la vision du monde étaient cependant comparables à celles de son professeur Joannes Henricus Scholten[38].

Sa conversion au calvinisme est certes due à la grâce souveraine de Dieu[39], mais aussi à l'œuvre inestimable de Pietje Baltus, une paroissienne de Beesd. En effet, c'est elle qui lui a ouvert les trésors de l'Écriture sainte et de la foi réformée.

> Peu à peu, selon l'élection souveraine de Dieu, le docteur en théologie de l'université de Leyde se laissa « évangéliser » par Pietje, l'humble paysanne qui lui ouvrait les trésors de l'Écriture sainte et de la foi réformée. Il rompit décidément avec le modernisme, reprit, pour la faire sienne parce que biblique, la doctrine des confessions de foi, se rendit inconditionnellement au Dieu trinitaire et à Sa Parole, et devint pour toujours, à son tour, un chrétien réformé ardent et confessant[40].

Il prêchait dès lors des messages centrés sur la personne de Jésus, sur sa mort en sacrifice, sur l'amour comme sacrifice de soi et sur la médiation du Saint-Esprit[41]. Au cours de la dernière année de son service pastoral à Beesd en 1867, Kuyper a prêché sur la résurrection de Jésus à l'occasion de la Pâque. Il insista même sur le caractère littéral de la résurrection, contrairement au sens métaphorique[42].

Sa démarche théologique tentait maintenant d'adapter le modèle de l'école éthique de la théologie réformée hollandaise, qui n'est qu'une alternative modérée entre le modernisme de Scholten et le confessionnalisme pur des dissidents de l'Église réformée officielle[43]. Kuyper conserva l'approche mod-

---

38. *Ibid.* Scholten (1811-1885) a été professeur de dogmatique à Leyde à partir de 1843 et il est considéré comme étant un théologien moderniste, défendant le naturalisme en théologie. Il avait un esprit critique vis-à-vis de la foi chrétienne. Son influence sur Kuyper est à noter, car notre auteur, dans « Confidentially », qualifia son professeur de dogmatique de « talentueux professeur ».
39. *Ibid.*, p. 56.
40. Courthial, « Le mouvement réformé de reconstruction chrétienne », p. 54.
41. Bratt, *Abraham Kuyper. Modern Calvinist, Christian Democrat*, p. 45.
42. *Ibid.*, p. 47.
43. *Ibid.*

erniste de son maître, mais il rejeta son contenu théologique[44]. Son écrit, *Modernism : A Fata Morgana in the Christian Domain*, constitue une critique de la pensée moderniste. Bratt rend compte du choix critique fait par Kuyper en ces mots : « Kuyper n'aurait jamais accepté la substance de cette école [moderniste], mais son cadre intellectuel, son courage et sa consistance l'ont profondément marqué et lui fournirent un standard d'après lequel il voulait que l'orthodoxie fonctionne[45]. »

Un autre élément de son itinéraire spirituel mérite d'être mentionné, c'est l'expérience relativement brève de l'appartenance de Kuyper au Higher Life Movement de Keswick[46]. En 1875, Kuyper entre en contact avec le mouvement, qui prône le perfectionnisme de la vie chrétienne et la puissance de l'Esprit comme une seconde bénédiction. Ce mouvement a été répandu en Europe par le couple Robert Pearsall Smith et Hannah Whitall. Il a participé à la convention de Brighton en juin 1875 ; et « il y a réalisé la consécration spéciale de faire mourir les œuvres de la chair et d'expérimenter un pouvoir nouveau pour un service complet pour le Seigneur. Kuyper a fait l'expérience de la *"higher life"*[47] » et sera le promoteur de la vision du mouvement dans son pays en organisant des rencontres et en écrivant également des articles sur le sceau du Saint-Esprit, sur la consécration et le jeûne[48].

IV. Les contextes historiques et théologiques de l'auteur

Kuyper a grandi dans un milieu réformé appartenant à la classe moyenne[49]. D'après Bratt, Kuyper avait une culture encyclopédique et était un homme très

---

44. *Ibid.*, pp. 47-48.
45. Kuyper, « Modernism », dans J. Bratt, sous dir., *AK.ACR*, p. 87.
46. J. Bratt, « Raging Tumults of Soul. The Private Life of Abraham Kuyper », dans *On Kuyper*, p. 36. Bratt note que Kuyper ne parle pas souvent de cette expérience avec le mouvement de sainteté, car cette expérience n'a pas conduit à une « conversion » exemplaire. Désormais Kuyper va plus défendre un calvinisme classique qu'une promesse de sainteté qui produirait la sanctification prônée par le mouvement de sainteté de Keswick.
47. A. Kuyper, « Perfectionism », dans J. Bratt, sous dir., *AK.ACR*, p. 141 ; H. Blocher, « Sanctification by Faith ? », dans Kelly M. Kapic, sous dir., *Sanctification. Explorations in Theology and Practice*, Downers Grove, InterVarsity Press, 2014, p. 70.
48. *Ibid.* Nous rappelons que son œuvre majeure sur le rôle du Saint-Esprit publiée en 1888-1889 est une compilation des articles écrits dans le *De Heraut* de 1883 à 1886.
49. Bratt, *Abraham Kuyper. Modern Calvinist, Christian Democrat*, pp. 22, 25.

exigeant[50]. Il a été en contact avec la pensée romantique, les idées modernes et la philosophie allemande. Il a été considéré comme un homme qui savait être en dialogue avec la culture de son temps[51], mais qui savait aussi écouter le passé quant à ses opinions théologiques et sociales[52]. La personnalité de l'auteur a été forgée par des contextes variés dans lesquels l'auteur a évolué.

1. La culture romantique et humaniste de Kuyper

Nous avons présenté le cursus scolaire et universitaire de Kuyper sans porter un regard sur le contenu de sa formation à Leyde ; or historiquement les milieux universitaires de Leyde, Groningue, et Utrecht étaient dominés par des maîtres humanistes, les rationalistes et les modernistes[53]. Ainsi, étant à l'université, Kuyper a été en contact avec la pensée romantique qui encourage la culture encyclopédique. Il suit un programme classique qui l'a amené à apprendre plusieurs disciplines comme le latin, le grec, le français, l'allemand, l'histoire, la philosophie et la littérature hollandaise[54].

Durant ses années d'études universitaires à la faculté de droit de Leyde Kuyper est intéressé par l'histoire, la littérature et la philologie grecque. Auprès du professeur C. G. Cobet, il a appris l'apologétique en étudiant les disputations de ce dernier[55]. Matthias de Vries, professeur de littérature hollandaise, a été son professeur favori[56].

Le romantisme de M. de Vries était caractérisé par son approche historique et son intérêt pour la langue comme clé de compréhension de l'histoire. Son influence sur notre auteur est à noter : « [d]ire que Kuyper a adopté l'approche et les concepts de Vries comme fondement de sa pensée est chose évidente

---

50. *Ibid.*, p. 25. BRUIJN, *Abraham Kuyper. Pictorial Biography*, p. 28. Il note que Kuyper faisait part à sa fiancée des fautes de grammaire que contenaient ses lettres et se donnait la peine de les corriger avec elle.
51. Edward E. ERICSON Jr., « Abraham Kuyper. Cultural Critic », dans Steve BISHOP et John H. KOK, sous dir., *On Kuyper*, p. 179.
52. BRUIJN, *Abraham Kuyper. A Pictorial Biography*, p. vii.
53. COURTHIAL, « Le mouvement réformé de reconstruction chrétienne », p. 56.
54. BRATT, *Abraham Kuyper. Modern Calvinist, Christian Democrat*, p. 19.
55. *Ibid.*, p. 23.
56. *Ibid.*, pp. 23-24.

au regard des nombreuses allusions, invocations et opérations à travers ses écrits[57]. »

Ce qui caractérisait encore l'humanisme ou le romantisme, du point de vue religieux, c'est le fait que l'homme était placé au centre et Dieu mis de côté, au point où l'on avait une religion de l'homme et non celle de Dieu, l'homme étant devenu un être absolutisé[58]. Kuyper, ayant subi l'influence de son temps, rejeta la transcendance de Dieu, la divinité du Christ, le surnaturel, la croyance dans l'au-delà[59].

Un autre concept philosophique et théologique par lequel on peut aussi mesurer l'influence du romantisme sur Kuyper est la notion d'organisme. L'organisme est vu comme un tout unifié, avec son principe de vie propre. En tant que notion, elle caractérise la philosophie romantique, particulièrement la philosophie naturelle de Schelling[60], et elle fut appliquée à l'Église par Schleiermacher et Rothe. La notion est applicable à l'Église chez Kuyper[61] et cela situe bien notre auteur dans le XIXe siècle où, en Europe, le terme était très courant dans le mode de pensée. Nous reverrons la notion avec plus de détails dans le survol de la théologie de l'auteur.

Pour J. de Bruijn, le romantisme de Kuyper se caractérise par le fait que l'accent est mis sur l'unité, ce qui revient donc à parler de l'organisme, de la distinction entre le bien et le mal, de son caractère polémique et de sa solidarité avec les opprimés[62].

2. *Kuyper et la culture moderniste et victorienne*

C'est à Leyde que Kuyper entre en contact avec les penseurs modernes. Déjà mal affermi dans sa foi chrétienne[63], il a reçu les idées de penseurs

---

57. *Ibid.*, p. 24. Un avis contraire sur le romantisme de Kuyper est émis par Edward E. Ericson, dans son article « Abraham Kuyper. Cultural Critic », p. 182, que nous avons mentionné. Le point de vue d'Ericson est que Kuyper a un regard négatif sur la période romantique.
58. Courthial, « Le mouvement réformé de reconstruction chrétienne », p. 47.
59. Henderson, « How Abraham Kuyper Became a Kuyperian », p. 45.
60. Zwaanstra, « Abraham Kuyper's Conception of the Church », p. 156.
61. L'ouvrage *Geworteld en Gegrond* (Organisme et Institution) de Kuyper est un exemple de l'usage très marqué du terme par Kuyper dans son ecclésiologie.
62. Bruijn, « Abraham Kuyper as Romantic », p. 43.
63. Bratt, *Abraham Kuyper. Modern Calvinist, Christian Democrat*, p. 23. Kuyper lui-même témoigne que sa foi n'était pas profondément enracinée et qu'il n'avait pas les armes suffisantes pour résister au doute ou à l'esprit du doute.

modernes tels que J. H. Scholten et A. Kuenen. En fait, on sait que depuis le siècle des Lumières et la Révolution française la foi chrétienne et la théologie faisaient face à de fortes critiques. Dans une critique que Kuyper adresse plus tard au modernisme on peut saisir ce qui faisait l'essence de la pensée moderniste. Il écrit ceci :

> [a]ucun vrai Dieu, aucune vraie prière, aucun vrai gouvernement divin, la réalité de la vie humaine sous menace, aucune vraie notion de péché, aucun idéal […] aucun dogme […] aucune vraie Église. Nous n'avons que les noms et les ombres de tout cela, mais aucun enracinement dans la réalité[64].

Ce qui reliait le romantisme à la période de la renaissance, c'était justement le rejet des valeurs théologales qui donnait lieu à « l'apostasie systématique[65] ». Parlant des Lumières et de la Révolution française, qui ont donné naissance au modernisme, selon Kuyper[66], Courthial écrit ceci :

> [c]e qu'elles avaient attaqué et rejeté *surtout et d'abord*, c'était la vérité et l'autorité de la Révélation divine. À la place du Dieu trinitaire, Créateur et Sauveur, l'homme, absolutisé, est pour elles la norme suprême, le point central de référence. Si, au début du XIX[e] siècle, et avec le Romantisme, le motif de la personnalité (et du sentiment) allait prendre plus de poids que le motif de la science (et de la raison) – […] c'était encore et toujours *l'humanisme* […] qui restait à l'ordre du jour[67].

J. H. Scholten est le premier à introduire les pensées modernistes dans la théologie hollandaise à l'université de Leyde[68]. Il était un « dogmaticien de grande réputation dont l'autorité hélas ! n'était pas celle de la Sainte Écriture[69] ». Dans son approche exégétique, il s'opposait à la position défendue par les professeurs de Groningue. Il démontrait par la méthode

---

64. A. Kuyper, « Modernism », dans J. D. Bratt, sous dir., *AK.ACR*, p. 118.
65. Courthial, « Le mouvement réformé de reconstruction chrétienne », p. 49.
66. A. Kuyper, *Lectures on Calvinism*, Lafayette, Sovereign Grace Publishers, 2001, « […] by Modernism, the daughter of the French Revolution », pp. 20-21.
67. Courthial, « Le mouvement réformé de reconstruction chrétienne », p. 47.
68. Bruijn, *Abraham Kuyper. Pictorial Biography*, p. 1 ; Bratt, *Abraham Kuyper. Modern Calvinist, Christian Democrat*, p. 28.
69. Courthial, « Le mouvement réformé de reconstruction chrétienne », p. 53.

historico-critique que les écrits du Nouveau Testament n'étaient que de simples textes historiques[70]. Il était défenseur du naturalisme en théologie opposé au supranaturalisme. Ainsi était-il, tout comme l'historien et philosophe L. W. Rauwenhoff, conduit à ne pas croire à la résurrection physique de Jésus-Christ[71]. Le modernisme s'opposait ouvertement aux principes de la foi chrétienne.

Or Kuyper était un étudiant de Scholten. Son intérêt pour l'étude des textes classiques comme principe de la tradition réformée a été suscité par ce dogmaticien[72]. L'idée de système et de consistance, celle du calvinisme comme la forme la plus pure du christianisme[73] et l'adaptation de ses principes à son époque sont prises de Scholten[74]. Même si Kuyper a été élevé dans des milieux réformés, « il a été influencé par l'esprit de son temps et adopta la perspective des théologiens modernes qui réaffirmaient les doctrines traditionnelles chrétiennes de manière à les faire accepter par l'intelligentsia[75] ». On note une influence considérable de Scholten sur la pensée de Kuyper. Il a même accueilli les critiques de Scholten rejetant la résurrection corporelle de Jésus[76]. Kuyper présente quelques traits de la culture victorienne de son temps[77]. Bratt montre le côté victorien de notre auteur par quelques traits, notamment la volonté de dominer et de restaurer l'ordre créationnel, la notion

---

70. Bratt, *Abraham Kuyper. Modern Calvinist, Christian Democrat*, pp. 28-29.
71. Courthial, « Le mouvement réformé de reconstruction chrétienne », p. 53 ; Bratt, *AK.ACR*, p. 8.
72. J. Bratt, « Abraham Kuyper. His World and Work », dans J. Bratt, sous dir., *AK.ACR*, p. 8.
73. Kuyper, *Lectures on Calvinism*, pp. 10, 29. L'auteur affirme que la prière ou la confession de la souveraineté de Dieu par la théologie réformée demeure la forme la plus pure de la religion ; et aucune autre religion n'a jamais atteint ce niveau.
74. Bratt, *Abraham Kuyper. Modern Calvinist, Christian Democrat*, p. 29.
75. Bacote, *The Spirit in Public Theology*, p. 47.
76. Bratt, « Abraham Kuyper. His World and Work », p. 8. Bratt note que Kuyper, sous l'influence de Scholten, se rappelle avoir même applaudi la lecture critique du professeur Rauwenhoff rejetant la résurrection physique de Jésus-Christ ; voir aussi Kuyper, « Abraham Kuyper. His Early Life and Conversion », p. 29 ; Courthial, « Le mouvement réformé de reconstruction chrétienne », p. 53.
77. L'époque de la culture victorienne remonte au règne de la reine Victoria Ière (1837-1901) au Royaume-Uni. Du point de vue historique, Kuyper se situe bien dans cette époque qui vient après le romantisme et qui est considérée comme l'apogée de la révolution industrielle avec ses luttes de classes.

de hiérarchisation de la société, la dualité ou la dichotomie, la vision macrocosmique des choses, la notion d'organisme et l'idéalisme[78].

3. La philosophie allemande

Kuyper a également été formé dans la pensée philosophique allemande, car par sa formation théologique il a subi l'influence de la philosophie idéaliste *via* son mentor Scholten. En effet, ce sont des présuppositions idéalistes qui sous-tendent la pensée de Scholten. Dans son idéalisme, Scholten, tout comme Hegel, valorise l'esprit, la raison et la volonté dans l'histoire de l'humanité[79]. L'influence de l'idéalisme sur Kuyper est perceptible sur le plan épistémologique. Sur les questions relatives à la vraie connaissance, à la certitude, à l'apparence ou à la réalité, Kuyper se tourne vers les idéalistes allemands, notamment vers Hegel pour qui la pensée reste essentielle pour le développement de l'histoire[80]. Il a une grande connaissance des philosophes allemands, qu'il évoque en allant de la morale de Kant à l'idéalisme hégélien[81].

Après sa conversion à l'orthodoxie, il reste critique vis-à-vis de cette philosophie, mais il ne la rejette pas quant à sa méthode. Il reste à savoir si on peut garder une méthode philosophique sans subir le poids de ses idées. L'esprit, qui demeure une donnée essentielle dans la théologie de Kuyper, réformé orthodoxe, n'est pas moins une influence de Fichte ou de Hegel[82]. Il n'est pas non plus débarrassé de la pensée de Fichte lorsqu'il accentue l'*ego* de l'homme dans son anthropologie.

Schleiermacher, le père du modernisme, a-t-on souvent dit, a aussi eu une influence sur la pensée de Kuyper. La notion d'immanence divine, corrélative à l'ecclésiologie, viendrait de Schleiermacher. La notion d'immanence divine évoque la présence et l'opération de Dieu dans le monde. Dans l'ecclésiologie du jeune Kuyper, c'est l'immanence de Dieu, acceptée par l'orthodoxie, qui donne une base à l'existence de l'Église[83]. C'est à partir de la notion de l'immanence de Dieu comme principe de base de l'existence de l'Église que Kuyper

---

78. BRATT, « Abraham Kuyper. Puritain, Victorian, Modern », pp. 55-57.
79. BRATT, *Abraham Kuyper. Modern Calvinist, Christian Democrat*, p. 31.
80. *Ibid.*, p. 32.
81. *Ibid.*, p. 31.
82. *Ibid.*, p. 32.
83. ZWAANSTRA, « Abraham Kuyper's Conception of the Church », p. 153.

va d'ailleurs progresser lentement vers la notion d'incarnation[84], qui devient le principe de vie de l'Église, *De Menschewording Gods Het Levensbeginsel Der Kerk*. Le concept d'organisme, caractéristique de la pensée moderne en Europe au XIXe siècle[85], est lié à la notion d'immanence divine. Le terme « organisme » était adopté par Schleiermacher, par Rothe et par Kuyper à son tour[86].

4. Le perfectionnisme et le piétisme des XVIIIe-XIXe siècles

La biographie de Kuyper faite par Bratt révèle que Kuyper a milité entre-temps dans le mouvement évangélique anglo-américain qui défendait l'idée d'une perfection chrétienne grâce aux efforts humains. L'idée de perfectionnisme remonte à John Wesley (1703-1792)[87] et à ses disciples les wesleyens qui l'ont surtout développé au point où il devient une caractéristique du méthodisme[88]. Les autres grands noms associés à ce mouvement sont entre autres Charles Finney (1792-1875) et Asa Mahan (1799-1889)[89]. Si les uns ont vu l'expérience de l'Esprit conférer une puissance spirituelle pour le service, les autres voient plutôt en elle une solution au problème du péché produisant ainsi la sanctification. Notre auteur a adhéré au mouvement appelé le Mouvement de la Seconde Expérience, « Higher Life Movement[90] ». Son maître-mot était la sanctification comme fruit ou résultat de la seconde

---

84. *Ibid.*, p. 154.
85. *Ibid.*, p. 156. Alors « l'organisme était le nom approprié pour toute chose qui vit et qui croît à partir d'une semence de vie interne et qui intègre ses différentes parties ou différents membres en un tout vivant ».
86. Rappelons que l'ouvrage de Kuyper, *Geworteld en Gegrond* de 1870, est une description de l'Église comme un organisme et une institution.
87. Benjamin B. WARFIELD, *Perfectionism*, vol. vii, Grand Rapids, Baker Book House, 1932, p. 463.
88. *Ibid.*, p. 464.
89. BLOCHER, « Sanctification by Faith ? », pp. 68-69.
90. WARFIELD, *Perfectionism*, pp. 465, 469. La parution de l'ouvrage de William Edwin BOARDMAN, *The Higher Christian Life*, Boston, Henry Hoyt, 1858, marque le début de la large diffusion du perfectionnisme, car il est comme un véritable traité en la matière. Les associations créées dans le cadre de la propagande du mouvement et les conventions organisées par Boardman assoient définitivement les bases du mouvement en Amérique et en Europe, en particulier en Angleterre et en Écosse.

bénédiction ou du baptême de l'Esprit[91]. À cet effet, Kuyper était présent à la rencontre de Brighton en juin 1875[92].

Très enchanté au début de son appartenance au perfectionniste Mouvement de Keswick, Kuyper témoigne admirablement et favorablement de cette expérience comme d'une onction avec une fraîche huile, une sorte de résurrection et un moment de bénédiction jamais égalé[93] ; mais il va vite prendre conscience des faiblesses d'une telle spiritualité et y renoncer pour recentrer sa conception de la sanctification sur la grâce accordée par l'Esprit[94]. Bratt rend compte de la déception du perfectionnisme :

> [m]ais parmi ceux qui ont un désir ardent pour la sainteté, le mal peut être présent dans une vie de piété, tourne à l'auto-élévation, et de là même, avant même qu'on en soit conscient, il se transforme en un fanatisme dangereux[95].

Notre auteur lui-même renchérit la critique du perfectionnisme dans son œuvre consacrée au Saint-Esprit quand il critique les piétistes et les perfectionnistes. Voici ce qu'il en dit :

> [n]ous rejetons, par conséquent, la tentative des piétistes et celle des perfectionnistes, qui affirment qu'ils n'ont plus rien à voir avec le vieil homme, que rien ne reste en eux à être mortifié, et que tout ce qui est attendu d'eux est de faire croître le nouvel homme. Et nous nous opposons également au camp adverse qui admet la mise à mort du vieil homme, mais rejette la naissance du nouvel homme, et le fait que l'âme reçoit tout ce qui lui manque[96].

Kuyper défend désormais l'idée de sanctification progressive du nouvel homme sous le contrôle de l'Esprit. La sanctification n'est plus perçue par

---

91. BLOCHER, « Sanctification by Faith ? », pp. 71-72.
92. KUYPER, « Perfectionism », p. 141.
93. *Ibid.*, p. 150.
94. KUIJPER, *WHG*, III, pp. 68-69. L'auteur aborde la sanctification comme un processus qui atteint sa perfection à la mort du croyant. Elle est parfaite objectivement en tant qu'œuvre et don de Dieu, mais imparfaite subjectivement ou en degré dans son développement.
95. KUYPER, « Perfectionism », p. 152.
96. KUIJPER, *WHG*, III, p. 80.

l'auteur comme une œuvre humaine, mais comme celle que Dieu réalise en l'homme par le Saint-Esprit.

B. Le survol de la théologie de Kuyper
I. Méthodologie théologique
1. Le journalisme comme moyen d'expression théologique de Kuyper

La complexité des données que nous avons à exploiter tient au fait que l'auteur les a d'abord, pour la plupart, exprimées dans des hebdomadaires ou dans des quotidiens. On n'hésite pas à dire de lui qu'il était un écrivain-journaliste ou un « publiciste[97] ». Le but de Kuyper en s'investissant dans le journalisme était de poursuivre surtout la réforme de l'Église[98], car celle-ci doit toujours poursuivre le *semper reformanda*. À ce titre le journalisme était un excellent moyen de propagande théologique.

Dans l'expression théologique, il était l'un des théologiens qui ont rompu avec le vieux modèle calviniste pour avoir compris que ce qui est lu facilement est ce qui a été rapidement pensé et édité, d'après le quotidien hollandais *Algemeen Handelsblad*, cité par Harnick[99]. Cet auteur affirme que l'œuvre de Kuyper reflète le *Pygmalion motif*, qu'il définit comme « une urgence à éduquer, expliquer, corriger, construire et encourager[100] ». C'est en cela que le journalisme, comme outil et moyen de vulgarisation théologique et politique, s'offrait comme l'outil essentiel[101]. Bratt peut affirmer que « la simplicité du langage de Kuyper et nombre de ses répétitions peuvent être dus à ce fait[102] ». L'approche rhétorique de Kuyper a permis de mettre en évidence sa figure d'homme public qui a su se servir du journalisme[103].

Théologiquement, il a comparé le rôle du journaliste, ou son propre rôle, à celui des prophètes de l'A. T. De ce point de vue, il écrivait à la hâte, puisque le messager de l'éditeur attendait à la porte, dit-on, le manuscrit pour la

---

97. Harinck, « Being Public », p. xi.
98. McGoldrick, « Every Inch for Christ », p. 78.
99. Harinck, « Being Public », p. xii.
100. *Ibid.*, p. xiii.
101. Wagenman, « Abraham Kuyper and the Church », p. 128.
102. Bratt, « Abraham Kuyper. Puritan, Victorian, Modern », p. 59.
103. Bacote, « Abraham Kuyper's Rhetorical Public Theology », p. 215.

publication[104]. Par conséquent peu de corrections étaient apportées au manuscrit[105]. Par ce moyen de « théologisation », Kuyper faisait passer un message christocentrique en insistant sur le fait que le croyant a un mandat ou une ordonnance divine pour servir le Christ dans tous les aspects de la vie ou de la société[106]. Cet aspect doit être pris en compte pour comprendre la façon dont l'auteur a fait la théologie et l'incidence qu'une telle approche peut avoir sur le contenu théologique.

2. Approche biblique et théologique

Comment peut-on acquérir la connaissance de Dieu ? Ou comment faire la théologie ? Une telle question renvoie à l'épistémologie théologique et à son rapport avec la doctrine de l'Écriture chez Kuyper[107]. On reconnaît en général Kuyper comme un théologien spéculatif[108]. C'est dire que son discours théologique se nourrit d'idées construites autour d'un certain nombre de concepts, à partir desquels il fait des déductions[109]. Une théologie spéculative, telle qu'elle est souvent développée par Kuyper, ferait moins de place à l'Écriture[110]. Sa traduction et son exégèse du texte se rapprochent de la méthode scolastique en se basant sur la formulation de questions selon le paradigme scolastique[111].

Kuyper s'est intéressé à la question de la méthodologie en général et à la méthodologie en théologie dans son *Encyclopédie*. L'Écriture est le principe

---

104. HARINCK, « Being Public », p. xv.
105. *Ibid.*, p. xiv. Même si Kuyper écrivait à la hâte, on a fait remarquer l'existence d'une rigueur et d'une logique dans ses écrits, contrairement à ce qu'ont pu penser certains auteurs.
106. LANGLEY, « The Political Spirituality of Abraham Kuyper », p. 67.
107. Dirk van KEULEN, « The Internal Tension in Kuyper's Doctrine of Organic Inspiration of Scripture », dans *Kuyper Reconsidered*, p. 123.
108. BEACH, « Abraham Kuyper, Herman Bavinck, and The Conclusions of Utrecht 1905 », p. 11 ; CONRADIE, *Creation and Salvation*, pp. 199-200 ; Herman J. SELDERHUIS, sous dir., *The Calvin Handbook*, traduit par Henry J. BARON, Judith J. GUDER, Grand Rapids, Eerdmans, 2009, p. 492.
109. BEACH, « Abraham Kuyper, Herman Bavinck, and The Conclusions of Utrecht 1905 », p. 11.
110. STRANGE, « Rooted and Grounded ? », pp. 438-442. Cet auteur montre, à partir de l'examen des notions de l'Église comme institution et comme organisme, les aspects spéculatifs de la conception ecclésiologique de Kuyper.
111. Kobus SMIT, « Horse Cheese Has Never Been made – On the Anthropology of Kuyper », dans *Kuyper Reconsidered*, p. 132.

de la connaissance de Dieu[112] ou le dépôt de cette connaissance[113]. L'Écriture est par conséquent le principe ou la cause effective de toute vraie théologie[114]. La théologie, qui est une science positive, trouve dans l'Écriture l'objet de son étude ou de son investigation[115].

Kuyper a présenté les différentes approches théologiques. Il s'agit principalement de la méthode spéculative ou déductive et de la méthode empirique ou inductive. L'objet d'investigation de la théologie étant la connaissance du Dieu révélé (*ectypal knowledge of God*[116]), Kuyper a trouvé que ni la méthode spéculative ni la méthode empirique n'était suffisante pour permettre au théologien de saisir l'objet de son investigation dans l'Écriture[117]. Pour lui, c'est par un effort intellectuel conscient[118], accompagné de piété et de foi[119] que le théologien arrivera à atteindre le but de son investigation, qui est de déterminer, d'assimiler et de reproduire le contenu de l'Écriture[120]. On comprend que la méthode spéculative et la méthode empirique ne suffisent pas comme contenu de la méthodologie théologique. Une bonne méthodologie théologique, qu'elle soit déductive ou intuitive, doit prendre plusieurs facteurs en compte tels que la révélation[121], l'illumination[122] et la régénération[123].

---

112. A. KUYPER, *Encyclopedia of Sacred Theology. Its Principles*, J. Hendrik de VRIES, sous dir., New York, Charles Scribners Sons, 1898, pp. viii-ix.
113. *Ibid.*, p. 571.
114. *Ibid.*, p. 571.
115. *Ibid.*, p. 570.
116. *Ibid.*, p. 252 ; KEULEN, « The Internal Tension in Kuyper's Doctrine of Organic Inspiration of Scripture », pp. 123-124. Kuyper parle de deux types de connaissance de Dieu : la *ectypal knowledge* et l'*archetypal knowledge*. La première désigne la connaissance de Dieu objectivement limitée et déployée dans la révélation et qui est saisissable par la théologie. La deuxième forme de connaissance est la connaissance de Dieu tel qu'il est en lui-même sans révélation. Le Christ pouvait posséder la connaissance de Dieu *in esse*, que l'investigation théologique ne peut saisir.
117. KUYPER, *Encyclopedia*, p. 570.
118. *Ibid.*, p. 567.
119. *Ibid.*, p. 570.
120. *Ibid.*, p. 568.
121. *Ibid.*, p. 275.
122. *Ibid.*, p. 288.
123. *Ibid.*, p. 557.

II. Survol du champ dogmatique

La théologie de Kuyper touche à beaucoup de thèmes. Nous en donnons les grandes lignes selon les volets que recouvre la dogmatique. Cette partie est un survol et ne vise pas à traiter en détail les thématiques majeures abordées dans la théologie de l'auteur.

1. La doctrine de Dieu

La doctrine de Dieu est souvent l'endroit où sont abordées les questions relatives à la connaissance de Dieu, la trinité, les décrets, la création et la providence[124]. Notre présentation de la doctrine de Dieu chez Kuyper suivra cet ordre.

a. La connaissance de Dieu

Kuyper a livré ses pensées sur la connaissance de Dieu dans un écrit de 1879 intitulé *Uit het Woord III*[125]. Dans cet article, la problématique de la connaissance de Dieu a donné lieu à des réponses divergentes et parfois contradictoires parmi les théologiens. Trois propositions sont faites. La pensée moderne suggère la possibilité d'une connaissance naturelle de Dieu sans l'apport du surnaturel. L'Église, quant à elle, a toujours mis l'accent sur l'importance vitale d'une connaissance surnaturelle. Une troisième position médiane est celle de Guido de Brès, qui affirme que la nature fait connaître Dieu, mais la claire connaissance de Dieu ne se découvre que par la Parole de Dieu[126]. Kuyper, en s'appuyant sur deux citations de Calvin[127], a montré que la position de Guido de Brès a été celle confessée par les Églises réformées[128].

---

124. H. BAVINCK suit cet ordre dans sa présentation de la doctrine dans *RD*, II. Un ordre semblable est perceptible chez F. TURRETIN, *Institutes of Elenctic Theology, vol. 1, First Through Tenth Topics*, sous dir. James T. DENNISON, Phillipsburg, P&R Publishing, 1992. L'œuvre de F. Turretin sera citée par la suite sous le sigle ET (*Elenctic Theology*) suivi du volume et de la page cités.

125. A. KUYPER, *Uit het Woord III*, Amsterdam, 1879. Il a été réédité sous le titre de *Het Heil in ons*, Kampen, Kok, 1910, pp. 165-225. Nos références sont tirées de la traduction anglaise de l'écrit : A. KUYPER, « The Natural Knowledge of God », traduit et annoté par Harry van DYKE, dans *Bavinck Review*, vol. 6, 2015, pp. 73-112.

126. KUYPER, « The Natural Knowledge of God », pp. 73-74.

127. Ioannis CALVINI, *Opera Quae Supersunt Omnia*, vol. III, Brunsvigae, Schwetschke et Filium, 1865, pp. 46-47, 59. Désormais cité sous la forme abrégée de Ioannis CALVINI, *Opera*, livre, chapitre, paragraphe suivi du numéro de la page.

128. KUYPER, « The Natural Knowledge of God », p. 74.

Cette confession maintient le principe de base selon lequel le *divinitatis sensus*, malgré le péché et la dépravation totale de l'homme, reste présent dans la nature humaine. L'homme peut haïr Dieu, mais l'idée de Dieu restera toujours présente en lui[129]. C'est le caractère inné de cette connaissance qui permet à Kuyper de la qualifier de *sensus divinitatis* ou de *theologia innata*[130]. C'est une connaissance infuse ou naturelle[131] ; mais à cause du péché, elle a besoin d'être restaurée par la nouvelle naissance[132].

La connaissance de Dieu opère à partir du *divinitatis sensus*. Celui-ci entre en contact avec le monde environnant et acquiert une certaine connaissance naturelle de Dieu. Cette connaissance naturelle est en harmonie avec la toute-puissance de Dieu dont l'homme est conscient en lui-même[133], il y a donc une sorte de théologie naturelle. Il ne s'agit pas surtout de la nature physique des choses, mais plutôt des idées et de la prise de conscience que le contact avec le monde physique et ses vertus morales fait naître en l'homme[134]. Le *sensus divinitatis* est le propre de l'être humain et il est nourri par la nature, la morale et la tradition[135]. Toutefois la connaissance de Dieu, qui découle du rapport du *divinitatis sensus* avec la nature, la morale et la tradition de l'Église, a des limites, puisqu'elle est médiatisée par des moyens qui portent les marques du péché. Comme la théologie naturelle n'est plus en mesure de donner à l'homme la véritable connaissance de Dieu, il faut par conséquent une révélation spéciale de Dieu[136].

Même si cette connaissance naturelle a des limites, Kuyper pensait qu'elle porte des fruits, car elle prouve la nécessité et le caractère indispensable de la révélation spéciale de Dieu, elle prépare le terrain pour une manifestation de la révélation spéciale, rend l'homme capable de recevoir la révélation spéciale,

---

129. *Ibid.*
130. *Ibid.*, p. 75.
131. *Ibid.*, pp. 76-77. Cette connaissance de Dieu, qui est infuse par le fait qu'elle est implantée en l'homme, est aussi une connaissance acquise, selon la tradition réformée, dans la mesure où elle prend conscience de la toute-puissance de Dieu.
132. *Ibid.*, p. 74.
133. *Ibid.*, p. 85.
134. *Ibid.*, pp. 86, 88.
135. *Ibid.*, p. 93.
136. *Ibid.*, pp. 98, 102. TURRETIN, *ET*, I, p. 10. Turretin constate, tout comme Kuyper, la nécessité de la révélation spéciale pour la vraie connaissance de Dieu et pour le salut de l'homme selon la théologie réformée.

et elle montre pleinement la valeur de la révélation spéciale. Cette dernière ne rend pas caduque la connaissance naturelle de Dieu[137].

b. La théologie trinitaire

La théologie réformée est connue pour son caractère trinitaire, et Kuyper reste fidèle à la tradition réformée en développant une théologie trinitaire[138]. On peut constater l'aspect trinitaire de la théologie kuypérienne dans des domaines comme celui de la création et l'incarnation. Le point de départ de cette théologie trinitaire est l'existence même de la trinité divine. On ne réfléchirait pas sur Dieu comme un Dieu trinitaire s'il n'existait pas sous cette forme d'être.

Pour Kuyper, tout commence par la trinité, et elle est au centre de toute chose[139]. Dans la distinction éternelle, il y a le Père, le Fils et le Saint-Esprit. Le Fils est engendré du Père, et le Saint-Esprit procède du Père et du Fils[140]. Le Père est la source de la divinité du Fils et de l'Esprit[141]. Dans les œuvres *ad intra*, la distinction des personnes est de toute éternité[142], tandis que les *ad extra* sont indivises[143]. L'amour demeure une donnée essentielle dans les relations entre les personnes de la trinité[144].

La création est un acte trinitaire, et Kuyper a parlé précisément de trois causes : la cause première, la cause constructive et la cause finale qui correspondent respectivement à l'action du Père, à celle du Fils, et à celle de l'Esprit[145]. Ainsi le décret est du Père, le pouvoir de tout arranger revient au Fils, et le perfectionnement et la finalité sont l'œuvre de l'Esprit. L'incarnation suit aussi un principe trinitaire. Le Père, le Fils et l'Esprit jouent chacun

---

137. KUYPER, « The Natural Knowledge of God », p. 107.
138. EGMOND, « Kuyper's Dogmatic Theology », p. 87 ; BRATT, *Abraham Kuyper. Modern Calvinist, Christian Democrat*, p. 173.
139. *Ibid.*
140. A. KUIJPER, *Het Werk van den Heiligen Geest, eerste deel, Het Werk van den Heiligen Geest voor de Kerk in haar geheel*, Amsterdam, J. A. Wormser, 1888, p. 23. Désormais cité sous la forme courte de *WHG* suivi du volume et la page cités.
141. *Ibid.*
142. KUIJPER, *WHG*, I, p. 17.
143. *Ibid.*, p. 19.
144. KUIJPER, *WHG*, II, pp. 134-135.
145. KUIJPER, *WHG*, I, pp. 24-25.

un rôle spécifique dans l'incarnation tout comme dans la création[146]. Nous aurons l'occasion de traiter ce point avec plus de détails.

L'Église garde également, à l'image de la création et de l'incarnation[147], un caractère trinitaire. Car elle est une création de Dieu, c'est-à-dire le Père, dans le décret éternel[148] ; elle constitue historiquement le Corps de Christ ou l'assemblée des fidèles et ce Corps est animé par l'Esprit[149]. À ce titre, l'Église n'est pas d'abord l'ensemble des personnes qui ont cru au Seigneur, mais elle trouve son enracinement dans le décret de l'élection[150].

Il est à noter également que le Dieu trinitaire est un Dieu souverain. La souveraineté de Dieu est un principe de la théologie réformée[151]. Kuyper y tient beaucoup en tant que confession de base, car tout est pour lui, par lui et en lui[152]. Cette souveraineté s'applique au Saint-Esprit[153] et au Christ, puisqu'il ne devrait pas y avoir de domaine ou de sphère qui échappe au contrôle du Christ[154]. Pour Kuyper, le pouvoir et la souveraineté appartiennent aux personnes de la trinité[155].

Ce principe fondamental de la théologie réformée touche au moins à quatre points tels que la grâce commune, les antithèses, les sphères de la souveraineté et l'Église comme organisme et comme institution[156]. D'autres thématiques sont en lien étroit avec la souveraineté de Dieu. Il y a l'engagement

---

146. *Ibid.*, p. 105.
147. Bratt, *Abraham Kuyper. Modern Calvinist, Christian Democrat*, p. 175. L'auteur pense que l'incarnation ouvre une voie qui permet à Kuyper de poser l'élection éternelle comme un principe de base pour l'Église.
148. Zwaanstra, « Abraham Kuyper's Conception of the Church », p. 162.
149. Bratt, *Abraham Kuyper. Modern Calvinist, Christian Democrat*, p. 173.
150. A. Kuyper, *Rooted and Grounded. The Church as Organism and Institution*, traduit et édité par Nelson Kloosterman, Grand Rapids, Christian Library Press, 2013, p. 11.
151. Bratt, *Abraham Kuyper. Modern Calvinist, Christian Democrat*, p. 30.
152. Kuyper, *Lectures on Calvinism*, p. 46.
153. Kuijper, *WHG*, I, p. 7.
154. Kuyper, *E Voto Dordraceno. Toelichting op den Heidelbergschen Cathechismus*, Amsterdam, J. A. Wormser, 1894, p. 49, « Het kindeke zonder geloof, maar de vader met geloof, en nu dat geloof van den vader voor het kindeke in plaast tredende ».
155. Timothy P. Palmer, « The Two-Kingdom Doctrine. A Comparative Study of Martin Luther and Abraham Kuyper », *Pro Rege*, sous dir. Mary Dengler, Iowa, Sioux Center, 2009, pp. 18-19.
156. H. Bavinck, *Reformed Dogmatics, vol. III, Sin and Salvation in Christ*, Grand Rapids, Baker Academic, 2003, p. 15.

public du chrétien[157] et l'incarnation qui réalise le décret de Dieu qui a donné les croyants au Christ comme possession[158]. La justification et la sanctification sont étroitement liées à la souveraineté de Dieu, du moment où Dieu a décidé de justifier éternellement et de sanctifier ceux qu'il a choisis[159]. De ce fait, l'élection est une grâce souveraine de Dieu, puisque c'est lui qui décide de choisir qui il veut.

c. La création et la providence

Gousmett affirme que la doctrine de la création est fondamentale dans la théologie de Kuyper. Elle est fondamentale parce qu'elle marque une distinction claire entre Dieu et le cosmos, entre le créateur et le créé[160]. Comment se présente-t-elle succinctement ?

Le décret éternel de Dieu est au commencement de la création. La création est *ex nihilo* du point de vue de la substance ou de la matière. Mais du point de vue de son origine, elle est déterminée par le conseil de Dieu. Avant d'être appelée à l'existence, toute créature était déjà présente dans la pensée de Dieu. Selon Kuyper, après Calvin et suivi plus tard par Bavinck, c'est le décret de Dieu qui est à l'arrière-plan et de la création et de la recréation[161]. La création revêt un caractère trinitaire, car elle est le fruit de l'œuvre de la trinité divine puisque le Père, le Fils et l'Esprit jouent chacun un rôle spécifique soit de planification, soit d'exécution ou d'animation[162].

Non seulement la créature est conforme au plan de Dieu, mais chaque créature est déterminée d'avance par une loi, celle de la création. Donc toute créature qui est appelée à l'existence poursuit un but ou une destinée précise[163]. Gousmett, parlant de la création, déclare « qu'il est impensable [de l'avis de Kuyper] que Dieu puisse appeler une créature à l'existence sans

---

157. A. KUYPER, « Common Grace », dans J. D. BRATT, sous dir., *AK.ACR*, p. 166.
158. KUIJPER, *WHG*, II, p. 179.
159. *Ibid.*, p. 219 ; *WHG*, III, p. 24. La justification ne commence pas après la création, mais elle trouve son origine dans le décret éternel de Dieu.
160. GOUSMETT, « Abraham Kuyper on Creation and Miracle », p. 116.
161. KUYPER, *Encyclopedia*, pp. 426, 427 ; CALVINI, *Opera*, III, p. 236 ; BAVINCK, *RD*, II, p. 407.
162. KUIJPER, *WHG*, I, p. 25.
163. *Ibid.*

préciser aussi la loi pour son existence[164] ». Les lois d'après lesquelles le monde créé fonctionne sont elles-mêmes une créature de Dieu et sont à son service[165].

La création, puisqu'elle est mise en relation avec les lois et le but voulus par Dieu, n'est pas indépendante de Dieu. Elle ne peut pas non plus se confondre avec Dieu, mais elle reste une réalité autre que Dieu. Cette relation entre Dieu et sa créature est déterminée par la providence divine, qui peut être générale ou spéciale selon qu'elle vise le croyant élu ou le monde créé en général[166].

La création, telle que comprise par Kuyper, n'est pas sans rapport avec la souveraineté de Dieu, car si c'est le décret de Dieu qui est à l'arrière-plan de la création et de la recréation, alors le monde créé existe par Dieu et est soumis à ses lois. Il n'y a pas une opposition ou un dualisme entre Dieu et la créature.

Il y a lieu de noter que cette façon de concevoir la création par Kuyper s'explique d'une part par son souci constant de lutter contre le panthéisme et d'autre part par une lutte contre le déisme. Kuyper, par sa doctrine de la création, veut non seulement sauvegarder la distinction entre le monde créé et Dieu son créateur, mais aussi défendre l'idée de la présence de Dieu dans la gestion du monde par la providence[167]. Par le biais de la providence, une relation s'établit entre la création et la grâce[168]. Au regard de la grâce et des lois de la nature, Kuyper crée un espace théologique pour l'immanence et pour la transcendance divine dans sa doctrine de la création[169].

---

164. Gousmett, « Abraham Kuyper on Creation and Miracle », p. 117.
165. *Ibid.*
166. Kuijper, *WHG*, II, p. 138. Kuyper peut comparer la grâce à l'air que toute créature rationnelle respire et dont elle est dépendante. Voir A. Kuyper, « Common Grace », dans J. Bratt, sous dir., *AK.ACR*, p. 167.
167. On peut se référer à l'écrit consacré par Kuyper à la question dans A. Kuyper, « Pantheism's Destruction of Boundaries », traduit par Hendrik de Vries, dans *Methodist Review* 53, 1893, pp. 520-535. Cet écrit est repris par Bratt avec une traduction plus récente : A. Kuyper, « The Blurring of the Boundaries », dans J. Bratt, sous dir., *AK.ACR*, pp. 363-402.
168. Kuijper, *WHG*, II, p. 25. Kuyper affirme que l'œuvre de la grâce et celle de la providence peuvent être identiques dans la vie des élus.
169. Kuyper, *Encyclopedia*, p. 425. Pour Kuyper, Dieu ne se présente pas de façon déiste face au monde, mais par les lois naturelles son pouvoir immanent est à l'œuvre dans la créature.

2. La christologie

a. L'incarnation du Fils de Dieu

L'incarnation, le point central dans tout le système dogmatique d'après Bavinck[170], commence par le décret ou le conseil éternel de Dieu[171]. Contre l'idée de la philosophie panthéiste du Dieu devenu homme[172], Kuyper soutient plutôt l'idée de l'incarnation du Fils de Dieu, le *Logos*. Comme Bavinck le note, ce n'est pas la nature divine qui est devenue homme, mais c'est plutôt le Fils de Dieu, la deuxième personne de la trinité, qui est devenu homme[173]. Dans *De Menschwording Gods*, Kuyper a insisté sur l'idée de l'incarnation de la Parole, donc le *Logos*, non pas comme une doctrine, mais plutôt comme un fait historique[174] ; ainsi le Médiateur n'est personne d'autre que le Fils de Dieu.

En présentant la doctrine de Dieu selon Kuyper, nous avons fait remarquer qu'un espace théologique était créé pour l'immanence et la transcendance divines dans la doctrine de la création. Kuyper semble passer de l'immanence de Dieu à l'incarnation du Fils de Dieu pour renforcer l'idée de la présence divine dans le monde. Ainsi, pour une véritable union de l'homme avec Dieu, l'incarnation de la Parole était un « préalable pour cette union[175] ».

L'incarnation est une œuvre de la trinité, car les trois personnes de la trinité ont collaboré dans cette œuvre[176]. Elle a une analogie avec la création parce qu'elle relève de la catégorie créationnelle. En tant qu'œuvre de recréation, elle a une dimension trinitaire. En plus dans le décret de Dieu, l'incarnation du Fils de Dieu, d'une certaine manière, présupposait la création, et celle de l'homme en particulier. C'est ainsi que l'incarnation, œuvre de recréation, s'explique par le même décret de la création selon Kuyper[177].

---

170. Bavinck, *RD*, III, p. 274.
171. Kuijper, *WHG*, II, p. 179.
172. *Ibid.*, p. 55.
173. Bavinck, *RD*, III, p. 275.
174. A. Kuyper, *De Menschwording Gods het Levensbeginsel der Kerk. Intreerede Uitgesproken in de Domekerk te Utrecht den 10en November 1867*, Utrecht, J. H van Peursem, 1867, p. 5 : « zoo ik van de vleeschwording des woords, van de menschwording gods in christus […], bedoel ik daarmee niet een leerstuk, maar een feit. »
175. Zwaanstra, « Abraham Kuyper's Conception of the Church », p. 154.
176. Kuijper, *WHG*, I, p. 105.
177. Kuyper, *Encyclopedia*, pp. 426, 427.

b. L'ordre du salut

Kuyper affirme clairement le fait que Christ est la source du salut, et le rédempteur est bien Dieu le Fils incarné[178]. Il présente le Christ comme le Sauveur des pécheurs et non celui des justes[179]. C'est dans ce contexte sotériologique que l'on comprend le sens du combat de Kuyper contre la philosophie panthéiste et les théologiens de médiation hollandais et allemands (*Vermittelungs theologen*). Ceux-ci affirmaient en général que même sans le péché le Fils de Dieu serait devenu homme[180]. Pour Kuyper la christologie et la sotériologie sont liées et on ne saurait envisager l'incarnation en dehors du plan de salut de Dieu.

Quand on vient à l'ordre du salut dans la christologie de Kuyper, on note que l'alliance de grâce préparatoire et l'élection constituent l'ancrage[181]. Quel que soit le contenu qui est donné à l'ordre du salut, l'application pratique des bienfaits du Christ revient à l'Esprit, car il prend les choses du Christ pour les appliquer aux croyants[182]. L'accent est peu mis sur l'Église comme moyen sacramentel d'application des bénéfices de la mort et de la résurrection du Christ. Si pour Kuyper les rachetés possèdent tout en Christ[183], cette possession s'opère au moyen de l'Esprit.

Il traite d'abord du principe de la nouvelle vie implantée en l'homme, de l'appel qui produit la foi (conviction du péché et justification), ensuite suivent la conversion et la sanctification qui conduisent à la rédemption complète et la glorification. Le résumé donné par Kuyper respecte cet ordre :

> [l]'œuvre de la grâce doit commencer par la vivification. Une fois la nouvelle vie implantée, elle doit être ravivée par l'appel. Alors ravivé, l'homme se trouve dans une nouvelle vie, c'est-à-dire qu'il se connaît comme étant justifié. Étant justifié, il résulte de cette nouvelle vie la conversion. La conversion conduit à

---

178. Kuijper, *WHG*, II, p. 12.
179. *Ibid.*, p. 178. « Jezus is een Verlosser, niet van rechtvaardigen, maar van goddeloozen; en daarom heeft Hij de menschelijke natuur aangenomen. »
180. Kuijper, *WHG*, II, p. 55.
181. *Ibid.*, p. 113. Bavinck, *RD*, III, p. 524.
182. Calvini, *Opera*, IV, pp. 1, i-ii, 562-563 ; Kuijper, *WHG*, II, p. 12 ; Bavinck, *RD*, III, pp. 579-780. Bavinck montre que l'application des bénéfices de la mort du Christ relève de l'Esprit dans la théologie réformée. Toutefois avec le temps des modifications importantes ont été apportées à l'ordre de certains théologiens réformés.
183. Kuijper, *WHG*, III, p. 36.

la sanctification dont les notes clés consistent en la séparation d'avec le péché. Et au dernier jour, la glorification complète de l'œuvre de la grâce divine dans notre personne entière[184].

c. Christ comme fondement de la grâce commune et spéciale

Dans la théologie de Kuyper, il y a un rapport entre la christologie et la grâce, qu'il s'agisse de la grâce commune ou de la grâce spéciale[185]. Ensuite, le rapport de Christ avec la grâce a une conséquence sur la vision du monde ; et cela engage le chrétien dans le monde. Qu'en est-il de ces différentes connexions chez Kuyper ?

Pour lui, Dieu est un Dieu de grâce et cela a été manifesté tant par la création que par la rédemption. Il y a une grâce commune et une grâce spéciale, ou une grâce qui sauve. La grâce spéciale abolit le péché et défait ses conséquences, en particulier dans la vie de l'élu. Tandis que la grâce commune vise la préservation de la vie humaine en général[186]. Mais si toutes choses sont pour la cause du Christ et ont été faites par lui, alors Christ est le centre de toutes choses[187], en tant que Fils de Dieu, médiateur de la création, et en tant que Fils incarné, rédempteur[188].

Pour cette raison, l'argument de Clifford B. Anderson contre celui de Kaltwasser en faveur d'un fondement christologique pour la grâce commune et spéciale nous paraît défendable[189]. En effet, le Fils incarné n'est personne d'autre que le Fils éternel de Dieu. Même s'il fait appel au Fils éternel non

---

184. *Ibid.*, p. 132.
185. Le Christ comme fondement à la fois de la grâce commune et de la grâce spéciale est une question discutée par Cambria Janae Kaltwasser et Clifford Blake Anderson. Le dernier défend l'idée selon laquelle la grâce commune et la grâce spéciale ont un fondement christologique, tandis que le premier vise à démontrer le contraire. Voir Clifford Blake ANDERSON, « A Canopy of Grace. Common and Particular Grace in Abraham Kuyper's Theology of Science », *The Princeton Seminary Bulletin*, 24, 1/2003, pp. 122-140 et Cambria Janae KALTWASSER, « Assessing the Christological Foundation of Kuyper's Doctrine of Common Grace », dans John BOWLIN, sous dir., *The Kuyper Center Review*, vol. 2, *Revelation and Common Grace*, Grand Rapids, Eerdmans, 2011, pp. 200-220.
186. A. KUYPER, « Common Grace », dans J. BRATT, sous dir., *AK.ACR*, p. 168.
187. *Ibid.*, p. 170.
188. BACOTE, *The Spirit in Public Theology*, pp. 98-99.
189. ANDERSON, « How Abraham Kuyper Became a Kuyperian », p. 136 ; KALTWASSER, « Assessing the Christological Foundation of Kuyper's Doctrine of Common Grace », p. 202. Ce dernier est plutôt favorable à l'idée que l'unité de la grâce commune et la grâce spéciale est le Fils éternel non incarné.

incarné pour justifier le fondement de la grâce commune, comme le suggère Kaltwasser, Kuyper ne sépare pas radicalement le Fils incarné du Fils éternel[190].

Le lien entre la christologie et la grâce commune et spéciale donne une nouvelle vision du monde. Si toutes choses sont pour le Christ, la relation du croyant avec le monde doit être une relation de sauvegarde du monde ou de la nature, car le salut apporté par Christ revêt une dimension cosmique. Ce salut n'est pas seulement centré sur l'élu. La théologie de l'engagement public du chrétien prend son appui sur le fondement christologique de la grâce commune et spéciale. La nature et la grâce ne sont pas vues de façon antithétique, mais elles sont plutôt dans une relation dynamique et féconde avec la fonction de restauration ou de renouvellement de la nature qui revient à la grâce spéciale en particulier[191]. On en vient au thème de la création et la recréation en lien avec le Christ[192].

3. La pneumatologie

Velema affirme que l'intérêt de Kuyper pour la pneumatologie, à la suite du réformateur Calvin, a été déterminant pour la compréhension de ladite doctrine[193]. La pneumatologie convoque des thématiques telles que la révélation, la doctrine de Dieu, la création, la vie et l'œuvre du médiateur, l'ordre du salut, l'Église et les sacrements[194]. Le champ que recouvre la pneumatologie est vaste et nous ne ferons que le survoler, pour l'instant, en portant notre attention sur quelques aspects.

a. Esprit et révélation de Dieu

Nous avons fait ressortir plus haut que la théologie naturelle était en mesure de donner une certaine connaissance de Dieu à l'homme, mais qu'elle a été rendue incapable, à cause du péché, d'atteindre ce but sans la révélation spéciale de Dieu[195]. Or Kuyper identifie la révélation spéciale avec l'inspiration. De ce fait, l'inspiration définit d'une part le rôle de l'Esprit dans son

---

190. A. Kuyper, « Common Grace », dans J. Bratt, sous dir., *AK.ACR*, p. 173.
191. *Ibid.*, p. 174.
192. *Ibid.*, p. 173.
193. Velema, *De Leer van de Heilige Geest bij Abraham Kuyper*, p. 8.
194. *Ibid.*, p. 13.
195. Kuyper, *Encyclopedia*, pp. 98, 100.

œuvre d'explication du principe de connaissance, c'est-à-dire l'Écriture[196]. D'autre part, elle renvoie aussi à la révélation, qui est théologiquement la façon dont Dieu se fait connaître aux hommes.

Qu'il s'agisse de l'inspiration ou de la révélation de Dieu, l'Esprit de Dieu est indispensable à l'homme. Par rapport au canon des saintes Écritures, il a rendu témoignage à l'Église que les écrits de la Bible constituent le testament de la vie du Seigneur Jésus-Christ[197]. Par le témoignage intérieur apporté par l'Esprit à l'homme, ce dernier est en mesure de comprendre le sens du donné révélé[198]. L'inspiration, au sens large, est l'œuvre intérieure de l'Esprit dans le cœur et sur la pensée du pécheur pour faire connaître Dieu, sa volonté et ses pensées[199]. Le rôle de l'Esprit, en tant que témoin intérieur, est lié au fait qu'il est le premier auteur de l'Écriture, même s'il s'est servi d'hommes en les inspirant pour cette fin[200].

L'inspiration de l'Écriture fonde, d'après Kuyper, sa fiabilité, son exactitude et son autorité[201]. L'Écriture, étant inspirée, révèle Christ, et les écrits bibliques sont un témoignage de Christ, livré par les auteurs sous la direction de l'Esprit[202]. L'inspiration, au lieu d'être individuelle ou personnelle, est corporative ou organique, c'est-à-dire qu'elle concerne la race humaine et Kuyper l'appelle le moyen central de la révélation[203]. Avec l'individu, il est plutôt question d'illumination de l'Esprit[204] ; ce qui correspond à l'action de l'Esprit dans l'individu.

La conception de l'Écriture semble être prédestinée dans le décret éternel de Dieu[205] comme un moyen de grâce pour l'Église[206]. Comme dans l'inspira-

---

196. *Ibid.*, pp. 413, 439. Pour Kuyper, « le produit du principe de connaissance, qui est l'Écriture sainte, est placé objectivement devant la conscience humaine. Et l'action qui consiste à faire dériver ce produit de l'énergie divine est l'inspiration ».
197. Kuijper, *WHG*, I, p. 126.
198. Kuyper, *Encyclopedia*, p. 357. L'élection a un rapport avec cette compréhension de l'Écriture ou de la Parole de Dieu, car il n'y a que celui qui est élu qui peut comprendre le témoignage intérieur de l'Esprit ou qui peut comprendre la Parole révélée.
199. *Ibid.*, p. 349.
200. *Ibid.*, p. 478 ; Kuijper, *WHG*, I, p. 126.
201. Kuijper, *WHG*, I, p. 230.
202. *Ibid.*, p. 230.
203. Kuyper, *Encyclopedia*, p. 417.
204. *Ibid.*,
205. *Ibid.*, p. 476.
206. *Ibid.*, p. 545.

tion de l'Écriture le facteur divin, notamment l'Esprit, se revêt de la forme de la pensée humaine et se présente comme une réalité humaine, il en est de même dans l'incarnation, où le *Logos* se revêt de la nature humaine et apparaît à nos yeux sous des formes et figures humaines[207]. Avec une telle conception de l'inspiration, il y a un parallèle avec l'incarnation du Fils du point de vue du décret, mais aussi par rapport au rôle joué par l'Esprit dans l'incarnation et dans l'inspiration[208].

b. L'Esprit et l'amour comme facteurs d'unité et de communion

L'amour est le plus grand bien, et Dieu en est la source ou la fontaine[209]. L'amour de Dieu est irrésistible et saint ; il se donne et il renonce à lui-même[210]. C'est un amour incréé et éternel, comme Dieu lui-même. L'amour caractérise la vie des personnes de la trinité ; l'amour mutuel entre ces personnes est l'Être éternel lui-même et Dieu est donc Amour[211]. Étant Amour, Dieu n'a pas eu besoin de créer pour enfin aimer, car de toute éternité, indépendamment de la création et de la créature, le Père aime le Fils et le Fils aime aussi le Père ; et le Saint-Esprit aime les deux autres personnes[212]. À ce niveau, du point de vue fonctionnel, on remarque que l'amour est un facteur d'unité entre les personnes de la trinité.

Le Dieu trinitaire, qui est pleinement amour, a manifesté cet amour de façon trinitaire par le Père dans la création, par le Fils dans la rédemption et par l'Esprit par son inhabitation en l'homme comme son temple ou la demeure de Dieu[213]. Ainsi l'amour du Père et du Fils a été répandu dans les cœurs par le Saint-Esprit. De la même manière que l'amour est le facteur d'unité

---

207. *Ibid.*, p. 478. « Here, also, the parallel maintains itself between the incarnate and the written Logos. As in the Mediator the Divine nature weds itself to the human, and appears before us in its form and figure, so also the Divine factor of the Holy Scripture clothes itself in the garment of our form of thought, and holds itself to our human reality. »
208. Richard B. Gaffin, *God's Word in Servant Form. Abraham Kuyper and Herman Bavinck on the Doctrine of Scripture*, Jackson, Reformed Academic Press, 2008 ; Nigel M. de S. Cameron, « Incarnation and Inscripturation. The Christological Analogy in the Light of Recent Discussion », *The Scottish Bulletin of Evangelical Theology*, vol. 3, 2/1985, pp. 35-46.
209. Kuijper, *WHG*, III, p. 131.
210. *Ibid.*, p. 132.
211. *Ibid.*, p. 134.
212. *Ibid.*
213. *Ibid.*, pp. 137-143.

entre les personnes de la trinité, il le devient aussi pour les personnes en qui l'Esprit de Dieu habite[214]. Ceux qui ont reçu l'Esprit sont dans une union indissoluble, car il est le même en tous[215]. C'est le sens de « la communion des saints » à laquelle le credo renvoie selon Kuyper[216]. Par l'inhabitation de l'Esprit en eux, les autres personnes de la trinité, notamment le Père et le Fils, sont présentes dans les saints[217].

L'amour comme un facteur d'unité est justifié par Kuyper par un fondement théologique. En traitant du principe de vie dans la créature dès le début du WHG, Kuyper affirme que les enfants de Dieu ne pourront jamais atteindre leur but glorieux à moins que Dieu habite en eux comme dans son temple. C'est l'amour de Dieu qui le contraint à habiter dans ses enfants ; et par leur amour pour Dieu, Dieu s'aime lui-même et contemple le reflet de sa gloire dans les œuvres de ses mains. Le but ultime de Dieu est donc atteint quand l'Esprit fait de l'homme sa demeure[218].

En effet, là où l'Esprit de Dieu est présent, l'amour devient irrésistible, car le Saint-Esprit ne peut pas se renier dans une autre personne dans laquelle il est aussi présent et agit[219]. Un amour irrésistible certes, mais ce n'est jamais un amour forcé, car l'Esprit n'use pas de son pouvoir mais plutôt de la compassion pour que le cœur de l'homme s'incline et consente à être le temple du Saint-Esprit[220].

c. Rôle de l'Esprit dans la création et recréation

Bacote, en ce qui concerne le rôle de l'Esprit dans la création, parle de *missing link*[221] dans la façon dont la théologie kuypérienne a été souvent lue et comprise. Un lien manquant, parce que le rôle de l'Esprit dans la création

---

214. *Ibid.*, p. 142.
215. *Ibid.*
216. *Ibid.*, p. 180.
217. *Ibid.*, p. 146. Selon Kuyper, « les trois personnes de la trinité sont unies : le Saint-Esprit est dans la création, mais seulement par son union essentielle avec le Père et le Fils. Il est également dans l'œuvre réceptive du Fils, car il est lié au bon plaisir du Père et l'incarnation du Fils. De cette même manière le Père et le Fils habitent dans les saints, mais seulement par le Saint-Esprit ».
218. Kuijper, *WHG*, I, p. 28.
219. Kuijper, *WHG*, III, p. 149.
220. *Ibid.*, p. 155.
221. Bacote, *The Spirit in Public Theology*, p. 116.

a été peu souligné. En envisageant le rôle de l'Esprit dans le contexte de la grâce commune, nous pouvons noter essentiellement trois points.

Le premier élément indicateur du rôle de l'Esprit dans la création est qu'il est le principe de vie de toute chose créée[222]. En effet, il part de l'affirmation selon laquelle toute créature a besoin d'un point de contact avec Dieu son créateur. Kuyper fait appel à l'Esprit dont le rôle ou l'office est justement d'effectuer ce contact. Il écrit :

> [e]t comme le Saint-Esprit est la Personne de la Sainte Trinité dont l'office est d'effectuer ce contact direct et lien avec la créature dans son tréfonds, c'est Lui qui habite dans les cœurs des élus ; qui anime tout être rationnel ; qui soutient le principe de vie dans toute créature[223].

Le Père crée en disposant de toutes choses ; et le Fils est celui qui arrange ou qui met les choses en place. Quant à l'Esprit, il lui revient le rôle de les vivifier ou de les animer, car il est le principe de vie, le souffle de vie ou de sa bouche[224]. Ce principe s'applique aux personnes, à l'exemple de la création de l'homme en Genèse, mais aussi à tout ce qui a un caractère organique tel que l'Église. Ainsi l'Esprit est le principe de vie de l'Église ou du Corps de Christ[225].

Ensuite c'est à l'Esprit de conduire toutes choses créées à atteindre la perfection et donc à glorifier Dieu. L'Esprit est la cause téléologique de la création, car tout a un but et c'est l'Esprit qui permet la réalisation de ce but afin que Dieu soit glorifié en tout. Selon Kuyper, les créatures ne sont pas seulement faites pour exister, mais elles sont faites pour atteindre un but précis[226]. Dans une perspective trinitaire, c'est l'Esprit qui conduit l'œuvre du Père et du Fils

---

222. *Ibid.*, p. 114.
223. Kuijper, *WHG*, I, p. 32.
224. *Ibid.*, p. 35.
225. John Halsey Wood, « Abraham Kuyper and the Challenge of the Church », dans A. Kuyper, *Rooted and Grounded. The Church as Organism and Institution*, p. xviii.
226. Kuijper, *WHG*, I, p. 25. Kuyper parle de cause causative pour l'œuvre du Père et de cause constructive pour le Fils. L'Esprit est alors la cause téléologique ou finale.

à atteindre leur but[227]. Et en assumant le rôle téléologique, l'Esprit fait en sorte que la gloire de Dieu soit manifestée de façon cosmique[228].

La dernière action que réalise le Saint-Esprit dans la création est la rétention du péché dans le monde. Le but de la glorification de Dieu assignée à la créature, et dont l'Esprit a la charge, est remis en cause par le péché. Désormais cette dimension doit être prise en compte dans le rôle cosmique de l'Esprit. Il revient par conséquent à l'Esprit de restreindre le péché ou de l'empêcher de détruire totalement l'œuvre de Dieu[229]. Ainsi, quoi qu'il en soit, le monde est sauvegardé par l'Esprit dans le contexte de la grâce commune et spéciale de Dieu.

4. Le survol ecclésiologique

Kuyper s'est illustré très tôt comme un ecclésiologue[230], parce qu'il se sentait concerné par les problèmes de l'Église. Il fera de l'ecclésiologie le cœur de sa théologie[231]. L'accent est mis sur l'Église comme un organisme, mais aussi comme institution, car les deux notions sont inséparables selon Kuyper[232].

Le décret de Dieu et l'élection constituent le point de départ de l'Église, selon Kuyper. L'Église, le Corps du Christ, avant même d'avoir une existence historique ou institutionnelle dans le monde, est un acte du décret divin[233]. Kuyper, en s'appuyant sur les Réformateurs, affirme que « [l]'Église est enracinée dans l'élection éternelle […], elle est enracinée dans l'amour. Par conséquent enracinée dans une autre terre que le champ que ce monde

---

227. KUIJPER, *WHG*, I, p. 105.
228. *Ibid.*, p. 9. La gloire de Dieu ne se limite pas seulement au salut des rachetés, mais plutôt à la glorification de Dieu dans toutes ses œuvres : dans l'élection aussi bien que dans la réprobation. Kuyper affiche un calvinisme clair en justifiant ses idées par la souveraineté de Dieu.
229. *Ibid.*, p. 30. Kuyper écrit : « [c]omme le péché est advenu, c'est-à-dire un pouvoir est survenu pour empêcher l'homme et la nature d'atteindre leur but. Alors le Saint-Esprit doit contrarier le péché, sa vocation est de l'annihiler, et malgré son opposition, amener les élus de Dieu et l'entière création à atteindre son but. »
230. BRATT, *Abraham Kuyper. Modern Calvinist, Christian Democrat*, p. 172.
231. ZWAANSTRA, « Abraham Kuyper's Conception of the Church », p. 149.
232. A. KUYPER, *On the Church*, Bellingham, Lexham Press, 2016, p. 58. Cet ouvrage sera cité sous la forme abrégée OC.
233. WAGENMAN, « Abraham Kuyper and the Church », p. 130 ; ZWAANSTRA, « Abraham Kuyper's Conception of the Church », p. 155 ; BAVINCK, *RD*, III, p. 579. H. Bavinck affirme que l'organisme est antérieur à l'institution.

offre²³⁴ ». En tant qu'opération immanente, l'Église était présente dans le décret de Dieu²³⁵. La Pentecôte, vue souvent comme marquant le début de l'Église, n'est en réalité qu'une manifestation de l'Église dans ce monde²³⁶.

À ce titre, l'Église, née de la volonté de Dieu dans le conseil éternel, est déjà complète et le cours de son histoire est déterminé d'avance par le choix souverain de Dieu²³⁷. Ainsi toute naissance à la foi chrétienne est le résultat d'une prédestination, puisque Dieu a décidé de donner les chrétiens au Christ.

L'aspect corporatif ou organique de l'Église est remarquable dans l'ecclésiologie kuypérienne. L'Église est un organisme et Kuyper en donne les raisons :

> [l]'Église est un organisme parce qu'elle porte en elle-même une vie unique et une conscience de soi qui maintient l'indépendance de cette vie contre l'ancienne. L'Église est un organisme parce qu'elle vit selon sa propre règle et doit suivre sa propre loi vitale. Finalement, l'Église est un organisme parce qu'elle porte déjà en elle-même la semence de ce qui naîtra d'elle plus tard²³⁸.

Partant de cette conception organique de l'Église, le baptême de l'Esprit revêt une dimension corporative. Si l'Esprit n'a pas été répandu avant la Pentecôte, c'est parce que le Corps du Christ n'était pas encore constitué. Mais une fois ce Corps constitué avec l'ascension du Christ, l'Esprit a été répandu sur le Corps, à partir du Christ qui est la tête²³⁹. Le prolongement d'une telle idée corporative de l'Église et du baptême de l'Esprit suggère que l'individu ne reçoit pas individuellement le baptême, mais c'est de façon corporative que l'on est baptisé de l'Esprit²⁴⁰, afin que tous les membres du Corps boivent à la même source²⁴¹. Nous y reviendrons dans l'interprétation de la pensée de Kuyper dans le dernier chapitre.

---

234. Kuyper, *Rooted and Grounded*, p. 11.
235. Zwaanstra, « Abraham Kuyper's Conception of the Church », p. 156.
236. Kuijper, *WHG*, I, p. 238.
237. Kuijper, *WHG*, II, p. 1.
238. Kuyper, *Rooted and Grounded*, p. 11.
239. Kuijper, *WHG*, I, p. 164. Kuyper écrit : « […] ce Corps n'a pas existé jusqu'à ce que Christ monte au ciel et, étant assis à la droite de Dieu, il a répandu sur ce Corps son unité, de sorte que Dieu lui a donné d'être la Tête de toute chose dans l'Église. »
240. Kuijper, *WHG*, I, p. 167.
241. *Ibid.*, p. 170.

Un autre aspect qui milite en faveur de la conception organique de l'Église est la dimension corporative de la race humaine. Selon Kuyper, Dieu n'a pas créé l'humanité comme une série d'âmes isolées, mais plutôt comme une race. Si avec Adam la déchéance a touché toute la race, l'œuvre de grâce ne régénère donc pas des individus isolés, mais elle crée plutôt une union spirituelle, une communion vitale[242]. Elle regroupe les chrétiens de tous les temps, c'est-à-dire ceux du passé, du présent et de l'avenir.

En plus d'être un organisme, l'Église est également une institution. L'institution évoque l'aspect structurel et organisationnel de l'Église. L'Église a besoin d'être une institution ou une organisation en revêtant une forme d'être dans le monde, à l'image de Christ[243]. Son but serait, entre autres, de prendre soin des fidèles, qu'elle engendre et nourrit en tant que Mère[244], et d'étendre l'organisme dans le monde. Pour atteindre ce but, l'Esprit est indispensable, puisqu'il permet le développement et l'extension de l'Église. L'œuvre de l'Esprit s'opère concrètement par les moyens de grâce qui sont la Parole et le sacrement, par l'enseignement et le baptême[245].

Pour articuler l'organisme avec l'institution, Kuyper écrit ceci : « [l]'organisme est l'essence, l'institution est la forme[246]. » Il y a une relation fonctionnelle entre ces aspects de l'Église. De l'organisme l'institution est née, mais aussi par l'institution l'organisme est nourri[247]. Ou encore l'organisme de l'Église est la source nourricière du ruisseau, mais l'institution est le lit qui porte ce courant, les rives qui bordent ses eaux[248]. L'Église du Christ est un organisme unique qui a besoin d'une institution unique pour lutter contre le péché[249].

---

242. *Ibid.*, p. 162.
243. Kuyper, *Rooted and Grounded*, p. 14.
244. *Ibid.*, pp. 14-15 ; Calvini, *Opera*, IV, 1, iv, p. 568. Kuyper se réfère à Calvin lorsqu'il aborde la dimension de l'Église comme Mère des fidèles. Il affirme que ce n'est pas l'humanité qui a donné naissance à l'Église, mais c'est plutôt l'Église qui a donné naissance à l'humanité. Ici il renforce sa conception de l'Église présente dans le décret divin avant sa manifestation historique dans le monde.
245. *Ibid.*, p. 15.
246. *Ibid.*, p. 17 ; Kuyper, *OC*, p. 58.
247. *Ibid.*, pp. 14-15.
248. Kuyper, *Rooted and Grounded*, p. 16.
249. *Ibid.*, p. 19. Kuyper voit la nécessité de maintenir sans séparation l'Église comme organisme et l'Église comme institution, alors que les courants modernistes et irénique prônaient le conformisme de l'Église au monde ou la séparation de l'aspect institutionnel avec

5. La sotériologie
a. La grâce comme fondement du salut

« Tous les bénéfices de l'alliance que Christ a acquis et que le Saint-Esprit applique peuvent être résumés dans le mot "grâce"[250]. » Sans d'abord évoquer le contenu de l'œuvre de grâce du Christ, le fondement de cette œuvre a besoin d'être posé. Quand on envisage de trouver une cause suffisante au salut acquis par Christ pour les croyants, il est indispensable de voir la grâce de Dieu comme le socle de ce salut.

L'idée de partir de la grâce pour comprendre le fondement du salut tient au fait qu'elle est étroitement liée à l'élection qui détermine tout le processus du salut ou du plan de salut. Kuyper l'écrit en ces mots : « […] le salut d'une âme dans un être personnel est un acte éternel, ininterrompu, continu, dont le point de départ repose sur le décret et dont la finalité est dans la glorification devant le trône[251]. » Il dira encore que « [l]a confession de l'élection et la prédestination est essentiellement la reconnaissance d'une grâce active longtemps avant le temps de la conversion[252] ». L'élection est de ce fait par pure grâce et le croyant devrait rendre grâce à Dieu pour son salut[253].

Kuyper parle de la grâce préparatoire de Dieu qui préserve le pécheur durant son temps de pérégrination spirituelle loin de la présence de Dieu[254]. C'est dire que la grâce élective n'abdique pas, car c'est Dieu qui conduit et dirige ses créatures, conformément à son bon plaisir, malgré leur opposition à sa volonté[255]. La notion de grâce préparatoire, selon Kuyper, est remise en cause par les semi-pélagiens, les méthodistes et les théologiens éthiques, parce qu'ils mettent tous, avec quelques nuances, l'accent sur la liberté du pécheur

---

l'organique. Cela ferait de l'Église une simple association avec des lois morales aux yeux de Kuyper. Mais la question du péché est si cruciale que l'Église ne saurait se conformer au monde ou devenir une simple association, au risque de perdre son identité, pp. 19-24.
250. BAVINCK, *RD*, III, p. 573.
251. KUIJPER, *WHG*, II, p. 9.
252. *Ibid.*, p. 113.
253. *Ibid.*, p. 117. BAVINCK, *RD*, III, p. 229 écrit que « […] dans cette œuvre entière du salut, du début jusqu'à la fin, rien n'est introduit qui dérive de l'homme. C'est totalement et exclusivement une œuvre de Dieu. C'est une pure grâce et un salut immérité ».
254. KUIJPER, *WHG*, II, p. 116.
255. *Ibid.*, p. 117.

à choisir d'obéir ou non à la volonté de Dieu[256]. Alors que la grâce de Dieu précède, prépare et opère (*praeveniens, praeparans, operans*)[257].

En théologie réformée, la grâce préparatoire entre dans le cadre élargi de l'alliance de la grâce. À cause du péché de l'homme, la communion entre Dieu et l'homme ne pouvait être rétablie que par Dieu. « Dès le tout premier moment de sa révélation, la grâce assume la forme d'une alliance, une alliance qui est conclue non pas par un processus naturel, mais par un acte historique et qui a alors conduit à une riche histoire de grâce[258] », a affirmé Bavinck au sujet de l'alliance de la grâce.

L'alliance de grâce n'est pas celle des œuvres, qui est relative à l'humanité non déchue, mais elle s'applique au peuple élu[259]. Elle est partie intégrante du pacte de salut éternel des personnes de la trinité et le Christ l'a réalisée ou conclue[260]. Le Christ est fait tête de l'humanité[261] dans cette alliance de la grâce ; et désormais il représente l'humanité tout entière dans son œuvre de Médiateur[262].

Kuyper va dans le même sens que la description faite par Bavinck de l'alliance de grâce, car il parle d'une réalisation d'une alliance du croyant avec Christ comme étant la tête ; et cela fait du croyant un membre de l'alliance de la grâce[263]. Tout ce que le Médiateur, dans le cadre de l'alliance de grâce, a acquis est imputé au croyant : « [...] dans le Médiateur tout [ce qui est] de la satisfaction, justification, et sainteté ; [il y a] d'abord l'imputation, et après le don[264]. » Cette imputation des bénéfices acquis par Christ au compte des chrétiens se fait par la foi produite par l'Esprit[265].

---

256. KUIJPER, *WHG*, II, pp. 118-124.
257. *Ibid.*, p. 123.
258. BAVINCK, *RD*, III, p. 197.
259. *Ibid.*, p. 212.
260. *Ibid.*, p. 215.
261. *Ibid.*, p. 228.
262. *Ibid.*, p. 215.
263. KUIJPER, *WHG*, II, p. 182.
264. *Ibid.*, p. 231.
265. *Ibid.*, p. 233. BAVINCK, *RD*, III, p. 227 affirme qu'il revient seulement aux hommes de se convertir et de croire, car Christ ne peut pas assumer la repentance et la foi à leur place.

b. La régénération, justification et sanctification

Trouver le bon ordre d'articulation entre la justification, la régénération et la sanctification chez Kuyper n'est pas chose simple, car la justification peut être placée avant ou après la régénération[266]. Mais nous commencerons par la régénération qui suit la justification et la sanctification, car le péché ayant porté un coup sérieux à l'image de Dieu en l'homme, l'œuvre de l'Esprit dans l'individu commence par la régénération. Selon Kuyper, en partant du texte de l'Évangile de Jean relatif au baptême d'eau et d'esprit (3.5), « Jésus situe toute opération de la grâce à partir de la régénération. La vie d'abord, et ensuite l'activité de la vie[267] ».

Kuyper, dans *l'Œuvre du Saint-Esprit*, présente deux définitions de la régénération (*palingenesis*). Au sens large, d'après la confession de foi réformée en son article 24, la régénération est considérée comme un acte de la foi, au moyen de la Parole écoutée et de l'Esprit. La régénération, selon le sens restreint, est l'acte par lequel Dieu implante le principe de la nouvelle vie spirituelle[268]. Par ailleurs il appelle la régénération la première grâce[269].

Dans son *Encyclopédie*, la régénération est le fait d'être né de nouveau (*wedergeboorte*), ce qui conduit à un changement total de l'être ; c'est comme un acte de greffage et cet acte est indépendant de l'homme, car il procède de Dieu de façon surnaturelle[270]. La régénération conduit à deux catégories d'hommes conduisant à deux types de sciences[271]. Kuyper, et Bavinck à sa suite, se positionne clairement en limitant la régénération à l'implantation

---

266. Kuyper, *WHS*, II, p. 371. Kuyper parle d'une justification éternelle acquise lorsque Dieu a prononcé son saint jugement, mais cette justification objective dépend de la foi pour enfin être une justification active et subjective ayant pour point de départ la conversion.
267. Kuyper, *WHS*, II, p. 298.
268. *Ibid.*, p. 292.
269. *Ibid.*, p. 295.
270. Kuyper, *Encyclopedia*, p. 152.
271. *Ibid.*, p. 153.

de la nouvelle vie en l'homme par Dieu[272]. C'est le sens qu'on reconnaît en général au terme chez Kuyper[273].

Étant la première grâce, la régénération se situe au début de la chaîne des éléments constitutifs de l'œuvre de rédemption du Christ. Pour mettre en relation la régénération avec la justification et la sanctification, il place la justification avant la sanctification, mais comme il défend une justification éternelle avant la conversion tout en y associant la foi du croyant, alors la justification comporte deux temps ou deux aspects.

Kuyper, lorsqu'il aborde la question de la justification, met l'accent sur l'aspect juridique[274], car « la justification met l'emphase sur l'idée de droit[275] ». Par ce terme on évoque l'idée de relations entre des personnes ou entre des personnes et Dieu ; et en l'absence de relations, il n'y a pas lieu de parler de justification ou de restauration du droit. La notion de droit attachée à la justification crée une différence entre la régénération et la justification, puisque la régénération vise l'être du pécheur et non ses relations[276]. Elle est liée à l'ontologique.

La désobéissance de l'homme n'a pas créé seulement une maladie de son être, mais elle a également affecté ses relations avec Dieu. L'homme s'est rendu coupable et il mérite le châtiment[277]. De ce point de vue, Kuyper juge la régénération, l'appel et la conversion qui s'ensuit et la sanctification comme étant des solutions insuffisantes, car la question de la relation de l'homme avec Dieu, ou celle du droit, n'est point résolue[278]. Le statut de l'homme

---

272. BAVINCK, *RD*, IV, p. 76. Bavinck, quant à lui, fait part de trois propositions de sens possible pour le terme. Elle est d'abord vue comme une transformation dans la conscience humaine consécutive à la foi en l'Évangile ; elle comporte aussi le sens large de renouvellement total d'une personne par la foi et convoque la notion de repentance ; et le sens restreint, auquel Bavinck adhère, selon lequel le terme désigne l'origine ou l'implantation de la vie spirituelle.

273. EGMOND, « Kuyper's Dogmatic Theology », p. 91 ; Hisakazu INAGAKI, « Comparative Study of Kuyperian Palingenesis. The Transcendent and Human Ego in Japanese Thought », dans *Kuyper Reconsidered*, p. 167.

274. KUIJPER, *WHG*, II, p. 207.

275. *Ibid.*, p. 205.

276. *Ibid.*, p. 206.

277. *Ibid.*, p. 209. Kuyper place l'homme dans le contexte de la création, et par conséquent l'homme n'est pas seulement une créature, mais il doit réaliser qu'il appartient à Dieu parce qu'il a été créé par Dieu ; il doit alors être placé sous le contrôle de Dieu et est donc coupable et punissable quand il n'agit pas conformément à la volonté de Dieu.

278. *Ibid.*

devant Dieu est déterminant dans les relations, et l'homme est soit juste soit coupable[279]. Or pour Kuyper le statut d'un homme ne dépend pas de *ce qu'il est* en lui-même, mais plutôt de *ce qu'il a été jugé* ou déclaré *être* par le juge[280].

Kuyper lie étroitement la justification à la déclaration de justice, et non à ce que l'on est. Ainsi « [c]elui que le Seigneur déclare coupable est coupable, et doit être traité comme coupable ; et celui qu'il déclare juste est juste, et doit être traité comme tel[281] ». En effet, Kuyper ne veut pas donner raison aux théologiens qui mettent en avant les œuvres méritoires, notamment la théologie catholique. En envisageant le problème de cette manière, il est possible de saisir le sens juridique et sotériologique de la déclaration selon laquelle le Christ a été fait « péché » pour les hommes et a aussi subi le châtiment ou la peine relatifs au péché à la place des hommes[282].

Si Dieu déclare l'homme juste tout en faisant porter les péchés de l'homme par le Christ, alors Christ est rendu du même coup « coupable » ou a été compté parmi les injustes[283]. Cependant à la résurrection du Christ il a été déclaré juste par Dieu et il est ressuscité pour la justification des croyants[284]. Tout tient à la déclaration de Dieu et non à ce que l'on est en soi. Nous reverrons le problème de la justification en relation avec la Personne du Christ dans la suite du travail pour mettre en lumière la position de Kuyper et celle de Böhl et des néo-kohlbrüggiens.

Revenons à la sanctification qui est, selon Kuyper, le plus glorieux des dons que Christ offre dans le cadre de l'alliance de grâce avec les croyants[285]. Elle est le fait de rendre saint ce qui n'est pas saint ou qui est moins saint[286]. On note quelques différences entre la sanctification et la justification en ce qui concerne le domaine d'application, l'objet et le processus[287].

---

279. *Ibid.*, p. 212 ; Turretin, *ET*, II, p. 637. Turretin accorde la même valeur juridique à la justification en disant qu'elle est en relation avec le statut du pécheur devant Dieu.
280. *Ibid.*, p. 213.
281. *Ibid.*, p. 217.
282. *Ibid.*, p. 216.
283. *Ibid.*, p. 218.
284. *Ibid.*
285. Kuyper, *WHS*, III, p. 431.
286. *Ibid.*, p. 440.
287. *Ibid.* Quatre points de différentiation sont notés par Kuyper : « 1. Justification works *for* man; sanctification *in* man ; 2. Justification removes the *guilt* ; sanctification the *stain* ; 3. Justification imputes to us an *extraneous* righteousness ; sanctification works

La sanctification, quoiqu'elle soit relative à la loi, ne saurait être acquise par l'observation de la loi, car il faut « d'abord la sanctification, et ensuite l'accomplissement de la loi[288] ». Cet ordre suit la logique selon laquelle un cœur rendu impur par le péché ne peut accomplir la loi qu'à condition qu'il soit d'abord sanctifié. Comme c'est l'homme lui-même qui s'est souillé, et qui est donc incapable de se sanctifier, c'est Dieu seul qui peut le sanctifier à nouveau. C'est pour cette raison qu'elle est une œuvre réalisée en nous par l'Esprit de Dieu[289].

Kuyper fait une distinction entre la demande, c'est-à-dire l'exigence de la sanctification, et la sanctification en elle-même en tant que fait. La demande vient de l'alliance des œuvres, tandis que la sanctification elle-même s'inscrit dans le cadre de l'alliance de grâce[290]. L'alliance des œuvres n'était pas donnée pour sanctifier les hommes puisqu'elle était donnée à des hommes déjà saints[291]. Mais la désobéissance a fait que l'alliance des œuvres a vu ses fondements être ébranlés, et il est désormais impossible de satisfaire la demande de sanctification[292]. Une telle incapacité de l'homme à satisfaire à l'exigence de la sanctification nécessite que Dieu offre à l'homme la sanctification en Christ dans le cadre de l'alliance de grâce[293]. La question de la sanctification, en référence au Christ et à l'Esprit, sera réexaminée avec plus de détails dans la suite de notre travail.

---

a righteousness *inherent* as our own ; 4. Justification is at once *completed* ; sanctification increases gradually ; hence remains *imperfect*. »

288. *Ibid.*, p. 437.
289. *Ibid.*, p. 449.
290. *Ibid.*, p. 438.
291. *Ibid.*
292. *Ibid.*, p. 439.
293. *Ibid.*

CHAPITRE 2

Création, anthropologie théologique et Esprit chez Kuyper

Dans son article « Compact Kuyper », J. Bratt compare la pensée de Kuyper avec la tradition réformée conservatrice aux États-Unis des XIXe et XXe siècles. Il décrit en quoi la pensée de Kuyper a cité au nombre de ses éléments caractéristiques l'importance de sa vision de la création et d'une rédemption cosmique. L'auteur n'a pas hésité à dire que sa théologie provenait de cette double vision[1]. Ainsi, élucider sa pensée relative à la création et à son anthropologie théologique, c'est se situer au cœur de la théologie de Kuyper. Qu'en est-il de ces doctrines chez l'auteur ? Comment peut-on y discerner le rôle particulier de l'Esprit dans la création en général et dans la création de l'homme en particulier ? Ces questions font l'objet d'étude de ce chapitre.

A. La création du monde et la trinité divine
I. Terminologie et fondement de la doctrine de la création
1. Termes clés relatifs à la création

Kuyper emploie les termes *schepping* (création), *schepsel* (créature), *geschapen* (créé)[2]. Le terme *schepping* peut désigner la création « visible »

---

1. J. BRATT, « Abraham Kuyper. A Compact Introduction », dans Peter ESCALANTE et Bradford W. LITTLEJOHN, sous dir., *For the Healing of the Nations. Essays on Creation, Redemption, and Neo-Calvinism*, Actes du 2e Convivium Irenicum annuel, San Francisco, Young Museum, 2014, p. 9.
2. KUIJPER, *WHG*, I, pp. 26, 28, 30, 32, 42.

(*zichtbare*) aussi bien que la création « invisible » (*onzichtbare*)³. Il emploie également le verbe « faire » (*maachen*⁴) pour parler de la création de l'humanité (Jb 33.4), ainsi que le terme « façonner » (*formeeren*⁵). Il y a le mot *herschepping*⁶ qui désigne la recréation, étroitement liée à la création⁷ ; et les deux sont une œuvre de l'Esprit⁸. Le terme *herschepping* évoque la régénération ou l'implantation de la nouvelle vie ou du principe de la vie⁹.

Kuyper déclare que dans l'Écriture le concept (*het begrip*) de création (*schepping*) est exprimé par les termes בָּרָא, עָשָׂה et יָצַר dans l'Ancien Testament, avec les termes néotestamentaires équivalents de κτίζειν, ποιεῖν et πλάττειν¹⁰. À ces mots s'ajoute celui de קָנָה ¹¹. Aux trois premiers termes, plus ou moins synonymes (Es 45.18 ; 43.7)¹², il donne respectivement le sens de « créer » (*scheppen*), « faire » (*maachen*) et « façonner » (*geformeeren*) ; et au dernier celui d'« acquérir » (*verwerven*) ou « posséder », parfois synonyme de « faire » (Ps 139.13)¹³. Il y a le terme יָלַד traduit par « naître » (*geboren worden*), en référence à l'origine humaine¹⁴. Enfin le verbe אָמַר, « dire », exprime le moyen par lequel Dieu a créé¹⁵ ; avec le *Logos* ou le *Verbe* comme illustration de la puissance absolue¹⁶ et puissance créatrice de Dieu¹⁷.

---

3. *Ibid.*, p. 41. « Maar nu bestaat er, behalve die *zichtbare*, ook nog een *onzichtbare* schepping. »
4. *Ibid.*, p. 42.
5. *Ibid.*
6. *Ibid.*, pp. 54, 58, 59.
7. *Ibid.*, p. 58. « Dat dit werk der herschepping niet buiten verband met de oorspronkelijke schepping in den goddelooze en gevallene wordt ingebracht. »
8. *Ibid.*, p. 59. « [...] de Persoon des Heiligen Geestes blijft in schepping en herschepping beide altoos de ééne, machtige Werker van allen levensgoed en creatuurlijke bezieling. »
9. Kuijper, *WHG*, II, p. 125. « En zie, nu komt de Heere God in zijn ondoorgrondelijke genade en plant in dezen dooden mensch het beginsel van een nieuw en geestelijk leven in ».
10. A. Kuyper, *Dictaten Dogmatiek, Locus de Creatione*, Kampen, Kok, 1910, p. 42. Désormais cité sous le titre abrégé de *Locus* en précisant le titre et la partie cités, si l'ouvrage comporte plusieurs parties, comme le *Locus de Deo* par exemple.
11. Kuyper, *Locus de Creatione*, p. 44.
12. *Ibid.*
13. *Ibid.*
14. *Ibid.*
15. *Ibid.*, p. 49.
16. *Ibid.* « Gods spreken is een absolute krachtsuiting Gods. »
17. *Ibid.*, p. 49. « De krachtsuiting van de geestelijke zij is אָמַר. Bij de Rabbijnen heeft men het woord מַאֲמָרָה voor Messias, dus krachtsuiting. Hetzelfde zit in Λόγος. Christus is de krachtsuiting Gods. »

Le terme בָּרָא ne désigne pas uniquement la création, mais convoque aussi la notion de maintien, de recréation et d'accomplissement d'un miracle[18] ; il renvoie en général à l'action de Dieu[19]. Le terme *scheppen* comporte-t-il, chez Kuyper, la notion de création *ex nihilo*, souvent associée au terme hébreu בָּרָא ? F. Turretin lie la création *ex nihilo* au terme hébreu et lui donne ce sens exclusif et absolu[20]. Pour Bavinck, le terme *scheppen* ne comporte pas en lui-même la notion de création *ex nihilo*, tout comme le terme hébreu qu'il traduit n'en comporte pas non plus la notion[21]. Mais, selon lui, quoique l'Écriture n'utilise pas l'expression, il est clair qu'elle la convoque[22]. Pour Kuyper, quoique l'expression soit absente de l'Écriture[23], sa réalité est néanmoins attestée : « [l]a création n'est pas dans l'Écriture comme une création *ex nihilo* dans son sens absolu, mais comme une création *ex nihilo* existant par l'omnipotence, la volonté et la sagesse de Dieu[24] » ; alors la justification d'une création « à partir de rien » est plutôt l'omnipotence, la volonté, et la sagesse de Dieu. Cependant la création « à partir de rien » n'exclut pas l'idée absolue d'une origine, car pour Kuyper Dieu est l'origine de toute chose[25]. Kuyper rejette ainsi le sens absolu de l'expression *ex nihilo*.

2. Fondement biblique et théologique

Selon Kuyper, toutes les créatures ont été déterminées d'avance par Dieu. Ainsi, par un ensemble de lois, Dieu, dans sa souveraineté absolue, a

---

18. *Ibid.*, p. 45. « בָּרָא komt voorts in de Heilige Schrift niet enkel voor in den zin van scheppen, maar ook van onderhouden, herscheppen, een wonder doen. »
19. *Ibid.* « Toch staat, waar בָּרָא gebezigd wordt, altijd op den voorgrond het begrip dat God het doet » ; Bavinck, *RD*, II, p. 416 affirme également que le terme, à la différence des autres termes évoqués, se réfère toujours à l'action divine et jamais à celle d'un homme.
20. Turretin, *ET*, I, p. 431.
21. Bavinck, *RD*, II, p. 416.
22. *Ibid.*
23. Kuyper, *Locus de Creatione*, p. 46. Bavinck, *RD*, II, p. 416 et Turretin, *ET*, I, p. 432 font remonter l'origine de l'expression *ex nihilo* au livre des Maccabées (2 Mac 7.28).
24. *Ibid.*, p. 42. « De creatio wordt in de Heilige Schrift niet als een creatio ex nihilo in absoluten zin geleerd, maar als een creatio ex nihilo existente per omnipotentiam, voluntatem et sapientiam Dei. »
25. *Ibid.*, p. 46. « Voor alles moet een causa sufficiens zijn. *Ex nihilo* is een contradictio in terminis. Nihil blijft eeuwig nihil. *Ex* ervoor is onzin. מִן is hier dwaasheid. Waar dit *ex* in de Schrift wordt gebezigd, ziet men het dan ook nooit op *nihil* toegepast, maar op *God*. »

déterminé le fonctionnement des créatures[26]. Dès l'origine de la création, on retrouve l'expression de la volonté de Dieu dans son décret éternel. Mettant en rapport la loi de l'existence avec le décret, Kuyper écrit ceci : « [c]ette loi de l'existence pour la création, aussi longtemps que Dieu s'est lui-même mis en relation avec la création, nous devons la considérer comme étant son ordonnance, telle qu'elle a été déterminée dans son conseil[27] ». Toute créature est faite pour exister conformément au décret de Dieu[28].

C'est ce conseil de Dieu, qui a déterminé d'avance la création, le fonctionnement du monde et le but visé, qui fait l'unité de la créature et qui unit cette créature à Dieu lui-même. En effet, les choses ont leur essence déjà dans le décret divin avant d'être posées objectivement sous la forme créée ou existentielle[29]. C'est comme si Dieu portait en lui-même les idées qu'il voulait réaliser par ou dans la création[30]. De cette manière, c'est-à-dire prédestinée, la création trouve son fondement dans le décret, puisqu'elle a été une réalisation du décret[31]. La création trouve son unité interne, car toutes les choses créées sont dans le décret ; et, par son *essentia* éternelle, la création est également liée à Dieu dans le décret. Par le décret de création, il y a également une unité entre la création et la rédemption ou entre la création et la recréation[32]. Mais l'idée d'une essence éternelle ne doit pas conduire à affirmer l'éternité du monde créé. Kuyper a dénoncé d'ailleurs la position d'Origène qui tendait à soutenir l'idée d'une existence éternelle de la matière[33] ; il a pris également position

---

26. A Kuyper, *E Voto Dordraceno. Toelichting op den Heidelbergschen Catechismus*, Eerste Deel, Amsterdam, Hoveker & Wormser, 1904, p. 190.
27. *Ibid.*, p. 192. « Die wet van aanzijn voor het schepsel, voor zooverre God er zich zelf bij zijn schepping aan bond, noemen we nu meest zijn *bestel*, gelijk dit in zijn *raad* bepaald was. »
28. Kuijper, *WHG*, I, p. 36. « […] dat het werk van den Heiligen Geest uitkwam in het leiden van het bestaan der schepselen naar Gods raad ». Bavinck, *RD*, II, p. 407 dit que « [l]a réalisation du conseil de Dieu commence avec la création ».
29. Kuyper, *Locus de Creatione*, p. 23. « Het wezenlijke d.i. de essentia blijft eeuwig in God ; in ons wordt dit wezenlijke slechts temporale en creatuurlijk tot existentie gebracht, verwezenlijkt. »
30. *Ibid.*, p. 67. « Er moet in den Wereldschepper dus een denkbeeld zijn, dat Hij verwezenlijken wil. »
31. Bavinck, *RD*, II, p. 343. Bavinck explique la nécessité de la création comme suit : « En tant qu'Être tout suffisant, Dieu n'a pas besoin d'un monde, c'est son décret qui rend la création et la préservation du monde nécessaires. »
32. Kuyper, *Encyclopedia*, p. 427.
33. Kuyper, *E Voto*, I, p. 206.

contre la théorie de l'émanation, qui faisait découler les choses créées de l'Être de Dieu[34], et contre l'idée de création à partir d'une matière préexistante[35].

S'agissant de désigner la personne de la trinité à qui le décret est approprié, Kuyper affirme que c'est au Père, source de la divinité, que le pouvoir décrétif sied. Comme le Fils est engendré éternellement du Père, ainsi en est-il aussi du décret éternel de Dieu, qui vient du Père sous la forme d'un engendrement éternel[36]. On peut comprendre, à partir de cette idée, que la création est l'œuvre du Père, car de lui vient le décret fondateur de l'action de créer. Car le langage trinitaire utilisé par Kuyper dit que Dieu est la source et la fontaine de toutes choses, et le Fils est celui qui met les choses en place avec leur spécificité[37]. L'origine et la source sont bien marquées par la préposition ἐκ.

II. Création comme *opus ad extra* de la trinité

Le décret de Dieu qui justifie la création, comme nous l'avons noté, relève des *opera ad intra*, c'est-à-dire les actes de la divinité à l'intérieur d'elle-même. Turretin ainsi que Bavinck parlent des décrets comme étant « les actes essentiels internes de Dieu[38] ». Kuyper identifie aussi le conseil de Dieu ou les décrets avec les œuvres *ad intra*[39]. Il convient de considérer maintenant comment la réalisation du décret divin dans la création a fait de cette dernière un *opus ad extra* de la trinité. Nous partons de l'engendrement du Fils qui suggère la possibilité de création, car « si Dieu était incommunicable, il n'aurait pas été en mesure de donner vie soit au Fils soit à aucune autre créature[40] ».

---

34. Kuyper, *Locus de Creatione*, p. 50. « Zij leert, dat de dingen emanant ex Deo. »
35. *Ibid.*, p. 42.
36. Kuyper, *E Voto*, I, p. 195. « Er is een eeuwige generatie wat den Persoon aangaat, en deze belijden we als de eeuwige generatie des *Zoons* ; zoo nu is er ook […] een generatie uit het goddelijk bewustzijn, en dit noemen we Gods eeuwige *Raad* » ; A. Kuijper, *WHG*, I, p. 25. « […] en omgekeerd, alle plan en raadslag, waarmeê alle ding bestemd wordt, is een raadslag, waarin de Vader slechts bestemd en bepaald heeft die goddelijke wijsheid, die Hijzelf als Vader genereert in den Zoon. »
37. Kuyper, *Locus de Creatione*, p. 67. « En die onderscheiding nu tusschen πατήρ en λόγος stemt met met ἐκ en διά overeen. ἐκ is de fons undenam; διά de beheerschende macht die heeft voorgezeten om het zóo te doen zijn als het is. »
38. Turretin, *ET*, I, p. 311, « […] essential internal acts of God » ; Bavinck, *RD*, II, p. 342. Bavinck n'a pas manqué de noter que les *opera ad intra*, appelés aussi décrets, constituent un lien entre les œuvres immanentes de Dieu et les œuvres externes de la création et de la recréation.
39. Kuijper, *WHG*, I, p. 15.
40. Bavinck, *RD*, III, pp. 277-278.

1. Le Fils médiateur de la création
a. L'engendrement du Fils comme le Logos

Dans les relations intratrinitaires, le rapport du Fils au Père a été défini et désigné par l'engendrement du Fils par le Père[41]. Comment Kuyper a-t-il exprimé le dogme de l'engendrement éternel ? Dans *L'Œuvre du Saint-Esprit*, Kuyper, fidèle à l'orthodoxie, a confessé le dogme de l'engendrement du Fils par le Père. « Puisque le Père engendre le Fils, et en vertu de cet engendrement, le Fils contient l'Être total du Père, il ne peut y avoir de division de l'Être, mais seule la distinction des Personnes demeure[42] », a-t-il écrit. Avec l'engendrement éternel, le Père reste toujours Père pour le Fils et le Fils est éternellement Fils du Père[43]. Mais l'égalité de la substance divine est sauvegardée, car le Fils partage la même essence que le Père, fontaine de toutes choses[44] et source royale[45]. Le Fils est l'image du Père[46].

Dans sa *Dogmatique*, aussi bien que dans *E Voto Dordraceno*, pour expliquer l'engendrement du Fils par le Père, Kuyper a utilisé un langage philosophique. Il a parlé de la vie divine ou de la trinité en termes de conscience divine. Le Père a engendré le Fils de toute éternité avec une pleine conscience[47]. Dieu a conscience de lui-même, il pense à lui-même et se présente un soi divin comme l'objet de sa conscience[48]. Cette façon de se projeter est l'autodétermination de Dieu[49]. Cette autodétermination est le *Logos* et correspond à l'engendrement du Fils. Ce Fils engendré est parfaitement Dieu, car s'il n'est pas Dieu, c'est qu'il n'est pas le résultat logique de la projection

---

41. Kuijper, *WHG*, I, p. 18.
42. *Ibid.*, pp. 24-25. « […] de Vader den Zoon genereert en de Zoon al wat de Vader is, in zich gegenereerd draagt, nu valt alle *wezenlijke* scheiding weg, en blijft ons niets dan de *personele* onderscheiding over », *WHG*, III, p. 138.
43. *Ibid.*, p. 18. « […] zoodat de Vader *vader* tegenover den Zoon, de Zoon *zoon* tegenover den Vader. »
44. *Ibid.*, p. 23. « *Vader* als uit de Sprinkader aller dingen. »
45. *Ibid.*, p. 24. « De Vader is de koninklijke Bron. »
46. Kuyper, *E Voto*, I, p. 187.
47. *Ibid.*, p. 195. « Dat Woord is uit de eeuwige generatie des Zoons, omdat de Vader dien Zoon eeuwiglijk genereert met volle, heldere, goddelijke bewustheid. »
48. Kuyper, *Locus de Deo*, Pars Altera, p. 243. « Het is zichzelven kennen, zichzelven aan zichzelven voorstellen. »
49. *Ibid.*, pp. 243-244. L'auteur recourt à l'expression « zichzelven obiectiveeren » pour exprimer l'idée de l'autodétermination de Dieu dans le *Logos*.

de Dieu à l'intérieur de lui-même, c'est-à-dire dans la divinité[50]. Mais ailleurs Kuyper a utilisé une autre formulation qui laisse croire que Dieu se projette hors de lui-même, c'est-à-dire hors de la divinité, selon le sens de la préposition *uit het Goddelijk*[51]. Cela poserait un problème au niveau du dogme de la trinité que Dieu se projette hors de la divinité, car ce serait une négation de la divinité et aussi un problème trinitaire.

Dans la *Grâce Commune*, Kuyper a écrit que la vie de l'Être de Dieu, même avant que le monde soit créé par Dieu, était une vie glorieuse, riche et cela grâce à l'autodétermination de Dieu dans ou par le *Logos*[52]. Il a parlé d'une sainte interaction de Dieu avec Dieu lui-même[53]. On peut penser à l'expression *zichzelven obiectiveeren*[54] dans le *Locus de Deo*. Or il localise la lumière dans l'esprit humain et l'identifie à la conscience[55], alors que c'est la Parole ou *Logos* qui est la lumière qu'il a identifiée à la conscience. Du rapport de la lumière ou conscience avec la Parole, il a écrit ceci : « [...] la lumière de notre conscience n'est pas ajoutée comme un second élément, mais elle est notre vie, elle est la vie de la création, elle est la vie de la Parole éternelle dans la création qui devient lumière en nous, qui scintille dans notre lumière et rayonne comme lumière[56] ». On comprend que la Parole équivaut à la lumière, qui est elle-même synonyme de conscience. On en conclut que le *Logos* divin, dans

---

50. *Ibid.*, p. 243. « God is God. Als Hij zichzelven obiectiveerde, en het geobiectiveerde ook niet tevens God was, dan zou het God-zijn van God niet geobiectiveerd zijn ; elke Christelijke belijdenis, die iets te kort doet aan het God zijn van den Logos, maakt de daad van zelfobiectiveering in God onvolkomen en vernietigt het Goddelijk Wezen zelf. »
51. *Ibid.*, p. 242. « Op deze wijze nu leert de Heilige Schrift, dat in het Goddelijk Wezen uit het Goddelijk Ik van eeuwigheid tot eeuwigheid de absolute inhoud van zijn bewustzijn geobiectiveerd wordt, en noemt zij deze eeuwige zelfobiectiveering van God den λόγος. »
52. A. Kuyper, *Common Grace. God's Gifts for a Fallen World*, vol. 1: Historical Section, Stephen Grabill, sous dir., Lexham Press, Bellingham, 2016, p. 468. « John discloses to us a world of rich and glorious life within that eternal being of God, even when as yet no created world existed. This is the God expressing himself from eternity within himself, in the Word » ; GG, I, p. 389 : « In dat eeuwige Wezen Gods nu doet Johannes ons, ook toen er nog geen geschapen wereld bestond, een wereld van rijk en heerlijk leven kennen. God van eeuwigheid zich in Zichzelven, in zijn Woord uitsprekende. »
53. *Ibid.*, p. 469.
54. Kuyper, *Locus de Deo*, Pars Altera, p. 243.
55. Kuyper, *CG*, I, p. 470. « Wat is hier *licht* ? Licht is het licht in uw geest. Licht is uw bewustzijn », *GG*, I, p. 391.
56. *Ibid.*, p. 473. « En zoo ook komt het licht van ons bewustzijn niet bij ons leven als tweede iets bij, maar het is ons leven, het is het leven der schepping, het is het leven van het eeuwige Woord in de schepping, dat in ons licht wordt, tot licht zich verheldert, en als licht glanst », *GG*, I, p. 394.

le langage trinitaire de Kuyper, est la conscience de soi de Dieu[57]. En Dieu, a-t-il dit, la vie divine et la conscience divine sont inséparables[58].

Dans la conception kuypérienne de la divinité, une grande importance voire même la primauté est accordée à l'intellect ou à la conscience[59], de sorte que l'Être divin se détermine en termes de conscience divine. En Dieu, la pensée, la conscience et l'être n'existent pas de façon séparée[60]. Sans conscience divine il n'y a pas d'Être divin. C'est ce qui justifie l'idée de l'engendrement comme une autodétermination de la conscience divine. En examinant l'existence divine sous cet angle, on peut dire que Dieu existe « logiquement », car la vie divine est pleinement manifestée dans ou par celle du *Logos*[61]. En lui sont exprimées les pensées de l'essence divine.

En plus de l'engendrement du Fils, Kuyper a également parléd'un deuxième engendrement qui est le décret ou le conseil[62]. Le Fils éternel est-il identique au décret ou se confond-il avec ce dernier ? Nous pouvons dire que le décret correspond effectivement au Fils éternel ou au *Logos* non engendré[63], c'est-à-dire qu'il correspond à la volonté de Dieu, selon Velema[64]. Pourtant, la théologie réformée a souvent considéré le décret comme le pacte de la rédemption ou une alliance entre les trois personnes de la trinité, selon Bavinck[65]. Turretin semble affirmer que le décret, ou le pouvoir décrétif, appartient à « l'essence divine[66] ». Kuyper s'est-il démarqué de cette position en

---

57. KUYPER, *Locus de Deo*, Pars Altera, pp. 4, 5, 16.
58. KUYPER, *CG*, I, p. 473.
59. KUYPER, *Locus de Deo*, Pars Altera, p. 17. « [...] het primaat van het intellect [...] Altoos gehoorzaamt de wil aan het dictamen van het intellect. »
60. *Ibid.*, p. 250. « bij God den Heere echter is geen zijn zonder bewustzijn en geen bewustzijn zonder zijn, denken en zijn dekken elkander volkomen; die twee kunnen in het Eeuwige Wezen niet zonder elkaar bestaan. »
61. KUYPER, *Encyclopedie der Heilige Godgeleerdheid*, vol. II, Amsterdam, Wormser, 1894, p. 194.
62. KUYPER, *E Voto*, I, p. 195. « [...] een generatie uit het goddelijk bewustzijn, en dit noemen we Gods eeuwigen Raad. »
63. KUYPER, *Locus de Sacra Scriptura*, p. 22. « Dei cogitationis pars = consilium = λόγος προφορικός. »
64. VELEMA, *De Leer van de Heilige Geest bij Abraham Kuyper*, p. 54.
65. BAVINCK, *RD*, III, pp. 212-213. L'auteur, parlant de l'alliance comme base de la vraie religion de l'AT et du NT, a dit que cette alliance était enracinée dans le décret de Dieu, qui est vu comme une alliance entre les personnes de la trinité dans l'Être même de Dieu. Cette alliance, ou pacte du salut, est le conseil de paix, l'alliance de la rédemption.
66. TURRETIN, *ET*, I, pp. 312, 313. Il a pu écrire que les décrets ne sont pas réellement différents de son essence, puisque « la volonté de Dieu n'est rien d'autre que l'essence elle-même

identifiant le Fils non engendré au décret ? C'est un propos, assez original, mais pour lequel il faudrait émettre des réserves.

L'amour joue un rôle important dans la vie intratrinitaire et en particulier dans l'engendrement du Fils éternel. Si de toute éternité en Dieu se trouve une sainte interaction, l'amour constitue le socle de cette interaction ou de l'autodétermination. En Dieu, il y a la vie parfaite d'amour avant même que Dieu ne puisse créer le monde à l'endroit duquel il pouvait témoigner de l'amour[67]. En effet, dans l'engendrement du Fils, l'essence de l'amour de Dieu a été manifestée dans le *Logos*[68]. L'engendrement du Fils a été une preuve de l'amour de Dieu, car Dieu engendre un autre être personnel que lui : le *Logos* avec lequel il vit dans un parfait amour[69]. De cette manière, l'amour a manifesté son caractère par « la consécration de soi, le renoncement à soi-même et le sacrifice de soi[70] » de la part de Dieu.

b. Le Fils comme Médiateur de la création

Comment tout ce qui existe est-il l'œuvre du Fils éternel, la deuxième Personne de la trinité ? Kuyper a affirmé que la création est l'œuvre de la trinité[71], mais il a mis quand même en évidence le rôle approprié au Fils éternel. Le point de départ de la réflexion sur le rôle de Médiateur de la création du Fils se situe d'abord dans le décret ou le conseil éternel de Dieu. Nous avons montré que le plan ou les idées et pensées de Dieu relatives à la création sont exprimés dans le décret éternel de Dieu avant la création[72], conformément à la distinction entre *essentia* et *existentie*[73].

---

qui veut » (p. 312) ; « c'est l'essence de Dieu qui veut et décrète » ou « le décret n'est rien d'autre que Dieu lui-même décrétant » (p. 313).

67. Kuyper, *CG*, I, p. 468. « Dat is de teekening vol majesteit van het volmaakte liefdeleven in God, nog eer er iets was, en toen er nog geen wereld bestond, waarnaar zijn liefde kon uitgaan », *GG*, I, p. 389.

68. Kuijper, *WHG*, III, p. 131. « Omgekeerd moet het wezen der Liefde uit God zelven gekend worden gelijk Hijzelf dit wezen der Liefde in zijn Woord geopenbaard heeft. »

69. *Ibid*., p. 134 ; *WHS*, III, p. 515.

70. *Ibid*., p. 132, « […] als ze toewijdende, zichzelf verloochenende, opofferende » ; *WHS*, III, p. 513.

71. Kuyper, *E Voto*, I, p. 207. « De Drieëenige God, in zich zelven volkomen genoegzaam, is het dus, die als Vader, Zoon en Geest, geheel alleen door zijn goddelijke werking zonder daarbij iets aan te wenden of te gebruiken dat buiten Hem bestond, heel dit wondere heelal in het aanzijn heeft geroepen. »

72. *Ibid*., p. 190.

73. Kuyper, *Locus de Creatione*, p. 23.

Ensuite, dans la mise en œuvre ou dans l'exécution du décret de création, le rôle du Fils a aussi été mis en évidence par le fait que toutes choses ont été créées par le Fils éternel. L'idée de cause instrumentale qui revient au Fils fait de lui le Médiateur de la création. C'est ainsi que Dieu le Père a tout mis en place par le Fils[74]. Si le Père est l'origine de la création, le Fils en est le Médiateur en jouant un rôle instrumental, dont le sens est clairement indiqué par la préposition διά. C'est dire que l'œuvre du Fils a consisté à faire exister le monde tel qu'il est actuellement. Son œuvre a été de donner une spécificité à chaque créature[75]. Établi héritier de toutes choses[76], le Fils a d'abord été le Médiateur de la création. Car par le Christ-*Logos*, « manifestation de la puissance de Dieu[77] », la pensée éternelle de Dieu a été rendue concrète par la création de l'univers[78]. Chul Won Suh dit que « l'instrument de la création a été établi comme le but de la création[79] ». À ce titre, le Fils est le commencement et l'aboutissement de la création.

Le monde créé revêt une certaine unité et Kuyper a employé à cet effet le terme *synhestêke*[80]. Le Fils éternel fait le lien entre ce qui a été créé et Dieu, puisqu'il est présent dans tout l'ordre créé[81], même dans les créatures les plus insignifiantes[82]. Tout est lié organiquement au *Logos*, et par lui à Dieu, puisqu'il est Dieu[83]. C'est une relation organique indissoluble avec l'Être de Dieu[84]. Puisque Dieu travaille organiquement[85], la créature est un organisme

---

74. *Ibid.*, p. 67. « En die onderscheiding nu tusschen πατήρ en λόγος stemt met ἐκ en διά overeen. ἐκ is de fons undenam ; διά de beheerschende macht die heeft voorgezeten om het zóo te doen zijn als het is. »
75. Kuyper, *Locus de Creatione*, pp. 71, 72.
76. *Ibid.*, p. 68. « De Zoon is juist als Schepper κληρονόμος. »
77. *Ibid.*, p. 49. « Christus is de krachtsuiting Gods. »
78. Kuyper, *E Voto*, I, p. 207. « Eerst was dit heelal alleen in de gedachte Gods. Toen sprak Hij het uit door het Woord en het trad naar buiten. »
79. Chul Won Shu, *The Creation-Mediatorship of Jesus Christ. A Study in the Relation of the Incarnation and the Creation*, Amsterdam, Rodopi, 1982, p. 159.
80. Kuyper, *CG*, I, p. 471. « [S]ynhestêke, en dit beduidt, dat alle dingen als één geheel, in hun organisch verband genomen, bestaan, nu en eeuwig, door het Woord », *GG*, I, p. 392.
81. *Ibid.*, « Zoo is het eeuwige Woord in alle ding, in sterren en in zonnen, in steen en metaal, in bloem en tak en wortel, in de vogelen des hemels en in de visschen der zee », *GG*, I, p. 392.
82. *Ibid.*, « Zeer diep moest daarom het leven van het eeuwige Woord afdalen, om zich ook in die lage sfeer uit te spreken, om ook daarin het Woord te zijn », *GG*, I, p. 393.
83. *Ibid.*, p. 469.
84. *Ibid.*, p. 470.
85. *Ibid.*, p. 439.

hiérarchiquement organisé ; elle est le reflet de Dieu avec son *summum* dans l'homme[86]. Rien n'existe donc indépendamment de Dieu, car tout est lié à Dieu par le *Logos*, Médiateur de la création, la force ou la puissance qui soutient et anime toute créature[87].

2. Création comme une objectivation de la trinité

À partir des *opera ad extra*, il est possible de saisir la création comme un acte objectif de Dieu dans l'histoire. En quoi consiste la manifestation de Dieu dans l'économie et comment procède-t-elle ? Le rapport du *Logos* avec l'essence et l'existence des choses[88] et la distinction kuypérienne entre l'essence et l'existence[89] d'une chose sont des éléments qui peuvent montrer comment la création est une projection de Dieu dans l'histoire.

L'essence est éternelle, puisqu'elle a été définie d'avance par le décret éternel, mais elle n'a pas une existence, car celle-ci est historique, c'est-à-dire manifestation dans le temps. Une fois l'essence d'une chose manifestée dans le temps, on parle alors de création ou de l'existence. La création est l'objectivation de la pensée divine ou du décret dans l'histoire[90], car tout ce qui était dans le décret de la création a été manifesté dans le temps. Les *opera ad intra* constituent la fondation des *opera ad extra* ou les actes révélés dans le temps. Ainsi Kuyper a fait dépendre la trinité économique de la trinité ontologique ou immanente.

La création étant une projection ou une objectivation de la pensée trinitaire, et même de l'Être de Dieu, car on ne peut séparer Dieu de sa pensée

---

86. Kuyper, *CG*, I, pp. 469, 471-472 ; *GG*, I, p. 393.
87. *Ibid.*, p. 471. « Hij is de *spannende en bezielende kracht* die het alles ophoudt, dat het staan blijft », *GG*, I, p. 392. Ici, c'est nous qui soulignons, Kuyper semble faire du *Logos* une puissance ou une force qui anime et fait vivre la créature. En cela il fait jouer le rôle particulier de l'Esprit par le Fils éternel. Nous verrons dans la partie réservée au traitement du rôle de l'Esprit dans la création comment une telle action du Fils éternel dans la création peut poser problème dans la conception théologique de l'auteur.
88. Kuyper, *CG*, I, p. 472.
89. Kuyper, *Locus de Creatione*, p. 23. « Het wezenlijke d.i. de essentia blijft eeuwig in God ; in ons wordt dit wezenlijke slechts temporale en creatuurlijk tot existentie gebracht, verwezenlijkt. »
90. Bavinck, *RD*, II, pp. 426-430 discute la question de la création et du temps et, sans recourir comme Kuyper à une distinction entre la nature essentielle d'une chose dans l'éternité et son existence historique et temporelle dans la création, il affirme que tout ce qui est en Dieu est éternel, y compris sa pensée, sa volonté de créer et son décret. Mais il note que le temps est quand même la forme nécessaire pour l'existence de ce qui est fini (p. 429).

éternelle[91], il est possible de percevoir l'image de Dieu à partir de l'ordre créé. Le monde créé reflète la pensée de Dieu[92] ; et à l'homme il a été donné de penser Dieu à partir de la création[93], car la nature révèle Dieu[94], bien que ce soit sous l'angle de la révélation générale, car tout ce qui a été créé correspond, selon Kuyper, à l'Être de Dieu *via* le *Logos* ou Parole[95]. C'est la gloire de Dieu qui a été donnée à l'homme dans « la glorieuse création[96] » de Dieu et elle est présente, à des degrés différents, dans les créatures animées ou inanimées[97]. La création, dans son ensemble, reflète la pensée et l'Être de Dieu[98], mais la créature qui reflète le plus la gloire de Dieu est la personne élue ainsi que l'Église[99]. On peut bien dire que la créature dans son ensemble est l'objectivation de la pensée de Dieu dans l'histoire.

3. *But de la création : la gloire de Dieu*

L'autosuffisance de Dieu est à poser comme principe avant de parler de la glorification et de la souveraineté de Dieu qu'elle implique. Dieu ne manquait absolument de rien à cause de l'état bienheureux dans lequel il se trouvait.

---

91. KUIJPER, *WHG*, I, p. 15. « [...] maar dat in Hem het ééne Wezen én denkt én gevoelt én wil, dan zegt die teekenende uitspraak van de gedachten zijns harten ons klaar en duidelijk, dat het Wezen Gods in zich zelf werkt van alle eeuwigheid. »
92. KUYPER, *CG*, I, p. 470. « The imprint of the Creator is therefore impressed upon all that has been created. The world contains nothing, not a single thought, that has not been taken from the divine Being and brought about by the Word who himself is God. Therefore all that has been created corresponds to the being of God. »
93. KUYPER, *Pro Rege*, III, p. 416. « In de wereld ligt alzoo de gedachte Gods verborgen, en het is den mensch gegeven, uit die Schepping de gedachte Gods op te sporen en zelf na te denken. »
94. *Ibid.* « God heeft in die Schepping, gelijk onze Geloofsbelijdenis het zoo schoon zegt, als met kleine letterkens zijn Goddelijke gedachte geschreven, en wij lezen die gedachte Gods van de Schepping af. Eerst spellen we, dan leeren we, dan kennen we het van buiten. In de natuur en in de geschiedenis is metterdaad Gods algemeene Openbaring. »
95. KUYPER, *CG*, I, p. 470.
96. *Ibid.*, p. 290.
97. KUIJPER, *WHG*, I, p. 26. « Maar in dit uitkomen van den *eere* Gods uit zijn schepping zijn *graden*. Die eere Gods komt niet uit alle schepsel *even sterk*, noch uit elk schepsel *op dezelfde manier*. Een insect en een star, een schimmelplant en een ceder op den Libanon, één polderjongen en een Augustinus zijn alle schepselen Gods, maar welk verbazend verschil niet tusschen een dof kiezelsteentje en die fonkelende ster, of ook tusschen een insect en een geest als Augustinus of Newton. »
98. KUYPER, *CG*, I, p. 470.
99. KUYPER, *WHG*, I, p. 27. « [...] dat de eere Gods het naast en het meest hangt aan zijn *uitverkorenen*, of, wil men, aan zijn *kerk*. »

Kuyper a écrit ceci : « [n]ous devons penser qu'il a existé sans la création, étant éternellement seul, notre Dieu aurait été entièrement satisfait et bienheureux en lui-même, de telle manière que la création du monde n'aurait rien ajouté à cet état de béatitude[100] » ; « S'il [le monde] n'était jamais venu à l'existence, Dieu n'aurait manqué de rien[101] » ; il est « Éternel et Dieu béni à jamais[102] ». La création n'apporte en rien un changement en Dieu[103] ; elle s'inscrit dans l'ordre de la contingence et non de la nécessité, c'est-à-dire que Dieu avait le choix de créer ou de ne pas créer[104]. Elle a été un acte libre et non une nécessité[105], Dieu étant suffisant en lui-même de toute éternité[106]. La théologie, science de la nature[107], doit s'opposer à l'idée que Dieu est impensable sans le cosmos, sinon l'idée de création libre est totalement faussée[108].

La souveraineté de Dieu a servi d'appui à Kuyper pour défendre l'idée de la glorification de Dieu comme étant l'ultime but et la finalité de la création[109], car « [t]oute chose doit être mesurée par la gloire de Dieu[110] » ; même l'élection et la réprobation[111] ; la rédemption et la réprobation sont aussi

---

100. KUYPER, CG, I, p. 468. « [...] en dan toch het u zoo indenken, dat uw God ook zonder schepping eeuwig alleen zijnde, zelfgenoegzaam en volkomen volzalig in Zichzelven zou geweest zijn; zóó, dat de schepping der wereld niets hoegenaamd aan die volzaligheid kon toevoegen of toegevoegd heeft », GG, I, p. 390.
101. Ibid., p. 469. « Het had kunnen wegblijven, en onzen God zou niets ontbroken hebben », GG, I, pp. 391-392.
102. KUYPER, WHS, I, p. 32 ; « Het Eeuwige en Volzalige Wezen... », WHG, I, p. 40.
103. KUYPER, Locus de Creatione, pp. 23-27. Kuyper apporte une réponse à la question de savoir si la création amène un changement en Dieu, c'est-à-dire dans son Être. Qu'il s'agisse de la création de nécessité ou du changement en Dieu qu'aurait apporté la création, Kuyper défend l'idée que Dieu ne change pas dans son Être lorsqu'il crée.
104. Ibid., p. 42. « De Schepping als zoodanig is actio Dei Triunius libera, en wel libera zoowel wat het scheppen of niet-scheppen, als het zóó en niet anders scheppen betreft. »
105. KUYPER, Locus de Creatione, p. 58. « [...] dat we Schepping hebben te belijden als een actio libera, en niet als een actio necessaria. »
106. KUYPER, CG, I, p. 170.
107. KUYPER, Locus de Creatione, p. 58. « En daarom behoort de theologie tot de wetenschap van den kosmos. »
108. Ibid., « Zoodra men echter toegeeft aan de gedachte, dat God niet zonder den kosmos is te denken, dan is de actio libera weg, en behoort het bestaan van den kosmos tot het bestaan Gods. »
109. SUH, The Creation-Mediatorship of Jesus Christ, p. 161. Selon Suh, l'exercice de la souveraineté de Dieu ouvre la voie pour sa glorification par la création. Car c'est pour la cause de sa gloire que Dieu a tout créé.
110. KUIJPER, WHG, I, p. 12. « [...] dat alle ding gemeten moet naar de maat der glorie Gods. »
111. Ibid., p. 11. « Eerst door het eind der dingen af te meten naar wat aan God den Heere toekomt, staat ge derhalve recht in de zaak van Satan. En juist evenzoo nu komt ge in de

subordonnées à la gloire de Dieu[112]. Dieu étant la mesure de toute chose, toute chose doit fonctionner sous la direction de l'Esprit de Dieu, afin de réaliser le conseil éternel de Dieu[113]. Ce conseil éternel de Dieu a décidé que la création servirait la gloire de Dieu, non pas une gloire partielle, mais une gloire totale et d'éternité en éternité[114]. La glorification de Dieu assignée à la créature relève de la souveraineté de Dieu, puisque c'est son conseil éternel qui l'a décidé. On peut comprendre, à partir du décret de la création, que Dieu a visé sa propre glorification, même s'il s'autoglorifie lui-même[115].

Toutes les activités de Dieu sont destinées à glorifier Dieu[116]. Selon Kuyper, même le jardin d'Éden n'était pas créé pour Adam ; au contraire Adam lui-même avait été créé pour servir la cause de Dieu[117]. Le but était qu'à travers l'homme Dieu reçoive l'adoration et la glorification comme fruit de son œuvre de création[118]. À ce titre, même l'amour de soi en Dieu contribue à renforcer l'autoglorification de Dieu par la création. Dieu a voulu que la création, et en particulier son Église, reconnaisse son amour et qu'en retour elle le glorifie en l'aimant volontairement[119]. L'amour existe pour la cause de Dieu et non pour la cause du monde créé[120]. Dieu a désiré que son propre amour soit démultiplié dans les cœurs et même dans l'univers afin que sa gloire soit visible partout[121].

---

zaak der zaligen en der rampzaligen dán eerst zuiver te staan, als ge beider einde uit laat vloeien in het hoogste einde van het einddoel uws Gods. »

112. *Ibid.*

113. *Ibid.*, « dat het werk van den Heiligen Geest bestaat in *de rechtvaardiging van Gods raadsbesluit,* met al wat van het eerste begin der schepping daartoe gestrekt heeft en alsnog in het verloop der eeuwen, in de toekomst onzes Heeren Jezus Christus, en voorts eeuwiglijk, zoowel in het paradijs als in den poel, daartoe strekken zal ».

114. Kuyper, *Locus de Deo*, Pars Tertia, p. 92. « Terwijl nu op aarde altijd slechts gedeeltelijk, in successie van tijd de historie opkomt, is in het besluit niet die eere partieel, maar de volle heerlijkheid en eere van eeuwigheid tot eeuwigheid. »

115. *Ibid.*, p. 80. « Ook deze verheerlijking door het schepsel behoort tot de middelen, en die gloria Dei, die het finis decreti is, moet verstaan worden van de verheerlijking van God in, door en voor Zichzelven, Gods zelfverheerlijking. »

116. *Ibid.*, pp. 92, 93.

117. Kuyper, *CG*, I, p. 170.

118. *Ibid.*, p. 171.

119. Bratt, *Abraham Kuyper. Modern Calvinist, Christian Democrat*, p. 104.

120. Kuijper, *WHG*, III, p. 134. « Die Liefde is er niet om de wereld, maar om God zelf. »

121. Kuyper, *E Voto*, I, p. 198. « Dat hebben van een Naam, van een schittering zijner Majesteit, van een uitstraling zijner glansen, van een openbaring zijner deugden, van een firmament vol vonken van liefde om zich heen, dat is het wat de Heilige Schrift noemt : de heerlijkheid Gods. »

Le but de la glorification de Dieu visé dans la création ne peut être changé. Même l'irruption du péché dans l'ordre créé ne peut pas empêcher ce but d'être atteint. En effet, l'alliance de grâce conclue avec Noé après le déluge visait la préservation du monde en vue de la glorification de Dieu en Christ[122]. Si la création originelle était ordonnée à cette fin, il en sera de même pour la rédemption en Christ[123] ; par la recréation, Dieu est à nouveau glorifié selon son plan initial[124]. Le plus important n'est pas le salut ou la rédemption du monde créé, mais plutôt l'honneur de Dieu[125], l'honneur de Dieu vis-à-vis de Satan[126]. C'est toute la raison d'être de la grâce commune et de la grâce particulière[127].

B. L'anthropologie théologique de Kuyper

K. Smit, parlant de l'anthropologie de Kuyper, affirme qu'il a rédigé deux anthropologies : une anthropologie réformée et une scolastique[128]. Sans entrer en débat avec Smit, qu'en est-il exactement ? Il faut se tourner vers les écrits de l'auteur en examinant ce qu'il a dit de la création et de la constitution de l'homme ; et la relation de l'homme au péché avec la déchéance de la nature humaine comme corollaire du péché. La *Dogmatique* de Kuyper, en particulier le *Locus de Homine* et son *Œuvre du Saint-Esprit* retiendront particulièrement notre attention, car ce sont les *loci* où Kuyper a développé suffisamment son anthropologie.

---

122. Kuyper, *CG*, I, p. 29.
123. *Ibid.* ; *Locus de Deo*, Pars Tertia, pp. 151, 173 ; *E Voto*, II, p. 202.
124. *Ibid.*, p. 290.
125. *Ibid.*, pp. 290-291.
126. *Ibid.*, p. 291. « This is a remarkable fact that clearly shows how the Lord places in the foreground of his redeeming work not our salvation, but the preservation of his honor over Satan. »
127. *Ibid.*, p. 298.
128. Kobus Smit, « Horse Cheese Has Never Been made – On the Anthropology of Kuyper », p. 132.

I. Homme image de Dieu

1. *Le sens de l'expression et différentes interprétations par les théologies*

a. Le sens de l'expression : « image et ressemblance »

Le lieu classique pour cette notion est le texte du livre de la Genèse : « Faisons l'homme à notre image, selon notre ressemblance » (1.26). Kuyper, aussi bien que Calvin, affirme que les deux termes, « image » et « ressemblance », sont des synonymes[129]. L'expression montre le caractère glorieux de la création de l'homme comparée à celle des autres créatures[130]. Kuyper écrit : « le sens général de ces mots est que l'homme est totalement différent des autres êtres ; que son espèce est plus noble, plus riche, plus glorieuse ; et de façon spéciale cette gloire plus élevée consiste en une plus intime relation et en une relation plus étroite avec son Créateur[131]. »

Quant à l'image d'une personne, elle est « une concentration de ses traits essentiels qui font d'elle l'empreinte même de son être[132] ». Alors l'image de Dieu est « la concentration des traits de l'Être de Dieu, par lesquels il s'exprime lui-même. [...] Par image de Dieu nous devons comprendre la représentation de son Être tel qu'il existe éternellement dans la conscience divine[133] ». Ou encore « l'image [...] est l'expression de l'Être de Dieu tel qu'il existe dans Sa propre conscience[134] ». C'est tout l'homme qui est cette image de Dieu à cause du lien indissoluble entre le corps et l'âme[135]. Bavinck, rejetant l'idée que l'homme porte ou a l'image de Dieu, affirme conformément à la confession réformée que « l'homme est image de Dieu[136] ». Ce qui suggère l'idée de totalité de l'être de l'homme comme étant l'image de Dieu[137].

---

129. KUYPER, *WHS*, II, p. 221 ; CALVIN, *IC*, I, xv, p. 3. L'absence du terme *ressemblance* dans le verset suivant (1.27), selon Calvin et Kuyper, joue en faveur de la synonymie entre les deux termes.
130. KUYPER, *WHS*, II, p. 219.
131. *Ibid.*
132. *Ibid.*, pp. 219-220.
133. *Ibid.*, p. 221.
134. *Ibid.*
135. *Ibid.*
136. BAVINCK, *RD*, II, p. 554.
137. *Ibid.*, pp. 555, 561. Selon lui, rien de ce qui appartient à l'être humain n'est exclu de l'image de Dieu. La totalité à laquelle l'image renvoie est la dualité corps et âme.

b. Différentes interprétations

Au cœur du débat sur l'image de Dieu se trouve la question de la justice originelle. Les théologiens catholiques, arminiens, luthériens et réformés ont eu des interprétations différentes. Le point de vue de Rome, ici représenté par Bellarmin, est que la justice originelle n'appartenait pas à l'image de Dieu en l'homme. C'est une grâce surajoutée à la nature humaine[138]. La chair et l'esprit, deux entités anthropologiques, étant en conflit[139], alors pour contenir ses désirs et ses tendances humaines à pécher, Dieu a ajouté une grâce particulière à la nature humaine : la justice originelle[140]. C'est un frein ou une bride pour contenir les désirs de la chair par l'esprit[141]. Mais par son péché, l'homme a perdu cette grâce surnaturelle et n'a gardé que sa pure nature (*in puris naturalibus*)[142].

Pour les sociniens ainsi que et les arminiens, la notion d'image de Dieu en l'homme renvoie simplement à un revêtement de la majesté divine et du pouvoir de domination sur les autres créatures[143]. Pour les luthériens, l'image n'est ni dans la nature organique de l'homme ni dans sa spiritualité, mais plutôt dans la justice originelle[144]. Avec le péché, selon la théologie luthérienne, tout comme la théologie catholique, ce trait, donc l'image aussi, a été totalement perdu[145].

Le point de vue d'Eduard Böhl, théologien réformé et celui des néo-kohlbrüggiens étaient influencés par la traduction de la préposition בְּ du צֶלֶם (zelem). En la traduisant par *dans* au lieu de lui donner le sens de *a*, Böhl a fait de l'image de Dieu une sphère dans laquelle l'homme a été placé[146]. Kuyper a bien noté la position de Böhl en écrivant ceci :

---

138. Kuyper, *CG*, I, p. 156.
139. *Ibid.*
140. *Ibid.*
141. *Ibid.*
142. Kuyper, *WHS*, II, p. 227 ; *WHG*, II, p. 36 : « [...] en nu derhalve als zondaar weer in zijn naakte natuur (*in puris naturalibus*) vanzelf helt naar zonde, doordien hij zondig begeert. »
143. *Ibid.*, p. 228 ; *WHG*, II, pp. 36-37.
144. *Ibid.*, p. 229.
145. *Ibid.*
146. *Ibid.*, pp. 232-233 ; T. Forster, *Eduard Böhl's (1836-1903) Concept for a Re-Emergence of Reformation Thought*, New York, Peter Lang, 2009, p. 95. Cet auteur rend compte de la position de Böhl sur la traduction de la préposition allant dans le même sens : « dans la sphère de (l'image). »

> [l]'homme est créé « dans » et non pas « d'après » l'image de Dieu, c'est-à-dire que l'image ne se trouve pas dans la nature de l'homme ou dans son être, mais hors de lui et en Dieu. L'homme a été tout simplement placé dans la lumière de cette image. Alors se maintenant dans cette lumière, il vivrait dans cette image. Mais en s'y soustrayant, il serait déchu et retiendrait néanmoins sa propre nature laquelle demeure sans changement avant et après la chute[147].

L'homme ne portait pas en lui-même cette image, mais il en était seulement le reflet ou le rayonnement tant qu'il se tenait devant Dieu, telle une plante qui vit de la chaleur et la lumière du soleil[148]. Elle était comme une lumière dans laquelle l'homme se tenait ou marchait[149].

Kuyper, selon la tradition réformée, a défini l'image de Dieu comme faisant partie de la nature ou l'être de l'homme, contrairement au point de vue de Böhl, de Rome et des luthériens. Il écrit :

> […] l'image de Dieu, étant une avec la ressemblance, n'a pas consisté seulement en la justice originelle, mais incluait aussi l'être de l'homme et la personnalité ; non seulement son statut, mais aussi son être. Ainsi la justice originelle n'était pas quelque chose d'additionnel, mais son être, sa nature et son statut étaient originellement dans la plus belle harmonie et dans une relation causale[150].

---

147. KUYPER, *WHS*, II, p. 218. « […] dat de mensch *in* het beeld en niet naar het beeld van God geschapen is ; dat dus het beeld van God niet gezocht moest worden in des menschen natuur of wezen, maar buiten den mensch in God, en dat alsnu de mensch in dat beeld was ingezet, in het licht van dat beeld was ingeplaatst, en derhalve, zoolang hij in dien stand bleef, in dat beeld Gods verkeerde en wandelde. Ging hij daarentegen uit den glans van dat beeld weg, dan viel hij, en behield niets over dan zijn eigen natuur, die vóór en na den val, naar deze hoogleeraar beweert, dezelfde bleef », *WHG*, II, p. 21.

148. *Ibid.*, p. 232 ; FORSTER, *Eduard Böhl's (1836-1903) Concept for a Re-Emergence of Reformation Thought*, p. 95. « Böhl a alors compris « l'image » non pas comme quelque chose qui est inhérent à l'homme, mais plutôt comme une empreinte communicable ou une silhouette de l'être même de Dieu. »

149. *Ibid.*, pp. 233, 235.

150. *Ibid.*, p. 229. « […] dat het beeld van God, met zijn gelijkenisse een, *niet* enkel uit de oorspronkelijke gerechtigheid bestond, maar wel terdege ook wel 's menschen wezen en persoonlijkheid insloot. Dus niet slechts zijn *staat,* maar ook zijn *wezen.* Vandaar, dat de oorspronkelijke gerechtigheid dan ook niet als iets bijkomstigs werd beschouwd, maar

Kuyper a rejeté également l'idée selon laquelle l'image se référait à la seule personnalité de l'homme, comme l'affirmait la théologie de la médiation (*vermittelung*) à la suite de Fichte[151]. La personnalité fait partie de l'image de Dieu, mais elle n'en constitue pas l'élément central[152]. L'image est la forme finie de l'être infini de Dieu et de ses attributs ; le statut de l'homme était l'expression de la félicité divine et son pouvoir de domination renvoie à la domination et à l'autorité de Dieu[153].

Les arguments kuypériens pour réfuter particulièrement la position de Böhl sont d'ordre exégétique et biblique. Il reprend le débat sur la préposition בְּ du צֶלֶם (zelem) en passant en revue des textes de l'A.T.[154] et conclut qu'elle ne pouvait pas être toujours traduite par *dans*, traduction de Böhl. Elle a le plus souvent le sens de *comme*, *pour* et de *selon*[155]. « L'image de Dieu manquait sur la terre. Quand Dieu a créé l'homme, le manque était comblé, car cette image était l'homme, sur qui le Seigneur avait imprimé sa propre image[156] », écrit-il, pour dire que Dieu a créé l'homme pour avoir une image de lui-même. Ainsi l'homme est l'image ou la copie dont Dieu est l'original[157]. Cette image ne pouvait donc pas avoir un sens spatial, comme Böhl l'a défendu.

Par ailleurs, Kuyper a examiné la proposition, qu'il a fait remonter à Origène[158], selon laquelle l'image de l'homme dont il est question était l'image du Christ. Tertullien, Ambroise, Basile, et Chrysostome ont tous soutenu l'idée que l'image se référait à Christ[159]. Tandis que les théologiens réformés tels Junius, Zanchius, Calvin, Voetius et avant eux Augustin ont combattu cette idée erronée[160]. L'idée qui se dégageait de ce transfert de l'image de Dieu vers l'image du Christ est que l'homme a été destiné à Christ et fait pour

---

wezenheid, *natuur* en *staat* van den mensch oorspronkelijk in de schoonste harmonie en in oorzakelijk verband werden gedacht », *WHG*, II, p. 38.
151. *Ibid.*, p. 230.
152. *Ibid.*
153. *Ibid.*, p. 231.
154. *Ibid.*, pp. 238-239.
155. *Ibid.*, p. 239.
156. Kuyper, *WHS*, II, p. 240.
157. *Ibid.*, p. 241.
158. *Ibid.*, p. 242.
159. *Ibid.*
160. *Ibid.*

Christ et par conséquent il a été créé à l'image du Christ[161]. Suivant Calvin[162], Kuyper a réfuté cette idée en disant que l'image du Christ était plutôt celle selon laquelle l'homme est régénéré[163] ou celle à laquelle le régénéré est appelé à être conforme[164]. L'image du Christ renvoie au Fils incarné, notre Sauveur, tenté en tout comme nous, mais sans jamais pécher[165].

Sur le sens de l'image de Dieu, Calvin voyait une synonymie ou un parallélisme entre les termes « image » et « ressemblance »[166]. Sans rejeter l'idée que l'image se référait également au corps, il pensait que le centre de cette image était plutôt au niveau de l'âme, c'est-à-dire l'aspect spirituel mais aussi émotionnel de l'homme[167]. Turretin resta dans la ligne tracée par Calvin en situant l'image surtout dans l'âme sans pourtant rejeter tout rapport avec le corps[168]. Bavinck, comme cela a été noté, a référé également l'image à l'homme tout entier[169] avec le siège au niveau du cœur, au sens physique, métaphysique et psychique[170]. Pour Berkouwer, c'est tout l'homme, tout en y incluant sa relation au monde, à l'avenir et son statut de Fils du Père céleste[171]. Kuyper

---

161. *Ibid.*, p. 243.
162. Calvin, *IC*, I, xv, p. 3. Calvin avait réfuté aussi cette idée selon laquelle l'homme aurait été créé selon l'image de Jésus-Christ en disant que c'est bien dans un sens différent qu'Adam aurait été créé, sans avoir Jésus-Christ comme son patron, c'est-à-dire son modèle ou image.
163. Kuyper, *WHS*, II, pp. 243, 244.
164. *Ibid.*, p. 243.
165. *Ibid.*, p. 244.
166. Calvin, *IC*, I, xv, p. 3 ; C. G. Berkouwer, *The Person of Christ. Studies in Dogmatics*, Grand Rapids, Eerdmans, 1954, p. 68. Berkouwer a noté que la tendance, qui avait vu le jour avec Origène, à séparer image et ressemblance, a été de plus en plus abandonnée tant en milieu réformé que luthérien, par exemple.
167. *Ibid.* « Car bien que la gloire de Dieu reluise même en l'homme extérieur, toutefois il n'y a doute que le siège de cette image ne soit l'âme. Je ne nie pas que la forme corporelle, en tant qu'elle nous distingue et sépare d'avec les bêtes brutes, ne nous conjoigne tant plus à Dieu et nous fasse approcher de lui. […] je n'y contredirai point, moyennant que ce point demeure toujours conclu, que l'image de Dieu, laquelle se voit en ces marques apparentes, ou bien démontre quelque petite lueur, est spirituelle. »
168. Turretin, *ET*, I, pp. 465-466. « Cette image a consisté en des dons répandus sur l'homme à la création. Ils étaient non seulement essentiels ou seulement accidentels, mais à la fois : internes aussi bien qu'externes, par lesquels il a été placé à un si haut degré de nature, de perfection et d'autorité qu'aucune autre créature visible n'était plus semblable et plus étroitement liée à Dieu que l'homme », p. 466.
169. Bavinck, *RD*, II, p. 554.
170. *Ibid.*, p. 556.
171. Berkouwer, *The Person of Christ. Studies in Dogmatics*, p. 117.

est resté alors dans la ligne réformée concernant le sens global de l'image de Dieu en l'homme.

2. Éléments constitutifs de l'image de Dieu en l'homme
a. La justice et la sainteté originelles

L'idée de justice originelle, qui caractérise en partie l'image de Dieu en l'homme, n'a rien à voir avec l'innocence. La justice originelle d'Adam était le fait « qu'il a été créé dans une vraie justice et sainteté[172] ». Elle n'était pas une justice en devenir, mais le fait même de l'être[173]. Elle concernait à la fois l'être et le statut devant Dieu[174] ; donc une justice positionnelle[175]. Elle n'était pas une justice externe, mais elle était plutôt intrinsèque à la nature humaine[176]. Elle est un fait de la création, d'où son nom justice originelle[177], et non une justice imputée, comme celle des enfants de Dieu acquise définitivement[178] par la foi[179], et qui ne peut être perdue, contrairement à celle d'Adam[180].

Kuyper a établi un lien entre la justice originelle et la sainteté originelle, dans la mesure où la moindre désobéissance d'Adam lui faisait perdre sa justice positionnelle devant Dieu[181]. En effet, la vie morale, c'est-à-dire la vie de sainteté, et la vie religieuse, ou vie de justice, sont inséparables[182]. Il a conclu pour l'inclusion de la sainteté originelle dans la justice originelle[183]. Il a ajouté à la notion de justice originelle celle de sagesse originelle[184]. Car

---

172. KUYPER, *WHS*, II, p. 225.
173. *Ibid.*, p. 231.
174. *Ibid.*, p. 229.
175. KUYPER, *CG*, I, p. 182.
176. *Ibid.*, pp. 162-163.
177. *Ibid.*, p. 182.
178. KUYPER, *WHS*, II, pp. 367-371. Le caractère définitif de la justice des enfants de Dieu est justifié par la thèse de la justification éternelle défendue par notre auteur.
179. *Ibid.*, p. 245. KUYPER, *CG*, I, p. 147. Kuyper affirme qu'Adam, dans son état de justice, avait une foi, mais une foi en Dieu et non une foi en Christ le Médiateur. Il en est de même pour le Christ lui-même, qui n'avait pas une foi placée dans le Seigneur Jésus-Christ, mais en Dieu.
180. KUYPER, *WHS*, II, p. 225. L'image de Dieu étant constituée de deux parties, la justice originelle et l'être organique de l'homme, l'homme pouvait perdre la justice originelle tout en gardant son être organique.
181. KUYPER, *CG*, I, p. 183.
182. *Ibid.*
183. *Ibid.*
184. *Ibid.*

c'est la sagesse originelle qui permettait d'obéir à la loi de Dieu, et Ève, ayant été convaincue de façon rationnelle par le diable[185], a décidé de se départir de cette loi. Elle perdit aussitôt, et Adam également, sa juste position devant Dieu[186]. Il a décrit la relation de la justice à la sainteté et à la sagesse originelles comme suit : « [l]a justice, la sainteté et la sagesse [originelles] sont alors trois gouttes de la même rivière, et c'est en fonction de la plus grosse [goutte] des trois que le statut de l'homme est appelé statut de justice originelle, puisque cette dernière dépasse automatiquement les deux autres[187]. » Ces trois traits, étroitement liés, font partie de l'image de Dieu[188].

b. La domination de l'homme

Selon Kuyper, en prenant appui sur le récit de la création de l'homme (Gn 1.26), Dieu a appelé l'humanité à dominer le monde ou la nature[189]. La dualité ou l'opposition entre l'esprit et la matière a servi de point de départ pour déterminer le pouvoir de domination qui revenait à l'homme[190]. Il l'a justifié comme suit : « [c]e principe est solidement établi puisque les paroles dites par Dieu lient directement la domination de l'esprit au niveau de l'être humain à la création de la personne à l'image et à la ressemblance de Dieu[191]. » La domination caractérise l'image de Dieu dans le contexte immédiat du texte auquel on se réfère. Kuyper écrit encore : « [...] il [le pouvoir] dépend de notre être créé à l'image de Dieu. C'est une domination qui est conférée à l'humanité par Dieu, dans laquelle Dieu lui-même est glorifié par l'humanité[192]. » C'est une sorte de délégation du pouvoir divin à l'homme ou de pouvoir dérivé[193].

---

185. *Ibid.* « Satan did not mesmerize Eve, but he *persuaded with reasons.* » C'est l'auteur qui souligne.
186. *Ibid.*
187. *Ibid.*
188. *Ibid.*, pp. 185, 226. Bavinck, *RD*, II, p. 557. Il note les trois vertus qui sont la connaissance, la justice et sainteté tout comme Kuyper qui parle de justice, sainteté et sagesse.
189. Kuyper, *Pro Rege*, I, p. 114. Smit, « Horse Cheese Has Never Been made – On the Anthropology of Kuyper », p. 138. L'auteur affirme que le thème de la domination comme un trait caractéristique de l'image de Dieu est un thème traditionnel en théologie lorsque la notion de l'image de Dieu est à déterminer.
190. *Ibid.*, p. 115.
191. *Ibid.*
192. Kuyper, *Pro Rege*, I, pp. 118-119.
193. *Ibid.*

La domination, comme un trait caractéristique de l'image de Dieu, est d'une importance capitale. Elle est comme le « trait principal[194] ». Cette domination traduit en quelque sorte la souveraineté de Dieu :

> [e]n fait, la domination est comme une caractéristique si vitale dans l'image de notre Dieu, et donc le grand signe de sa souveraineté, qu'une créature créée à son image qui n'a pas une telle domination dérivée est simplement impensable. [...] Sans cette domination l'humanité ne porterait pas l'image de Dieu[195].

C'est ainsi qu'il a été résolu par Dieu que l'homme, à cause de son aspect spirituel, contrôle le reste de tout ce qui a été créé par Dieu[196]. Ce pouvoir de dominer est conféré à l'humanité ou à la race humaine et non pas seulement à l'individu[197]. Cependant, pour Kuyper tout comme pour Bavinck, la domination ne forme pas à elle seule le trait caractéristique de l'image de Dieu, comme l'affirment les sociniens[198].

c. La conscience de soi de Dieu

On peut déduire cette idée de la définition donnée par l'auteur à la notion en cause : « [...] comme Dieu seul est en mesure de représenter son propre Être, il s'ensuit que par image de Dieu nous devons comprendre la représentation de son Être tel qu'il existe éternellement dans la conscience divine[199]. » Dans sa *Dogmatique*, l'auteur distingue deux sortes d'images : l'archétype et l'ectype, illustrées respectivement par l'image du cachet et celle que le cachet laisse sur un support, c'est-à-dire l'empreinte[200]. Il décrit l'image dans un langage typologique : « [l]'homme est créé selon le type [à l'image] de Dieu, lequel existe dans la conscience de soi éternelle de Dieu, comme il

---

194. *Ibid.*
195. *Ibid.*
196. *Ibid.*, p. 115.
197. *Ibid.*, p. 116.
198. Kuyper, *WHS*, II, p. 228 ; *WHG*, II, pp. 36-37 ; Bavinck, *RD*, II, p. 560.
199. *Ibid.*, p. 221.
200. Kuyper, *Locus de Homine*, p. 18. « De imago archetypa is de imago, die op 't cachet staat- het holle beeld. De imago ectypa is de imago, die in het lak staat- het holle beeld. » Turretin, *ET*, I, p. 465. Turretin fait allusion aussi à l'image archétypique et à l'image ectypique et affirme que l'homme a été créé selon la première image (archétypique), c'est-à-dire qu'il est la copie dont Dieu est l'original. L'image ectypique renvoie à l'image de Dieu lui-même.

se connaît lui-même[201]. » Ensuite l'idée de Dieu ou l'image de Dieu est mise en parallèle avec la conscience de soi de Dieu[202]. Il voit Dieu comme l'original et l'homme comme la copie[203].

C'est dire que l'homme a été créé à l'image de la conscience de soi de Dieu[204]. Ailleurs il écrit que « l'image […] est l'expression de l'être de Dieu tel qu'il existe dans sa propre conscience[205] ». Par la conscience de soi[206], l'homme diffère radicalement des autres créatures. C'est au regard de cette capacité de l'homme à être conscient de soi, faisant de lui l'image de Dieu, que la connaissance de Dieu et de sa volonté est donnée seulement à l'homme[207]. Puisque Dieu a une conscience de soi, il a créé l'homme à son image en lui donnant d'être conscient de soi, à la différence des animaux.

Sur le contenu de l'image de Dieu en l'homme, les théologiens réformés tels que Turretin et Bavinck aussi bien que Kuyper ont souligné que l'image concerne la justice originelle, la domination et l'immortalité[208] ; c'est surtout l'intégrité de cœur, selon Calvin[209]. Mais aucun d'entre eux ne l'a référée à la conscience de soi, à l'exemple de Kuyper. Bien que Calvin ait affirmé « que l'image de Dieu s'étend à toute la dignité par laquelle l'homme est éminent par-dessus toutes espèces d'animaux[210] », la souplesse de sa pensée fait que l'on ne peut pas y introduire ou voir impérativement la notion de conscience de soi comme caractéristique de l'image de Dieu.

---

201. *Ibid.*, « De mensch is dus geschapen naar het type van God, dat bestaat in het eeuwig zelfbewustzijn van God den Heere, zooals Hij zich zelven kent. »
202. *Ibid.* « […] maar schept den mensch naar 't beeld, dat in zijn zelfbewustzijn is, d. i. het archetypische beeld Gods ; de idee van God ; het beeld van God, gelijk dat in 't goddelijk bewustzijn van den eeuwigen Zoon zich van eeuwigheid tot eeuwigheid afspiegelt. »
203. *Ibid.*, pp. 18-19. « […] maar een uitgedrukt (ectypisch) beeld, gelijk het andere een ingedrukt (archetypisch) beeld is » ; *CG*, I, pp. 181-182.
204. Smit, « Horse Cheese Has Never Been made – On the Anthropology of Kuyper », p. 138.
205. Kuyper, *WHS*, II, p. 221.
206. Kuyper, *Locus de Deo*, Pars Altera, p. 16 ; Velema, *De Leer van de Heilige Geest bij Abraham Kuyper*, p. 83.
207. Kuyper, *Locus de Homine*, p. 105. « […] dat hem bewustzijn en in dat zelfbewustzijn tegelijk de onmiddellijke kennisse van God en Zijn wil was geschonken. »
208. Turretin, *ET*, I, pp. 466, 469 ; Bavinck, *RD*, II, p. 560.
209. Calvin, *IC*, I, xv, p. 3.
210. Calvin, *IC*, I, xv, p. 3.

II. Création et constitution de l'homme

1. *La dichotomie anthropologique*

Dans son *Œuvre du Saint-Esprit*, le schéma anthropologique dominant semble être basé sur deux éléments : le corps (*lichaam*) et l'âme (*ziel*). Il y a aussi plusieurs emplois de l'expression « chair et sang » pour désigner le corps ou la nature humaine[211] ; la dualité corps et âme pour désigner la totalité de l'être humain[212], et pour parler des élus également[213]. L'image de Dieu en l'homme se réfère à la fois à son corps et à son âme dans leur relation indissoluble[214]. Parlant de la sanctification, il dit que c'est l'homme total, corps et âme, qui doit être sanctifié[215], puisqu'il est pécheur dans son corps et son âme[216], même si le point de départ du péché est dans l'âme et non dans le corps[217].

Dans la *Grâce Commune*, Kuyper affirme que Dieu, en créant les animaux, avait déjà en vue l'homme qu'il allait créer[218] avec une constitution dichotomique, corps et âme[219]. Pour lui, les deux arbres dans le jardin d'Éden renvoient à la dualité de l'homme[220] et symbolisent la dichotomie de l'homme, car il a été créé corps et âme[221]. Il réfère l'arbre de vie au corps (*lichaam*) et l'arbre de la connaissance à l'âme (*ziel*)[222] ou à la conscience selon la version anglaise[223]. La dualité corps-âme est remplacée par la suite par la dualité corps-esprit[224]. En vertu du lien entre le corps et l'âme, l'image de Dieu s'applique

---

211. Kuyper, *WHS*, I, pp. 84-85, 88, 91.
212. *Ibid.*, p. 91.
213. *Ibid.*, p. 120.
214. Kuyper, *WHS*, II, p. 221.
215. Kuyper, *WHS*, III, p. 490.
216. *Ibid.*
217. *Ibid.*, p. 491.
218. Kuyper, *CG*, I, p. 134.
219. *Ibid.*
220. *Ibid.*, p. 149. Il dit que « [...] l'un est en rapport avec notre être et l'autre avec la conscience. L'un est appelé l'arbre de vie, c'est-à-dire de l'être, l'autre est l'arbre de la connaissance morale, c'est-à-dire la conscience ».
221. *Ibid.*
222. Kuyper, *GG*, I, p. 122 : « Of, om het (hoewel het niet geheel juist is) een- voudiger uit te drukken : die Boom des levens stond in verband met ons lichaam, die Boom der kennisse met onze ziel. »
223. Kuyper, *CG*, I, p. 149.
224. *Ibid.*, p. 154.

aussi au corps[225], lequel appartient à l'âme comme son instrument d'action préparé par Dieu[226]. Donc « il n'y a rien du corps qui n'a pas été créé pour servir comme instrument pour l'âme », dit-il[227]. L'homme, en tant qu'image de Dieu dans son corps et son âme, reste immortel[228].

La *Dogmatique* de l'auteur reflète également la dichotomie. Son lieu classique est le texte de Genèse 2.7. Il note la distinction entre le visible et l'invisible, ce qui correspond au corps et à l'âme[229]. Critiquant, comme Bavinck[230], la notion de trichotomie comme étant une influence païenne du platonisme sur l'Église[231], Kuyper présente la dichotomie comme une vérité scripturaire et affirme l'existence psychosomatique (corps et âme) de l'être humain[232]. L'homme est constitué de deux substances : corps ($σῶμα$) et âme ($ψυχή$) ou chair ($σάρξ$) et esprit ($πνεῦμα$)[233]. Le corps, une fois de plus, sert d'instrument pour l'âme[234].

En effet, l'âme est une substance spirituelle créée[235], Kuyper s'oppose alors à l'idée de traducianisme de l'âme qui consiste en un transfert de l'âme dans un corps[236]. Ce transfert suppose la préexistence de l'âme, ce qui est

---

225. *Ibid.*, p. 187.
226. *Ibid.* ; *Pro Rege*, I, p. 138. Il dit que notre esprit contrôle notre corps et le fait mouvoir ou agir.
227. *Ibid.*, p. 246.
228. *Ibid.*, p. 188.
229. Kuyper, *Locus de Homine*, p. 23.
230. Bavinck, *RD*, II, pp. 555-556. L'aspect trichotomiste de la philosophie platonicienne et des écoles de pensée gnostique que critique Bavinck est le fait qu'elles voient le *pneuma* et la *ruah* comme étant deux substances distinctes (p. 555). Alors que la *ruah* est avec le *psychè*, selon Bavinck, puisque dès le commencement c'est la *ruah* (*pneuma*) qui a été organisée en *psychè* (âme) pour donner un être vivant. L'esprit est le principe et l'âme le sujet de la vie en l'homme (p. 556).
231. Kuyper, *Locus de Homine*, p. 23.
232. *Ibid.*, p. 23.
233. *Ibid.*, p. 24.
234. Kuyper, *Locus de Peccato*, p. 102. « Het lichaam dient den geest niet meer; de harmonische functie, waardoor het lichaam 't orgaan van de ziel moest wezen, is verstoord. »
235. Kuyper, *Locus de Homine*, pp. 38-39. « De ziel is eene substantia creata spiritualis, en wel zóó, dat zij vereenigd kan worden met een somatisch lichaam, dat zij daarvan gescheiden kan worden en later er weder mede vereenigd » ; *WHS*, II, p. 279.
236. *Ibid.*, p. 64. « Het Traducianisme werd door onze Vaderen steeds bestreden tegenover de Lufherschen, die meenden op geen andere wijze de erfzonde te kunnen verklaren. Volgens deze leer is er één moment waarop de ziel van het kind nog in den vader is en een volgend moment waarop zij uit den vader in het kind, overgaat. »

contraire à la doctrine de la prédestination[237]. Kuyper fait remonter l'origine et la dépendance de l'âme à Dieu[238] et maintient le créationnisme de l'âme comme une confession de l'Église[239]. Chez Kuyper, l'âme a le contrôle sur le corps[240] ; et les opérations de ce dernier sont passives, alors que celles de l'âme sont actives[241]. Au moyen des nerfs, l'âme met le corps en action[242].

2. Ramifications de la dichotomie kuypérienne : ordre et hiérarchie

Calvin, évitant les divisions philosophiques, avait trouvé seulement deux divisions majeures en l'âme : l'intelligence et la volonté[243]. Comment Kuyper construit-il l'unité anthropologique au regard des divisions qu'il a données à l'âme ? L'homme est fait d'un corps et d'une âme, et à l'âme est référée la conscience avec ses facultés ou ses vertus de connaissance, de contemplation, de réflexion et de jugement[244]. Par exemple, selon lui, le péché commence dans l'âme et c'est d'abord à la conscience et à ses facultés qu'il s'attaque[245]. La volonté, ou *ik*, est dépendante de la conscience[246]. C'est à la volonté que revient la faculté de décider d'obéir ou de ne pas obéir à la volonté de Dieu[247]. C'est elle qui détermine les actions de l'homme, car un corps peut avoir de mauvais désirs, et l'âme perdre son équilibre interne, mais si le *ik*, ou l'*ego*

---

237. *Ibid.*, p. 63.
238. *Ibid.* « De praeordinatie zijner ziel moet in God en niet in den mensch liggen ; daarom is het met de oeconomie der H. S. in strijd, de ziel anders voor te stellen, dan rechtstreeks uit Gods hand voortgekomen. »
239. *Ibid.*, p. 65.
240. Kuyper, *Pro Rege*, I, pp. 115, 138, 146, 152. « [...] l'âme fait tout [...] par le corps comme son instrument. Quand une personne marche en somnolant, c'est l'âme qui inconsciemment guide le corps tout entier » (p. 152). Bavinck, *RD*, II, pp. 559-560 affirme la même chose quant au caractère instrumental du corps vis-à-vis de l'âme, même s'il note le lien très intime entre les deux et rejette l'idée d'un corps qui serait une prison pour l'âme.
241. Kuyper, *Locus de Homine*, p. 40. « [...] is de werking van het lichaam passief, van de ziel actief »
242. Kuyper, *Pro Rege*, I, p. 152 ; *Locus de Creatione*, p. 40. « [...] die als het ware de handen zijn, waardoor de ziel het lichaam aanvat, om het in actie te brengen. [...] De zenuwen normen den geleiddraad, waarlangs de ziel haar werking op het lichaam overbrengt. »
243. Calvin, *IC*, I, xv, p. 7. « Il nous faut prendre donc une autre division [que celle des philosophes] : c'est qu'il y a deux parties en notre âme : *intelligence* et *volonté*. »
244. Kuyper, *WHS*, III, p. 491.
245. *Ibid.*
246. *Ibid.*, p. 493.
247. *Ibid.*

personnel, n'est pas affecté, ou engagé, il ne peut y avoir de péché[248]. Le *je*, ou le *moi*, détermine donc les actions.

Par le rapport de l'âme avec le *moi*, il pose le problème de l'unité personnelle. L'âme, telle qu'elle est présentée par Kuyper, a un *moi*, ou plus précisément, le *moi* a une âme[249], car il parle du *je* comme ayant une âme et un corps. Il n'est pas seulement constitutif de l'âme, mais a lui-même une âme. Il constitue en réalité l'unité personnelle du corps et de l'âme, puisque c'est l'union du corps et de l'âme qui forme le *moi* ou la personne[250]. « Notre *Je* est notre personne », dit-il[251] ; et il est immortel[252].

Pour Kuyper, l'esprit, ou le *pneuma*, fait allusion à l'*ego* ou à l'homme lui-même. Kuyper peut parler du rôle pneumatique de l'âme[253]. L'esprit, l'expression la plus élevée de l'âme humaine, est le facteur d'unité entre les deux substances, corps et âme, sans pour autant être lui-même une troisième substance[254]. L'esprit est identifié à la conscience de soi de l'homme et à l'homme lui-même avec référence à l'*ego*[255]. Mais l'*ego* se présente comme la manifestation extérieure de l'esprit ; ce dernier reste la force motrice du moi, par le biais de la conscience de soi[256].

Kuyper évite de donner à l'esprit une valeur substantielle ou hypostatique, car cela le conduirait à une affirmation de la trichotomie, qu'il rejette. Le *je* reste une distinction interne de l'âme, sans une substance propre, même s'il

---

248. Kuyper, *WHS*, I, pp. 91, 101.
249. Kuyper, *Locus de Homine*, p. 23. « [...] dat de mensch, dichotomisch bestaande, in zijn "ik" die twee tot één saamsmeedt: "Ik heb een ziel en lichaam"; "ik besta uit ziel en lichaam"; "ik ben niet een ziel, maar heb een ziel". »
250. Kuyper, *Locus de Peccato*, pp. 100-101. « Adam kreeg bij zijn schepping: ziel en lichaam. De vereeniging daarvan vormde den persoon of het *ik*. Dat *ik* heeft dus ziel en lichaam. »
251. Kuyper, *Locus de Creatione*, p. 69. « Ons ik is onze persoon. »
252. Kuyper, *Locus de Peccato*, p. 101. « dat ik is onsterfelijk. »
253. Kuyper, *Locus de Homine*, p. 28. « Het sarcotische en pneumatische zijn dus de beide polen van ψυχή en σῶμα. »
254. *Ibid.*, p. 32. « [...] maar dat derde is geen substantia of natuur, of iets wat er als derde bijkomt, maar eenvoudig het bewustzijn van deze twee. »
255. *Ibid.*, p. 33. « De unio van deze beide substantien ontvangt in elk individu een eigen cachet, een eigen karakter, d, i, ons ik. onze persoon. Waar dat ik, dat zelfbewustzijn van den mensch tot uiting komt, daar ontstaat het πνεῦμα. »
256. *Ibid.*, p. 29. « [...] πνεῦμα wordt genomen voor ons ik, den persoon, het karakter ons zelfbewustzijn, [...] daar is het πνεῦμα de drijvende macht; maar gaat het ook in zelfbewustzijn over. »

joue un rôle prépondérant dans la personnalité humaine. Il coordonne le rôle joué par les différentes facultés de l'esprit et lui seul est libre[257].

3. *La centralité du cœur dans l'anthropologie kuypérienne*

Trouver le centre de l'homme dans le schéma anthropologique de Kuyper n'est pas facile. Tantôt la centralité revient au cœur, tantôt elle semble basculer du côté du *je* ou de l'esprit. Quel est le rapport du cœur au *je*, à la personne ou à l'esprit ? Pour l'équilibre de l'être, il faut que les éléments anthropologiques soient ordonnés[258]. Qu'entend-il par cœur si nous mettons de côté le simple parallélisme avec l'âme ?

Le cœur est synonyme de l'âme[259] ; il est le temple de Dieu[260]. C'est dans le cœur que le contact avec le souffle de l'Esprit de Dieu est effectué[261]. Les facultés (*vermogens*) propres au cœur sont les facultés de la perception, de la connaissance et de la volonté (*de facultas percipiendi, intelligendi, volendi*). Elles sont toutes en relation avec notre personne, ou notre *ego*, car « c'est le *je* qui à la fois perçois, réfléchis, veux. [C'est] le même et seul sujet qui perçoit, réfléchit et veut[262] ». Kuyper articule les trois facultés du cœur comme suit :

> [l]a faculté réceptive est la capacité de notre *ego* à recevoir dans notre conscience (*bewustzijn*) l'impression qui correspond à la réalité qui existe et qui se passe en nous ou hors de nous. La faculté intellectuelle est celle qui cherche à comprendre [...] ce qui se présente à nous *via* la faculté de perception, et elle forme

---

257. *Ibid.*, p. 83. « Deze raderen zijn niet vrij, ook het bewustzijn niet; maar het ik is vrij. Die vrijheid van het ik bestaat daarin, dat het ik kan waarnemen of niet; kan oordeelen zus of zoo, kan willen of niet willen. »
258. Harry Fernhout, *Man, Faith and Religion in Bavinck, Kuyper and Dooyeweerd*, Toronto, The Association for the Advancement of Christian Scholarship, 1977, p. 46.
259. Kuyper, *To Be Near Unto God*, pp. 1, 7, 15-16, 19. Même dans cette œuvre à caractère très dévotionnel, le parallélisme entre le cœur et l'âme, ou entre l'âme et l'esprit, est bien présent à plusieurs endroits. Parlant de la voix du Seigneur, il écrit : « [...] que nous entendions sa voix dans notre âme, que nous soyons conscients de sa présence en nous, sentions son œuvre dans notre cœur et dans notre conscience, et que nous ne fassions pas des choses que nous n'oserions pas faire si Dieu se tenait en face de nous pour nous parler », p. 19.
260. Kuyper, *Pro Rege*, I, pp. 465, 467, 468.
261. *Ibid.*, p. 465.
262. Kuyper, *Locus de Creatione*, p. 68. « Alle drie zijn vermogens van ons ik: Ego sum qui percipio, qui intelligo, qui volo en wel zoo, dat alle drie praedicaten zijn van één zelfde subject: *Ego percipio, intelligo* et *volo*. »

un jugement sur ce qui est perçu et appréhendé. Ce jugement est soit un jugement théorique […] soit un jugement pratique […]. À cette faculté appartient la conscience. Enfin la faculté volitive est la capacité, tant que cela dépend de nous, de tirer une conclusion à partir de la faculté intellectuelle comme une cause secondaire[263].

La faculté réceptive, ou la perception est la capacité à recevoir ou percevoir les choses présentées objectivement à notre conscience. Elle met en jeu les organes de sens tels que la vue et l'ouïe. La faculté intellectuelle, à laquelle Kuyper rattache la conscience, a pour rôle l'analyse et la saisie de la réalité perçue comme un tout. C'est elle qui porte le jugement de valeur sur l'objet perçu. Enfin la faculté volitive est la capacité de décider à partir de l'analyse faite par la faculté intellectuelle. La volonté est quelque peu liée à la faculté intellectuelle[264]. Mais la plus décisive semble être la faculté intellectuelle à laquelle est rattachée la conscience. C'est elle qui renseigne le *moi* et ensuite ce dernier peut décider à partir de la faculté volitive[265].

Kuyper entend par cœur la somme de toutes ces facultés. On note une forte interdépendance entre lesdites facultés, mais le facteur d'unité reste l'*ego*, car c'est lui qui perçoit, réfléchit et prend la décision, théorique ou pratique. L'*ego*, comme le facteur d'unité des différentes facultés du cœur, est, selon Kuyper, conforme à la position de la théologie réformée, contrairement à l'idée de déterminisme de l'*ego* chez Scholten[266]. On pourrait, selon la formule

---

263. *Ibid*. « De facultas percipiendi is het vermogen van ons ik om in ons bewustzijn aan de 'werkelijkheid beantwoordende indrukken te ontvangen van hetgeen in ons en buiten ons bestaat en voorvalt. Dit vermogen verstrekt aan ons bewustzijn het middel van gemeenschap met ons eigen wezen, zoo naar ziel als naar lichaam, en evenzoo het middel om buiten ons zelven met de zichtbare en onzichtbare wereld – de laatste onderscheiden in hare intellectueele, ethische en aesthetische sfeer – en eindelijk met God, zelf en zijne engelen in contact te komen. De facultas intelligendi is het vermogen om hetgeen aldus in ons vermogen en inkomt te onderzoeken naar grond, wezen en werking en over het aldus gekende of onderzochte een oordeel te vellen. Dit oordeel is of een judicium abstractum, d.w.z. uitgesproken volgens de absolute norma of een judicium practicum d. i. gevormd met het oog op de belangen en begeerten van ons ik of een ander. Tot deze facultas behoort de conscientie. De facultas volendi eindelijk is het vermogen, om voorzooveel aan ons hangt, een conclusie van de facultas intelligendi als secunda causa te poneren. »
264. *Ibid.*, p. 76. « dat de wil dan niet vrij zou zijn, maar gebonden aan het intellect. »
265. *Ibid.*, p. 81. « Eerst heeft er plaats een judicium van de facultas intelligendi ; dit komt het ik te weten en eerst met die wetenschap voorzien geeft het ik last aan de facultas volendi. »
266. *Ibid.*, p. 81.

de Blocher, dire : « [l]e cœur pense, réfléchit, analyse, enchaîne, conclut…, et toujours le cœur dans sa diversité[267]. »

Si Kuyper insiste sur la fonction du *moi* dans son anthropologie, il ne semble pas vouloir faire du *moi* ou de l'*ego* une substance à part entière distincte de l'âme à laquelle il est rattaché ; et sa préférence pour le mot cœur est parfois dictée, à notre avis, par le contexte spirituel et non psychique et psychologique dans lequel s'inscrivent les rapports de l'homme à Dieu. En effet, Dieu n'habite pas dans l'âme ni dans la raison[268] ; ce qui ne serait pas commode en termes de langage, mais il habite dans le cœur ; le cœur comme centre des sentiments et des émotions, mais aussi centre de l'intelligence et de la volonté. On comprend pourquoi, dans sa méthode théologique, l'accent porte sur l'illumination[269], sur la foi et la piété[270] et sur la régénération[271]. Ce sont des vertus qui se rapportent surtout au cœur.

III. Péché de l'homme et déchéance de la nature humaine

1. Nature et essence du péché

a. Définition et essence du péché

Selon Kuyper, dans les Écritures, les termes relatifs au péché ont plus ou moins le sens d'une déviation par rapport à une direction indiquée[272].

---

267. H. Blocher, « Le cœur fait le théologien », dans *La Bible au microscope. Exégèse et théologie biblique*, vol. 1, Vaux-sur-Seine, Édifac, 2006, p. 22. Plus loin l'auteur écrit ceci de la centralité du cœur : « Le cœur n'est d'ailleurs pas seulement un complexe de fonctions […] ; c'est un centre unificateur. Ce n'est pas seulement l'entrelacs des fonctions intellectuelles, affectives, volitives ; plus profondément, le cœur est la racine qui se rapporte à Dieu. Pas seulement influence latérale mais détermination radicale de l'intelligence par le cœur ! La fonction intellectuelle est influencée de tous côtés par les sentiments et la volonté, mais surtout, elle dépend radicalement de l'orientation du cœur, du centre de la personne, du rapport avec Dieu », p. 23.
268. Smit, « Horse Cheese Has Never Been made – On the Anthropology of Kuyper », p. 136. Smit dit que « Kuyper met en contraste la pensée séculière et la pensée biblique. La première concerne la raison humaine comme centre de l'existence de l'homme, tandis que l'Écriture regarde le cœur comme étant ce centre. La porte d'entrée de la connaissance est dans le cœur, non dans la tête. L'activité principale de la "personne" ne doit pas être située dans l'intellect, mais plutôt dans le cœur ».
269. A. Kuyper, « The Biblical Criticism of the Present Day », dans *The Bibliotheca Sacra*, vol. lxi, 243, 1904, pp. 423, 424.
270. Kuyper, *Encyclopedia*, p. 570.
271. *Ibid.*, p. 557.
272. Kuyper, *Locus de Peccato*, p. 1. « De woorden, door de Heilige Schrift gebezigd om het begrip "zonde" uit te drukken, hebben alle min of meer den zin van afwijking van eene aangewezene richting. »

Dans l'Ancien Testament, il y a חָטָא, פֶּשַׁע, עָוֶל, מַעַל, רֶשַׁע, שָׁגַג, רָעַע et dans le Nouveau Testament ἁμαρτανειν, ἀνομία, ἀδικία, παράβασις, παράπτωμα[273]. Le terme חָטָא, synonyme de ἁμαρτανειν, signifie « ne pas prendre la bonne direction », « errer » ou « manquer le but ou la cible » (Jg 20.16)[274]. Ces termes expriment la réalité du péché ; et c'est la notion d'inimitié contre Dieu, sa volonté et le droit qui sont en cause (Rm 8.7)[275]. בָּשָׂר, et non פשׂר fautivement écrit dans le texte, et son équivalent grec σάρξ sont une métonymie pour désigner l'homme en tant que pécheur (1 Co 3.3 ; Ga 3.3 ; 5.16-20)[276].

Le péché a des aspects négatifs aussi bien que positifs. Contre l'idée des manichéens, il n'est ni matériel ni substantiel[277], encore moins une simple négation, selon Kuyper, qui est contre l'idée de Böhl[278]. Pour Kuyper, le terme « chair » fait plus référence à l'âme qu'au corps[279]. Ainsi le péché ne prend pas sa source dans la chair, de nature matérielle, mais plutôt en Satan, qui est un être spirituel, c'est-à-dire sans corps[280]. La confession réformée, en l'occurrence la *Confession de la Foi belge* à laquelle Kuyper semble se référer (art. xv), reconnaît l'idée de péché héréditaire, mais pas au sens manichéen, car le péché héréditaire, compris métaphoriquement comme « une infection », reste tout de même un mystère quant à son mode de transmission[281]. Kuyper semble ne pas vouloir spéculer sur le mode de transmission et se satisfait de ce que dit la confession[282].

---

273. *Ibid.*
274. *Ibid.*
275. *Ibid.*, p. 2, « d, i. vijandschap tegen God, Zijn wil, wet en recht » ; *WHS*, II, p. 254.
276. *Ibid.* « […] maar den geheelen mensch naar ziel en lichaam zooals hij door de zonde geworden is. »
277. *Ibid.*, p. 27 ; *WHS*, II, p. 255. Les manichéens enseignaient que le péché était inhérent à la matière, c'est-à-dire inhérent à la chair, et aussi à tout ce qui est visible et tangible. Une telle idée a une répercussion sur la nature du diable, qui, selon eux, n'était pas un ange déchu, non un être spirituel sans corps, mais la matière elle-même. Étant caché dans la matière, il pouvait tenter l'âme. Le péché serait par ailleurs une sorte de pouvoir présent dans le sang et qui se transmettait par ce dernier.
278. *Ibid.* ; *WHS*, II, p. 258.
279. *Ibid.*, p. 254.
280. *Ibid.*, pp. 254-255.
281. *Ibid.*, p. 256.
282. *Ibid.*, p. 257.

Contre la position des luthériens et des catholiques, Kuyper a affirmé que le péché n'est pas une action[283], mais qu'il est lié au but moral visé par nos actions, nos pensées et nos paroles[284] ; un but qui doit être conforme à la loi de Dieu[285]. L'aspect de la simple négation du péché, « simple perte, défaut ou manque », reconnu par Böhl, était aussi critiquable du point de vue de notre auteur[286]. Le débat entre Kuyper et Böhl, fortement lié à la compréhension de l'image de Dieu par les deux théologiens, concernait la nature et l'essence du péché. Pour Böhl, Adam était le même dans sa nature après le péché, du moment où il avait perdu la splendeur de la justice originelle[287]. Ce point de vue est typique de la position de Böhl, défendant l'aspect relationnel ou spatial et non essentiel de la justice originelle. L'homme a été créé et placé, dans ב, une sphère, qui était la justice originelle. Son retrait de cet espace juridique n'a eu aucune incidence sur son être et sur sa sainteté en particulier, selon Böhl.

Une telle idée avait, selon Kuyper, une conséquence sérieuse, car elle rejetait la vérité biblique de la corruption de la nature humaine, de la restauration et de la rédemption[288] ; et, par conséquent, ces doctrines bibliques n'avaient aucune valeur essentielle. Cependant, pour Kuyper, le péché n'est pas simplement une négation ou une privation de la sainteté, mais il constituait en lui-même une action de corruption et de dissolution de la nature humaine[289]. Le péché est profondément ancré dans la personne, c'est-à-dire dans notre *ego*, dans la volonté humaine, puisqu'il impose son diktat à notre conscience, et dans les actions pratiques[290]. Pour Kuyper, le péché, au sens positif, empêche sans cesse la nature humaine de prendre la bonne direction dans ses actions et l'oriente ainsi dans la mauvaise direction où l'homme court à sa propre

---

283. Kuyper, *Locus de Peccato*, p. 28. « De zonde ligt dus niet in de actio... »
284. *Ibid.* « ...maar uitsluitend in het zedelijk doel, waarmee wij zulk een daad verrichten, zulk een woord zeggen, zulk een gedachte plaats geven. »
285. Kuyper, *CG*, I, p. 224. « *First*, because he [man] was created in God's image, his own moral awareness had to be in perfect and complete agreement with the law of God, and he had to do the good from a delight in the good. But, *second*, this whole moral development had to be made dependent on the motivation for *God's sake*, and thus receive the stamp of obedience and display the nobility of *faith*. »
286. Kuyper, *WHS*, II, p. 258.
287. *Ibid.*, pp. 259, 260.
288. *Ibid.*, p. 260.
289. *Ibid.*, p. 262.
290. Kuyper, *Locus de Peccato*, p. 28.

perte[291]. En référence à l'image de Dieu, le péché est défini comme la perte de la justice originelle par Adam et Ève[292]. En rapport avec la loi, c'est « la non-conformité d'un acte, d'une personne ou d'une condition par rapport au droit divin[293] ».

b. Péché d'Adam et Ève dans le jardin

La réflexion de Kuyper sur le péché du premier couple, dans sa *Grâce Commune*, part de l'épreuve probatoire[294]. La loi probatoire était « une ordonnance arbitraire basée sur rien d'autre que la souveraineté de Dieu[295] ». À cette ordonnance, ancrée dans la souveraineté de Dieu, le couple devait répondre simplement par la foi et non en jugeant par lui-même de ce qui était bien[296]. Seule la volonté de Dieu devait compter : « Dieu le veut, et cette volonté de Dieu est la fin de toute contradiction, sans laisser aucune place au pourquoi[297]. » Elle était une loi morale inscrite dans leur cœur[298] et le couple savait bien ce que sa violation impliquerait[299].

Le péché du couple ou sa désobéissance a été le fait de ne pas agir pour la cause de Dieu, pour le bien en lui-même[300], mais uniquement dans le sens de l'ordre moral du monde[301]. Il s'est ainsi détourné de Dieu pour ériger sa propre loi du bien[302]. D'où le caractère absolu de la désobéissance du couple[303]. L'interprétation kuypérienne de la connaissance du bien et du mal (Gn 3.5)

---

291. Kuyper, *WHS*, II, p. 262 ; Kuijper, *VW*, p. 138. « De zonde is iets *negatiefs* in zooverre ze gemis is van geestelijk goed. Maar als eigenschap van het wezen, en als overgaande tot daad, draagt ze tevens een *positief* karakter. »
292. Kuyper, *WHS*, I, pp. 88, 90
293. Kuyper, *WHS*, II, pp. 271-272.
294. Kuyper, *CG*, I, pp. 218-225.
295. *Ibid.*, p. 222.
296. *Ibid.*, p. 223.
297. Kuyper, *CG*, I, p. 224.
298. *Ibid.*, pp. 221, 222.
299. *Ibid.*, p. 222.
300. *Ibid.*, p. 225.
301. *Ibid.*, pp. 224-225, 233. Kuyper distingue la vie morale de la vie religieuse. Quand l'homme fait le bien pour le bien, il n'accomplit que la loi morale du monde sans aucune portée religieuse. Mais quand il accomplit le bien parce que Dieu le veut, il s'élève au-dessus du sens moral et entre dans une existence religieuse. Passer de la morale à la sphère religieuse, c'est passer de la loi de Dieu à la foi avec une volonté personnelle de soumission à Dieu.
302. *Ibid.*, p. 225.
303. *Ibid.*

va dans le même sens. En effet, Dieu seul détient le pouvoir de décider de ce qui est bien ou mal. L'homme, en retour et avec sa connaissance objective du bien et du mal décidés par Dieu, ne peut qu'accepter les critères divins du bien et du mal[304]. Le péché du couple a été de vouloir justement décider de ce qui était bien et mal par lui-même au lieu de se conformer à la décision de Dieu. Ce fut, en toute connaissance de cause, un acte de rébellion, une tentative d'usurpation de la place de Dieu[305] ou une violation du droit divin[306].

Dans sa *Dogmatique*, il a maintenu l'aspect moral ou légal du péché, car « toute bonne œuvre est conforme à la loi de Dieu et toute conformité à la loi de Dieu est justice », a-t-il dit[307]. Partant de ce rapport entre la loi, la justice et les bonnes œuvres, il a établi un autre parallèle entre la justice et les vertus[308]. Tout contrôle ou toute direction qui n'est pas conforme à la loi de Dieu est une injustice ou une *carentia justitiae*[309]. La loi est l'élément central dans la définition du péché. La convoitise ou la concupiscence, non considérée par Böhl et les catholiques comme un péché, avant même d'être une action concrète, est considéré par Kuyper comme un péché au sens de $\dot{\alpha}\nu o\mu\acute{\iota}\alpha$[310].

La loi a été aussi mise en rapport avec la conscience, puisque c'est une loi de Dieu pour la personne intérieure[311] ; inscrite dans le cœur d'Adam et d'Ève[312] et imposant son diktat à leur conscience[313]. À cet effet, elle interroge le *moi* et le met à l'épreuve par la réflexion, en vue de prendre une décision conséquente. Mais hélas ! Même le *moi* est entaché de péché : « [n]on seulement je commets le péché, mais je suis un pécheur[314]. » Cela est vrai d'autant plus que c'est à la conscience et à ses facultés de connaissance, de réflexion et

---

304. *Ibid.*, p. 232.
305. *Ibid.* « If man does not want the latter kind of knowledge [objective] but wants a knowledge of good and evil as can exist only in God, then precisely that is what constitutes his rebellion, his abandoning his position as creature, and placing himself in God's seat. »
306. *Ibid.*, pp. 232-233.
307. Kuyper, *Locus de Peccato*, p. 29. « Alle goed werk is dus conformitas cum lege Dei; en daar alle lex Dei uit het jus Dei voortvloeit, zoo is alle conformitas cum lege Dei, justitia. »
308. *Ibid.*, p. 29.
309. *Ibid.*, p. 30.
310. *Ibid.*
311. *Ibid.*
312. Kuyper, *CG*, I, pp. 221, 222.
313. Kuyper, *Locus de Peccato*, p. 28.
314. *Ibid.*, p. 30. « Dan bega ik niet alleen *zonde*, maar ben ik een *zondaar*. »

de jugement que le péché s'attaque premièrement[315]. Le péché est donc dans les intentions, les actions et dans la volonté[316]. Selon Kuyper, calviniste qu'il est, même si Dieu n'était pas responsable du péché, il l'avait inclus quand même dans son décret bien avant la chute[317], étant donné que tout se réalise selon le décret[318].

2. Conséquences du péché
a. L'homme, image de Dieu déformée et corrompue

L'homme reste image de Dieu, car même après la chute la Bible déclare que l'homme a été créé à l'image de Dieu[319]. Qu'est-ce que l'homme a perdu et qu'a-t-il retenu au point d'être toujours l'image de Dieu, mais déformée ? La distinction des deux aspects est importante, selon Kuyper[320]. Rappelons encore, et conformément à la tradition réformée, que c'est tout l'homme organique qui est l'image de Dieu chez Kuyper[321]. L'image de Dieu étant à la fois relative à l'être de l'homme et à sa justice originelle, alors avec le péché l'homme a perdu la justice originelle[322]. Une telle perte a eu une implication sur la sainteté et la sagesse originelles, les trois gouttes d'eau de la même et seule rivière[323]. Calvin avait déjà affirmé que l'homme a perdu ses dons surnaturels, l'intégrité et la droiture de cœur et l'entendement[324]. Le péché a

---

315. Kuyper, *WHS*, II, p. 491.
316. Kuyper, *Locus de Peccato*, p. 30. « Wanneer het zondig karakter mijner daden uitvloeisel is van den zondigen toon en stemming, waarin mijn wezen gebracht is, dan hangen al die zonden samen, dan groeien zij alle op uit één wortel, den wortel des kwaads in mij. »
317. Kuyper, *Locus de Providentia*, p. 150. « Er moet een oorzaak, een ratio sufficiens zijn, waarom God, wiens wezen heiligheid is, nochtans in zijn besluit de zonde heeft opgenomen en hoe de zonde, die nooit in God, maar altoos in het schepsel haar oorsprong vindt, nochtans van eeuwigheid af in het besluit kan vastliggen. »
318. Kuyper, *E Voto*, II, p. 171.
319. Kuyper, *WHS*, II, p. 226.
320. *Ibid.*, p. 224. Il dit que « le pécheur n'a rien absolument bon ou digne de louange d'une part ; de l'autre le même pécheur retient toujours les traits caractéristiques de l'image de Dieu ! ».
321. *Ibid.*, p. 221.
322. Kuyper, *WHS*, II, p. 225.
323. Kuyper, *CG*, I, pp. 183, 185.
324. Calvin, *IC*, II, ii, p. 12.

privé l'homme de son ornement spirituel, le « bien souverain » selon Calvin[325]. Désormais ses choix et ses orientations spirituelles sont injustes[326].

Cependant, il y a, même après le péché, des restes de l'image de Dieu, puisque l'être organique n'a pas disparu, mais demeure intact[327], ou encore l'essence de l'homme est restée intacte[328]. D'ailleurs, l'homme ne pouvait changer que dans sa nature (ressemblance) et non dans son essence (image)[329]. La confession de foi helvétique (art. 13.36) et le texte biblique (Gn 9.6 ; Jc 3.9) ont servi de fondement pour justifier l'idée de restes[330] en dépit de la perte de la perfection originelle[331]. La *Confession de la Foi belge* a servi probablement de source à la pensée de Kuyper, puisqu'elle stipule qu'il est demeuré en l'homme des petites traces de l'image, bien que l'homme ait perdu tous les dons excellents reçus de Dieu (art. 14). Selon Kuyper et Calvin, l'ingéniosité de l'intelligence humaine et le sens moral de l'homme après le péché prouvent l'idée de restes de l'image[332].

L'effet positif du péché a été, en revanche, de changer l'orientation des facultés dans le sens contraire à la volonté de Dieu. Il écrit ceci pour montrer la désorientation causée par le péché :

> [...] il est vrai que l'homme a retenu le pouvoir de penser, sentir, vouloir, en plus de beaucoup d'autres talents et facultés [...] la vie qui aurait dû être dévouée à Dieu et animée par lui a

---

325. *Ibid.*, p. 15.
326. Kuyper, *WHS*, II, p. 225.
327. *Ibid.*, pp. 224, 225.
328. Kuyper, *CG*, I, pp. 159-160. Il distingue entre l'essence de l'homme et la nature de l'homme ; et il affirme que si la nature a été dénaturée par le péché, l'essence n'a subi aucun changement. Il s'attaque ainsi au point de vue des luthériens, représentés par Flacius Illyricus, qui soutenaient que le péché a affecté l'essence humaine. La nature peut changer, car elle est changeable, mais pas l'essence.
329. *Ibid.*, p. 160. Kuyper sépare l'essence de la nature tout en rattachant l'image à l'essence et la ressemblance à la nature. Ce qui est contradictoire à la synonymie établie au départ entre image et ressemblance (*WHS*, II, p. 221), et cette idée semble être contraire à la synonymie établie par Calvin. Bavinck garde le silence sur la distinction ou synonymie (Calvin, *IC*, I, xv, p. 3 ; Bavinck, *RD*, p. 534).
330. Kuyper, *WHS*, II, pp. 224, 225-226.
331. Kuyper, *CG*, I, p. 160.
332. Kuyper, *WHS*, II, p. 225 ; Calvin, *IC*, II, ii, p. 15.

été tournée vers les choses du monde. Cette action contraire a changé l'organisme entier de notre être[333].

Kuyper a parlé d'excellentes qualités ou facultés de l'homme pécheur[334] et Calvin a recouru à l'expression « fertilité de l'homme en toute espèce de mal[335] » pour montrer que le péché rend la nature humaine active, dans le mauvais sens, mais sans la détruire. Les vertus ou qualités humaines, soustraites du contrôle de la loi de Dieu par le péché, ne peuvent fonctionner qu'à sens inverse pour détruire l'organisme[336].

Il y a des restes ou des « flammettes », mais dans un état de corruption[337] ou une horrible déformation de l'image selon Calvin[338]. Kuyper dit ceci :

> [L]e pécheur est sans [vraie] connaissance, les sentiments sont pervertis, la volonté est paralysée, l'imagination polluée, les désirs sont malsains, et toutes ses voies, tendances et manifestations extérieures sont mauvaises[339].

Kuyper et Calvin ont essayé de rendre justice à la fois à l'idée de la dépravation totale de l'homme et à la reconnaissance de certaines vertus ou bonnes actions reconnues à l'homme. Kuyper a évité de tomber dans le danger des pélagiens ; et il a en même temps tenté de contrer la thèse catholique qui valorisait les qualités humaines au point d'affaiblir les effets du péché. Mais l'articulation de la dépravation totale avec l'idée de restes de l'image de Dieu reste un point critique de la théologie réformée. Car il est difficile de dire que l'homme est *totalement* dépravé tout en défendant également l'idée de restes.

---

333. *Ibid.*, p. 264.
334. *Ibid.*, p. 225.
335. Calvin, *IC*, II, i, p. 8.
336. Kuyper, *WHS*, II, p. 265.
337. Calvin, *IC*, II, ii, p. 12. « C'est qu'en la nature de l'homme, quelque perverse et abâtardie qu'elle soit, il y étincelle encore quelques flammettes, pour démontrer qu'il est un animal raisonnable, et qu'il diffère d'avec les bêtes brutes, en tant qu'il est doué d'intelligence ; toutefois que cette clarté est étouffée par telle et si épaisse obscurité d'ignorance, qu'elle ne peut sortir en effet. Semblablement la volonté, parce qu'elle est inséparable de la nature de l'homme, n'est point totalement périe : mais elle est tellement captive et comme garrottée sous méchantes convoitises, qu'elle ne peut rien désirer de bon. »
338. Calvin, *IC*, I, xv, p. 4. Parlant de la corruption de l'image, Calvin a écrit ceci : « […] elle a été si fort corrompue que tout ce qui en est de reste est une horrible déformation. »
339. Kuyper, *WHS*, II, p. 267.

b. Le péché originel et les péchés actuels

« Le péché a pour conséquence le péché », dit Blocher dans sa reprise d'une formule empruntée à Augustin[340]. Il en est ainsi du rapport entre le péché originel et les péchés actuels. Kuyper l'exprime à sa façon :

> [c]ar ce n'est pas seulement le péché *originel* qui a introduit cette rupture dans notre nature comme telle, mais la terrible loi de la mort fonctionne derrière tout cela en suscitant continuellement et de façon répétitive une nouvelle force de corruption à partir du péché *actuel*. Non seulement la mort menace notre corps au moyen du péché originel dans le jardin, mais aussi par des péchés actuels dans toutes les générations et tous les individus[341].

De l'avis de Kuyper, la corruption et la désintégration organiques de l'homme tiennent au fait que la loi de la mort est en activité depuis Adam jusqu'à maintenant. L'auteur touche ici à la question du péché originel et à celle des péchés actuels. On s'interroge sur le passage de l'unique péché aux multiples. Est-ce par imputation, par transmission générationnelle à l'augustinienne[342] ou par imitation à la pélagienne[343] ?

Pour expliquer la transmission du péché originel[344] à toute l'humanité, Kuyper, fidèle à Augustin, a parlé de conception et d'engendrement, c'est-à-dire que le péché est transmis par la naissance de parents eux-mêmes pécheurs et coupables. « En vertu de notre conception et naissance nous sommes

---

340. H. BLOCHER, *La doctrine du péché et de la rédemption*, coll. Didaskalia, Vaux-sur-Seine, Édifac, 2001, p. 44. La formule de saint Augustin dit que « [t]oute âme en désordre a soi-même son propre châtiment ».
341. KUYPER, *CG*, I, p. 312.
342. CALVIN, *IC*, II, i, 7 parlant de la position de St Augustin, pour qui le péché est « propre à chacun de nous », résume la position comme suit : « C'est pourquoi, comme d'une racine pourrie ne procèdent que des rameaux pourris, qui transportent leur pourriture en toutes les branches et feuilles qu'ils produisent, ainsi les enfants d'Adam ont été contaminés en leur père, et sont cause de la pollution de leurs successeurs. C'est-à-dire, le commencement de corruption a tellement été en Adam, qu'elle est épandue comme un cours perpétuel des parents aux enfants. »
343. La position de Pelage sur le lien entre le péché originel et les péchés actuels est que l'on est pécheur par simple imitation d'Adam et il n'y a pas de corruption héréditaire ni d'imputation du péché d'Adam à sa postérité. Voir BLOCHER, *La doctrine du péché et de la rédemption*, p. 80.
344. Le sens que nous donnons à l'expression « péché original » est ce que l'on pourrait appeler « la tendance à pécher avec laquelle l'homme naît » et elle est différente de ce qu'est le « péché originel originant », donc celui d'Adam ; voir BLOCHER, *Original Sin*, p. 37.

souillés, coupables, et non saints, unis avec les pécheurs, et par conséquent condamnés[345]. » Ensuite il a précisé le sens de la formule « conçu et né dans le péché », telle qu'elle a été comprise par la confession en écrivant ceci :

> [c]haque péché n'est pas seulement dû à notre engendrement, mais à une participation au péché commun, le péché de toute la race contre lequel la colère se révèle. Nous ne participons pas d'abord à ce péché quand nous grandissons par un acte de notre volonté ; mais nous y avons déjà part dans le sein maternel et même dans notre conception[346].

Sa conclusion est que l'Église a toujours mis l'accent sur la culpabilité héréditaire (Rm 5) qui ne découlait pas de notre péché héréditaire. Kuyper a admis finalement la thèse fédéraliste en voyant Adam comme une tête fédérale dont la chute a entraîné toute sa descendance à sa suite. Il a écrit ceci dans ce sens :

> [...] nous avons été conçus et nés dans le péché *parce que* nous étions dans la *culpabilité héréditaire*. La culpabilité d'Adam a été imputée à tous ceux qui étaient en lui. Adam a vécu et a été déchu en tant que notre tête naturelle et fédérale. Notre vie morale s'enracinait dans sa vie morale. Nous étions en *lui*. Il nous portait en lui. Son statut a déterminé notre statut. Alors par le juste jugement de Dieu sa culpabilité était imputée à toute sa postérité, de telle sorte que, par la volonté de l'homme, ils [ses descendants] devraient être nés de lui. En vertu de la culpabilité héréditaire nous avons été conçus dans le péché et nés dans la participation au péché[347].

---

345. Kuyper, *WHS*, I, p. 85.
346. *Ibid.*, pp. 86-87. « Aan die zonde erlangen we deel niet eerst door een daad van onzen wil bij het opgroeien, maar hadden we reeds deel, toen wij in de wieg lagen, ja, zelfs reeds in den schoot onzer moeders, tot zelfs in onze ontvangenis. "In zonde ontvangen en geboren" is de ontzettende belijdenis, waarvan de kerk der verlosten nimmer aflaten kan », *WHG*, I, p. 112.
347. Kuyper, *WHS*, I, p. 86. « Neen, maar omgekeerd, we zijn in *zonde* ontvangen en geboren, *omdat* we in *erfschuld* staan. De schuld van Adam is aan allen, die in zijn lendenen besloten waren, toegerekend. Adam leefde en viel als ons aller geslachts- en verbondshoofd. Ons aller zedelijk leven staat met zijn zedelijk leven in *wortelverband*. Wij waren in hem. Hij droeg ons *in* zich. *Zijn* lot besliste voor *ons* lot. En deswege is zijn schuld door een rechtvaardig oordeel Gods toegerekend aan *al* zijn nakomelingen, voorzooveel zij door

Kuyper a joué à la fois sur l'engendrement et sur l'aspect juridique de la déclaration de Dieu pour décrire le mode de transmission du péché et de la culpabilité d'Adam à sa postérité. Calvin était déjà allé par ce cheminement pour expliquer le mode de transmission du péché en disant que « l'homme était naturellement corrompu en perversité[348] » et sa nature pécheresse « nous enveloppe dès notre première naissance[349] ».

La définition du péché originel en termes de « corruption et de perversité héréditaire[350] » par le réformateur de Genève laisse croire que le mode de transmission du péché et de sa culpabilité est par voie d'engendrement ou de naissance de parents pécheurs. La confession réformée, notamment le *Catéchisme de Heidelberg*, a affirmé que « notre nature a été si corrompue que nous sommes tous conçus et nés dans le péché » (Q.7). La même idée est attestée par la *Confession de la Foi belge* qui a dit que le « péché est une corruption de toute la nature, et un vice héréditaire, duquel même sont entachés les petits enfants au ventre de leur mère : et qui produit en l'homme toute sorte de péché » (art. 15).

Par ailleurs Kuyper a recouru, conformément à la tradition réformée, aux expressions *reatus potentialis* et *reatus actualis* pour dire le démérite personnel condamnable et l'obligation de la peine[351]. Il a rejeté, tout comme Turretin et Bavinck, l'idée catholique de *reatus culpae* et de *reatus poenae* selon laquelle Dieu a remis ou pardonné le démérite personnel, mais non la dette juridique ou la peine encourue, qui reste à être satisfaite par l'homme. Selon Turretin, Kuyper et Bavinck, c'est le démérite ou le péché lui-même qui entraîne la

---

den wil des mans, opvolgend, uit zijn lendenen zouden geboren worden », *WHG*, I, pp. 112-113.

348. Calvin, *IC*, II, i, 11.
349. *Ibid*.
350. *Ibid*., p. 8. « [...] le péché originel est une corruption et perversité héréditaire de notre nature, qui, étant épandue sur toutes les parties de l'âme, nous fait coupables premièrement de l'ire de Dieu, puis après produit en nous les œuvres que l'Écriture appelle "œuvres de la chair". »
351. Kuyper, *Locus de Peccato*, p. 36. « *De reatus potentialis* doelt op 't karakter van alle zonde, als in zich zelf verdoemelijk; de *reatus actualis* op den inhoud van het vonnis, dat op grond dezer verdoemlijkheid tot doem wordt. » Cette distinction faite par les théologiens en milieu réformé est notée par Bavinck, *RD*, III, p. 171 et Turretin, *ET*, I, pp. 595-596.

peine juridique, sa remise entraîne la satisfaction de la dette juridique[352]. On ne peut séparer le péché, le démérite personnel du pécheur, de la culpabilité[353].

c. Désintégration de l'organisme, de la nature humaine et mort

L'homme est vu comme l'épitome[354] du monde organique, « un microcosme ou un monde en miniature[355] », un « être inclusif du monde, qui porte le monde en lui-même[356] ». De ce fait, il y a une relation entre l'homme et son cadre de vie. Le péché a eu une grave conséquence sur cet organisme par son effet dévastateur et mortel à cause de la désobéissance de l'homme, microcosme et épitome du monde. Kuyper a décrit cette relation de cause à effet en ces termes :

> [l]e péché dans l'âme conduit automatiquement à une dissolution du corps, crée une désintégration dans le corps, et le rabaisse. De façon similaire, s'il est vrai qu'il existe une connexion entre l'homme et le monde dans lequel il vit, alors ce n'est pas du tout étrange que le changement qui est survenu en l'homme, à la fois dans son âme et dans son corps, ait également eu des conséquences pour les conditions de la terre[357].

La conséquence du péché est la mort définie comme la séparation, la dissolution et la désintégration de l'organisme[358]. Mourir, ce n'est pas cesser d'être, puisqu'un être rationnel ne peut cesser d'être[359] ; mais mourir, c'est être dans un état de désintégration totale. L'essence de la mort, « c'est la dissolution de ce que Dieu a uni, ce qui sépare ce que Dieu a uni[360] ». En effet, l'unité c'est la vie et la dissolution de cette unité est synonyme de mort physique ou même

---

352. *Ibid.*, p. 37 ; KUYPER, *WHS*, II, p. 272 ; TURRETIN, *ET*, I, p. 596 ; BAVINCK, *RD*, III, p. 171.
353. KUYPER, *WHS*, II, p. 272 ; BLOCHER, *La doctrine du péché et de la rédemption*, p. 45.
354. BAVINCK, *RD*, II, p. 562.
355. KUYPER, *CG*, I, p. 248.
356. *Ibid.*
357. KUYPER, *CG*, I, p. 317.
358. *Ibid.*, p. 244. « La mort est la séparation, une mise en morceaux de ce qui, conformément à la création, devrait être harmonieusement uni dans notre personne. Il suffit de penser seulement à notre mort temporelle. Le corps et l'âme vont ensemble ; mais à la mort ils sont séparés l'un de l'autre. »
359. *Ibid.*
360. *Ibid.*, pp. 245, 251.

sociale[361]. Le chaos a été synonyme de la mort ; et l'Esprit, en ayant mis de l'ordre dans le chaos, a apporté la vie[362].

La mort n'est pas moins spirituelle que physique et organique. Car « l'homme a possédé une vie naturelle, une vie morale, une vie religieuse, une vie de beauté. En plus de cela, il y avait les anges. Et au-dessus de toutes les créatures, il y avait Dieu[363] ». La dissolution ou la mort est par conséquent aussi spirituelle[364], à cause du rapport de l'homme à Dieu. La mort spirituelle, à l'image de la séparation du corps d'avec l'âme à la mort physique, est la dissolution du lien qui unit notre âme à Dieu[365]. Cette mort a été automatique et simultanée dès que le péché a fait son entrée dans l'âme du couple[366]. La mort spirituelle, la séparation de l'âme d'avec Dieu, est la plus dramatique[367] ; et c'est à elle que la sentence de mort en Genèse (2.17 ; cf Jr 26.8) renvoie[368].

Quant aux effets du péché sur l'âme, comme le facteur d'unité et le centre anthropologique, Kuyper note une série d'actions dites de décomposition.

> Le lien organique et harmonieux qui unit tout ensemble dans l'âme est rompu ; l'un commence à agir contre l'autre ; les désirs du cœur parviennent à contrôler le cœur, et les passions y font leur entrée ; la bataille intérieure, frottements et luttes

---

361. Kuyper, *E Voto*, I, p. 74. « Houdt dit dus wel vast: Het leven is in de saamvoeging en de dood ontstaat door de losmaking van dien eens gelegden band. Zoo noemen we iemand maatschappelijk dood, als de maatschappij allen band met hem afsnijdt. "Die man is voor mij dood", beduidt, dat ik eiken band met hem heb afgebroken. […] Kortom, "dood" is het bange begrip voor alle ontbinding van die wondere levensbanden, die in ons lichaam, tusschen ons lichaam en onze ziel, en tusschen ons en de maatschappij door onzen Schepper gelegd zijn. »
362. Kuyper, *WHS*, I, p. 29.
363. Kuyper, *CG*, I, p. 246.
364. *Ibid.*, p. 247.
365. *Ibid.*
366. *Ibid.* « That bond is automatically unraveled through sin, and thus immediately at this point death enters simultaneously with sin. »
367. Kuyper, *E Voto*, I, p. 74. « Maar ook als er een macht komt, die deze velerlei banden losmaakt of afsnijdt, dan komt op allerlei manier de dood. De dood tusschen hem en de wereld. De dood in de ontbinding van zijn lijk. De dood in de scheiding van ziel en lichaam. En onder dat alles en als grond van dat alles het schrikkelijkste van den dood, de dood tusschen hem en zijn God, als de geestelijke band tusschen zijn ziel en dat eeuwige Wezen ophoudt te werken. » Dans *CG*, I, pp. 247-248, il parle de deux sortes de mort : la mort physique, séparation du corps d'avec l'âme, et la mort spirituelle, séparation de l'âme d'avec Dieu.
368. Kuyper, *CG*, I, pp. 247-248.

deviennent la condition normale ; tout l'équilibre de l'âme est perdu ; et la mort spirituelle de l'âme ne consiste qu'en une décomposition continuelle et actuelle[369].

Avec le péché dans l'âme, il se crée un déséquilibre interne et les désirs et passions parviennent à contrôler le cœur. On peut dire que le *moi* perd le contrôle de sa fonction coordonnatrice des facultés réceptrice, intellectuelle et volitive. D'où le conflit intérieur propre à la nature humaine.

d. Déploiement de la grâce commune : conséquence positive

Chez Kuyper, la grâce commune et le péché sont étroitement liés. Des auteurs tels que Blocher et Berkouwer ont fait remarquer que chez Kuyper, malgré la déchéance totale de l'homme, le péché n'a pas eu le dernier mot parce que Dieu maintient l'organisme par la grâce commune[370]. Nous voulons montrer que même si la grâce commune est un fait créationnel[371], son déploiement s'est beaucoup fait remarquer dans le contexte de la sauvegarde du monde face aux effets dévastateurs du péché. Kuyper l'a considérée comme une sorte de conséquence « positive » du péché[372].

Commençons par ce qui semble être une définition de la grâce commune sous la plume de l'auteur. Il a écrit : « [...] la grâce commune est une œuvre omnipotente de la grâce de Dieu qui se révèle partout où des êtres humains existent et qui répand sa bénédiction dans leurs cœurs[373]. » Kuyper, comme nous l'avons dit, n'a pas fait de la grâce commune une nouvelle créature de Dieu[374]. Il a affirmé qu'elle existait ; et c'est à cause du péché qu'elle était mise en œuvre ou déployée. « Dieu a montré cette grâce à Adam et Ève immédiatement après leur désobéissance[375]. » Son but étant de « restreindre et mettre une bride au pouvoir du péché[376] », son déploiement par conséquent

---

369. *Ibid.*, pp. 249-250
370. BLOCHER, *La doctrine du péché et de la rédemption*, p. 42 ; BERKOUWER, *The Person of Christ. Studies in Dogmatics*, p. 152.
371. KUYPER, *CG*, I, p. 304. L'auteur affirme que « [la grâce commune] n'est pas une nouvelle force qui a été créée en nous, mais elle relève de la force originelle qui était maintenue jusqu'ici ».
372. *Ibid.*, p. 306.
373. *Ibid.*, p. 303.
374. KUYPER, *CG*, I, p. 304.
375. *Ibid.*
376. *Ibid.*

a été simultané et concomitant avec l'événement du péché : « [...] la grâce commune est entrée immédiatement [en œuvre] après que le péché a fait son entrée dans le cœur et de cette manière l'effet direct et absolu du péché dans la race humaine a été restreint[377]. »

Si Kuyper, aussi bien que Calvin, pouvait défendre l'idée de la totale dépravation de l'homme tout en affirmant l'idée de restes ou d'étincelles de l'image de Dieu en l'homme, c'est la grâce commune qui en est le fondement. Elle a permis que ces petites étincelles ou « flammettes[378] » ne soient pas éteintes, mais qu'elles continuent de briller[379]. Elle exerce son action dans le corps en repoussant de façon temporelle la mort[380] ; et grâce à elle, la terre a été sauvée de la menace de disparition ou du chaos total sous l'effet dévastateur du péché[381]. Mais, à y voir de plus près, la grâce commune ressemble à ce que l'on qualifierait de providence générale. Kuyper laisse voir ce parallèle dans le rôle dialectique de la grâce commune :

> [c]'est un contraste que nous devons garder clairement à l'esprit en vue de comprendre le rôle providentiel de notre Dieu, car de nos jours, la providence de Dieu ne fonctionne plus sur la base de la création originelle, mais est gouvernée par cette dualité entre l'ire et la grâce commune qui la restreint[382].

La providence générale est-elle devenue la grâce commune révélée après le péché ou bien a-t-elle cessé simplement de fonctionner ? Le moins qu'on puisse dire est que la distinction, si distinction il y a, entre la providence générale et la grâce commune n'est pas nette chez Kuyper.

C. L'Esprit dans la création

Le rapport de l'Esprit à la création est une thématique assez bien développée dans la théologie de Kuyper. Bacote, dans son examen dudit rapport, a proposé trois axes majeurs pour le rôle de l'Esprit. L'Esprit a joué un rôle

---

377. *Ibid.*, p. 306.
378. Calvin, *IC*, II, ii, 12.
379. Kuyper, *CG*, I, p. 306.
380. *Ibid.*, p. 315.
381. *Ibid.*, p. 319.
382. *Ibid.*, p. 321.

téléologique ou de perfectionnement dans la création³⁸³ ; il est le principe d'animation de la création³⁸⁴ ; enfin il a joué le rôle de restriction de l'œuvre du péché dans le monde³⁸⁵. La présentation de Bacote s'accorde, sur l'essentiel, avec la pensée de l'auteur, car Kuyper lui-même a proposé trois axes pour le rôle de l'Esprit : imprégner la matière inanimée, animer l'âme rationnelle et habiter dans l'élu³⁸⁶. Nous adoptons les trois axes proposés par Bacote pour comprendre effectivement ce qu'a pu dire notre auteur sur le sujet en tant que théologien de l'Esprit.

I. Principe de vie et d'animation

1. L'Esprit comme trait d'union entre la trinité et le monde extérieur

Dans le cadre de la théologie trinitaire, l'œuvre de l'Esprit est toujours posée à côté de celles du Père et du Fils. Mais ce qui semble être le principe fondamental dans les *opera ad extra* est qu'il revient à l'Esprit d'entrer en contact direct avec le monde extérieur pour accomplir son œuvre de vivification, d'animation et de perfection. Kuyper a écrit dans *Pro Rege* ce qui suit : « [d]ans le merveilleux mystère de la Sainte-Trinité, le Saint-Esprit est toujours cette personne de l'essence divine qui entre dans un être créé[387]. » Dans son *Œuvre du Saint-Esprit*, l'office principal de l'Esprit est « d'effectuer cette touche directe et cette relation avec la créature dans son être intérieur[388] ». « Chaque fois qu'il est fait mention spéciale de l'œuvre cachée et intérieure [de la trinité], l'Écriture la met toujours en relation avec le Saint-Esprit[389]. » « Quand Dieu vient en contact direct avec la créature, c'est l'œuvre du Saint-Esprit d'effectuer un tel contact[390]. » Même la matière inanimée est mise en contact avec la trinité par le Saint-Esprit[391], car l'Esprit doit influencer toute

---

383. BACOTE, *The Spirit in Public Theology*, p. 113.
384. *Ibid.*, p. 114.
385. *Ibid.*
386. KUYPER, *WHS*, I, p. 24.
387. KUYPER, *Pro Rege*, I, p. 467.
388. KUYPER, *WHS*, I, pp. 26, 46.
389. *Ibid.*, p. 25.
390. *Ibid.*, pp. 32-33.
391. KUYPER, *Pro Rege*, I, p. 467 ; KUYPER, *WHS*, I, p. 44.

la création depuis le début[392]. Kuyper a une pneumatologie qui mérite vraiment d'être qualifiée de pneumatologie cosmique vu le rôle prépondérant de l'Esprit dans la création.

Kuyper semble avoir trouvé la justification de ce principe dans le fait que l'Esprit est d'une essence spirituelle ; et il est aussi « la vie divine » (*het goddelijk leven*)[393]. Certes il n'exclut pas totalement l'idée que le Fils ou le Père soit en contact avec la créature, mais ce contact reste extérieur, jamais intérieur[394]. Pour Kuyper, l'incarnation du Fils est un réel contact avec la nature humaine, mais c'est un contact qui reste extérieur et cela pour la raison que le Fils incarné est un autre individu humain. Ainsi seul le Saint-Esprit peut faire son entrée dans la vie intérieure des créatures[395]. C'est bien le Saint-Esprit qui sert de trait d'union ou de lien entre la créature et la trinité.

En affirmant que le rôle du Saint-Esprit n'est pas limité ou ne doit pas être limité à la régénération et au salut des élus, c'est-à-dire à l'œuvre de la grâce[396], mais s'étendre à toutes les créatures, animées ou non, Kuyper est conscient que sa position diffère de celle que l'Église a toujours défendue[397]. Il faut, selon lui, redonner à l'œuvre de l'Esprit la considération qu'elle mérite au risque de jouer négativement sur sa divinité. Et pour cela il faut que son œuvre soit au cœur de chaque créature[398] afin que l'Esprit reçoive l'honneur et l'adoration qui lui reviennent[399].

---

392. KUYPER, *WHS*, I, p. 24.
393. *Ibid.*, p. 55.
394. *Ibid.*, p. 43. « Le Père reste hors de la créature ; le Fils la touche extérieurement ; mais le Saint-Esprit, la vie divine, la touche directement dans son être intérieur. »
395. *Ibid.*, p. 32. « Christ n'a jamais fait son entrée dans une personne humaine. Il a pris notre nature humaine, avec laquelle il s'est uni beaucoup plus étroitement que le Saint-Esprit ne l'a fait ; mais il n'a pas touché l'homme intérieur et la personnalité cachée. » Cette façon de concevoir l'incarnation, prise de la nature humaine sans toucher à la personnalité, reflète la position de Kuyper, car il distingue la nature et la personne, comme nous le verrons dans la suite.
396. *Ibid.*, p. 46.
397. *Ibid.*, p. 44.
398. *Ibid.*, p. 45.
399. *Ibid.*, p. 47.

2. L'Esprit et le souffle de vie : « *Veni, Creator Spiritus, Vivificans* » !

Chez Kuyper, on pourrait dire que l'Esprit, c'est la vie de la créature, *Veni, Creator Vivificans*[400] ! En effet, l'Esprit donne vie à l'œuvre créatrice du Père et du Fils. Il est le principe de vie de la création et de la recréation[401]. Il est créateur comme le Père et le Fils, puisque le terme *Vivificans* se réfère à « la Personne de la Trinité qui allume la flamme de vie[402] », donc référence au Saint-Esprit. Kuyper, après avoir examiné quelques textes bibliques (Gn 1.2 ; Jb 33.4 ; Ps 33.6 ; Ps 100.30), tire la conclusion que l'ensemble de ces textes affirment que l'œuvre spécifique de l'Esprit n'est pas la création de la matière de l'univers ni le dépôt de la semence de vie ou les germes de la vie dans la matière. Mais son œuvre spéciale commence seulement après la création de la matière avec les germes de la vie en elle[403]. Ces germes potentiels de la vie, créés et disposés par le Père et le Fils, sont vivifiés par l'Esprit de Dieu pour causer la vie effective[404]. Dans toutes les créatures, il active la flamme de vie ou communique la vie[405]. Son retrait de la vie d'une créature implique la mort de celle-ci[406]. Il est donc celui qui vivifie toute créature.

La terminologie kuypérienne est riche ; trois termes retiennent l'attention. Il y a le verbe *bezielen*[407] qui signifie « animer[408] » et son radical *ziel* qui veut dire « âme ». Il y a aussi *levendmaker* et *levensvonk*[409] qui signifient respectivement et littéralement « faiseur de vie » et « flamme de vie ». On pourrait comprendre, au regard des termes employés, que le Saint-Esprit crée la vie dans la mesure où « dans chaque personne le pouvoir de rallumer

---

400. *Ibid.*, p. 43.
401. *Ibid.*, p. 47.
402. *Ibid.*, p. 43.
403. *Ibid.*, p. 29.
404. *Ibid.*, pp. 30, 31, 43. L'image, dans Gn 1.2, telle que comprise par Kuyper, semble renvoyer à la poule qui couve ses œufs pour les faire éclore et donner des poussins.
405. *Ibid.*, pp. 37, 43.
406. *Ibid.*, I, p. 44.
407. Kuijper, *WHG*, I, pp. 32, 41.
408. Paul Bogaards, *Néerlandais-français et français-néerlandais*, Paris, Le Robert et Van Dale, 2007, p. 398.
409. Kuijper, *WHG*, I, p. 47. « [...] dat de Heilige Geest ook nu nog voortdurend de "Levendmaker" is, en dat de levensvonk van het dier, zoowel als van den mensch, door den Heiligen Geest wordt ontstoken. »

la flamme de vie est son œuvre[410] ». Quand bien même l'auteur parle de « la réception de la flamme de vie de l'Esprit[411] », il précise par la suite que c'est l'Esprit qui active cette flamme[412] ; et on la reçoit du Père par le Fils comme une disposition ou comme des germes. Les diverses opérations de l'Esprit, en relation avec la créature, font de lui le principe de vie, le *levensbeginsel*, un autre terme différent des trois précédents, selon Kuyper.

La création de l'homme est un bel exemple du rapport de l'Esprit de Dieu à la vie (Gn 2.7). Le récit de la création dit « […] qu'une âme vivante a été appelée à l'existence au moment même où le souffle de vie a été insufflé en lui. […] Dès que la vie a fait son entrée en Adam, il était [devenu] un homme[413] ». C'est le rôle de *vivificans* de l'Esprit qui donne vie. Selon Kuyper, le souffle de Dieu renvoie à l'œuvre spéciale du Saint-Esprit[414].

Si l'Esprit est présenté avec insistance par Kuyper comme le principe de vie, il nous semble que par moment Kuyper attribue aussi au *Logos* cette même fonction. Dans son traitement du *Logos* de l'Évangile de Jean (1.16-17), le principe de vie semble passer du Saint-Esprit au Fils éternel. Il écrit ceci :

> [s]eulement la Parole éternelle dans la créature fait d'elle une porteuse des pensées de Dieu et fait d'elle un cosmos. La Parole éternelle est alors dans toutes choses, dans les étoiles et dans le soleil, dans les pierres et métaux, dans la fleur et dans la branche et racine, dans les oiseaux du ciel et les poissons de la mer. Tout ce qui est et vit a été appelé à l'existence par lui et existe par lui. Il est la puissance qui supporte et anime tout de sorte que tout tienne debout[415].

Il est dit ici du Fils qu'il est la puissance qui supporte et anime toute chose, tout comme l'Esprit. Le Fils est un autre principe de vie, mais comment le

---

410. *Ibid.*, p. 49. « maar dat ze alsnu *in* een iegelijken persoon, door hooger vonk, eerst tot licht ontstoken worden krachtens een werking van den Heiligen Geest. »
411. *Ibid.*, p. 54. « […] en zijn *levensvonk* ontving van den Heiligen Geest. »
412. *Ibid.* « […] Persoon onder de drie goddelijke Personen, die de levensvonk ontvlammen doet. »
413. Kuyper, *WHS*, I, p. 34.
414. *Ibid.*, p. 35.
415. Kuyper, *CG*, I, p. 471. « Zoo is het eeuwige Woord in *alle ding*, in sterren en in zonnen, in steen en metaal, in bloem en tak en wortel, in de vogelen des hemels en in de visschen der zee. Al wat is en leeft, werd door hem, en bestaat door hem. Hij is de spannende en bezielende kracht die het alles ophoudt, dat het staan blijft », *GG*, I, p. 392.

peut-il s'il ne peut entrer en contact direct avec la créature, dans la mesure où il est un autre individu humain ? Un tel glissement dans la pensée de Kuyper pourrait s'expliquer et se comprendre par le fait que le *Logos* peut prendre la forme d'une conscience[416] ; et comme celle-ci est liée à l'Esprit, on finit par retrouver l'Esprit comme principe de vie. L'idée est tout de même contraire à ce qu'il a défendu en général comme rôle de l'Esprit en relation avec la créature. Et faire du *Logos* une pure conscience ou esprit, n'est-ce pas affaiblir la personnalité divine du Fils éternel ?

3. Le revêtement spirituel de l'homme par l'Esprit

L'œuvre intérieure de l'Esprit dans les créatures, chez Kuyper, ne se limite pas à ce que nous venons de dire, c'est-à-dire l'animation, l'activation de la flamme de vie. L'Esprit en fait plus, en revêtant la créature de toutes sortes de dons et talents. Car « l'animation et la qualification spéciales des hommes pour l'œuvre qui leur est assignée par Dieu procèdent du Saint-Esprit[417] », écrit-il. Le terme « qualification », dans cette citation, renvoie sans doute aux dons et talents que l'Esprit accorde aux hommes. Kuyper affirme qu'ils ne sont pas des dons propres à l'homme ; ils ne sont pas non plus donnés par le Père ou le Fils comme bénédiction générale, mais ils sont donnés par l'Esprit[418]. C'est ce que nous appelons le revêtement spirituel de l'homme. Le but de ce revêtement est que le Saint-Esprit dispose de tous les pouvoirs (*krachten*) et de toutes les facultés (*vermogens*) de l'homme comme des instruments à partir desquels il crée la relation directe avec le pouvoir (*krachten*) et les choses saintes (*heiligheden*) de Dieu[419].

Le récit de création de l'homme (Gn 2.7) est l'un des lieux appropriés pour parler du revêtement de l'homme par l'Esprit. Aussitôt que Dieu insuffla en Adam l'haleine de vie, Kuyper écrit : « […] il était devenu un homme, et

---

416. Kuyper, *CG*, I, p. 472.
417. Kuyper, *WHS*, I, pp. 38, 39. « We lezen namelijk in de Heilige Schrift gedurig, dat van den Heiligen Geest uitging de bijzondere bezieling en bekwaammaking van personen tot eenig hun door God aanbetrouwd werk », *WHG*, I, p. 47.
418. *Ibid.*, pp. 39, 43.
419. *Ibid.*, p. 36. « Ook daarin toch, zij het ook op geheel andere wijze, is het een eigen werk van den Heiligen Geest, om de krachten en heiligheden Gods met de krachten en vermogens van den mensch in rechtstreeksche aanraking te brengen », *WHG*, I, p. 46.

tous les dons précieux étaient naturellement revêtus[420]. » C'est dire que l'action d'activer les germes de la vie et celle d'activer la réception des dons de l'Esprit vont ensemble et constituent la même action de l'Esprit. Si ces dons sont partie prenante de l'image de Dieu en l'homme, ils sont naturellement donnés à l'homme à sa création. Ce qui est dit de la création de l'homme vaut aussi pour le Christ et nous allons y revenir dans le chapitre consacré à l'incarnation.

Les dons de l'Esprit s'exercent dans des domaines d'activités variés : il y a les domaines militaire, juridique et politique[421] ; il y a celui de l'art[422], celui du commerce et de l'enseignement[423]. En effet, à la création, Dieu a mis des talents ou des richesses naturelles dans la matière inorganique d'une part, et d'autre part il a aussi qualifié l'homme pour la mise en valeur desdits talents[424]. Le rôle de l'Esprit est de mettre en relation l'art mécanique et la fonction ou qualification officielle de l'homme[425] grâce à un don approprié de l'Esprit[426]. Il y a l'idée de vocation en relation avec le don accordé par l'Esprit et selon la personnalité[427].

L'exercice des dons reçus entre dans le cadre de la restauration de ce que le péché a corrompu. En effet, la soif de l'homme de connaître davantage l'a conduit à la chute[428]. Si l'Esprit a été répandu, par exemple sur Betsaleel et Oholiab (Ex 31.2, 6), sur Otniël et Samson (Jg 3.10) et sur Saül et David, c'était dans le but de restaurer l'ordre créé par Dieu[429]. Le choix de Betsaleel et son illumination par l'Esprit met en relation l'œuvre de l'Esprit dans la création de la matière et la dispensation de la grâce[430]. À ce titre, nous pouvons

---

420. *Ibid.*, p. 34. « Neen, zóó als het leven in Adam voer, was hij *mensch* ; en al zijn kostelijke gaven waren *natuurlijke* gaven », *WHG*, I, p. 43.
421. Kuyper, *WHS*, I, p. 38.
422. *Ibid.*, p. 40.
423. *Ibid.*, p. 41.
424. *Ibid.*, p. 40.
425. *Ibid.*, p. 39.
426. *Ibid.*, p. 41.
427. *Ibid.* « Dat hangt af van zijn persoon, zijn aard, zijn neiging. En omdat nu de Heilige Geest de ontsteker van de vonk des lichts in zijn persoonlijkheid is, bepaalt ook de Heilige Geest die persoonlijke roeping van een iegelijk voor ambt en ambacht », *WHG*, I, p. 52.
428. *Ibid.*, p. 42.
429. *Ibid.*
430. *Ibid.*

mieux percevoir le rôle de l'Esprit comme principe de vie tant dans son rôle d'imprégnation de la matière, d'animation de la vie rationnelle, d'activation de la vie que dans son rôle de dispensateur des dons de grâce. On aboutit au thème kuypérien du rapport nature et grâce ; et le rôle de l'Esprit semble être une clé de lecture tout comme celui du Christ, créateur et médiateur de la rédemption.

II. Cause téléologique et perfection de la création

Nous avons montré que le but de la création, sous toutes ses formes, était uniquement la glorification de Dieu, selon Kuyper. Comment l'Esprit travaille-t-il à la glorification de Dieu par la créature ? Il nous faut faire un travail de discernement du rôle téléologique de l'Esprit en partant de deux cas précis pris dans le domaine de la créature matérielle et immatérielle : son rôle de perfection dans l'Écriture et son rôle dans l'accomplissement de l'amour du Père et du Fils.

1. L'Esprit dans l'Écriture sacrée
a. L'Esprit, principe de vie et d'inspiration de l'Écriture

Kuyper a affirmé, comme cela a été démontré, que l'Esprit est le principe de vie de toute créature, y compris l'écriture comme un art humain de façon générale ; or il considère l'Écriture sainte comme un fait ou un art de la création divine. De ce fait, l'Esprit, comme principe de vie, est une vérité qui s'applique également à la Sainte Écriture. Parlant de l'Écriture sacrée, il a dit que c'est l'une des premières œuvres d'art réalisées par Dieu[431]. Un livre n'est jamais simplement un assemblage de papier, mais il retrace le portrait de son auteur[432]. Cela est valable pour l'Écriture sainte, qui est le reflet de la vie divine[433] ; et en Dieu la vie est inséparable de la pensée[434] ; tout comme la lettre est inséparable de l'esprit en Dieu[435]. Ainsi la Parole de Dieu, séparée de la vie de Dieu, est sans valeur[436] ; et elle devient une lettre morte[437]. Cette

---

431. *Ibid.*, p. 56.
432. *Ibid.*
433. *Ibid.*, p. 57.
434. *Ibid.*
435. *Ibid.*
436. *Ibid.*, p. 58.
437. *Ibid.*, pp. 59, 65.

vie de Dieu, qui donne vie à l'Écriture sainte, n'est autre que l'Esprit de Dieu, qui est « la vie divine[438] ».

C'est par l'inspiration que l'Esprit est devenu le principe de vie de l'Écriture sainte. La conception kuypérienne de l'inspiration évoque bien ce rôle de l'Esprit. S'agissant du rapport de l'Esprit à l'Écriture, il a nommé l'Écriture comme le produit du principe qui est objectivement présenté à la conscience humaine. Quant à l'action, il l'a nommée l'inspiration[439]. L'Esprit est également un principe herméneutique, car lui seul peut nous enseigner à lire l'Écriture. Sans l'Esprit, ce produit de l'art divin ne peut pas nous être utile[440]. L'inspiration est l'opération spéciale et unique du Saint-Esprit[441] ; cette opération est distincte, selon Kuyper, des autres opérations de l'Esprit[442]. Le produit final reflète l'autorité divine et absolue[443] ; c'est un produit complet et infaillible[444].

Pour que la Parole de Dieu atteigne son but, qui est de toucher l'homme dans sa conscience[445], il a fallu que Dieu l'accommode à cause des limites de l'homme[446]. Les pensées de Dieu, pour être traduites dans le monde, ont pris la forme du langage humain, dans les pages d'un livre[447]. Ou encore « [...] dans le but de se rendre intelligible à la pensée humaine, Dieu a revêtu ses pensées d'une forme de langage humain et les a introduites dans la pensée humaine[448] ». Dans ce processus de traduction des pensées de Dieu dans un langage humain et accommodé, l'Esprit a joué le rôle important de

---

438. *Ibid.*, p. 55.
439. Kuyper, *Encyclopaedie*, II, p. 363. « Het product van dit principium, dat obiektief aan het menschelijk bewustzijn wordt voorgelegd, is de *Sacra Scriptura*. En eindelijk de actie waardoor dit product uit deze Goddelijke energie voortkomt, is de *inspiratie*. »
440. Kuyper, *WHS*, I, p. 78. « Dezelfde Heilige Geest, die de Heilige Schriftuur liet schrijven, is ook de Benige, die ze u kan leeren lezen. Zonder den Heiligen Geest vermoogt ge bij dit kunstproduct van den Heiligen Geest niets », *WHG*, I, p. 102.
441. Kuyper, *WHS*, I, p. 76.
442. Kuyper, *Encyclopaedie*, II, p. 366, « in eigenlijken zin ».
443. Kuyper, *WHS*, I, p. 78.
444. *Ibid.*, p. 76.
445. *Ibid.*, p. 73.
446. *Ibid.*, p. 72. Kuyper utilise le terme « condescendance » que nous rendons par « accommodation ».
447. *Ibid.*, p. 62.
448. *Ibid.*, p. 72.

l'inspiration. À ce titre, il est possible de le considérer comme le principe de vie de l'Écriture.

b. L'Écriture comme moyen d'action de l'Esprit

S'agissant de la relation de l'Esprit à la Parole, la tradition réformée a coutume de parler de *cum verbo* pour dire le lien entre l'Esprit et la Parole dans leur commune opération[449]. L'Écriture doit demeurer le moyen par lequel la trinité divine touche le cœur de l'homme[450] ; l'Esprit l'utilise alors comme son instrument[451] pour cette fin, c'est-à-dire pour créer une nouvelle vie[452] ou pour vivifier l'homme[453].

La Parole et l'Esprit sont liés et opèrent ensemble, car derrière la Parole se cache la puissance du Saint-Esprit, et celle-là devient efficace pour changer les choses[454]. Elle ne crée pas la vie, mais elle est l'instrument par lequel la trinité divine veut compléter son œuvre dans le cœur de l'homme[455]. Cette œuvre trinitaire de création est complète lorsque l'Esprit, avec la Parole, fait naître la foi dans le cœur[456]. Mais lorsque Kuyper parle de cœur dans lequel la foi prend naissance, il sous-entend en réalité le plus souvent la conscience, car c'est l'endroit où le péché a d'abord blessé l'homme[457].

En effet, l'Esprit a utilisé l'écriture, au sens général, pour traduire les pensées de Dieu sous la forme humaine en Écriture sacrée, forme la plus aboutie de l'écriture[458]. Une fois que l'Esprit, partant de la Sainte Écriture, crée la foi dans le cœur ou dans la conscience, l'Écriture a atteint son objectif spirituel de glorification de Dieu grâce à l'Esprit. Le miracle de la foi consciente est accompli par l'Esprit et l'Esprit est glorifié.

---

449. Bavinck, *RD*, III, p. 457.
450. Kuyper, *WHS*, I, p. 60.
451. *Ibid.*
452. *Ibid.*, p. 62.
453. *Ibid.*, p. 64.
454. *Ibid.*, p. 66.
455. *Ibid.*, p. 68.
456. *Ibid.*
457. *Ibid.*, p. 61.
458. *Ibid.*, p. 75. « Comme le discours et le langage humains sont [œuvre] du Saint-Esprit, donc l'écriture nous témoigne également de Lui. Mais tandis que l'homme utilise cet art pour graver les pensées humaines, le Saint-Esprit l'utilise pour donner une forme fixe et durable aux pensées de Dieu. Il y a alors un usage humain et divin de cet art. L'usage le plus abouti et unique en son genre est dans la Sainte Écriture. »

La parole du Seigneur, spécialement la Parole intérieure, est particulièrement l'œuvre du Saint-Esprit, qui, comme nous avons vu, apparaît de façon plus remarquable quand Dieu entre en contact de façon plus étroite avec la créature. [...] Et la conscience est la partie la plus intime de l'homme. Par conséquent, le plus souvent le Seigneur notre Dieu entre dans la conscience humaine pour communiquer Ses pensées, revêtues de pensées et de discours humains, [c'est-à-dire] la Sainte Écriture, [alors] le croyant honore et adore en lui-même l'opération réconfortante du Saint-Esprit[459].

2. La perfection de l'amour de Dieu par l'Esprit

L'origine de toute chose, l'amour y compris, est en Dieu le Père et on ne peut la faire remonter ni au Fils ni à l'Esprit[460]. Faire participer l'homme à l'amour divin est une œuvre du Père qui a été préparée par lui dans la création[461]. L'amour créé par le Père a été manifesté ou révélé par le Fils à la rédemption[462]. Avec l'incarnation du Fils, l'amour a été révélé dans sa plénitude[463] avec le don du Fils unique de Dieu[464]. Il a été un amour manifesté à l'endroit du monde ennemi de Dieu ; et la croix est le sommet de sa manifestation, car c'est le lieu où le Fils a donné sa vie pour ses ennemis[465].

L'amour du Père et du Fils, parce que manifesté à la création et à l'incarnation, reste extérieur à l'homme, car il ne le touche pas au plus profond de lui, c'est-à-dire dans son cœur. L'œuvre de l'Esprit est donc de répandre cet amour dans le cœur pour le parfaire ou l'accomplir[466]. Car le fait d'entrer

---

459. *Ibid.*, p. 73. « [...] hoe nu in dit spreken Gods, althans waar het een inwendig spreken was, zeer bijzonder het werk van den Heiligen Geest uitblonk. Nu is ons bewustzijn het allerintiemste en allerinnigste van ons wezen. Zoo dikwijls God de Heere dus in dit intieme menschelijk bewustzijn ingaat, om in dit bewustzijn zijn goddelijke gedachten, onder het kleed van ons eigen denken en van onze eigen taal, in te dragen, – aanbidt de Schrift, en aanbidt elk geloovige op haar voetspoor, hierin zeer bijzonderlijk de vertroostende werking van God den Heiligen Geest », *WHG*, I, p. 96.
460. Kuyper, *WHS*, III, p. 517.
461. *Ibid.*
462. *Ibid.*
463. *Ibid.*
464. *Ibid.*
465. *Ibid.*
466. *Ibid.*, pp. 519-520.

personnellement dans l'âme pour faire d'elle son temple et sa résidence est une œuvre du Saint-Esprit[467]. Cette inhabitation de l'Esprit dans le cœur de l'homme est le pas le plus décisif, puisque sans la présence de l'Esprit en l'homme, l'amour ne peut être une réalité. Une fois que l'Esprit établit son temple dans le cœur, il applique l'œuvre du Christ, notamment l'amour du Christ dans le cœur[468] ; et tant que l'Esprit habite dans notre cœur, l'amour de Dieu y règne également[469]. Par l'amour créé par l'Esprit, Dieu, qui est amour, habite aussi en nous[470]. L'Esprit agit maintenant de l'intérieur pour incliner le cœur à consentir volontairement, à être le temple de l'Esprit[471].

Pour revenir à l'hypothèse que l'Esprit parfait l'œuvre du Père et du Fils, en ce cas précis l'amour, il convient de souligner que le Saint-Esprit utilise l'amour comme l'amour pour répandre l'amour de Dieu dans nos cœurs. « En nous appliquant l'amour, en répandant l'amour sur nous, il nous inculque l'amour. C'est par l'amour du Saint-Esprit qu'il a été possible de répandre l'amour [du Père et du Fils] dans nos cœurs[472]. » L'amour terrestre peut atteindre le plus haut niveau, à condition que le Saint-Esprit y soit et rallume sa sainte flamme dans le cœur humain[473]. « Puisqu'il anime toute vie créée, il anime aussi la vie de l'amour ; et elle commence alors à vivre, reçoit une âme, et est vraiment animée[474]. » Le Saint-Esprit est considéré ici encore comme le principe de vie de l'amour, car c'est lui qui anime les germes de l'amour créés par le Père et le Fils. C'est à ce titre qu'il amène l'amour à sa perfection, ou à son accomplissement, et lui donne d'atteindre également son but essentiel qui est de créer la communion.

---

467. *Ibid.*, p. 520.
468. *Ibid.*
469. *Ibid.*, p. 521.
470. *Ibid.*, p. 526.
471. *Ibid.*, p. 529.
472. *Ibid.*, p. 533.
473. *Ibid.*, p. 616.
474. *Ibid.* « Dies is Hij ook de Levensbezieler van de Liefde, en ook de liefde begint dus dan eerst waarlijk te leven, ontvangt dan eerst een *ziel* in zich en wordt dus dan eerst "bezield" », *WHG*, III, p. 272.

III. L'Esprit et la restriction du pouvoir destructeur du péché

L'œuvre de l'Esprit dans la création doit prendre en compte une nouvelle donne ; elle doit avoir une dimension sotériologique en s'attaquant au problème du péché qui a fait irruption dans la créature de Dieu[475]. Nous avons déjà montré que la grâce commune pouvait être considérée comme une conséquence positive du péché[476]. Par des exemples concrets, nous allons montrer cette dimension du rôle de l'Esprit dans la créature.

1. Restriction du pouvoir du péché dans la nature

Le caractère organique du monde fait que le péché de l'homme, qui a activé la loi de la mort, a des conséquences sur la nature ou sur le monde[477]. Car il est dit que la terre a été maudite à cause de l'homme (Gn 3.17)[478], plus particulièrement à cause du péché de l'homme. Le changement qui est intervenu après la chute est mis en perspective avec la malédiction par l'Écriture[479]. La disparition du jardin, par exemple, est une conséquence du péché de l'homme[480]. Mais le péché a été retenu parce que la terre, quoique maudite et faisant pousser des ronces et des épines, sera toujours productive pour l'homme. Sans la rétention des effets du péché, la terre aurait été conduite à un chaos total, à une totale décomposition symbolisant mort et disparition[481]. Kuyper articule la restriction des effets du péché et la validité de la malédiction comme suit :

> [l]es effets mortels ont commencé leur œuvre, mais ils étaient retenus à un certain point par la grâce. L'Écriture exprime cela avec le contraste simple que la terre produira en fait des « ronces et épines », mais elle continuera de produire du pain pour

---

475. Kuyper, *WHS*, I, p. 24. « [...] dat de Heilige Geest juist lijnrecht *tegen de zonde* overstaat, en het juist tot de roeping van den Heiligen Geest behoorde, om de zonde te vernietigen en, in weerwil van haar tegenwerking, Gods uitverkoren kinderen en heel Gods schepping toch tot haar bestemming te doen geraken », *WHG*, I, p. 30.
476. L'adjectif « positif » pour qualifier la mise en marche de la grâce commune, suite à la suite du péché, est de l'auteur, *CG*, I, p. 306.
477. Kuyper, *CG*, I, p. 317.
478. *Ibid.*, p. 315.
479. *Ibid.*, p. 317.
480. *Ibid.*, pp. 318-319.
481. *Ibid.*, p. 319.

l'homme. Ces « épines et ronces » nous montrent la malédiction ; le pain nous montre la grâce[482].

La nature qui produit des ronces et épines suite à la malédiction est aussi celle, sous l'effet de la grâce commune, qui fait pousser des plantes médicinales pour la guérison de l'homme[483]. Les signes de la grâce commune sont nombreux : le contraste entre le désert et les plaines fertiles ; contraste entre l'hiver et le printemps ; les plantes parasites d'un côté et les arbres fruitiers de l'autre[484] ; les animaux carnivores opposés à ceux qui sont au service de l'homme[485] ; et les tempêtes et ouragans destructeurs opposés au vent purificateur. La grâce commune se manifeste dans tous ces contrastes. Voilà autant d'exemples que Kuyper cite pour montrer que le péché est retenu par l'Esprit.

2. Dépravation retenue dans le corps

Le caractère organique du monde constitue encore un point de départ pour penser le rapport de la grâce commune à l'homme, l'objet principal de la grâce de Dieu, et le monde[486]. L'âme, le corps et le monde fonctionnent ensemble[487]. L'homme appartient donc au monde et, au sens kuypérien, le monde est en lui de façon « miscroscomique[488] ». Ainsi, si les effets du péché ont été retenus dans l'âme, ils l'ont été aussi bien dans le corps que dans le monde ou la nature[489]. Ne dit-on pas « un esprit sain dans un corps sain » ?

Le désir, chez la femme en particulier, d'enfanter malgré la peine et le risque de mort, ajouté consécutivement au péché, sont une preuve de la grâce commune qui permet à la femme de continuer à devenir mère[490]. C'est certes dans la douleur, mais elle enfantera toujours, dit-il[491]. Il en est de même pour l'homme, qui malgré la souffrance ajoutée à sa vocation initiale de travailler et

---

482. *Ibid.*
483. *Ibid.*, p. 313.
484. *Ibid.*, p. 320.
485. *Ibid.*, p. 321.
486. *Ibid.*, p. 307.
487. *Ibid.*
488. *Ibid.*, p. 248.
489. *Ibid.*, p. 307.
490. *Ibid.*, p. 308.
491. *Ibid.*, p. 312.

gagner son pain, a continué de pourvoir à son pain quotidien pour vivre[492]. Le revêtement du couple Adam et Ève, par lui-même d'abord et ensuite par Dieu, après le péché, loin d'être seulement le signe ou la symbolique de couvrir la nudité, est un équipement du corps contre les aléas et intempéries climatiques en vue de le protéger, étant donné qu'il était affaibli par le péché[493]. Dans le même sens, la science, avec ses découvertes scientifiques, est aussi un signe de la grâce commune, car elle fait la promotion de la vie[494].

Pour Kuyper, dans toute activité de l'homme qui contribue à promouvoir la vie ou à la rallonger l'Esprit de Dieu est à l'œuvre au moyen de la grâce commune, car la mort ne peut empêcher l'humanité d'atteindre son but glorieux de glorifier son créateur. Il écrit :

> [l]'ombre de la mort couvrira la race humaine, même avec la semence de la mort dans notre sang, [mais] grâce à la grâce commune, elle [la race humaine] sera néanmoins capable de révéler son trésor de la vie intérieure, pour accomplir une histoire dans laquelle elle manifeste sa signification, et pour glorifier son Créateur dans sa riche diversité en dons et talents[495].

3. *Dépravation retenue dans le cœur*

L'âme est le centre de la vie de l'homme et sa mort entraînera celle de son corps[496]. Il est important que les effets du péché soient limités dans son âme[497] où le péché a d'ailleurs pris naissance. C'est le point principal de l'application de la grâce commune selon Kuyper[498]. Aussitôt après le péché de l'homme dans le jardin, Dieu a injecté dans son cœur, ou dans son âme, l'antidote de la mort[499]. Quelques étincelles de la vie ont été préservées en lui[500]. Kuyper convoque surtout l'idée de l'idolâtrie pour montrer que dans le cœur de

---

492. *Ibid.*, pp. 309, 313.
493. *Ibid.*, p. 312.
494. *Ibid.*, pp. 313-314.
495. *Ibid.*, p. 313.
496. *Ibid.*, p. 301.
497. *Ibid.*
498. *Ibid.*, p. 306.
499. *Ibid.*, p. 302.
500. *Ibid.*, p. 301.

l'homme, il y a toujours un sens religieux. Il affirme que ce sens religieux, ou le besoin d'adoration, « n'est pas une invention des peuples, mais c'est une œuvre de Dieu dans le cœur du peuple et parmi les peuples[501] ». Ce sens religieux, dans une certaine mesure, contrôle le sens moral, car l'idolâtrie et l'immoralité sont liées puisque la seconde est une résultante de la première[502].

L'idolâtrie témoigne que l'Esprit a retenu dans le cœur de l'homme les effets destructeurs du péché. En effet, « l'idolâtrie en elle-même prouve l'existence de la grâce commune après le péché. Toute idolâtrie atteste un besoin d'adoration[503] ». Son but, à l'origine, était l'adoration du vrai Dieu dans une image ou dans un symbole[504]. Alors si le péché n'avait pas été retenu dans son élan destructeur, ce besoin d'adoration aurait aussi disparu immédiatement. Il a écrit dans ce sens :

> [l]e simple fait que dans chaque endroit où un peuple a vécu l'idolâtrie a été pratiquée est la preuve que le besoin d'adoration est resté en l'homme. Cela n'aurait jamais été le cas si la grâce commune n'avait pas retenu et freiné la dégradation totale venant du péché[505].

Par la grâce commune, l'homme n'a pas été conduit par le péché à une cécité spirituelle totale[506]. L'idolâtrie ne s'oppose pas à la grâce commune, mais elle la confirme[507].

Kuyper vient à affirmer, dans le cadre de la révélation naturelle, en partant de ce besoin d'adoration ressenti par l'homme malgré le péché, qu'une certaine connaissance de Dieu reste et demeure possible. Il écrit :

> […] c'est une réelle possibilité de connaître Dieu dans une certaine mesure qui aurait été définitivement détruite si le péché et la malédiction avaient continué sans être affaiblis. C'est une connaissance de Dieu et de sa justice qui a persisté en dépit de notre péché, et qui était et reste maintenue, non pas grâce à

---

501. *Ibid.*, p. 489.
502. *Ibid.*, pp. 487, 489 ; Calvin, *IC*, I, iii, 3.
503. Kuyper, *CG*, I, p. 489.
504. *Ibid.*, p. 502.
505. *Ibid.*, p. 489.
506. *Ibid.*, p. 490.
507. *Ibid.*, p. 491.

nos efforts, mais malgré notre injustice, par la grâce commune de Dieu[508].

À bien comprendre Kuyper sur ce point, le *sensus divinitatis* est resté en l'homme, même s'il a été affaibli. Calvin serait d'accord avec une telle idée. Car selon lui, même si l'homme est totalement dépravé, il garde encore en lui un sens de la divinité, comme en témoigne l'idolâtrie[509]. Mais ce sens de la religion, étant corrompu, ne peut produire de bons fruits, si ce n'est malice et rébellion[510]. On peut cependant s'interroger, malgré la dépravation totale, si la réelle possibilité de connaître Dieu garde tout son sens, comme notre auteur l'a affirmé. Avec les *Canons de Dordrecht*, nous admettons qu'après la chute « il a subsisté dans l'homme quelque lumière de nature ; grâce à elle, il conserve encore une certaine connaissance de Dieu [...]. Mais tant s'en faut que, par cette lumière naturelle, il puisse parvenir à la connaissance salutaire de Dieu » (III-IV. iv). Même si c'est une réelle possibilité de connaître Dieu, comme l'a affirmé Kuyper, cette connaissance est incapable de conduire l'homme au Dieu qui sauve.

---

508. *Ibid.*, p. 490.
509. CALVIN, *IC*, I, iii, 1. Calvin, citant Ciceron, un homme païen, disait ceci : « [i]l ne se trouve nation si barbare, ni peuple tant brutal et sauvage qui n'aient cette persuasion enracinée qu'il y a quelque Dieu. » Plus loin il écrit : « [p]uisque donc, dès le commencement du monde, il n'y a eu ni pays, ni ville, ni maison qui se soit pu passer de religion, en cela on voit que tout le genre humain a confessé qu'il y avait quelque sentiment de divinité engravé en leurs cœurs. Qui plus est, l'idolâtrie rend certain témoignage de ceci. Car nous savons combien il vient mal à gré aux hommes de s'humilier pour donner supériorité par-dessus eux aux créatures. »
510. CALVIN, *IC*, I, iv, 4.

CHAPITRE 3

Incarnation, impeccabilité du Christ et Esprit Saint

Comment Dieu a-t-il pu devenir homme ? En devenant homme, le Fils éternel de Dieu a-t-il pris la nature humaine pécheresse ou non ? A-t-il renoncé à ses prérogatives divines ? Quel a été le rôle de l'Esprit dans le devenir homme du Fils éternel ? Kuyper a réfléchi à l'incarnation à partir de ces questions auxquelles nous tenterons de trouver des réponses en le suivant dans sa réflexion sur l'incarnation et le rôle de l'Esprit.

A. Incarnation et nature humaine du Fils
I. La conception par l'Esprit et la naissance virginale
1. *Motif de l'incarnation : rédemption de l'homme*
a. La thèse de l'incarnation sans péché

Il faut situer la pensée de Kuyper dans son contexte historique et théologique. Kuyper a fait face, en son temps, à la théologie de médiation allemande et hollandaise, et aussi à la théologie éthique. Parlant de la théologie éthique, il a affirmé que son point de départ est l'antithèse qui existe entre Dieu et l'homme[1]. Tant que ce contraste entre Dieu et l'homme demeure, il n'y a pas de réconciliation ni d'harmonie. Partant de l'idée de la philosophie panthéiste de thèse, d'antithèse et de synthèse, la théologie éthique a défendu

---

1. Kuyper, *WHS*, II, p. 327. Il décrit l'antithèse de la façon suivante : « God is the Creator, man is a creature. God is infinite, man finite. God dwells in the eternal, and man lives in the temporal. God is holy, and man is unholy. »

l'idée qu'il existe entre Dieu et l'homme trois choses : thèse, antithèse et synthèse[2]. Dieu serait la thèse, l'homme l'antithèse, et la synthèse, ou la réconciliation, est faite par le Médiateur, « qui est à la fois fini et infini, chargé de notre culpabilité et saint, temporel et éternel[3] ». Kuyper a cité J. H. Gunning[4] et Chantepie de la Saussaye[5] comme des référents de ladite théologie.

La conséquence en christologie de la thèse de la théologie éthique est la suppression du contraste entre le créateur et la créature, la primauté de la nature divino-humaine du Christ, une sorte de troisième nature, sur la nature divine[6]. Cette nouvelle nature est assumée par les régénérés[7]. Ce qui fait la relation avec la thèse de l'incarnation sans péché est que cette nouvelle nature « n'a pas de connexion avec le péché, mais elle serait survenue même en l'absence du péché[8] ». Il était prévu dès la création dans le plan de Dieu une exaltation, un raffinement et un anoblissement de la nature humaine[9].

Une idée semblable à celle de la théologie éthique était défendue par la théologie de médiation en Hollande. Kuyper s'est référé à Jan Jacob van Oosterzee (1817-1882) comme référent de ladite théologie. Selon van Oosterzee, le Christ n'était pas seulement Médiateur de la réconciliation de l'homme avec Dieu, mais il était également la révélation parfaite du Dieu invisible ; dès l'origine, l'homme a été destiné à être semblable (*gelijk*) à Dieu[10]. C'est dire que l'homme, même sans l'événement du péché, allait passer par un processus de développement pour atteindre une haute perfection. Plus loin dans la citation prise de van Oosterzee par Kuyper, l'idée de l'incarnation sans le motif du péché semble être affirmée plus clairement. Il a écrit ceci : « Un acte aussi réjouissant comme l'incarnation de Dieu en Jésus-Christ, le Seigneur, peut difficilement être seulement le résultat d'un phénomène non absolument

---

2. *Ibid.*
3. *Ibid.*
4. *Ibid.*, p. 328.
5. *Ibid.*, p. 330.
6. *Ibid.*, p. 331.
7. *Ibid.*
8. *Ibid.*
9. *Ibid.*
10. A. KUIJPER, *De Vleeschwording Des Woords*, Amsterdam, Wormser, 1887, p. 20. « Maar hoe waarachtig het zij, dat de Zone Gods als Middelaar der verzoening verschenen is, het is niet minder waarachtig, dat Hij tevens de hoogste openbaring is der onzichtbare Godheid, en dat de mensch oorspronkelijk bestemd was, Gode gelijk te zijn. »

nécessaire, [c'est-à-dire] le péché[11]. » Pour van Oosterzee, le péché étant un fait non absolument nécessaire, il ne saurait être la raison suffisante de l'incarnation de Dieu.

La théologie éthique, aussi bien que la théologie de médiation, a eu une affinité avec la pensée du philosophe allemand Hegel. L'idée de l'unification de Dieu et de l'homme occupait une place importante dans sa philosophie. Kuyper, sans nommer explicitement l'idéaliste philosophe allemand, semble se référer à lui et son école quand il parle des grands philosophes pour qui Dieu est *en devenir* et devient plus Dieu en devenant pur homme[12]. Cette idée d'un Dieu *en devenir* a une conséquence sur la doctrine de l'incarnation. La thèse se formule comme suit : « […] en Christ Jésus cette incarnation est devenue un fait, et par conséquent on en déduit que Dieu serait devenu homme même si l'homme n'avait pas péché[13]. »

Il faut évoquer également l'idée selon laquelle « l'homme était destiné à Christ et Christ destiné à l'homme[14] ». Une telle correspondance suggère que l'homme a été créé à l'image du Christ[15]. L'implication sur la doctrine de l'incarnation est l'idée implicite de l'incarnation sans motif du péché.

La thèse de l'incarnation sans péché, défendue par ces différents courants, fait le lien avec Jean Duns Scot (1266-1308), théologien franciscain contre lequel Calvin avait réagi[16]. Selon Scot, même sans le péché le Christ se serait incarné. Ce théologien concevait « un "Christ éternel" dans son humanité autant que dans sa divinité[17] ». Cela veut dire qu'il n'a pas séparé l'existence historique du Fils incarné de l'éternité du Fils non incarné, le *Logos asarkos*. Ainsi le péché survenu dans l'histoire ne serait pas le motif réel de l'incarnation. Il en était de même pour la philosophie panthéiste de Hegel qui affirmait que l'homme parfait, ou l'homme idéal, serait l'unification de la divinité et de

---

11. *Ibid.*, p. 21. « Eene zoo verbazende daad, als de menschwording Gods in Jezus Christus, den Heer, kan toch nauwelijks alleen het gevolg zijn van een niet volstrekt noodzakelijk verschijnsel, de zonde. »
12. Kuyper, *WHS*, II, p. 242.
13. *Ibid.*
14. *Ibid.*, p. 243.
15. *Ibid.*
16. Calvin, *IC*, II, xii, 4.
17. Blocher, *La doctrine du Christ*, p. 10.

l'humanité[18]. À ce titre, l'incarnation ne serait pas en relation avec le péché, mais plutôt une nécessité pour la parfaite révélation.

b. Le rapport de l'incarnation avec le péché

Dieu travaille et crée conformément à ses décrets. Cela veut dire qu'il ordonne avant de créer[19] ; donc tout ce qui existe a d'abord été l'objet d'un décret divin. La loi de la création, qui veut que toute créature soit d'abord dans la pensée et l'essence divine[20], s'applique à l'incarnation. En effet, Kuyper a affirmé que le plan entier de l'incarnation provenait du Père[21], comme tout vient de lui. Il a écrit, dans le *Locus de Christo*, que l'incarnation a été une décision du conseil divin[22]. Elle est considérée comme l'actualisation de la volonté divine ou du décret de créer l'union avec Christ[23]. Selon Kuyper, le Dieu trinitaire a, dans sa volonté impénétrable, décidé ou décrété que le Fils deviendrait homme[24].

Le rapport de l'incarnation avec le péché, selon Kuyper, est justifié par le fait que Christ est celui qui, à cause du péché survenu comme un accident, réconcilie le pécheur avec Dieu[25]. La nature humaine n'appartenait pas à l'essence du Fils éternel, mais elle a été portée à cause du péché[26]. Il critique la thèse de l'incarnation sans le péché, parce que soit elle élève la nature humaine au rang de la divinité, soit elle abaisse la nature divine au rang de l'humanité[27]. C'est un rejet non seulement du Christ, mais aussi un rejet de

---

18. KUIJPER, *VW*, pp. 16-17. « Maar dit bijzondere van Hegels school nu daargelaten, geldt van de pantheïstische philosofen onzer eeuw als regel, dat ze ten slotte ook de grens tusschen God en mensch opheffen, doordien ze zich een ideaal mensch denken, in wien Gods leven zich volkomen openbaart; terwijl zeer velen hunner niet aarzelen te belijden, dat deze ideale mensch in Jezus Christus gekomen is. »

19. KUYPER, *WHS*, I, p. 209.

20. KUYPER, *Locus de Creatione*, p. 23. « dat dit doen worden active ontstaat uit de conceptio divina ende voluntas divina, die van eeuwigheid den kosmos met al wat tot den kosmos behoort als bestemd om gerealiseerd te worden poneeren in God. »

21. KUYPER, *WHS*, I, p. 80.

22. KUYPER, *Locus de Christo*, Pars Secunda, p. 23.

23. KUYPER, *WHS*, I, p. 335.

24. KUYPER, *E Voto*, I, p. 368. « God Drieëenig heeft naar zijn ondoorgrondelijken wil over den Zoon bepaald (en de Zone Gods gaat willig in die bepaling in), dat hij, die den staat van God had, nu over zou gaan in den staat van een mensch. »

25. KUYPER, *WHS*, II, p. 328.

26. KUYPER, *Locus de Christo*, Pars Secunda, p. 21. « De humana natura bekoort niet tot het wezen van den *Logos*; hij moest haar alleen aannemen om als Verlosser op te treden. »

27. KUIJPER, *VW*, p. 18.

Dieu lui-même ; et ce panthéisme joue dangereusement sur la foi avec son concept de l'homme idéal qu'on atteint progressivement[28].

Il a affirmé que l'Écriture ne reconnaissait aucun autre motif à l'incarnation que celui de la rédemption ou du salut de l'homme[29]. En prenant appui sur les preuves proposées par Turretin[30], Kuyper a justifié l'incarnation par l'unique motif du péché retenu par l'Écriture, par l'office du Médiateur en faveur des pécheurs et par l'amour de Dieu pour un monde désintégré[31]. Calvin avait réfuté les idées de Scot en évoquant aussi la nécessité de la rédemption comme le motif de l'incarnation[32]. En défendant l'idée de l'incarnation comme conséquence du péché, contre la thèse panthéiste et autres tendances théologiques similaires, Kuyper est resté dans la ligne de la théologie réformée. En effet, l'incarnation vise un but sotériologique et Kuyper l'a bien perçu.

2. La conception par l'Esprit et la naissance virginale
a. Création de la nature humaine

La conception du Fils incarné par la puissance de l'Esprit peut être perçue comme la manière par laquelle la nature humaine du Christ a été créée. Elle répond à notre question concernant la manière dont Dieu a pu devenir un homme en la Personne du Fils éternel. Kuyper convoque le facteur divin pour expliquer et justifier la création de la nature humaine impersonnelle du Médiateur. La conception de la nature humaine du Fils a été une œuvre trinitaire[33], car le Père a pourvu avec la matière, il a créé l'âme avec tous ses dons et pouvoirs[34], et au Fils éternel sont revenus la création des saintes dispo-

---

28. Kuyper, *E Voto*, I, pp. 367-368. « Pantheïstische verzinsels van o, zoo gevaarlijk, geloof ondermijnend karakter! En weg ook alle voorstelling van een geleidelijken overgang van het goddelijke in het menschelijke, als door den Godmensch uit het een in het ander overgeleid ! Schrikbare uitspruitsels van menschelijken hoogmoed, om uiet alleen den Christus, maar God zelf te verwerpen. »
29. Kuijper, *VW*, pp. 10-11. « […] alsdan onveranderlijk dient beleden dat de Heilige Schrift van geene andere Vleeschwording des Woords dan *voor zondaren* weet; en elk beweren omtrent een Vleeschwording des Woords voor van *niet*-zondaren als onschriftuurlijk en van buiten ingebracht dient verworpen. »
30. Turretin, *ET*, II, p. 300.
31. Kuijper, *VW*, p. 26.
32. Calvin, *IC*, II, xii, 4.
33. Kuyper, *WHS*, I, p. 80.
34. *Ibid.*

sitions et leur arrangement[35]. Mais cet événement a été plus particulièrement une opération du Saint-Esprit. Turretin et Bavinck ont dit que l'Esprit a été la cause efficiente de la naissance de Jésus[36]. Kuyper, tout comme Turretin et Bavinck, après examen des textes bibliques relatifs à la conception de Jésus (Mt 1.20 ; Lc 1.35), a noté la même cause efficiente : « [...] la conception et la naissance [virginale] de Jésus sont extraordinaires ; elles n'ont pas été réalisées par la volonté d'un homme, mais plutôt comprises comme le résultat d'une opération du Saint-Esprit[37]. »

La cause humaine de la conception renvoie à Marie et non à Joseph[38]. C'est l'Esprit qui a conçu les germes de la nature humaine dans le ventre de Marie[39] ; il a créé une nature humaine impersonnelle[40]. Mais le Médiateur, conçu par Marie par la puissance du Saint-Esprit, a assumé la nature humaine par sa naissance de la vierge Marie. Car en elle un corps a été préparé pour être porté par le Fils, de sorte que « le corps de Christ devienne un instrument d'obéissance par la conception du Saint-Esprit[41] ». Kuyper, rejetant l'idée de la création d'une nouvelle nature défendue par les milieux anabaptistes et sociniens[42], a précisé qu'il n'a pas été question de la création d'une nouvelle chair, mais plutôt une chair prise de Marie, nourrie de son sang et héritée d'Adam déchu[43]. Le Médiateur n'a pas seulement participé à la chair et au sang de Marie, mais il a été fait vrai homme avec toutes les émotions et tous les sentiments propres à l'homme[44].

Il y a une continuité entre le Fils incarné et l'humanité au regard de la nature humaine. Kuyper pouvait dire à cet effet que le Christ et Adam partagent

---

35. *Ibid.*, p. 81.
36. TURRETIN, *ET*, II, pp. 309, 310 ; BAVINCK, *RD*, III, p. 292.
37. KUYPER, *WHS*, I, p. 80.
38. *Ibid.*, p. 82.
39. *Ibid.*
40. *Ibid.*
41. *Ibid.*, p. 80.
42. *Ibid.*, p. 83 ; *Locus de Christo*, Pars Secunda, p. 12 ; l'anabaptiste auquel la pensée de Kuyper peut renvoyer est probablement Melchior Hoffmann, qui a défendu l'idée d'un corps céleste créé pour être porté par le Fils à son incarnation, cf. BLOCHER, *La doctrine du Christ*, p. 101.
43. *Ibid.*
44. *Ibid.*

la même nature⁴⁵, tout comme avec nous⁴⁶. Mais il y a aussi une discontinuité radicale avec la personnalité humaine, due à la conception par la puissance de l'Esprit et à la naissance virginale, dans la mesure où il n'a pas été question de la création d'une personne humaine[47]. C'est de cette manière que le Fils incarné a été séparé des pécheurs, selon Kuyper[48]. Bavinck a affirmé, dans le même sens, que le Christ, par la conception du Saint-Esprit, n'a pas été inclus dans l'alliance des œuvres et a été exempté du péché et de la culpabilité originels[49].

c. Animation et revêtement spirituel du Christ par l'Esprit

Le rapport de l'Esprit au Fils incarné, commencé à la conception, s'est poursuivi par l'animation et le revêtement spirituel du Médiateur par l'Esprit. Kuyper, fidèle à son principe que l'Esprit joue le rôle de perfection, a affirmé que c'est l'Esprit qui a allumé la flamme de vie du Fils incarné. Il a écrit : « [...] nous ne nions pas cet acte ordinaire de l'Esprit Saint, qui est essentiel à la vivification de toute vie, spécialement celle d'un être humain[50]. » Cela a été vrai pour le Fils incarné, d'autant plus qu'il avait déjà reçu l'Esprit sans mesure à la conception[51]. Il ne s'agit pas seulement de l'animation initiale de la vie, mais c'est une animation constante de la vie du Médiateur par l'Esprit[52]. « Le Saint-Esprit, dit-il, a animé Adam avant la chute [...] et il a fait la même chose dans la nature humaine de Jésus[53]. » Ainsi, le second Adam, tout comme le premier, a vécu une relation dynamique avec l'Esprit.

En plus de la conception, L'Esprit a revêtu la nature humaine du Fils incarné de dons et de pouvoirs. Kuyper a écrit ceci du revêtement spirituel du Fils à l'incarnation : « [m]ême à sa conception et sa naissance, le Saint-Esprit

---

45. Kuyper, *Locus de Christo*, Pars Secunda, p. 17. « De menschelijke natuur is één in Adam en in Christus. »
46. Kuijper, *VW*, p. 116.
47. Kuyper, *WHS*, I, p. 83.
48. Kuijper, *VW*, p. 230. « zoo kan en mag en moet beleden, dat de menschelijke natuur, die de Persoon des Zoons uit Maria aannam, haar uit Adam toekwam door een stroom van zonde heen. »
49. Bavinck, *RD*, III, p. 294.
50. Kuyper, *WHS*, I, p. 81.
51. *Ibid.*, p. 96.
52. *Ibid.*, p. 101.
53. *Ibid.*, p. 108.

[...] a revêtu sa nature humaine de glorieux dons, de pouvoirs et de facultés selon la susceptibilité de la nature humaine[54]. » Il a été revêtu et enrichi de dons glorieux par l'Esprit à la conception[55]. Selon lui, ces dons et pouvoirs ne sont pas communiqués à la nature humaine directement par le Fils éternel, mais plutôt par l'Esprit Saint[56]. Mais les dons revêtus à la conception sont, au départ, comme des dons potentiels et totalement inopérants[57]. Inopérants à la conception, ils seront activés progressivement par le même Saint-Esprit dans la nature humaine du Fils incarné[58]. C'est l'Esprit qui « a mis en exercice chaque don et pouvoir en lui[59] ».

Kuyper a lié le revêtement spirituel du Fils incarné avec son humiliation ou son abaissement. Il a affirmé que le Saint-Esprit a accompli une œuvre dans la nature humaine du Fils dans les différentes étapes de son abaissement ou humiliation[60]. Cet abaissement a concerné à la fois sa divinité et sa nature humaine. Un aspect de l'œuvre de l'Esprit est justement le revêtement de la nature humaine du Médiateur par des dons, parce que le Fils s'est vidé ou dépouillé totalement[61]. « Son humiliation ayant été si profonde et si réelle, ce n'était pas surprenant que le Saint-Esprit ait secouru et supporté sa nature humaine[62] ». Certes Kuyper a écrit cela en référence à l'épreuve de la mort sur la croix, mais l'affirmation vaut pour toutes les étapes de l'humiliation,

---

54. *Ibid.*, p. 94. « Maar met dien verstande, dat al de oogenblikken zijns aanzijns, telkens naar gelang er vatbaarheid bestond, de gaven en werkingen van dien Heiligen Geest zijn deel waren », *WHG*, I, p. 125 ; *VW*, pp. 140, 149.
55. Kuijper, *VW*, p. 240. « [...] en dat ze bovendien verrijkt en versierd was met heerlijke gaven. [...] En de gaven, verrijkingen en versieringen die de menschelijke natuur van Christus reeds in haar ontvangenisse ontving. »
56. Kuyper, *WHS*, I, pp. 94-95.
57. *Ibid.*, p. 95.
58. *Ibid.*
59. *Ibid.*, p. 110.
60. *Ibid.*, p. 107. « Dat de Heilige Geest een eigen werk vervuld heeft aan en in de menschelijke natuur van den Messias, toen deze langs de onderscheidene trappen van zijn *vernedering* afdaalde tot in den bittersten dood », *WHG*, I, p. 143.
61. *Ibid.* « Jezus' vernedering was niet enkel één ingaan in gemis en berooving, maar een steeds armer worden, tot Hij op het laatst niets overhield, dan een plek gronds in een verborgen hof, waar Hij weenen, en een stuk hout voor kruispaal, waarop Hij sterven kon », *WHG*, I, p. 144.
62. Kuyper, *WHS*, I, p. 108.

à commencer par la conception. Car à aucun moment il n'a été possible au Fils incarné de se passer des dons de grâce de l'Esprit[63].

3. Constitution anthropologique du Christ

a. Le Christ : corps et âme

Nous avons pu découvrir dans notre précédent chapitre que l'anthropologie kuypérienne était essentiellement dichotomique. Qu'en est-il alors de la constitution du Médiateur à la lumière de ladite anthropologie ? *A priori* sa vision de l'homme Jésus reste dichotomique, même si par endroits il tend vers une trichotomie. Dans son ouvrage consacré à l'incarnation (*Vleeschwordings des Woords*), l'association du corps avec l'âme est fréquente. Réfléchissant sur le rapport du Christ au péché d'Adam, la question a été de savoir si le péché résidait dans le corps ou dans l'âme[64]. Selon l'auteur, imaginer des tendances et désirs dans le corps du Fils affecterait d'office son âme[65]. Il a également évoqué, et cela de façon critique, la question de la faiblesse du corps aussi bien que celle de l'âme du Médiateur en termes de doctrine peu sûre répandue dans la communauté du Seigneur[66]. Ailleurs, il a affirmé que la nature humaine du Médiateur était réelle, c'est-à-dire constituée d'un corps et d'une âme[67].

Dans sa *Christologie*, il dit que le Médiateur a deux parties : corps ($\sigma\tilde{\omega}\mu\alpha$) et âme ($\psi\upsilon\chi\acute{\eta}$)[68]. Il réaffirme le créationnisme de l'âme, car cette âme, celle du Médiateur, n'a pas été transmise[69]. C'est une union du corps et de l'âme quand il s'agit de définir l'union de nature du Médiateur. À sa mort, dit-il, son corps et son âme ont été séparés[70]. Ces deux réalités anthropologiques sont encore associées, car selon Kuyper l'influence négative que la déchéance a eue sur le corps et l'âme a été transformée positivement par l'Esprit

---

63. *Ibid.*
64. Kuijper, *VW*, p. 116.
65. *Ibid.*, p. 120.
66. *Ibid.*, pp. 122-123. « Nóg ingewikkelder dan de vraag naar de zwakheden des *lichaam* die de Middelaar in onze aangenomene natuur droeg, is de vraag naar de zwakheden der *ziel*, die hij om onzentwil dragen wilde, en met name op dit punt is veel onzuivere leer in de gemeente des Heeren ingeslogen. »
67. Kuyper, *WHS*, I, p. 94.
68. Kuyper, *Locus de Christo*, Pars Secunda, p. 9.
69. *Ibid.*, p. 17.
70. *Ibid.*, p. 29. « […] alle dagen van zijn omwandeling op aarde voortduurde, voortduurde toen zijn lichaam en ziel gescheiden lagen in den dood. »

dans l'assomption de la nature humaine par le Médiateur[71]. Mais le Christ avait-il une conscience et un esprit[72] ? Il répond en donnant le point de vue réformé, selon lequel le Christ avait une âme avec toutes ses qualités cognitives et volitives ; sa volonté et sa connaissance humaines étaient finies par opposition à celles de Dieu, qui sont infinies[73]. Il a aussi évoqué l'idée selon laquelle Christ ressentait des émotions dans son âme, mais que jamais il n'a été dit qu'il était tombé malade physiquement[74].

Dans son commentaire sur le *Catéchisme de Heidelberg*, *E Voto*, il a fait mention à plusieurs reprises de la dichotomie. La nature humaine, corps et âme, a été portée par le Fils incarné à sa conception miraculeuse par la puissance du Saint-Esprit dans le sein de Marie[75]. Le salut apporté par le Fils incarné a pris en compte le corps et l'âme, parce que Christ a souffert tant dans son corps que dans son âme[76]. La résurrection de Jésus a une implication double : notre résurrection spirituelle et notre résurrection corporelle, ou résurrection du corps et de l'âme[77].

Cependant, si la dichotomie semble être le schéma anthropologique majeur, Kuyper a souvent fait preuve de tolérance vis-à-vis du trichotomisme. Parlant du Fils incarné, qui était de toute éternité avec le Père et l'Esprit, il a dit qu'il a pris notre nature humaine composée d'un corps, d'une âme et d'un

---

71. *Ibid.*, p. 20. « De richting ten kwade, die de levensenergie der menschelijke natuur zoo naar ziel als naar lichaam verkregen had door den val, is bij de aanneming dezer natuur door den tweeden Persoon in de Drieëenheid even beslist – onder de inwerking van den H. Geest – ten goede omgezet. »

72. *Ibid.*, p. 9. « Het is van belang te weten, of Christus ook een menschelijk bewustzijn, een geestelijk wezen heeft aangenomen, 't zij men dat noeme νοῦς of ψυχή of πνεῦμα. »

73. *Ibid.* « De Geref Kerk beleed altoos dat Christus' menschelijke natuur een waarachtig menschelijke was: derhalve dat Christus een menschelijke ziel had, met die facultates, welke een menschelijke ziel bezit, n.l. cognitio en voluntas. Zijn deze wil en kennis menschelijk geweest, dan moeten beide eindig geweest zijn en als voluntas en cognitio finita gestaan hebben tegenover de cognitio en voluntas infinita Dei. »

74. *Ibid.* « Wel lezen wij bij Hem van diepe zielsontroering: nooit van een of andere ziekte of van een lichaamsgebrek. »

75. Kuyper, *E Voto*, I, p. 337. « Zoo en niet anders heeft de menschelijke natuur, naar ziel en lichaam, zich uit Maria's schoot, voor het wonder der vleeschwording, aan den Zone Gods gegeven. »

76. *Ibid.*, p. 406. « Deze redding nu raakt "ziel en lichaam". Ook dit hoort er bij, want Christus heeft "naar lijf en ziele geleden", en hier zou geen grond noch oorzaak voor zijn, bijaldien de eeuwige verdoemenisse zich ook bij ons niet over lijf en ziele uitstrekte. »

77. *Ibid.*, p. 475.

esprit[78]. Ensuite il a réaffirmé le même schéma trichotomiste en disant que le Médiateur n'a pas pris seulement un corps, mais aussi une âme et un esprit[79]. Ou encore que l'on admette la dichotomie ou la trichotomie dans l'Écriture, selon Kuyper, le Médiateur a assumé la nature humaine telle qu'elle est[80]. L'esprit s'ajoute au binôme corps et âme. Mais est-il une troisième substance ? Kuyper, nous l'avons montré dans le précédent chapitre, s'est opposé à la trichotomie et a vu en elle une influence païenne du platonisme sur la théologie chrétienne. Il a affirmé que c'est absurde de penser que l'homme est constitué d'un corps, d'une âme et d'un esprit[81]. Kuyper, en employant les mots corps, âme et esprit pour décrire le Médiateur, n'est pas forcément trichotomiste, mais il fait, à l'occasion, preuve de tolérance à l'endroit du trichotomisme.

b. Centralité du « Je » divin du Médiateur

Dans la ramification de la dichotomie kuypérienne, le *ik*, c'est-à-dire le « Je », a une fonction centrale ; et cela est aussi applicable au Fils incarné. Kuyper a fait réception de la confession par l'orthodoxie de l'existence de deux volontés en Christ conformément aux deux natures, chacune d'elles retenant ses propriétés, agissant selon une volonté propre[82]. Mais comment les deux volontés travaillent-elles sans contradiction et de façon harmonieuse ? Kuyper a répondu à cette préoccupation en proposant le rôle unificateur du « Je » du Médiateur. Car dans l'incarnation une nouvelle personne n'a pas été créée, mais plutôt un corps ; et le Fils, en devenant homme, a adopté la nature humaine dans l'unité de sa personne[83]. Puisque le « Je » du Médiateur est celui de la deuxième personne de la trinité, sa divinité contrôle sa nature humaine, d'autant plus que le Fils ne peut être séparé de l'essence ou de la nature divine[84].

---

78. Kuijper, *VW*, p. 96.
79. *Ibid.*, p. 129. « Maar, zal men zeggen, de Persoon des Zoons nam toch niet enkel vleesch uit Maria aan, maar wel terdege nam hij ook aan een menschelijke ziel en een menschelijken geest. »
80. *Ibid.*, p. 130.
81. Kuyper, *CG*, I, p. 204.
82. Kuijper, *VW*, p. 137. « [...] dat er in den Christus niet is ééne godmenschelijke natuur noch ook één godmenschelijke wil, maar dat er in den Christus was een dubbele natuur, t. w. een goddelijke en een menschelijke, en dat elk dezer twee naturen werkte door een eigen wil, zoodat er in den Christus was én een goddelijke én een menschelijke wil. »
83. Kuyper, *WHS*, I, p. 91.
84. *Ibid.*, p. 97.

Selon Kuyper, la nature est animée et actualisée par la personne[85]. Ainsi la nature humaine a été comme un instrument, une forme ou un moyen pour la personne du Médiateur[86]. Dans l'assomption de la nature humaine, le « Je » du Médiateur est demeuré l'unique sujet[87], auquel tout adhérait[88]. C'est au sujet que la nature doit son existence personnelle, puisqu'elle est impersonnelle[89] ; le Médiateur n'avait qu'un seul sujet tout en étant à la fois le Fils de Dieu et le Fils de l'homme[90]. C'est par son *Ego* qu'il a été vrai homme pensant, voulant et avec des sentiments comme tout homme[91]. À ce titre, la volonté humaine du Christ a été contrôlée par la personne du Médiateur. Comme nous le verrons dans la suite de ce travail, l'idée de l'unipersonnalité du Médiateur a une très grande importance dans son rapport au péché, selon Kuyper.

Sur la centralité de la Personne du Fils dans l'assomption de la double nature, Kuyper n'a pas été le seul à la défendre. En effet, l'unipersonnalité est un point de vue de l'orthodoxie réformée contre celui des sociniens, selon Turretin[92]. Bavinck et Blocher l'ont tous affirmée en parlant d'une union personnelle ou hypostatique[93] ; et les concepts d'*enhypostasie* et d'*anhypostasie* ont été convoqués, dans le cas du Christ, pour distinguer entre la nature personnalisée et la nature non personnalisée[94]. Kuyper avait perçu les enjeux théologiques d'une telle distinction.

II. L'humanité du Fils incarné

Kuyper s'est beaucoup intéressé au thème de la nature humaine du Christ et s'est d'ailleurs opposé à l'idée selon laquelle le Fils incarné a été

---

85. *Ibid.*
86. Kuyper, *Locus de Christo*, Pars Secunda, p. 42.
87. Kuijper, *VW*, p. 71. « Hierin ligt opgesloten, dat het subject in Jezus *niet* was een "menschelijk persoon" Jezus, maar dat het subject in Jezus was en is *de persoon des Zoons*. »
88. Kuyper, *Locus de Christo*, Pars Secunda, p. 28. « Datgene nu, wat alles draagt, is het ik. Ik heb een lichaam, een ziel, een natuur, eigenschappen. Mijn ik is de kapstok, de ὑπόστασις waar alles aanhangt. Gaat dat ik weg, dan is er geen bestaan meer; dan houd ik niets over dan afzonderlijk vleesch en bloed etc. »
89. Bavinck, *RD*, III, p. 306.
90. Kuyper, *WHS*, I, p. 83.
91. *Ibid.*
92. Turretin, *ET*, II, p. 311.
93. Bavinck, *RD*, III, p. 307 ; Blocher, *La doctrine du Christ*, p. 159.
94. Turretin, *ET*, II, p. 311 ; Blocher, *La doctrine du Christ*, p. 151 ; Barth, *Dogmatique*, I, 2*, pp. 151s.

une personne humaine. Qu'entendait-il par nature et personne ? Pourquoi a-t-il fait une séparation entre la nature et la personne ? En rejetant l'idée selon laquelle le Fils incarné a été une personne humaine, était-il fidèle à l'orthodoxie ? Quel jugement a-t-il porté sur la nature humaine du Christ ?

1. Nature et personne du Christ
a. La nature, la personne et l'union hypostatique

Précisons le sens des mots nature et personne avant d'envisager la distinction. Bavinck nous propose une définition philosophique assez claire des notions en cause.

> [La] « nature » est le substrat, la présupposition par laquelle une chose est ce qu'elle est, « le principe par lequel » ; et [la] « personne » est le sujet non pas d'une quelconque nature en général, mais d'une nature rationnelle, la substance individuelle d'une nature rationnelle, le « principe qui ». [La] « personne » est ce qui existe en et pour elle-même, le propriétaire, le possesseur et le maître de la nature, une existence complète, soutenant et déterminant l'existence d'une nature, le sujet qui vit, pense, veut et agit par la nature avec tout son contenu, par lequel la nature acquiert sa propre existence et n'est pas un accident d'une autre entité[95].

En partant de cette définition, la distinction entre nature et personne, dans le langage kuypérien, peut être examinée et comprise. Son opposition aux différentes thèses théologiques et philosophiques sur la notion de personne trouve un ancrage terminologique précis.

Parlant de la conception du Christ, dans son *Œuvre du Saint-Esprit*, il a affirmé qu'un « nouvel être n'a pas été appelé à l'existence, mais [c'est] Celui qui a existé de toute éternité qui est entré dans une relation vitale avec la nature humaine[96] ». Il ressort de cette pensée de l'auteur que le Fils, préexistant, est entré en relation avec la nature humaine afin de l'assumer. Pour Kuyper, il faut « distinguer entre sa nature humaine et sa Personne. La dernière a existé

---

95. Bavinck, *RD*, III, p. 306.
96. Kuyper, *WHS*, I, p. 82.

de toute éternité, la première il [l]'a assumée dans le temps⁹⁷ ». Il a insisté sur l'idée qu'il « ne s'agit point de la conception d'une personne humaine, mais plutôt d'une nature humaine⁹⁸ ». À ce titre, il a pu parler de « l'union intime entre le Fils de Dieu et la nature humaine déchue⁹⁹ ». Mais en même temps, malgré l'union intime du Fils de Dieu avec la nature humaine, « le Christ n'est pas un descendant d'Adam¹⁰⁰ » ; et cela au sens de « personne ». Il faut relativiser ce propos, car l'auteur ne rejette pas totalement l'idée selon laquelle Christ est aussi Fils d'Adam¹⁰¹.

Ailleurs il a réaffirmé la même distinction qui existe entre la nature humaine et la Personne du Médiateur. Dans son *Incarnation de la Parole*, Kuyper s'est intéressé au rapport de la personne à la nature humaine dans l'incarnation du Fils¹⁰². Sa thèse n'a pas été différente de celle que nous avons trouvée dans son *Œuvre du Saint-Esprit*, car l'unité du sujet dans l'homme Jésus avec la Personne du Fils confirme qu'il n'y a pas eu de personne humaine créée par l'incarnation¹⁰³. « Le Médiateur s'est révélé à nous non pas comme une personne humaine, mais précisément comme Dieu Tout-Puissant dans la nature humaine¹⁰⁴ », a-t-il écrit en nommant le Fils éternel comme tel. Ainsi la Personne du Fils n'a assumé que la nature humaine¹⁰⁵ ; donc la Personne du Médiateur est et reste le Fils¹⁰⁶.

Sur le plan théologique, la conception par la puissance du Saint-Esprit et la naissance virginale sont les appuis pour la distinction de la nature du Médiateur d'avec sa personne. Car ayant été conçu de la vierge Marie par la

---

97. *Ibid.*, p. 97.
98. *Ibid.*, p. 83.
99. *Ibid.*, p. 84.
100. *Ibid.*, p. 87.
101. Kuyper, *Pro Rege*, I, p. 144. « He is the Seed promised to Eve. He is from the loins of Adam as concerns the flesh. »
102. Kuijper, *VW*, p. 67. « Met dit punt is bedoeld de allergewichtigste vraag, of "de mensch Christus Jezus" al dan niet, in den gangbaren zin, een aangenomen menschelijke persoon was ? »
103. *Ibid.*, p. 71. « Hierin ligt opgesloten, dat het subject in Jezus niet was een "menschelijk persoon" Jezus, maar dat het subject in Jezus was en is de persoon des Zoons. »
104. *Ibid.*, pp. 121-122. « Middelaar te wezen is juist niet een menschelijke persoon te zijn, maar God Almachtig, zich in de menschelijke natuur aan ons openbarende. »
105. *Ibid.*, p. 127.
106. *Ibid.*, p. 128. « en derhalve de persoon in den Middelaar niet eens menschen persoon, maar de Persoon des Zoons is. »

puissance du Saint-Esprit et non par la volonté d'un homme[107], le Médiateur ne doit pas son origine à une personne humaine selon la loi de génération. C'est en cela que le langage de Kuyper, selon lequel le Médiateur n'est pas un descendant d'Adam, peut se comprendre[108]. Si sa conception par la puissance du Saint-Esprit semble marquer la rupture ou discontinuité d'avec l'humanité en termes de personnalité, sa naissance virginale met plutôt l'accent sur l'humanité en ce qui concerne la nature humaine. Pour Bavinck, citant Polanus, la conception

> était la seule manière par laquelle le Fils qui existe de toute éternité comme une personne et qui a été nommé chef de la nouvelle alliance soit maintenant de manière humaine, par l'incarnation, et demeure celui qu'il était : le Christ, Fils de Dieu le Très-Haut[109].

Le contexte théologique et historique de Kuyper a sans doute joué. En effet, la prétendue orthodoxie moderne, avec Fichte comme maître à penser, avait défendu une thèse contraire, en affirmant que le Fils de Dieu, dans son incarnation, était devenu une personne humaine[110]. Kuyper a jugé une telle affirmation non scripturaire[111], car la notion de personne implique, selon cette orthodoxie, une participation au péché. L'homme idéal[112], ou l'homme central qui était Jésus[113], n'était pas une thèse fidèle à l'orthodoxie, selon Kuyper, au regard du symbole d'Athanase (art. 32) qui stipule en substance que le Christ est pleinement Dieu et pleinement homme[114], avec la personne

---

107. KUYPER, *WHS*, I, p. 82.
108. *Ibid.*, p. 87.
109. BAVINCK, *RD*, III, pp. 294-295.
110. KUIJPER, *VW*, p. 67. « Zonder vrees voor tegenspraak, meenen we te mogen beweren, dat verreweg de meeste moderne orthodoxen deze vraag, althans feitelijk, in *bevestigenden* zin beantwoorden. Zoo dikwijls ze op den Heere Christus heenwijzen, bedoelen ze blijkbaar een menschelijke *persoonlijkheid*. »
111. *Ibid.*, p. 68. « Maar iets anders is het toch ook niet rechtstreeks Schriftuurlijke termen te bezigen, en iets anders de *hoofdsterkte* voor zijn psychologische ethiek te zoeken in een *gronddenkbeeld* dat aan de gedachtensfeer der Heilige Schrift geheel vreemd is. »
112. BAVINCK, *RD*, III, p. 296.
113. KUIJPER, *VW*, p. 70. « De moderne orthodoxen zien in Jezus de centrale menschelijke persoonlijkheid. »
114. *Ibid.*, p. 71.

du Fils comme sujet[115]. La thèse de la philosophie moderne du Dieu devenu homme, défendue entre autres par Kant, Schelling et Hegel[116], et celle du Fils devenu une personne, défendue aussi par Fichte, étaient toutes critiquables selon Kuyper[117]. Car, entre autres, elles mettent moins l'accent sur la personne du Fils, elles affirment la révélation totale de Dieu par l'homme idéal, qui est Jésus, et elles n'expliquent pas suffisamment la double nature et l'unipersonnalité du Médiateur[118].

C'est la distinction de la nature de la personne humaine qui permet de parler de l'union hypostatique dans l'incarnation. L'union hypostatique, c'est l'union des deux natures, humaine et divine, en la personne du Fils éternel. Kuyper distingue trois aspects dans l'union hypostatique : la matière (*de materia*), la forme (*de forma*) et les conséquences ou effets de l'union (*de effecta unionis*)[119]. Il note que, de façon *matérielle*, dans l'incarnation, il y a à la deuxième personne de la trinité d'une part et d'autre part la nature humaine. La *forme* de cette union est dite « *hypostatique* », c'est-à-dire que la deuxième personne de la trinité s'est revêtue elle-même de la nature humaine, telle que la confession conciliaire de Chalcédoine l'a définie : « sans confusion ni changement, sans division ni séparation[120]. » Quant aux effets de l'union (*effecta unionis*), conséquences de l'union des deux natures selon Bavinck[121], Kuyper note la communication des idiomes (*communicatio idiomatum*), la communication des charismes (*communication charismatum*) et la complémentarité de l'œuvre (*communicatio apotelesmatum*)[122].

L'union du Fils avec la nature humaine, selon Kuyper, est désignée par le terme *hypostatique*, car il s'agit de l'union de deux natures ou de deux essences avec une personne, le Fils éternel. Tandis que l'union trinitaire, par

---

115. *Ibid.*
116. Bavinck, *RD*, III, p. 296.
117. Kuijper, *VW*, p. 72.
118. *Ibid.*, p. 73. « Maar hoe ook in uitgangspunt onderscheiden, hierin komen beide groepen overseen: 1. dat ze aan Jezus een *menschelijke persoonlijkheid* toeschrijven; 2. op de persoonlijkheid des Zoons minder nadruk leggen; 3. het hoofdmoment daarin zoeken dat in de *centrale menschelijke persoonlijkheid* des Heeren God geopenbaard is; en 4. de oude onderscheiding van de *twee naturen in één persoon* voor ongenoegzaam verklaren. »
119. Kuyper, *Locus de Christo*, Pars Secunda, p. 27.
120. Bavinck, *RD*, III, p. 302.
121. *Ibid.*, p. 308.
122. Kuyper, *Locus de Christo*, Pars Secunda, pp. 27-28.

comparaison à l'union du Fils avec la nature humaine, n'est pas hypostatique, car il y a une union de trois personnes avec une seule essence commune[123]. Cette union « trinitaire, non hypostatique, est plutôt naturelle, consubstantielle et coessentielle, d'après Bavinck[124]. Le terme *synousia* est alors choisi pour désigner l'union trinitaire et le terme *hypostasis* pour évoquer l'assomption de la double nature par l'unique personne du Fils[125]. L'union hypostatique n'est pas une union résultant de deux natures d'essence égale ; elle n'est pas une union mystique à l'image de celle du Christ avec les croyants ; ni une union naturelle de la personne divine avec la personne humaine[126]. L'union hypostatique est le fait que « la Personne du Fils, qui était avec le Père de toute éternité, participe à notre chair et sang, adopte notre nature humaine dans l'unité de sa personne, devenant alors un vrai homme[127] ». Turretin, recourant au verbe *epilambanesthai*, définit l'union hypostatique comme étant le fait de prendre et d'assumer la nature humaine dans l'unité de la personne[128].

Cependant, en affirmant avec insistance que le Fils n'est jamais devenu une personne humaine, Kuyper rendait-il justice aussi à la personne du Fils incarné dans son existence terrestre ? N'y a-t-il pas le risque de tomber dans le docétisme ? Bavinck semble avoir pris une distance avec Kuyper sur la question. En effet, il a écarté, comme Kuyper, l'idée que le *Logos* a habité dans une personne humaine. Mais il a poursuivi, et cela nous semble important, en disant qu'« une personne est ce qu'il ou ce qu'elle [s'agissant du *Logos* ou de la chair] est devenu(e). Si le Fils de Dieu est devenu un être humain, il est lui-même humain[129] ». Ainsi le Fils incarné, du moment où il a aussi pris la nature humaine, n'a-t-il pas vécu en manifestant des traits humains ?

On peut dire que le Fils n'était pas une personne humaine, car existant de toute éternité avec l'essence divine, mais dès l'instant de son incarnation, il était aussi devenu une personne humaine avec ce qui caractérise une personne

---

123. *Ibid.*, p. 29. « Bij de Drieëenheid is er een unio van drie personen, die één wezen gemeen hebben; hier is er een unio van één persoon, die twee naturen in zich vereenigt, maar zóó, dat de substantiën gescheiden blijven. »
124. Bavinck, *RD*, III, p. 306.
125. Kuyper, *Locus de Christo*, Pars Secunda, p. 29. « […] de unio opgevat als de unio personarum in Trinitate, die niet is is ὑποστατικὴ, maar συνουσιωδη. »
126. Kuijper, *VW*, p. 79.
127. Kuyper, *WHS*, I, p. 83.
128. Turretin, *ET*, II, p. 308.
129. Bavinck, *RD*, III, p. 302.

humaine. Blocher, se référant à Berkhof, affirme qu'on « ne doit pas nier la présence d'une "personne humaine" dans le Christ incarné : il est une personne *humaine*, puisqu'il a pris la nature humaine[130] ». Une telle affirmation permet de réinterroger la formulation christologique de Chalcédoine sur la question de la personne du Médiateur.

b. Communication des idiomes

L'union hypostatique pose le problème de la communication des idiomes ou des propriétés dans la vie du Médiateur. Y a-t-il une communication des propriétés d'une nature à l'autre ? La réponse de Kuyper à cette question est claire : « [n]otre réponse est non ! », a-t-il écrit[131]. Le piège théologique que Kuyper veut éviter est l'oblitération des limites entre Dieu et l'homme, et par conséquent il rejette l'idée de communication des propriétés de la nature humaine à la nature divine et vice-versa. La thèse de la philosophie panthéiste ou celle de la théologie éthique a consisté à envisager la relation entre Dieu et l'homme en termes de thèse, d'antithèse et de synthèse avec le Médiateur comme étant cette synthèse[132]. Dans sa réfutation desdites thèses, Kuyper a répondu en affirmant que Christ est le Fils de Dieu, éternel participant à la nature divine qui a assumé la nature humaine dans l'unité de sa personne. Parlant des deux natures, il écrit ceci :

> [c]ependant il les a unies de telle sorte que ces natures continuent d'exister chacune par elle-même, sans mélange ni communication des propriétés de l'une à l'autre. [...] même maintenant au ciel [...] chacune existe avec ses propriétés particulières[133].

Son rejet de la communication des propriétés d'une nature à l'autre est conforme, selon lui, à l'article 19 de la confession réformée, en l'occurrence la *Confession de Foi belge*, et aux articles 35 et 36 du Symbole d'Athanase[134].

Par ailleurs, le terme ἀσύγχυτος, sans confusion, joue en faveur de la non-communication des propriétés d'une nature à l'autre, puisque par ce terme on évoque la non-confusion ou la non-communication des propriétés des

---

130. BLOCHER, *La doctrine du Christ*, p. 152.
131. KUYPER, *Locus de Christo*, Pars Secunda, p. 34. « Ons antwoord is : neen ! »
132. KUYPER, *WHS*, II, p. 327.
133. *Ibid.*, p. 329.
134. *Ibid.*

deux natures du Christ. Cependant, Kuyper souscrit entièrement à l'idée de communication des idiomes, comme la règle de langage évoquant l'union hypostatique des natures, quand on a en vue la relation des natures avec la personne du Fils, mais il rejette l'idée de la communication des propriétés d'une nature à l'autre[135].

Il a affirmé qu'il n'y a pas une communication des natures, mais plutôt une communication des idiomes au sens traditionnel, donc une communication des natures avec l'unique sujet, la personne éternelle du Médiateur[136]. Le sujet du Médiateur est à la fois Dieu et homme, et par ce sujet on peut exprimer à la fois des choses divines et humaines[137]. Avec le transfert des propriétés des deux natures vers la personne qui les porte, on peut donc dire que Dieu a souffert à la croix ; que le Christ est Dieu d'une part et de l'autre affirmer que Marie lui a donné naissance, selon le sens du mot *théotokos*[138].

Cependant la communication des propriétés d'une nature à l'autre, rejetée par la tradition réformée, est admise par les théologiens luthériens et les mystiques, selon Kuyper[139]. Pour les luthériens, non seulement les attributs des deux natures sont communiqués à la personne, communication des idiomes au sens traditionnel, mais ceux de la nature divine sont communicables aussi à la nature humaine[140]. La position réformée, à laquelle Kuyper reste fidèle, à notre avis, permet de créer un espace théologique pour le rôle du Saint-Esprit dans la vie et l'œuvre du Fils incarné, dans la mesure où chacune des

---

135. Kuyper, *Locus de Christo*, Pars Secunda, p. 34. « er is een communicatio idiomatum; niet van de twee naturen onderling; die blijven ἀσύγχυτος; maar wel van de beide naturen met eenzelfde subject, den tweeden Persoon in de Drieëenheid. »
136. *Ibid.*, p. 35. « [...] er is geen communicatio van de beide naturen; maar wel een communicatie van beide naturen in het éene subject tot in de diepte der eeuwigheid in de *constitutio Mediatoris*. »
137. *Ibid.*, p. 34. « Daar het subject is Filius Dei en Filius hominis, zoo heb ik dezen regel op te stellen: Het subject des Middelaars is zoowel God (*Deus, Filius Dei*) als mensch (Jezus, Maria's zoon, spruite Davids, Koning Israëls). Middelaar, Messias, Christus zijn de namen die beide naturen van liet subject aanduiden. Noem ik één van deze namen, dan noem ik altijd het subject en van dat subject kan ik goddelijke en menschelijke dingen uitspreken. »
138. *Ibid.* « Maria kan Θεοτοκος genoemd, even goed als men zeggen kan, dat God aan het kruis geleden heeft. Ik kan Christus n.l. aan den eenen kant God noemen en anderzijds zeggen, dat Maria Hem gebaard heeft » ; Turretin, *ET*, II, p. 310 affirme que l'on peut, au regard de la nature humaine unie à la Personne du Fils, appeler Marie *théotokos*, ou Mère de Dieu, si le mot Dieu est pris pour désigner la personnalité totale du Christ, notamment la Personne du *Logos* et la nature humaine.
139. Kuyper, *WHS*, II, p. 330.
140. Bavinck, *RD*, III, p. 308.

natures du Médiateur garde ses propriétés sans les communiquer à l'autre. Dans notre prochain chapitre, nous examinerons cet aspect dans le développement humain du Médiateur.

2. La déchéance de la nature humaine et le Fils incarné
a. Humanité du Christ : la faiblesse et la ressemblance à la chair du péché

La réponse de l'orthodoxie formulée à l'endroit du docétisme et de l'apollinarianisme a été l'accentuation de la nature humaine, notamment l'aspect de la faiblesse de sa nature humaine[141]. L'humanité du Christ se caractérise aussi chez Kuyper par la faiblesse de sa nature humaine et sa ressemblance à la chair du péché. Qu'entendait-il par ces expressions ? Sont-elles synonymes et ont-elles le même sens qu'une nature humaine pécheresse ? Peut-on classer Kuyper dans le groupe des théologiens, comme Irving et Barth, qui ont défendu l'idée d'une nature humaine pécheresse assumée par le Christ ?

Pour décrire la nature humaine du Christ, Kuyper a eu recours à plusieurs expressions. Le Christ ou Médiateur a participé, comme tout être humain, à notre chair et à notre sang[142] ; il a pris la chair humaine[143] ; et la chair est, selon l'Écriture, synonyme d'une nature humaine pauvre, ruinée et sous l'emprise du péché[144]. À plusieurs reprises, Kuyper a affirmé que la nature humaine du Christ était soumise à la faiblesse. Il a employé différentes expressions qui dénotent la faiblesse de cette nature humaine. Il y a la « nature humaine faible[145] » ; la nature humaine « faible et couchée dans la poussière de la mort[146] » ; il y a également la « nature humaine humiliée[147] ». Il a parlé également non d'un corps dans un état d'intégrité, mais d'un corps soumis à la faiblesse de notre nature humaine pris par le Fils[148]. La faiblesse touche

---

141. T. Weinandy, *In the Likeness of Sinful Flesh. An Essay on the Humanity of Christ*, Londres, T & T Clark, 2006, p. 26.
142. Kuyper, *WHS*, I, p. 84.
143. *Ibid.*, p. 86.
144. Kuyper, *VW*, p. 129. « Vleesch nu drukt in de Heilige Schrift geheel dit samenstel der menschelijke natuur uit, gelijk het in zijn gedrukten, ellendigen, verdorven staat thans onder de zonde verkeert. »
145. *Ibid.*, p. 94.
146. Kuyper, *E Voto*, I, p. 400. « [...] verzwakt en in het stof des doods liggende. »
147. Kuijper, *VW*, p. 94, « vernederde menschelijke natuur ».
148. *Ibid.*, p. 118.

le corps du Médiateur, car sa divinité n'a pas voulu éliminer la faiblesse de sa nature humaine physique, selon Kuyper[149] ; elle est une faiblesse naturelle telle qu'elle est reçue par tout homme par sa naissance d'une femme[150]. Elle touche tout aussi à l'âme du Médiateur[151] et à sa pensée[152]. Cette nature humaine faible du Christ a besoin d'être transformée et libérée des restes de sa faiblesse, non par la régénération, mais par la résurrection[153].

Un certain nombre d'éléments caractérisent encore, en termes de contenu, la nature humaine avant et après le péché. Déterminer la nature humaine du Christ par rapport à la nature humaine d'Adam avant et après la chute a des enjeux théologiques importants. Selon Kuyper, la forme finie (*forma finita*), la subsistance en un lieu (*subsistentia in loco*) et la dépendance (*dependentia*) sont des qualités (*notae necessariae*) de la nature humaine non modifiées par le péché[154]. C'est « dire » qu'elles relèvent de l'ordre naturel ou créationnel, tandis que les pleurs sont, selon lui, une conséquence du péché ainsi que la soif, la fatigue, la faim[155]. Par ailleurs, il a aussi écrit qu'un pécheur est soumis dans son corps à l'action de la faim et de la soif, à l'effort et à l'épuisement, à la souffrance de la douleur provoquée par le gel ou la chaleur, à la peste des insectes, aux attaques violentes causant des blessures et à la possibilité de mourir[156]. Kuyper a affirmé que Jésus a connu la soif, la faim et la fatigue[157] ; et, selon lui, le péché est le poison qui a amené la douleur sur la terre[158]. Ainsi, si la forme finie, la subsistance en un lieu et la dépendance vis-à-vis de la

---

149. *Ibid.*, p. 121.
150. *Ibid.*, p. 148.
151. *Ibid.*, p. 123.
152. *Ibid.*, p. 119.
153. Kuyper, *WHS*, I, p. 92. « […] en ten leste, niet in *wedergeboorte,* maar in de opstanding, door een allerontzaglijkst wonder des Heeren Heeren [sic] de verzwakte natuur van den Middelaar heerlijk om te zetten in een volkomen luisterrijke natuur, waaruit elk spoor van inzinking verdween en die tot volle ontplooiing gedijd was », *WHG*, I, p. 122.
154. Kuyper, *Locus de Christo*, Pars Secunda, p. 10.
155. *Ibid.*
156. Kuijper, *VW*, p. 118. « Een zondaar is naar het lichaam onderworpen aan de werking van honger en dorst; aan inspanning, vermoeienis en uitputting; aan het lijden van pijn onder den indruk van vorst of felle hitte; van regen en droogte; van de plaag der insecten; van gewelddadige aanranding door slagen of verwonding; en eindelijk aan de mogelijkheid van gedood of vermoord te worden. »
157. Kuyper, *Locus de Christo*, Pars Secunda, p. 10. « Jezus werd moe, leed dorst, kende honger – altegaar modificaties, die eerst na den val voorkomen. »
158. *Ibid.* « 't Is alleen het gif der zonde, waaruit alle smart op aarde is voortgekomen. »

nature caractérisent naturellement la nature humaine, il n'en est pas ainsi pour la soif, la faim, la fatigue et les pleurs, qui sont des éléments ajoutés par le péché à la nature humaine. Christ a vécu toutes les conditions imposées à la nature humaine par le péché, mais aussi par la nature elle-même du point de vue de la création.

Y aurait-il chez Kuyper une différence entre la nature humaine faible et la nature humaine à la ressemblance de la chair du péché (*de gelijkheid des zondigen vleesches*) ? Kuyper a écrit ceci de l'expression « la ressemblance à la chair du péché » : « on vient "à la ressemblance à la chair du péché" si on assume une nature déchue avec sa faiblesse, qui vit de la grâce infuse de l'Esprit[159]. » L'expression « la ressemblance à la chair du péché » semble évoquer les traits généraux de la faiblesse humaine liée au péché tels que la soif, la fatigue et les pleurs qui sont des phénomènes universels[160].

Elle sous-entend également la pauvreté, le caractère misérable de la nature humaine, une nature nue et sans aucun bien spirituel en elle-même[161]. Le fait que cette nature ait perdu tout bien spirituel semble expliquer le fait qu'elle vive aussi de la grâce infuse de l'Esprit (*die door ingestorte Geestesgenade leeft*)[162]. Elle est d'une faiblesse et d'une pauvreté extrêmes au point où elle est incapable en elle-même d'accomplir l'œuvre messianique[163], incapable d'accomplir une sainte action[164].

Cependant, ce qui pourrait entrer dans la construction particulière ou spécifique d'un individu était hors de question en ce qui concerne Jésus. Ainsi pouvait-il ressentir de fortes émotions, mais jamais il n'est évoqué, à son sujet, de maladie ou d'infirmité[165]. Il en est de même pour la souffrance qu'il a pu vivre, mais de façon vraie et volontaire[166]. La mort du Christ, tout comme sa

---

159. Kuijper, *VW*, p. 144. « In "gelijkheid des zondigen vleesches" komt men dus, indien men draagt een gevallen natuur met haar zwakheid, die door ingestorte Geestesgenade leeft. »
160. Kuyper, *Locus de Christo*, Pars Secunda, p. 10. « Dorsten, moeheid, weenen etc. zijn algemeene verschijnselen. Geen menschenkind sterft zonder geweend te hebben. »
161. Kuijper, *VW*, p. 148.
162. *Ibid.*, p. 144.
163. Kuyper, *WHS*, I, p. 100.
164. *Ibid.*, p. 101.
165. Kuyper, *Locus de Christo*, Pars Secunda, p. 10. « Bij Christus is alleen wat generaal is, niet wat voorkomt speciaal uit den aanleg van het individu. Wel lezen wij bij Hem van diepe zielsontroering: nooit van een of andere ziekte of van een lichaamsgebrek. »
166. Kuyper, *E Voto*, I, p. 399.

souffrance, a été volontaire, puisqu'il s'est offert lui-même[167]. C'est dans la ressemblance à la chair du péché ou dans la nature humaine faible assumée que le Christ a été tenté en tout comme nous[168], sans pécher[169].

Il serait difficile d'opposer la notion de faiblesse de la nature humaine à celle de la ressemblance à la chair du péché chez Kuyper. Car les deux expressions semblent évoquer les traits généraux de la nature humaine déchue. On pourrait plutôt noter une différence entre la nature humaine faible, ou la ressemblance à la chair du péché, avec la chair du péché elle-même, qui suggère la nature humaine pécheresse. Kuyper a clairement noté cette différence entre « la ressemblance à la chair du péché » et « la chair du péché elle-même »[170]. Christ a assumé la nature humaine faible, ou la nature humaine à la ressemblance de la chair du péché (*de gelijkheid des zondigen vleesches*), mais il n'avait pas la chair du péché elle-même.

b. L'humanité du Christ et la déchéance de la nature humaine

La thèse principale de Kuyper est que le Christ a assumé une nature humaine déchue, mais une déchéance de nature qui doit être comprise au sens kuypérien, comme nous le verrons plus tard. La question de la nature humaine du Christ revêt des enjeux théologiques, et une lecture diachronique de l'œuvre de l'auteur permettra de saisir le mouvement de sa pensée et de vérifier s'il s'est rétracté à un moment de sa position de départ. *L'incarnation de la Parole* (1887), son *Œuvre du Saint-Esprit* (1888-1889), sa *Dogmatique* (1910) et le *Pro Rege* (1911-1912) sont ses écrits qui permettent de comprendre sa position sur la déchéance de la nature humaine du Christ.

Dans *L'incarnation de la Parole*, contre la thèse de certains anabaptistes, Kuyper a parlé de la nature humaine du Christ comme étant une nature non descendue du ciel[171]. Elle est, selon lui, une nature humaine faible et engloutie[172] ; ou encore une nature en ruine et engloutie[173]. Il a affirmé qu'il

---

167. Kuyper, *WHS*, I, pp. 104-105.
168. Kuyper, *VW*, p. 145.
169. Kuyper, *WHS*, I, p. 85.
170. Kuijper, *VW*, p. 144. « Anders ware het een komen niet in de gelijkheid des zondigen vleesches, maar *in het zondige vleesch zelf.* »
171. Kuijper, *VW*, pp. 100, 123.
172. Kuyper, *E Voto*, I, p. 379. « […] dat dit aannemen van onze verzwakte en ingezonkene en met den dood bezwangerde natuur, geen schijn, maar volle werkelijkheid was. »
173. Kuijper, *VW*, p. 148. « […] en vervallene en ingezonkene natuur wilde aannemen. »

y a dans cette nature humaine assumée par le Christ une incitation, mais ce n'était pas une incitation positive à pécher[174]. C'est une nature entièrement semblable à la chair du péché[175]. Il a écrit que le Christ a porté une nature humaine, comme la nôtre, qu'il a qualifiée de nature pécheresse et dépouillée de tout bien spirituel[176]. La comparaison ou l'analogie vise à montrer que la nature du Christ était semblable à la nôtre, qui est pécheresse et dépouillée de bien spirituel. Il peut s'agir d'une similitude, mais non d'une identité absolue de nature entre Christ et nous.

Dans son *Œuvre du Saint-Esprit*, le verbe *vallen* (*to fall* en anglais), qui signifie « tomber[177] », que nous traduisons par le verbe « déchoir », est très fréquent. Il a écrit que le Fils de Dieu est devenu homme dans une « nature déchue[178] » ; qu'il a assumé « notre nature déchue[179] ». Dans l'incarnation, Christ s'unit avec « notre nature déchue[180] », dit-il ; la nature humaine du Fils a été prise de Marie à partir « d'Adam déchu[181] ». Ou encore « qu'elle n'a pas été celle d'avant la déchéance, mais plutôt telle qu'elle est devenue *par* et *après* la déchéance[182] ». Elle n'a donc pas été une « nouvelle chair créée dans le sein de Marie[183] ».

Dans le même écrit, il y a aussi le verbe *zinken* qui veut dire, au sens figuré, « couler dans l'eau », ou « immerger » et « s'enfoncer »[184]. Les termes dérivés dudit verbe sont le substantif *ingezonkenheid* et le participe passé *ingezonkene*. L'auteur les a employés pour qualifier la nature humaine du Christ non dans un état d'intégrité, mais plutôt dans un état de déchéance ou

---

174. *Ibid.*, p. 152.
175. *Ibid.*, p. 148. « [...] dat hij zulk een arme en ellendige en vervallene en ingezonkene natuur wilde aannemen; geheel in de gelijkheid des zondigen vleesches. »
176. *Ibid.* « Ja, dit zelfs had de menschelijke natuur die de Zoon aannam, met ons zondig vleesch gemeen, dat in zijne natuur zoowel als in de onze geen goed meer woonde. Er was afwezigheid van alle geestelijk goed. »
177. Bogaards, *Néerlandais-français et français-néerlandais*, p. 398.
178. Kuyper, *WHS*, I, p. 84.
179. *Ibid.*, p. 88.
180. *Ibid.*, p. 85.
181. *Ibid.*, p. 83.
182. *Ibid.*, p. 84.
183. *Ibid.*, p. 83.
184. Bogaards, *Néerlandais-français et français-néerlandais*, p. 478.

d'engloutissement[185]. Le Christ a pris toute la faiblesse et la bassesse (*ingezonkenheid*) de notre nature, selon Kuyper[186].

Dans la nature humaine du Christ, il y avait la susceptibilité d'être tenté, les émotions et les sensations qui pouvaient créer en lui des tiraillements internes[187]. Il a connu l'incitation à désirer, car « il y avait dans sa nature déchue quelque chose qui l'incitait à désirer[188] ». Il a écrit que son saint *Ego* s'opposait à l'incitation de sa nature assumée[189]. Pour expliquer et justifier la susceptibilité du Christ d'être tenté, il a affirmé que c'est l'union du Christ avec la nature humaine déchue qui le rendait susceptible d'être tenté[190].

Dans sa *Dogmatique*, la position de Kuyper n'a pas changé, puisqu'il a dit de la nature humaine du Fils qu'elle était celle d'Adam après la chute ; car si elle avait été la nature d'Adam avant le péché, elle n'aurait point été notre nature[191]. La nature humaine a deux aspects chez Kuyper : il y a la nature humaine, qui, par le péché, est devenue pécheresse, et la nature humaine avant le péché, dans laquelle il y a la possibilité nue de pécher, mais sans la convoitise pécheresse[192]. Kuyper a affirmé qu'il y avait la *nuda possibilitas peccandi*, la « possibilité nue de pécher » dans la nature humaine du Christ[193], mais sans l'inclination à pécher, c'est-à-dire sans la convoitise pécheresse[194]. Avec une telle conviction, Kuyper a trouvé la façon de poser la possibilité d'une réelle

---

185. Kuijper, *WHG*, I, pp. 116, 124. Nous faisons remarquer que ces termes ont été employés dans le texte hollandais, mais les sections en question n'ont pas été prises en compte par la version anglaise.
186. *Ibid.*, p. 123. « Hij nam dus aan al de zwakheid, al de ingezonkenheid onzer natuur, maar in niets haarzondigen aard of neiging. »
187. *Ibid.*, p. 83.
188. *Ibid.*, p. 92.
189. *Ibid.*, p. 91.
190. *Ibid.*, p. 85.
191. Kuyper, *Locus de Christo*, Pars Secunda, p. 9. « […] dat de Heere de menschelijke natuur aannam niet anders dan gelijk zij door den val geworden was: want had Hij haar aangenomen gelijk zij was vóór den val, dan was zij niet onze natuur. »
192. *Ibid.*, p. 11. « Wij hebben hierbij icel te onderscheiden tusschen de humana natura, quae per peccatum induit formam peccatosam en de humuna natura vóór den val, waarin de nuda possibilitas peccandi bestond, maar zonder de zondige ἐπιθυμία. »
193. *Ibid.* « Daarentegen de nuda possibilitas peccandi, gelijk zij in Adam bestond vóór den val, die heeft in de menschelijke natuur van Christus evenals in elke menschelijke natuur bestaan. »
194. *Ibid.*

tentation du Christ pour montrer l'incapacité du Christ à pécher, quoiqu'il ait la *nuda possibilitas peccandi*[195].

Enfin, dans son dernier écrit à considérer dans notre lecture diachronique, le *Pro Rege*, on note la continuité dans sa pensée. Il y a écrit que « [l]'incarnation est une relation directe avec la race humaine telle qu'elle a plongé [*verzonken*] dans le péché[196] » ; ou encore « [l]'incarnation [...] a été une connexion avec une race pécheresse[197] ». La nature humaine du Christ n'a pas été celle d'Adam dans le jardin, c'est-à-dire avant la chute, mais plutôt « la chair et le sang des enfants, c'est-à-dire, notre corps humilié[198] », donc une nature humaine marquée et caractérisée par le péché, comme il l'a écrit dans son *Œuvre du Saint-Esprit*[199].

Le moins que l'on puisse affirmer, après ce survol de l'œuvre de Kuyper, est que la position de Kuyper sur la nature humaine déchue du Christ n'a pas changé. La seule fois où Kuyper a semblé défendre une thèse contraire est ce que nous lisons, de façon isolée, dans le *Pro Rege*, où Kuyper a pu écrire, par endroits, que le Médiateur a pris la nature humaine restaurée dans son pouvoir original[200] ou nature humaine originale[201]. La restauration n'exclut pas l'idée de déchéance de nature. Cependant l'affirmation de l'assomption d'une nature humaine d'avant la chute, ou nature humaine originale, n'est pas nette comparativement à la thèse principale de l'assomption, par le Fils incarné, de la nature humaine déchue. La notion de déchéance de la nature humaine du Christ, sous la plume de Kuyper, renvoie sans aucun doute à la

---

195. *Ibid.*
196. Kuyper, *Pro Rege*, I, p. 326. « Die Vleeschwording zelve daarentegen is een rechtstreeksche aansluiting aan het bestaande, aan het in zonde verzonken menschelijk geslacht », version hollandaise, *Pro Rege*, I, pp. 381-382.
197. *Ibid.*, « De Vleeschwording was uit dien hoofde de aansluiting aan een zondig geslacht », version hollandaise, *Pro Rege*, I, p. 382.
198. *Ibid.*, p. 442.
199. Kuyper, *WHS*, I, p. 84.
200. Kuyper, *Pro Rege*, I, p. 141. « [...] when Christ himself appeared and when, in the Son of Man, sinless humanity-that is, humanity in its original unbroken power-one again appeared. »
201. *Ibid.*, p. 144. Le texte original donne « Die mensch was ondergegaan. Dien mensch vond men niet meer. Maar *school* zij al in de menschelijke natuur, onder vloek en zoned bedolven, de kiem voor dat alles was toch in onze menschelijke natuur gelegd. En die natuur nu nam Jezus aan », *Pro Rege*, I, p. 162. La dernière partie du texte original a été traduite par « It was that original human nature that Jesus adopted », Kuyper, *You Can Do Greater Things Than Christ*, p. 19.

nature humaine d'après l'événement du péché ; c'est une nature humaine qui porte en elle-même les conséquences de celui-ci. Il ne s'agit pas de la nature humaine d'Adam avant le péché.

C'est avec raison, au regard du langage, que Kapic a classé Kuyper et Böhl dans le groupe des théologiens de tendance réformée qui ont défendu l'idée de nature humaine déchue assumée par le Christ[202]. Notre enquête nous permet d'affirmer, pour l'instant, que Kuyper, au regard du langage, est à rapprocher des théologiens comme Irving, Böhl, Barth et Weinandy, qui ont affirmé l'idée d'une nature humaine déchue, voire pécheresse, assumée par le Fils.

c. La nature humaine déchue et pécheresse du Christ : Irving, Böhl, Barth, Weinandy

Le débat sur la nature humaine déchue et pécheresse commence véritablement avec Irving. Gordon Strachan et Graham McFarlane rapportent et reflètent bien la pensée d'Irving[203]. Les expressions employées, telles que les deux représentants de la tendance irvingienne nous les livrent, sont entre autres une « chair pécheresse », dans un « état de déchéance », une « substance pécheresse[204] » ou une « nature humaine déchue[205] ». Le Christ a revêtu une nature humaine « mortelle, corrompue et corruptible », a-t-il affirmé selon Strachan[206]. « Le Christ a assumé la nature humaine déchue parce qu'il n'y avait pas une autre à assumer[207] », selon Irving, cité par McFarlane. Le péché est compris comme étant la « substance d'une chair d'une nature humaine déchue[208] » ; la nature humaine a été comprise comme « une solidarité de nature dans la chute d'Adam[209] ». S'agissant de Christ, il a affirmé que la

---

202. Kelly M. KAPIC, « The Son's Assumption of a Human nature. A Call for Clarity », p. 166. L'auteur, citant Berkouwer, classe Kuyper et Böhl parmi les théologiens de la tradition réformée qui ont défendu différemment la thèse de l'assomption par le Fils de la nature humaine déchue.
203. Gordon STRACHAN, *The Pentecostal Theology of Edward Irving*, Peabody, Hendrickson Publishers, 1973 ; MCFARLANE, *Christ and the Spirit*.
204. STRACHAN, *The Pentecostal Theology of Edward Irving*, pp. 26, 27.
205. MCFARLANE, *Christ and the Spirit*, p. 141.
206. STRACHAN, *The Pentecostal Theology of Edward Irving*, p. 28.
207. MCFARLANE, *Christ and the Spirit*, p. 141.
208. *Ibid.*, p. 142.
209. *Ibid.*

lutte contre les corruptions de sa nature humaine était le combat de sa vie[210]. La souffrance et la mort du Christ sont des caractéristiques de la nature humaine déchue[211]. En somme, Christ a assumé une nature humaine déchue et pécheresse, si on s'en tient seulement à l'idée selon laquelle la lutte contre les corruptions de sa nature humaine était le combat de sa vie. Cela veut dire qu'il avait une nature humaine corrompue.

Le point de vue de Böhl est bien rapporté par Thomas Forster. Böhl a réfléchi en termes de conditions *avant* et *après* le péché et non en termes de nature[212]. La « chair » est, selon lui, le concept clé pour parler de conditions après le péché[213] opposées à la volonté de Dieu[214]. Jésus s'est identifié totalement à l'homme pécheur[215]. De ce fait, l'expression « la ressemblance à la chair du péché » (Rm 8.3) signifiait que la nature humaine du Christ n'était pas différente de la nature humaine pécheresse[216]. Ainsi « devenir chair[217] » impliquait que le *Logos* entre dans une nature qui a péché[218] ; d'où la compréhension de l'incarnation au sens du *Christus pro nobis*[219]. Tout comme Irving, Böhl a affirmé que le Christ, à l'image de tout être humain, a combattu le péché dans sa vie, car il était sous « la loi du péché et de la mort » (Rm 8.2)[220] ; loi qu'il a changée par son obéissance en « loi de Dieu » ou « loi de l'Esprit de la vie en Christ » (Rm 8.2)[221]. Böhl et Irving soutiennent la même thèse : le Christ a assumé une nature humaine pécheresse.

---

210. STRACHAN, *The Pentecostal Theology of Edward Irving*, p. 27. « Christ (you continued) *did* no sin : but his human nature was sinful and corrupt ; and his striving against these corruptions was the main part of his conflict. »
211. MCFARLANE, *Christ and the Spirit*, p. 145.
212. FORSTER, *Eduard Böhl's (1836-1903) Concept for a Re-Emergence of Reformation Thought*, p. 106.
213. *Ibid.*
214. *Ibid.*, pp. 107, 110.
215. *Ibid.*, p. 110.
216. *Ibid.*, p. 107.
217. *Ibid.*, p. 110. Forster fait remarquer la préférence de Böhl pour l'expression *Fleischwerdung*, « devenir chair » à *Menschwerdung*, « devenir homme ». La chair revêt le sens de la sphère du péché.
218. *Ibid.*, p. 107.
219. *Ibid.*, p. 108.
220. *Ibid.*, pp. 108, 109.
221. *Ibid.*, p. 109.

Karl Barth, à la suite d'Irving, a relancé le débat sur la nature humaine du Christ dans la théologie moderne. La question a été abordée sous l'angle de la révélation de Dieu, car « l'humanité du Christ, dit-il, et elle seule, est la révélation de la Parole éternelle[222] ». Comme chez Böhl, la « chair » évoque « l'homme placé sous le signe de la chute » et « désigne notre nature et notre existence perdues et détruites[223] ». Ainsi la Parole a été faite « chair » signifie qu'elle est « devenue exactement ce que nous sommes dans notre révolte contre elle[224] ». Le Christ « a vécu la vie humaine telle qu'elle est conditionnée par la faute d'Adam[225] ». L'incarnation est une solidarité avec la nature humaine déchue et perdue[226]. Contre Calvin, qui a refusé d'identifier la « chair » à la nature corrompue, Barth a fait réception de la pensée d'Irving, avec celle d'autres théologiens comme Gottfried Menken, Johann C. K. von Hofmann et F. Kohlbrügge, pour lesquels « le réalisme biblique de l'incarnation a été pleinement discerné et souligné[227] ». Ce réalisme biblique, selon Barth, n'est rien d'autre que le fait que « la Parole de Dieu assume la condition humaine, elle revêt notre chair, acceptant par là d'exister dans le cadre du châtiment et de la malédiction qui pèsent sur l'homme pécheur[228] ». C'est le sens de la formule paulinienne, « la ressemblance à la chair du péché » (Rm 8.3), pour le théologien de Bâle[229]. Sans ce réalisme biblique, l'incarnation n'est qu'une « légende dorée[230] ».

Le théologien catholique Thomas Weinandy a fait un examen minutieux de l'humanité de Jésus et a affirmé que la christologie orthodoxe a toujours été guidée par la pensée de Grégoire de Nazianze : « [c]e qui n'est pas assumé n'est pas sauvé[231]. » Il a posé comme thèse que le Fils a assumé une

---

222. Barth, *Dogmatique*, I, 2*, p. 137.
223. *Ibid.*, p. 139.
224. *Ibid.*, p. 140.
225. *Ibid.*
226. *Ibid.*, pp. 140, 141.
227. *Ibid.*, p. 142.
228. *Ibid.*, pp. 143-144.
229. *Ibid.*, p. 144. Il a écrit de cette formule que « c'est en s'identifiant à notre chair marquée par le péché que le Fils de Dieu accomplit ce qui, précisément, est impossible à la chair : il la juge et la condamne ; et parce qu'assumée par lui, elle cesse d'être le lieu d'élection du péché pour devenir celui de l'obéissance. Telle est donc la véritable portée de l'incarnation ».
230. *Ibid.*, p. 141.
231. Weinandy, *In the Likeness of Sinful Flesh*, p. 17.

chair pécheresse (*sinful flesh*), ou la nature humaine pécheresse (*sinful human nature*)[232]. Il entendait par ces expressions que le Fils n'a pas assumé « une humanité générique, mais notre humanité pécheresse[233] ». Étant de la race d'Adam, il a fait l'expérience de plusieurs effets du péché, notamment la faim, la soif, la maladie, la haine, la tentation, etc.[234]. Il a fonctionné dans les limites « d'une humanité altérée par le péché et la chute[235] ». Cependant, selon lui et contrairement à Irving, Böhl et Barth, le Christ n'avait pas la convoitise pécheresse ou la concupiscence[236].

Hormis le théologien catholique avec son rejet de la convoitise en ce qui concerne Christ, le point commun de ces théologiens dans la définition de la nature humaine du Christ est l'affirmation forte que la nature humaine du Christ était déchue et pécheresse ; c'est une nature qui portait les marques et conséquences du péché. Par conséquent, le Christ devait lutter quotidiennement contre la tendance pécheresse de sa nature humaine. Mais que disent les textes bibliques clés, souvent cités pour soutenir la thèse de l'assomption de la nature humaine déchue ou pécheresse ?

d. Survol exégétique des textes clés : Romains 8.3 ; Hébreux 2.17

Deux textes bibliques sont souvent au cœur des débats sur la nature humaine du Fils. L'épître aux Romains affirme que Dieu a envoyé son propre Fils dans une « condition semblable à la chair du péché » (Rm 8.3) et l'épître aux Hébreux parle également de la ressemblance du Christ à ses frères (Hé 2.17). Sont-ils vraiment des textes appropriés pour défendre l'assomption par le Fils de la nature humaine déchue et pécheresse ?

Exégèse de Romains 8.3

Comment comprendre l'expression paulinienne « la ressemblance à la chair du péché » si on la situe dans le contexte littéraire immédiat et dans l'ensemble de l'œuvre paulinienne ? Elle est une formule importante dans la compréhension de la péricope traitant de la vie nouvelle ou de l'homme régénéré par le Saint-Esprit (8.1-13).

---

232. *Ibid.*, p. 18.
233. *Ibid.*
234. *Ibid.*
235. *Ibid.*
236. *Ibid.*, p. 17.

Le terme *homoïôma* a été employé en rapport avec la kénose du Fils (2.7), convoqué pour parler de notre mort et de notre résurrection, semblables à celles de Christ (τῷ ὁμοιώματι θανάτου καὶ ἀναστάσεως, Rm 6.5). Dans le deuxième texte (Rm 6.5), qui a en commun avec notre texte la thématique de l'Esprit (Rm 8.3 ; Rm 6.1-14), l'idée de ressemblance met en parallèle la mort et la résurrection du Christ et les nôtres. Le baptême chrétien est semblable à la mort du Christ, appelée par Paul « baptême de la mort » (6.3-4). Ainsi peut-on dire que le chrétien meurt comme Christ est mort. Mais, comme Calvin l'a noté, le chrétien ne meurt pas réellement, de mort naturelle, comme Christ est mort : c'est une mort semblable[237]. Il en est de même pour la résurrection du Christ et la nôtre : n'étant pas morts comme Christ, la nôtre consiste à marcher sous le régime nouveau de la vie par la mortification de la chair (6.4). À la résurrection du Christ répond notre marche selon l'Esprit, tout comme à sa mort correspond notre mortification. C'est le sens d'une mort et d'une résurrection semblables à celles de Christ (6.5). Il faut, à notre avis, faire valoir la correspondance sans pour autant, comme l'a dit Calvin, « appliquer la métaphore ou la comparaison en tout et partout[238] ». C'est dire que la ressemblance n'est pas absolue et l'expression « la ressemblance à la chair du péché » s'éclaire quelque peu par ce que Paul dit de la ressemblance de notre mort et de notre résurrection à celles du Christ.

L'abaissement ou le dépouillement du Christ dans l'hymne christologique (Ph 2.6-11) a été exprimé par l'expression ὁμοιώματι ἀνθρώπων, semblable aux humains (2.7). Il faut noter que dans le contexte immédiat de l'emploi du terme ὁμοιώματι, il est en parallèle avec le terme σχήματι, avec son substantif σχῆμα : « apparence extérieure, forme[239] ». Comme il s'agit du Fils incarné, l'emploi du terme σχήματι relativise sa ressemblance aux hommes. Sans remettre en cause la ressemblance, son emploi permet de distinguer le Christ des hommes. Legasse a écrit ceci : « [...] *homoïôma*, en parallèle avec *schèma*, évite au lecteur d'ignorer ce qui, malgré une humanité complète,

---

237. J. CALVIN, *Commentaires de Jean Calvin sur le Nouveau Testament*, tome 4, *Épître aux Romains*, Aix-en-Provence, Kerygma, 1978, p. 139. « Ainsi donc ce n'est pas une même mort, mais une mort semblable, parce qu'il faut regarder à la correspondance qu'il y a entre la destruction de la vie présente et le renouvellement spirituel. »

238. *Ibid.*

239. G. BRAUMANN, « Μορφή, Σχῆμα », in Colin BROWN, sous dir., *New International Dictionary of New Testament Theology*, vol. 1, Grand Rapids, Zondervan, 1975, p. 708.

distingue le Christ du reste des hommes[240]. » Christ, reconnu à son aspect comme humain, a assumé une humanité complète, de sorte que son humanité a été évidente ou connue de tout le monde selon le terme (*heurethesis*) « étant trouvé[241] ». Il s'agit d'une ressemblance du Christ à l'humanité quant à son aspect extérieur, et cela n'est en aucun cas du docétisme. Mais il ne s'agit pas d'une identité totale, car cela fausserait le sens et la portée de l'expression « apparence extérieure, forme ».

Revenons à notre expression en cause, « ressemblance à la chair du péché », pour dire que le terme ὁμοιώματι n'a pas forcément un sens différent des autres emplois examinés. Selon Legasse, le terme appliqué au Christ « opère un amortissement imposé à la nature que le Fils partage avec l'ensemble des hommes[242] ». Il faut lui donner, de préférence, le sens de correspondance ou similitude sans pour autant y voir une ressemblance ou correspondance absolue et totale en relation avec la « chair du péché ». La ὁμοιώματι σαρκός signifie alors la condition humaine déchue[243], « l'homme dans sa faiblesse incliné au péché[244] » ou une « humanité faite de chair avec un penchant pour le péché[245] ».

La majorité des exégètes ont rejeté l'identification totale ou complète du Christ, dans sa ressemblance à la chair du péché, avec la nature humaine pécheresse. Selon Joseph A. Fitzmyer, l'expression « semblable à la chair du péché » (Rm 8.3) renvoie à la forme ou la condition humaine marquée par le péché dans laquelle le Fils a vécu son humanité[246]. Pour Legasse, « le mot *homoiôma* écarte l'idée d'une identité absolue [...] puisque la "chair de péché", dans le Christ, exclut ce qui le rendrait en tout semblable aux

---

240. S. Legasse, *L'Épître de Paul aux Romains*, Paris, Cerf, 2002, p. 484.
241. Braumann, « Μορφή, Σχῆμα », p. 709.
242. Legasse, *L'Épître de Paul aux Romains*, p. 484.
243. J. Dunn et al., sous dir., *Romans 1-8*, dans *WBC*, 38, Waco, Word Books, 1988, p. 421.
244. Legasse, *L'Épître de Paul aux Romains*, p. 485.
245. Joseph A. Fitzmyer, *Romans. A New Translation with Introduction and Commentary*, coll. The Anchor Bible, New York, Doubleday, 1993, p. 485.
246. *Ibid.*, « Il est venu dans une forme semblable à nous en ce qu'il est devenu membre de la race humaine orientée par le péché (*sin-oriented human race*) ; il a expérimenté les effets du péché et a souffert la mort ; le résultat du péché, comme quelqu'un qui était maudit par la loi (Gal 3 :13). [...] L'emploi de la phrase *sarx hamartias* ne dénote pas de la condition humaine coupable, mais disposition d'une humanité faite de chair qui est orientée vers le péché ».

hommes, pécheurs en totalité avant et sans la rédemption[247] ». L'expression, selon Calvin, signifie que « bien que la chair du Christ n'ait été souillée d'aucune tache, toutefois en apparence elle a semblé pécheresse, en tant qu'elle a porté et soutenu la peine due à nos forfaits[248] ». Selon Dunn, l'expression inclut l'idée d'une « identification complète de Jésus avec la chair pécheresse[249] ». La position de Kuyper s'accorde avec celle de ces auteurs sur le sens à donner à l'expression qui ne veut pas dire plus que l'humanité dans une chair semblable à la nôtre, soumise aux conditions et à la faiblesse dues au péché.

Exégèse de Hébreux 2.17

Qu'implique l'idée de devenir en tout semblable à ses frères (πάντα τοῖς ἀδελφοῖς ὁμοιωθῆναι, 2.17) ? Dans sa présentation de la rédemption accomplie par Christ (2.5-18), le but de l'auteur est de montrer que le Fils incarné, en tant que rédempteur, « doit participer [sic] la condition de ceux qu'il sauve, apprendre ainsi à compatir et devenir un modèle de fidélité, vertus caractéristiques du nouveau grand-prêtre[250] ». Cela commence par sa participation au sang et à la chair (2.14). Le binôme désigne, selon Spicq, « la nature humaine faible, corruptible et mortelle[251] ». C'est une communion parfaite du Christ avec la nature humaine (κεκοινώνηκεν de κοινωνέω), idée déjà annoncée par l'affirmation que le sanctificateur et les sanctifiés sont « tous issus d'un seul » (ἐξ ἑνὸς πάντες, 2.11). Il s'agit de leur origine commune ou de leur nature commune[252]. Le choix de Koester pour l'origine commune sur le plan théologique[253] n'empêche pas qu'il soit aussi question de morale, choix de Spicq[254]. Étant tous de Dieu, ils sont censés communier moralement ; et

---

247. Legasse, *L'Épître de Paul aux Romains*, p. 484.
248. Calvin, *L'Épître aux Romains*, p. 178.
249. Dunn et al., *Romans 1-8*, p. 421.
250. C. Spicq, *L'Épître aux Hébreux*, Paris, Librairie Lecoffre, 1977, p. 69.
251. *Ibid.*, p. 75.
252. *Ibid.*, p. 73. Spicq parle d'une origine morale peut être à cause du contexte, puisqu'il est question de sanctification et Christ est le guide ou la tête. Koester parle d'une commune origine sur le plan théologique, si le *henos* est masculin et se référant alors à Dieu. Ainsi Christ et les hommes sont issus de Dieu comme toutes choses sont pour lui et de lui (2.10). Il peut aussi s'agir d'une commune origine sur le plan anthropologique, si le *henos* est neutre. Il s'agit dans ce cas de la participation commune au sang et à la chair, C. Koester, *Hebrews. A New Translation with Introduction and Commentary*, coll. The Anchor Bible, 36, New York, Doubleday, 2001, p. 229.
253. Koester, *Hebrews*, p. 230.
254. Spicq, *L'Épître aux Hébreux*, p. 73.

c'est pour cela que le Christ est guide et modèle, mais surtout sanctificateur pour ses frères.

Il y a aussi la tentation (2.18), la souffrance et même la mort (2.9-10) qui montrent la ressemblance du Christ aux hommes. Ces éléments ne sont pas caractéristiques de la condition divine, mais de celle de toute l'humanité. Dans le contexte de l'épître, la capacité de compatir, de souffrir et de mourir est une condition humaine à laquelle le Christ participe pour être semblable à ses frères (2.10, 11, 14, 17). Mais l'auteur semble ne pas vouloir faire ressortir toutes les vertus attendues du Christ, alors vient comme une sorte d'abstraction l'expression « être semblable en tout à ses frères » (2.17).

Par cette abstraction, à notre avis, l'auteur évoque les conditions humaines citées et sous-entendues que le Christ a partagées avec l'humanité. C'est ce que certains auteurs ont affirmé. Selon Spicq, c'est une « assimilation parfaite du Christ à la condition de ses frères [...] entendons surtout sa capacité de souffrance et de mort[255] » ; toutefois sa nature humaine n'était pas corrompue[256]. Elle signifie, pour Koester, « que Christ est entré pleinement dans la condition humaine[257] ». Calvin a parlé de « la même condition et nature que nous[258] » (2.14), condition qu'il rapporte à la capacité du Fils de passer par la mort rédemptrice[259].

Aucun de nos auteurs, exégètes et théologiens consultés ne confirme que l'expression « la ressemblance à la chair du péché » (Rm 8.3) évoquerait la « nature humaine pécheresse » telle que l'idée a été défendue par Irving et Barth. Fitzmyer l'a comprise au sens de l'humanité faite de chair et orientée vers le péché. Elle évoque les infirmités de la nature humaine, selon Calvin[260]. Turretin, par exemple, n'emploie pas le terme « déchu », mais il fait surtout référence à l'expression « chair et sang[261] » ; et le terme « chair » est une synecdoque désignant la nature humaine[262], avec ses infirmités, ses faiblesses et

---

255. *Ibid.*, p. 75.
256. *Ibid.*
257. Koester, *Hebrews*, p. 232.
258. J. Calvin, *Commentaires Bibliques, tome 8, vol. 1, Épître aux Hébreux*, Aix-en-Provence, Kerygma, 1990, p. 40.
259. *Ibid.*
260. Calvin, *IC*, II, xiii, 2 ; *IC*, II, xvi, 12.
261. Turretin, *ET*, II, pp. 304, 307, 308.
262. *Ibid.*, p. 313 ; J. Calvin, *Commentaires Bibliques, tome 2, Évangile de Jean*, Aix-en-Provence, Kerygma, 1978, p. 26 .

sa pauvreté²⁶³. Il parle de « consubstantialité du Christ avec nous²⁶⁴ » ou d'une « identité de nature²⁶⁵ ». Cette identité de nature pourrait renvoyer à la nature humaine déchue sans la convoquer impérativement²⁶⁶, car on ne saurait faire du péché un élément naturel ou consubstantiel à la nature humaine²⁶⁷.

Nous pouvons dire que ce que Barth a appelé le « réalisme biblique », c'est-à-dire l'assomption de la nature humaine pécheresse par le Fils, admise par des théologiens comme Irving, Kohlbrügge, Menken et Hofmann, n'a pas eu d'appui parmi les théologiens et les exégètes consultés. D'ailleurs, selon Kapic, quand Barth a relancé la pensée d'Irving, il était lui-même bien conscient que sa position était opposée à celle de la majorité des théologiens orthodoxes²⁶⁸. La position de Barth aussi bien que celle d'Irving sont classées parmi les conceptions critiquables par Blocher²⁶⁹.

B. Les deux états du Christ et leur rapport à l'Esprit
I. Humiliation, exaltation et kénose
1. Incarnation comme humiliation et exaltation
a. L'humiliation du Christ et la limitation de Dieu

L'incarnation a été présentée par Kuyper comme une humiliation, parce que l'humanité est elle-même dans un état d'humiliation. Peut-on vérifier cette affirmation, de façon diachronique, dans les écrits de l'auteur tels que sa *Dogmatique*, son *E Voto* et les *Méditations*, publiées tardivement à titre posthume en 1923 ? Le sujet est abordé dans d'autres écrits tels que

---

263. *Ibid.*
264. *Ibid.*, p. 309.
265. *Ibid.*, p. 304.
266. *Ibid.*, p. 309. « [...] si Christ n'était pas semblable à nous en toutes choses comme une identité de nature, il ne pourrait pas réellement nous racheter, puisque le péché doit être expié dans la même nature dans laquelle il a été commis. »
267. CALVIN, *IC*, II, i, 11. Calvin a élucidé cet aspect en faisant la distinction entre la « perversité de nature » et la « perversité naturelle ». Il a écrit que « [...] l'homme est naturellement corrompu en perversité, mais que cette perversité n'est point en lui de nature. Nous nions qu'elle soit *de nature*, afin de montrer que c'est plutôt une qualité survenue à l'homme, qu'une propriété de sa substance, qui ait été dès le commencement enracinée en lui ; toutefois nous l'appelons *naturelle*, afin qu'aucun ne pense qu'elle s'acquiert des autres par mauvaise coutume et exemple, alors qu'elle nous enveloppe tous dès notre première naissance ».
268. KAPIC, « The Son's Assumption of a Human Nature. A Call for Clarity », p. 156.
269. BLOCHER, *La doctrine du Christ*, pp. 155-157.

l'*Œuvre du Saint-Esprit* et le *Pro Rege*. Mais les trois écrits retenus l'abordent plus amplement.

Dans sa *Dogmatique*, en particulier le *Locus de Christo*, Kuyper s'est penché sur le sujet de l'incarnation comme une humiliation et une limitation de Dieu. Devenir homme pour le Fils de Dieu est une humiliation, lorsqu'on considère la gloire céleste dont il s'est privé en devenant homme. Par conséquent le passage de l'état de gloire à l'état d'homme est, selon l'auteur, synonyme d'humiliation[270]. Il s'agit de l'événement même et non des conditions dans lesquelles l'incarnation s'est réalisée. Il a aussi écrit que dans l'incarnation, il y avait une limitation, une réduction et un passage à l'état d'humiliation ou d'exinanition[271].

Sa thèse sur la limitation de Dieu est développée dans sa doctrine de la création. La création est vue par Kuyper comme une limitation ou une réduction pour Dieu[272], à l'image d'un homme qui met au monde un enfant et qui restreint du même coup sa propre liberté[273]. Il s'appuie sur le texte de l'Évangile de Jean où Jésus demande à retrouver la gloire qu'il avait avant la création du monde (Jn 17.5, 24). C'est une limitation de la trinité dans son ensemble. Il s'agit d'une limitation de Dieu le Père à cause de la réduction de sa gloire dans la création[274] ; du Saint-Esprit également à cause de son inhabitation[275] dans le monde créé ; et enfin celle du Fils par son incarnation[276]. La limitation du Fils dans l'incarnation, à l'image de celle du Père et de l'Esprit, n'a été qu'une sorte de « reproduction de ce qui a déjà existé dans la trinité[277] ».

Lorsque Kuyper explique en quoi a consisté la réduction de la gloire des personnes divines, il apparaît que cette réduction ou limitation de Dieu ne concerne pas son essence ou son être, mais la façon dont il s'est révélé au

---

270. Kuyper, *Locus de Christo*, Pars Secunda, p. 69.
271. *Ibid.*, p. 68. « Reeds op zich zelf lag dus in de Incarnatie eene beperking en vermindering, overgang in den status exinanitionis. »
272. *Ibid.*, p. 75.
273. *Ibid.*, p. 70. « Ben ik alleen op een eiland, dan ben ik daar geheel heer en meester; maar krijg ik er een kind, dan is dit wel eenerzijds verrijking, (want nu ben ik vader) maar anderzijds is het ook een limitatie. Zoo ook ligt in de Schepping ten opzichte van God een zekere limitatie. »
274. *Ibid.*, p. 71. « dat God de Vader een verkleining van glorie ondergaat in de Schepping. »
275. *Ibid.* « dat de Heilige Geest een verkleining ondergaat door de inhabitatie. »
276. *Ibid.*, p. 72. « dat de Zoon een verkleining ondergaat, als Hij in de Incarnatie ingaat. »
277. *Ibid.*, p. 71. « dat de Incarnatie niet iets vreemds is, maar een reproductie van wat in de Drieëenheid reeds bestond. »

monde[278]. En créant, Dieu s'abaisse, et cet abaissement est vu comme une réduction de la gloire de Dieu[279]. Comme la création elle-même est une révélation de Dieu, de ce fait elle reflète la gloire de Dieu, mais de façon limitée. Kuyper l'a illustrée en prenant l'exemple d'un livre dont la vie de l'auteur se résumerait ou se réduirait à ce qui s'y trouve[280]. Ainsi en est-il de la révélation de la gloire de Dieu dans la création : elle reflète de façon réduite et limitée celle de Dieu. Kuyper a noté que le péché a contribué à renforcer cette réduction, car sans le péché, la révélation de Dieu aurait continué sans perturbation[281] et l'Esprit n'aurait pas été offensé ou repoussé de la création[282].

Dans *E Voto*, il a parlé de deux états du Christ : état de Dieu et état d'homme[283]. Il a retenu trois aspects de l'humiliation du Christ : le fait d'entrer dans la chair, il a été un homme de souffrance, et il a été un homme de souffrance jusqu'à la mort[284]. Il a aussi affirmé que le Fils incarné était dans un état d'homme et cet état d'homme était marqué par le péché et la culpabilité. Selon lui, Christ « est arrivé comme un homme, non pas comme un prince, mais dans l'état de quelqu'un sans honneur et coupable[285] ». Cet état d'homme évoque sans doute l'humiliation dans laquelle le Fils a fait son entrée en étant devenu homme. Était-il personnellement « coupable » en étant devenu homme ? La pensée de Kuyper ne le suggère pas, puisqu'il a à l'esprit le Fils incarné qui est devenu l'Agneau de Dieu qui ôte le péché[286].

---

278. *Ibid.*, p. 70. « Hier is dus eene verandering, die de Schrift leert, *respectu Dei*, maar niet met betrekking tot zijn wezen, maar tot de uitstraling van dat wezen naar buiten. »

279. *Ibid.*, p. 71.

280. *Ibid.*, p. 70. « Nu is de Schepping als zoodanig eene beperking, eene verkleining voor God. Wanneer ik in een vreemd land kom en met de menschen wil spreken om mij zelf bekend te maken en bij mijn weggaan een boek over mij zelf schrijf en hun achterlaat, opdat zij mij daaruit zouden leeren kennen, dan verklein ik mij zelf daarmede, want in mij zelf zit meer dan in dat boek. »

281. *Ibid.*, p. 73. « Was de zonde niet gekomen, dan zou ook de openbaring van Zijne Majesteit in ongestoorde continuïteit zijn doorgegaan. »

282. *Ibid.*

283. Kuyper, *E Voto*, I, p. 366.

284. *Ibid.*, p. 424. « 1°. Hij komt in het vleesch ; 2°. Hij wordt, in het vleesch gekomen. Man van smarten ; en 3°. Hij gaat, Man van smarten geworden zijnde, in den dood. »

285. *Ibid.*, p. 367. « […] dat de Immanuel niet gekomen is in zijn staat als God, maar in zijn staat als mensch, en als mensch gekomen is niet met prinselijke eere, maar in den staat van een eerlooze en schuldige » ; *WHS*, I, p. 105.

286. *Ibid.*, p. 367.

Lorsque nous considérons ses *Meditations*, de nouveaux éléments s'ajoutent. Il ne s'agit plus seulement de la gloire, mais le Christ est limité dans l'espace et dans le temps à cause de son incarnation. « Le Seigneur Jésus est présent seulement à un endroit. Il vit dans la chair comme nous et ne peut pas être à deux endroits au même moment[287] », a-t-il écrit. Il a parlé du Christ omnipotent, bien que limité dans le temps et dans l'espace à un moment donné[288]. Si Christ, bien que limité, pouvait agir de façon omniprésente, cela s'expliquait par la simultanéité divine, un attribut que Christ possédait[289].

Selon Kuyper, les limitations du Médiateur, inhérentes à son état d'homme humilié, sont enlevées par le Saint-Esprit, qui habite intérieurement l'âme de l'homme Jésus dans lequel il a rencontré le Fils[290]. L'auteur pense au Christ glorifié pour lequel les limitations ont été enlevées et qui à partir du ciel agit sur la terre[291].

Turretin, en ce qui concerne le rapport entre l'incarnation, l'humiliation et la limitation de Dieu, a évoqué essentiellement la souffrance et la mort[292]. Bavinck a, quant à lui, et différemment de Kuyper, affirmé que l'incarnation, au sens strict, n'est pas une entrée dans un état d'humiliation, mais un acte de la condescendance divine ; elle le devient lorsque l'incarnation se définit comme l'assomption de la nature humaine faible[293]. Si l'incarnation est une humiliation et une limitation, comme l'a affirmé notre auteur, le Christ glorifié gardant sa nature humaine[294] est-il toujours dans un état d'humiliation ou de limitation ? Kuyper aurait du mal à répondre de façon convaincante à une telle question, même si, selon lui, les limites du Christ glorifié sont enlevées

---

287. A. KUYPER, *The Ascent of the Son – The Descent of the Spirit. 26 Meditations on Ascension and Pentecost*, Grand Rapids, Christian Classics Ethereal Library, 2014, p. 61. Cet ouvrage sera cité, dans la suite de notre travail, sous le titre abrégé *Meditations*.
288. *Ibid.*, p. 62. « Even though Jesus Christ is restricted to one place at any given moment, that restriction does not limit the effect of His working. »
289. *Ibid.* « The divine "simultaneity" is also an attribute of the Lord Jesus Christ. As much as He is restricted to one place, His majesty, grace and Spirit go out to all regions and places in the world simultaneously. »
290. *Ibid.*, p. 64. « It is from that hour on that God the Holy Spirit, dwelling in the soul of the man Jesus Christ, meets in that Mediator the Son and lifts all the limitations of His state of humiliation. »
291. *Ibid.*, p. 61. « In others words, He isn't just working *in* Heaven, but He constantly works *out of* Heaven also on earth. »
292. TURRETIN, *ET*, II, p. 292.
293. BAVINCK, *RD*, III, p. 310.
294. KUYPER, *Pro Rege*, I, p. 323.

par l'Esprit. En plus, Kuyper se rapproche curieusement de la thèse scotiste ou de celle de la théologie panthéiste en ayant affirmé que même sans le péché, la limitation des personnes de la trinité se serait produite pour donner aussi trois formes d'exaltation correspondantes[295]. Cela voudrait dire que l'incarnation aurait eu lieu même si l'homme n'avait pas péché. À ce titre, Kuyper se rapproche de la thèse défendue par Scot.

b. Exaltation du Fils

L'arrière-plan de l'exaltation du Christ est déterminé par la nature humaine du Christ[296], car il y a une glorification à condition qu'il soit question du Fils de l'homme[297]. La résurrection a marqué le début de l'exaltation recouvrant les étapes de l'ascension, sa session à la droite du Père et le retour, selon Kuyper[298]. Notre auteur a affirmé que l'incarnation demande la résurrection, l'ascension et la session de Jésus à la droite du Père[299]. La résurrection était devenue nécessaire et possible à cause de l'incarnation ; et l'ascension n'était rien d'autre que la conséquence de la victoire de Jésus sur la mort[300].

En ce qui concerne la résurrection, Kuyper l'a considérée comme la porte d'entrée dans la gloire pour le Christ[301]. Elle est une œuvre dans laquelle la trinité a été engagée[302] ; elle est réalisée de l'intérieur[303], c'est-à-dire en Christ lui-même ; et avec un rôle spécifique de l'Esprit[304]. Mais c'est aussi une résurrection active du Christ, c'est-à-dire que Christ n'est pas resté passif dans l'œuvre de résurrection, puisqu'il a affirmé pouvoir rebâtir le temple, symbolisme de la résurrection, trois jours après sa destruction[305]. Par la résurrection

---

295. Kuyper, *Locus de Christo*, Pars Secunda, p. 72. « Maar stel de zonde ware niet gekomen, dan zou toch deze drievoudige demping, gevolgd door een drievoudige verhooging hebben plaats gehad. »
296. Kuyper, *Pro Rege*, I, p. 446.
297. *Ibid.*
298. Kuyper, *WHS*, I, p. 110.
299. Kuyper, *Pro Rege*, I, p. 393. « The incarnation demands resurrection, ascension, and Jesus' reign at God's right hand in his glorified body. »
300. *Ibid.*
301. Kuyper, *WHS*, I, p. 111.
302. *Ibid.*, p. 109.
303. *Ibid.*
304. *Ibid.*
305. *Ibid.*, pp. 109, 110.

du Christ, le croyant a la nouvelle vie[306] par la puissance de la régénération. Le Christ étant la tête du corps mystique dont nous sommes membres[307], la résurrection des croyants repose sur celle du Christ[308], car d'une certaine manière la tête engage le corps dans ses actions[309].

Avec l'ascension, le Christ siège à la droite du Père. L'expression « à la droite » du Père désigne métaphoriquement « la majesté et l'autorité du Seigneur des seigneurs[310] ». Mais l'ascension ne saurait signer la fin de l'histoire de Jésus, selon Kuyper[311]. C'est à partir de ce moment, après la résurrection et l'ascension, qu'il est véritablement la tête du corps constitué, la tête de l'Église[312], ayant été revêtu de tout pouvoir[313]. L'ascension était une nécessité, car c'est elle qui inaugure le royaume du Christ dans le monde[314]. Le Christ est désormais celui qui va juger ce monde qui l'avait condamné[315].

Le Fils exalté et siégeant à la droite du Père, qui dépendait de l'Esprit durant les jours de sa chair, répand l'Esprit promis sur les disciples[316]. L'Esprit n'était pas donné, parce qu'il n'était pas glorifié[317] et parce que son corps n'était pas constitué définitivement[318], étant donné que la nature humaine du Christ n'a atteint son plein développement que lorsqu'il est monté au ciel[319].

---

306. Kuyper, *E Voto*, I, p. 471.
307. *Ibid.*, p. 488.
308. *Ibid.*, p. 489. « Maar een stuk belijdenis, dat uitsluitend handelt over den waarborg die voor onze zalige opstanding, in de Opstanding van Christus ligt. »
309. *Ibid.* « Het hoofd rekent altoos tegelijk voor het lichaam, en het lichaam is altijd gerekend in het hoofd. »
310. Kuyper, *Pro Rege*, I, p. 441.
311. Kuyper, *E Voto*, II, p. 63. « De hemelvaart kan niet het einde van dit goddelijk drama zijn. In de hemelvaart is geen rustpunt bereikt. »
312. Kuyper, *WHS*, I, p. 122.
313. Kuyper, *E Voto*, II, p. 42. « Als doel van het zitten aan Gods rechterhand, d. i. van het bekleed zijn met een macht, die aan goddelijke almachtigheid grenst, stelt de Catechismus de roeping van den Middelaar, dat hij zich bewijzen zal het Hoofd zijner Christelijke kerk. »
314. Kuyper, *CG*, I, p. 462.
315. Kuyper, *E Voto*, I, p. 64. « Hadde het den Heere beliefd alleen een stoffelijke en niet tevens eene zedelijke wereld in het aanzijn te roepen, zoo zou Hij geen rechter zijn. »
316. Kuyper, *WHS*, I, p. 121.
317. *Ibid.*
318. *Ibid.*
319. *Ibid.*, p. 120.

2. La *kénose* du Fils selon Philippiens 2.6-8
a. La *morphè theou* selon Kuyper

Comment a-t-il compris la *morphè theou* ? Examinant le rôle de l'Esprit à la passion du Christ, Kuyper a affirmé que « le Fils était consentant à se dépouiller [*vernietigen*] pour qu'il soit possible à sa nature humaine de passer par la mort éternelle[320] ». Avec le terme *vernietigen*, peut-on parler de la négation de la divinité du Fils chez Kuyper ? Kuyper a-t-il troqué la *morphè theou* du Fils pour sa *morphè* d'esclave ou d'homme, ou bien les deux formes coexistent-elles ?

En examinant le lieu classique de la kénose (Ph 2.6-7), Kuyper a fait une distinction entre le dépouillement (*vernietigen*) et l'humiliation ou l'abaissement (*vernedering*). Pour lui, c'est le devenir homme du Fils qui est décrit sous forme de dépouillement par le terme *vernietigen* ; et l'humiliation, caractérisée par la vie de souffrance du Fils, est décrite par le terme *vernedering*[321]. C'est l'incarnation qui est vue par Kuyper comme un anéantissement du Fils. Le dépouillement du Fils et son humiliation pourraient supposer le passage d'une forme d'existence à une autre, notamment le passage de la forme d'homme à celle d'un homme souffrant.

Kuyper a pensé que pour déterminer la μορφῇ θεοῦ, dans laquelle le Fils existait, il fallait d'abord préciser le référent du pronom relatif ὅς. S'agit-il du Fils incarné ou du Fils de Dieu non incarné[322] ? « Il ne peut s'agir que du Fils non incarné qui se trouve dans un état d'abaissement, parce que le Fils incarné s'est [déjà] dépouillé et ne peut donc plus se dépouiller[323]. » C'est le Fils non incarné qui est sous-entendu dans le pronom relatif ὅς, et c'est lui qui était en forme de Dieu (μορφῇ θεοῦ).

La μορφῇ n'est jamais l'*essence*, mais la *forme*, et le mot se traduit en hollandais par *gestalte*[324]. L'auteur a parlé d'essence et d'existence pour dif-

---

320. *Ibid.*, p. 105. « De Zoon wilde alzoo zichzelven vernietigen, dat zijn menschelijke natuur onder den eeuwigen dood kon doorgaan », *WHG*, I, p. 141.
321. Kuijper, *VW*, p. 46. « Vernietiging en vernedering worden door Paulus dus onderscheiden ; ze zijn niet hetzelfde ; maar duiden twee onderscheidene daden van liefde aan : de *eerste* dat hij *mensch* wilde worden ; de *tweede* dat hij als mensch wilde *lijden*. »
322. Kuyper, *Locus de Christo*, Pars Prima, p. 145.
323. *Ibid.*, p. 146. « Het kan niet anders zijn dan Filius Dei : dat blijkt uit εκενωσε want de Filius incarnatus is reeds ontledigd en kan zich dus niet meer ontledigen. »
324. *Ibid.*, p. 145. « μορφῇ is nooit wezen, maar *vorm*, *forma* ; daarum is het bij ons vertaald door "gestalte". »

férentier le τὸ εἶναι ἴσα θεῷ de la *morphè theou*. Selon lui, τὸ εἶναι ἴσα θεῷ se réfère à l'essence, ou à la *ousia*, tandis que la *morphè* renvoie à l'*existence*, ou au mode d'existence, puisque la *morphè* n'est pas abstraite, mais qu'elle est une forme substantivée, la forme de l'être[325]. Ainsi *morphè theou*, a-t-il dit, équivaut à l'être à égalité avec Dieu (τὸ εἶναι ἴσα θεῷ), mais cette dernière expression désigne plus spécifiquement le caractère de l'être plutôt que son apparence[326]. Ainsi, l'expression τὸ εἶναι ἴσα θεῷ désignerait l'essence divine inchangeable et l'idée de mode d'existence ou d'apparence est suggérée par la *morphè theou*.

S'agissant du passage de la forme de Dieu à celle de l'homme, il a écrit :

> il n'a pas perdu l'essence ou la *ousia* divine et ne l'a pas non plus fusionnée avec la *ousia* humaine ; mais il s'est dépouillé de toute sa forme divine, et maintenant, demeurant dans son essence divine, il a revêtu la forme d'un homme[327].

Kuyper, faisant une différence entre la forme (*morphè*) changeable et l'essence (*ousia*) inchangeable[328], a pu affirmer que le Fils non incarné s'est plutôt dépouillé de sa *morphè theou* pour revêtir la *morphè anthrôpôn*. C'est la *morphè theou* que Kuyper a donc troquée pour la *morphè anthrôpôn*.

La kénose du Fils serait, selon lui, le fait de changer de forme, en passant de l'existence dans la forme de Dieu à l'existence dans la forme d'un esclave[329]. Elle ne peut se comprendre qu'en ayant à l'idée que c'est de la forme de Dieu que le Christ s'est dépouillé[330]. Les deux formes d'existence, la forme de Dieu et la forme d'homme, semblent être des moments différents et successifs chez Kuyper. On peut émettre des doutes quant à l'idée de dépouillement de la forme de Dieu au profit de la forme d'homme. Il serait préférable de parler, en suivant Blocher, de « permanence de la première quand la seconde est

---

325. *Ibid.*, p. 146. « Hier echter heb ik een, ὑπάρχων ἐν μορφῇ, een existentie; dus kan μορφῇ hier niet geabstraheerd zijn, maar is zij de vorm aan het wezen; de substantiëele vorm. »

326. *Ibid.*, p. 145. « τὸ εἶναι ἴσα θεῷ is dus hetzelfde als ἐν μορφῇ θεοῦ ὑπάρχων, maar ziet niet op de verschijning, maar op het daarachter liggende wezen. »

327. *Ibid.*, p. 148. « Hij verloor de ουσια θεου niet en verwisselde die niet met de ουσια ανθρωπων; maar Hij legde alleen de μορφὴ θεου af en nu, in de ουσια θεου blijvende, nam Hij de μορφὴ ανθρωπων aan. »

328. *Ibid.*, p. 146. « De μορφῇ kan wisselen en afgelegd. De ουσια blijft. »

329. *Ibid.*, p. 148. « Κενος maakte Hij zich door de μορφῇ δουλοῦ aan te nemen. »

330. *Ibid.*

prise³³¹ ». Selon lui, le terme *huparchôn* suggère l'idée contraire à celle de dépouillement de la forme de Dieu³³². Car c'est en étant dans la forme de Dieu, si on considère le sens du participe présent *huparchôn*, que le Christ a aussi revêtu la forme d'homme.

Bavinck, rapportant le point de vue des théologiens réformés, a affirmé que le Fils a mis de côté ou voilé sa forme divine, c'est-à-dire la majesté et la gloire, pour prendre la forme d'un serviteur³³³. Turretin, avant Bavinck, avait soutenu la même thèse en affirmant que le Fils a caché la gloire divine sous le voile de la chair comme s'il l'avait mise de côté ; et cela au profit de la forme de serviteur, tout en précisant qu'il n'a pas abandonné ce qu'il était³³⁴, probablement l'essence divine. Le terme ἁρπαγμός (2.6) suggère qu'il s'agit d'un droit que le Fils possède, mais auquel il a renoncé volontairement. Il ne s'agit pas d'un changement dans l'existence elle-même, mais plutôt d'un changement de mode d'être, comme le suggère Braumann, qui affirme que « le mode d'existence du Christ a été essentiellement changé³³⁵ ».

Il nous semble que Kuyper n'a pas fait une grande différence entre la μορφὴν ἀνθρώπων et la μορφὴν δούλου. La forme d'esclave est la position normale de toute créature rationnelle devant Dieu et n'évoque pas l'humiliation³³⁶. Parlant du Christ, revêtu de la forme d'esclave, l'auteur a affirmé que la forme ne renvoie pas à l'humiliation du Christ, mais plutôt à son incarnation³³⁷. En fait, nous comprenons que c'est le fait de devenir homme pour le Fils de Dieu que Kuyper a compris comme étant synonyme de la forme d'esclave. Le Christ, étant une créature rationnelle, se tient devant Dieu comme un serviteur ou un esclave, car tout homme, en tant que créature, est serviteur de Dieu³³⁸.

---

331. BLOCHER, *La doctrine du Christ*, p. 163.
332. *Ibid.*, p. 175.
333. BAVINCK, *RD*, III, p. 432.
334. TURRETIN, *ET*, II, p. 314.
335. BRAUMANN, « Μορφή, Σχῆμα », p. 706.
336. KUYPER, *Locus de Christo*, Pars Prima, p. 148. « Alle redelijk schepsel staat tegenover God als δοῦλος; ook alle engelen. Δουλος duidt dus niet aan de vernedering, maar het staan tegenover God. »
337. *Ibid.* « Δουλος ziet dus niet op de vernedering van Christus tijdens zijne omwandeling op aarde, maar op zijn vleeschwording. »
338. *Ibid.*

Il y a une implication pour le Fils qui a renoncé à sa forme divine pour revêtir la forme humaine. À quoi a-t-il pu renoncer ou quel serait l'objet du verbe κενόω ? Il s'est agi pour lui de renoncer à la souveraineté, car, selon Kuyper, l'existence en forme de Dieu rime avec la souveraineté. Il a écrit : « [l]a forme de Dieu est la souveraineté ; souveraineté à laquelle il [le Fils] a renoncé et il a revêtu la forme d'un esclave[339]. » C'est cet attribut divin qui est sacrifié dans le devenir homme du Fils.

Une autre implication est la capacité de souffrir. Cette capacité de souffrir correspond au deuxième niveau de l'abaissement du Fils, selon le sens kuypérien du terme *vernedering*, différent du terme *vernietiging* traduisant le simple fait de devenir homme[340]. Kuyper a insisté en disant que le Fils incarné n'a pas renoncé à son essence divine ou à sa divinité, bien qu'il ait renoncé à sa souveraineté en étant dans la forme d'un esclave. Mais on peut se demander ce qui reste de la divinité sans la souveraineté dans l'existence du Fils incarné, qui est vrai Dieu, vrai homme. La souveraineté est-elle un attribut essentiel ou non ? Il faudrait peut-être comprendre ce propos de l'auteur au sens de non-recours à l'attribut de souveraineté par le Fils incarné.

b. La *morphè theou* (Ph 2.6-8)

Comment comprendre l'expression *morphè theou* et son rapport à la *morphè doulou* dans le contexte de l'épître ? La *morphè theou* est une expression clé dans tout l'hymne christologique selon O'Brien[341], et nous l'aurons particulièrement en vue dans ce survol exégétique. Le terme *morphè*, dans sa forme non construite, est rare dans le Nouveau Testament. Il n'apparaît que deux fois (Ph 2.6, 7) et seulement dans l'hymne christologique traitant de l'humilité exemplaire du Christ (2.5-11). Le terme *morphè* a été souvent pris comme synonyme de plusieurs autres termes : forme, apparence extérieure ou figure[342].

---

339. *Ibid.* « Μορφῇ θεου is de Souvereiniteit; die legde Hij af en nam aan de onderdaansgestalte (μορφῇ δουλοῦ). »
340. Kuijper, *VW*, p. 46.
341. Peter O'Brien, *The Epistle to the Philippians. A Commentary on the Greek Text*, The New International Greek Testament Commentary, Grand Rapids, Eerdmans, 1991, p. 206.
342. Braumann, « Μορφή, Σχῆμα », p. 705.

Avec ce terme, selon O'Brien, l'idée de nature ou d'essence a été évoquée par Lightfoot[343]. Même si la tradition a souscrit à ce sens[344], l'interprétation de Lightfoot, trop philosophique, semble ne pas convenir dans le contexte, car il n'est pas certain que Paul ait donné un tel sens au mot[345]. Cullmann, à la suite de J. Hering, en s'appuyant sur le texte de la Genèse (1.26-27), a proposé l'image comme équivalent à forme[346]. L'équivalence entre forme et image établie par Cullmann mérite les plus dures critiques, selon l'avis de Blocher[347] : « [i]l est inadmissible de donner au mot au v.6 un sens qui ne conviendrait pas au v.7 ("forme de serviteur")[348]. » La forme a été considérée par Käsemann comme étant un mode d'existence[349] ou la manière d'être, l'expression de l'essence[350]. Elle convient bien pour la *morphè doulou* (2.7), contrastant avec la *morphè theou*[351].

La plupart des exégètes et théologiens ont choisi de comprendre la forme comme un trait ou un caractère qui révèle ou exprime l'être. Pour Blocher, il renvoie à l'idée de « "caractère essentiel", de "manière d'être" convenant à la nature[352] ». C'est aussi le point de vue de Hawthorne, partagé par O'Brien[353], qui écrit « μορφῇ θεοῦ, par conséquent, pourrait être compris convenablement comme la nature et le caractère essentiel de Dieu[354] ». Selon Braumann, « *en morphè theou* caractérise, par conséquent, son existence avant sa vie sur terre[355] ». Même si Calvin a pensé que la forme pouvait signifier « figure ou

---

343. O'Brien, *The Epistle to the Philippians*, p. 207.
344. Blocher, *La doctrine du Christ*, p. 174.
345. O'Brien, *The Epistle to the Philippians*, p. 207.
346. Blocher, *La doctrine du Christ*, p. 175 ; O'Brien, *The Epistle to the Philippians*, p. 209.
347. Blocher, *La doctrine du Christ*, p. 175 ; O'Brien, *The Epistle to the Philippians*, p. 263.
348. *Ibid.*
349. O'Brien, *The Epistle to the Philippians*, p. 209.
350. H. Blocher, *La doctrine du Christ*, p. 175.
351. O'Brien, *The Epistle to the Philippians*, pp. 209-210 ; Blocher, *La doctrine du Christ*, p. 176.
352. Blocher, *La doctrine du Christ*, p. 176.
353. O'Brien, *The Epistle to the Philippians*, p. 210.
354. Hawthorne *et al.*, *Philippians*, p. 84.
355. Braumann, « Μορφή, Σχῆμα », p. 706.

apparence[356] », il a accueilli favorablement le sens de « caractère essentiel[357] ». La majesté ou la gloire renvoie au caractère essentiel par lequel Dieu est connu avant l'incarnation. Calvin pense qu'on peut bien partir de la gloire ou majesté pour aboutir à l'essence de Dieu, car les deux sont inséparables[358]. Il y a un lien entre le caractère essentiel et l'être lui-même.

On pourrait conclure que la *morphè theou* renvoie à un trait ou un caractère par lequel l'essence divine du Fils incarné a été révélée et prouvée. Il en est de même pour la *morphè doulou* qui renvoie également à un trait ou un caractère par lequel le Fils incarné s'est révélé ou s'est montré comme un serviteur ou un esclave. Braumann a dit justement que « le mode d'existence du Christ durant sa vie terrestre est décrit comme celui d'un esclave[359] ».

II. Les espaces théologiques pour l'action de l'Esprit

L'état d'humiliation ou la kénose du Fils permet à l'Esprit d'entrer en action dans la vie du Fils incarné, car son humanité faible ou même déchue laisse une certaine place à l'action de l'Esprit. C'est ce que nous appelons l'espace théologique qu'il convient de considérer.

1. Principe fondateur de l'action de l'Esprit dans la nature humaine du Christ

La nature humaine est adaptée dès sa création à l'œuvre intérieure de l'Esprit[360], puisqu'elle est limitée et susceptible de recevoir l'Esprit pour être son temple[361]. Elle est sans aucune vertu ou sainteté en dehors de l'Esprit[362]. Ainsi l'Esprit est pour la nature humaine ce que l'air est pour le corps physique[363]. Cette fonction d'animation du corps, reconnue à l'Esprit, a été suffisamment présentée dans notre travail.

---

356. J. CALVIN, *Commentaires Bibliques*, vol. 6, *Épîtres aux Galates, Éphésiens, Philippiens et Colossiens*, Aix-en-Provence, Kerygma, 1978, p. 270.
357. *Ibid.* « Tout comme Dieu est connu par ses vertus, et comme ses œuvres témoignent de sa divinité éternelle (Rom. 1 : 20), de même aussi l'essence divine du Christ est bien prouvée par sa majesté, qui était égale à celle du Père, avant qu'il s'humiliât soi-même. »
358. *Ibid.*
359. BRAUMANN, « Μορφή, Σχῆμα », p. 706.
360. KUYPER, *WHS*, I, p. 100.
361. *Ibid.*, p. 103.
362. *Ibid.*, p. 102.
363. *Ibid.*, p. 108.

Ce principe s'applique également au Médiateur, le Fils incarné. Kuyper a pu dire de lui, au regard de sa nature humaine, qu'il était incapable d'accomplir son œuvre messianique sans l'Esprit[364], ou qu'il était incapable d'accomplir une œuvre de sainteté sans l'Esprit. La relation de la nature humaine du Fils à l'Esprit est perçue comme une relation de dépendance : le Fils incarné dépend de l'Esprit dans les jours de sa chair. Sa nature humaine ne pouvait à aucun moment être séparée de l'Esprit[365] ; en vertu de l'union hypostatique, le Fils incarné dépend de l'Esprit[366].

Kuyper et Bavinck affirment que jamais le Fils n'a révélé sa divinité ou n'a agi par son statut de Fils durant les jours de sa chair ou durant son humiliation[367]. Le titre de Fils de l'homme est celui par lequel le Médiateur s'est révélé comme étant pleinement homme et non Dieu[368]. L'auteur invite à la prudence en disant qu'il faut éviter de rapporter les miracles du Fils de l'homme au Fils de Dieu[369]. Kuyper pouvait affirmer que tout son pouvoir était caché dans son esprit[370]. Il en trouve la justification dans le fait que l'Esprit lui a été donné sans mesure[371].

2. Les espaces théologiques pour l'action de l'Esprit

La kénose ou l'abaissement du Fils laisse de la place pour le rôle de l'Esprit à quelques niveaux. Son développement humain, notamment la question de la science du Fils, son œuvre messianique et sa passion sont les lieux théologiques où le rôle de l'Esprit est mis en œuvre.

a. Le développement humain de Jésus

Christ, à la différence d'Adam, est né d'une femme et non créé adulte[372]. De ce fait, il a dû suivre le développement normal de tout homme. Il y a eu une croissance dans la nature humaine du Christ[373], mais dans quels domaines

---

364. *Ibid.*, p. 100.
365. *Ibid.*, p. 108.
366. *Ibid.*, p. 103.
367. Bavinck, *RD*, III, p. 232.
368. Kuyper, *Pro Rege*, I, p. 141.
369. *Ibid.*
370. *Ibid.*
371. *Ibid.*, p. 142.
372. Kuyper, *WHS*, I, p. 95.
373. *Ibid.*, p. 94.

a-t-on pu observer le développement ? Le Christ avait besoin de croître en stature[374] et surtout en sagesse ; c'est dire qu'il avait une connaissance proportionnelle à son âge. « Quoique son cœur ait contenu les germes de la sagesse, néanmoins en tant que bébé d'un an, il n'aurait pas connu l'Écriture au moyen de sa compréhension humaine[375] », a affirmé Kuyper. Car « sa connaissance humaine n'a aucun accès à sa connaissance divine[376] ». Le Fils incarné était devenu comme « un homme qui ne connaît rien[377] ». Cela, à notre avis, pourrait s'expliquer par la non-communication des propriétés d'une nature à l'autre défendue par la théologie réformée contre la théologie luthérienne. Il était un homme qui avait besoin d'apprendre ; et ce qu'il connaissait, il l'avait acquis en l'apprenant[378].

Il y a la question de la conscience à prendre en compte également quand on parle de la connaissance du Christ. Était-il conscient de son statut de Fils ou de son rôle messianique ? De son rôle de Messie, Kuyper a affirmé que le Fils incarné en était bien conscient, parce qu'il est oint de toute éternité[379] et parce que cette conscience messianique est du ressort de la Personne[380]. Depuis toujours il était conscient de sa tâche messianique. Même si sa Personne a atteint sa stature graduellement, cette stature était toujours celle du Messie[381]. En outre, le Fils incarné était conscient d'être l'instrument du Fils de Dieu par la puissance du Saint-Esprit, comme en témoigne son appropriation du texte d'Ésaïe (61.1)[382]. Y a-t-il deux centres de conscience en Christ ?

Il y a un autre niveau de développement du Christ suggéré par l'expression « en faveur devant Dieu et les hommes ». Selon Kuyper :

> [l]a faveur renvoie à la croissance et au développement de la vie intérieure, et pourrait se manifester de deux manières, plaire

---

374. *Ibid.*, p. 96. L'auteur réfère la croissance du Christ en stature à son développement physique. Son développement était celui d'un enfant dépendant de sa mère, qui a ensuite appris à marcher pour devenir un adolescent, un jeune adulte et atteindre sa stature parfaite d'homme.
375. *Ibid.*, p. 95.
376. *Ibid.*
377. *Ibid.*
378. *Ibid.*
379. *Ibid.*, p. 98.
380. *Ibid.*
381. *Ibid.*
382. *Ibid.*, p. 100.

ou déplaire à Dieu et aux hommes. De Jésus il est dit que dans son développement de tels dons et facultés, dispositions et attributs, pouvoirs et qualifications se sont manifestés dans la vie intérieure de sa nature humaine de sorte que la faveur de Dieu était sur lui[383].

Kuyper n'a pas parlé explicitement du développement moral dans cette pensée, mais il est bien possible qu'il s'agisse du développement moral de Jésus, car la vie intérieure d'une personne convoque cette notion. Bavinck, par exemple, a clairement noté cet aspect en disant qu'il y avait dans la vie du Christ un développement moral[384]. Ainsi, le Christ avait besoin de grandir en connaissance ; il avait également besoin de vivre une vie morale qui soit agréable à Dieu et qui attire l'attention ou la faveur des hommes.

b. Consécration de Jésus comme actualisation de son onction éternelle

Quel sens Kuyper a-t-il donné à la consécration du Christ pour son œuvre messianique ? La question mérite un examen, étant donné que selon lui le Fils a été oint de toute éternité[385]. Kuyper s'est opposé à l'idée de l'incarnation sans péché, thèse scotiste. Alors que doit-on comprendre par « onction éternelle » chez Kuyper ? En examinant la constitution du Médiateur, on pourrait trouver un élément de réponse. En effet, la constitution du Médiateur (*Constitutio Mediatoris*) a eu lieu dans le conseil éternel de Dieu, puisque Kuyper l'a citée au nombre des œuvres décrétives de Dieu comme étant le moyen par lequel l'alliance de grâce se réalisera[386]. Par conséquent, « le Fils de Dieu n'est pas devenu juste [à sa naissance] à Bethléhem, le Messie, mais il l'a été de toute éternité[387] ». De ce fait, « il a été déjà prédestiné par Dieu et

---

383. *Ibid.*, p. 96.
384. Bavinck, *RD*, III, p. 313.
385. Kuyper, *WHS*, I, p. 98.
386. Kuyper, *Locus de Sacramentis*, p. 37. « Wij vinden dus in het decreet Gods: het genadeverbond met de sacramenten, de schepping dier sacramenten als ook de schepping van 's menschen geestelijk leven. Ook de *Constitutio Mediatoris*, door Wien het genadeverbond zal gerealiseerd worden. »
387. Kuyper, *Locus de Christo*, Pars Prima, p. 24. « De Zone Gods is niet pas bij Bethlehnn de Messias geworden, maar Hij was het van eeuwigheid af. »

oint par le Saint-Esprit, non seulement comme notre grand prophète, mais aussi comme notre grand prêtre[388] ».

L'onction éternelle du Fils par le Saint-Esprit est, selon Kuyper, le fait que le Fils a été choisi d'avance comme Médiateur par le conseil de Dieu, qu'il a reçu l'onction de l'Esprit, bien avant son incarnation et même avant la chute d'Adam, pour être le Médiateur. Kuyper a pu penser ainsi, puisque, selon lui, le Médiateur, qui a été choisi d'avance comme grand prêtre et oint du Saint-Esprit, a pu se révéler, dans le jardin après la chute d'Adam, comme le prêtre oint[389]. C'est pour cette raison que Kuyper a pu affirmer que le Christ n'a été à aucun moment inconscient de sa vocation messianique, puisqu'il a été oint de toute éternité pour cette fin[390]. La rédemption, qui présuppose la chute, est un chapitre important dans le décret de Dieu[391] ; et la *Constitutio Mediatoris*, c'est-à-dire son choix et son onction, entre dans le cadre de cette rédemption définie par le conseil éternel.

L'exercice d'un ministère exige une qualification et une consécration de la personne choisie, comme ce fut le cas pour Saül ou David. Pour Jésus, cela a été officiellement fait à son baptême[392]. Ainsi le baptême a été le lieu et le moment de l'actualisation de l'onction éternelle du Fils[393]. Kuyper a vu en cet événement trois significations. Christ doit être confirmé comme un vrai homme même dans son office, d'où sa consécration au ministère public ; il doit avoir la conscience d'une consécration indestructible à l'image de l'absolue tentation ; et c'est une marque distinctive du vrai Messie par rapport aux pseudomessies et prophètes[394].

Quand l'auteur parle de l'actualisation, cela suppose que ce n'est pas au moment du baptême que le Fils incarné a reçu l'Esprit. Il fait remonter ce moment à la conception par l'Esprit où le Fils incarné a reçu l'Esprit sans

---

388. Kuyper, *E Voto*, I, p. 320. « Hij was reeds van eeuwigheid van God verordineerd en met den Heiligen Geest gezalfd, niet enkel tot onzen hoogsten Profeet, maar ook tot onzen eenigen Hoogepriester. »
389. *Ibid.*, p. 319. « Zoodra Adam viel en dus als priester ontpriesterd wierd, trad de Middelaar als priester voor hem in de plaats. »
390. Kuyper, *WHS*, I, p. 98.
391. Kuyper, *Locus de Providentia*, p. 149. « Immers, de verlossing, die val en schuld onderstelt, is van eeuwigheid af het hoofdstuk van Gods raadsbesluit. »
392. Kuyper, *WHS*, I, p. 98.
393. *Ibid.*
394. *Ibid.*, p. 99.

mesure[395]. Ce baptême fut l'entrée officielle de Jésus dans le ministère, comme en témoigne son départ immédiat dans le désert sous la direction de l'Esprit, d'après Luc (4.1)[396], et son retour en Galilée avec la puissance de l'Esprit pour son ministère (4.14)[397]. Le Fils incarné, avec toute la démesure de l'Esprit, sera désormais conduit et contrôlé par l'Esprit durant son ministère[398].

c. Passion du Christ : souffrance et mort

La souffrance et la mort du Messie sur la croix, point culminant de la souffrance, font partie de l'humiliation du Fils et constituent la dernière étape avant l'état d'exaltation. Dans l'état d'humiliation, la nature humaine a souffert et cette souffrance est à la fois contraire à la nature divine et à la nature humaine elle-même[399], d'où l'effort fourni en général par l'homme pour échapper ou résister à cette souffrance[400]. Face à la mort, la nature humaine est impuissante[401] ; elle a besoin d'un médiateur, selon Kuyper. Le Fils incarné a souffert la mort temporelle et la mort éternelle à cause de sa nature humaine. Car s'il passait seulement par la mort temporelle, ou la première mort, la mort éternelle n'aurait pas été vaincue[402]. Comment a-t-il pu traverser victorieusement, dans sa chair, cette épreuve et sans médiateur [403] ? Le rôle de l'Esprit est attendu à ce niveau.

Il y a la souffrance passive, active et même volontaire dans la vie humiliée du Christ. Selon Kuyper, Christ ne nous a pas seulement rachetés par ses souffrances, mais cette passion a été rendue effective pour notre salut ou rédemption par son amour et son obéissance volontaire[404]. Il dit :

> [e]lles sont généralement appelées sa satisfaction passive et active. Par la première, nous entendons le fait qu'il ait porté la peine actuelle, la colère et la mort ; par la seconde, son zèle pour

---

395. *Ibid.*, p. 96.
396. *Ibid.*, p. 99.
397. *Ibid.*, p. 100.
398. *Ibid.*, p. 97.
399. *Ibid.*, p. 106.
400. *Ibid.*, p. 107.
401. *Ibid.*, p. 103.
402. *Ibid.*
403. *Ibid.*, p. 105.
404. *Ibid.*, p. 104.

l'honneur de Dieu, l'amour, la fidélité et la compassion divine par lesquels il est devenu obéissant jusqu'à la mort, même la mort de la croix[405].

Il y avait dans la passion du Christ plus qu'une simple satisfaction passive ou pénale[406]. Le Christ s'est offert volontairement, car il partage la nature divine et il n'était pas obligé de s'offrir[407]. Pour mettre l'accent sur le caractère passionnel de la mort de Jésus, Blocher écrit ceci : « [p]assion selon sa nature propre, la souffrance, jusqu'à la mort, de Jésus-Christ a aussi été son *action*[408]. » D'ailleurs le but de la kénose est de donner la plus grande preuve de son obéissance par la mort, d'après Kuyper[409]. Blocher parle de la passion comme « la fin de la vie du Christ non seulement au sens de terme et d'aboutissement, mais au sens de but[410] ». Si la passion a été l'action de Jésus, quel a été le rôle spécifique de l'Esprit dans la passion du Christ ? Ici encore un autre espace est créé pour l'action de l'Esprit.

Ayant déterminé les espaces théologiques pour ensuite y discerner l'œuvre remarquable de l'Esprit, dans la suite de ce travail (chapitre 4) nous reverrons certains de ces espaces pour voir comment l'Esprit a été à l'œuvre dans la vie du Christ. Car jusqu'ici nous n'avons pas dit beaucoup de choses au sujet de l'action de l'Esprit en relation avec le ministère de Jésus et avec son impeccabilité, le premier lieu théologique, qu'il convient de considérer dans les lignes suivantes.

C. L'impeccabilité du Christ et le rôle de l'Esprit

Quoi qu'ait pu dire Kuyper de la nature humaine du Christ, de son humiliation ou kénose, il a toujours soutenu, comme Irving, Böhl et Barth, les fervents défenseurs de la thèse de la nature humaine pécheresse du Fils incarné, que le Christ n'a jamais péché. Comment a-t-il compris et défendu l'impeccabilité du Christ ? La question est très importante, puisque selon lui

---

405. *Ibid.*
406. *Ibid.*
407. *Ibid.*, pp. 104-105.
408. Blocher, *La doctrine du Christ*, p. 203.
409. Kuyper, *WHS*, I, p. 105.
410. Blocher, *La doctrine du Christ*, p. 199.

le Fils a porté la nature humaine déchue, mais sans pécher[411]. Pour résoudre la tension entre l'assomption de la nature humaine déchue et l'impeccabilité du Christ, Kuyper s'est appuyé entre autres sur la Personne du Médiateur et sur le rôle de l'Esprit pour défendre sa thèse de l'impeccabilité du Christ, tout en maintenant l'idée de la nature humaine déchue du Christ.

I. L'identité de la Personne du Christ

1. La deuxième Personne de la trinité

En considérant à nouveau le débat entre Kuyper et Böhl sur l'imputation du péché et de la culpabilité d'Adam au Christ, il ressort de cela que l'argument kuypérien de l'impeccabilité du Médiateur est d'ordre théologique, car la Personne du Médiateur étant la deuxième Personne de la trinité, toute imputation au Christ de la culpabilité annihilerait la Personne divine[412]. On peut rapprocher les propos de Kuyper avec ceux de Blocher disant ceci : « […] il serait contradictoire, autodestructeur, *il est impossible*, que Dieu pèche, même en son humanité[413]. » C'est aussi séparer le Fils incarné de la nature divine que d'affirmer que Christ a participé activement et personnellement à notre culpabilité et à notre péché[414]. Il n'est pas un descendant d'Adam[415] ni une nouvelle personne[416], mais il est lui-même une nouvelle tête d'humanité[417]. À ce titre, il ne saurait être question de culpabilité personnelle dans la vie du Médiateur.

Ensuite, la valeur théologique de la distinction entre *nature* et *personne*[418] faite par Kuyper est de sauvegarder l'impeccabilité du Médiateur. Il a fait dépendre le péché de la personne et non de la nature, car le péché n'est jamais impersonnel ou naturel selon lui[419]. Selon Kuyper, suivant l'orthodoxie, le

---

411. Kuyper, *WHS*, I, p. 88 ; Kuijper, *VW*, p. 129.
412. Kuyper, *WHS*, I, p. 87.
413. Blocher, *La doctrine du Christ*, p. 154.
414. Kuyper, *WHS*, I, p. 85.
415. *Ibid.*, p. 87.
416. *Ibid.*, p. 91.
417. *Ibid.*, p. 87.
418. *Ibid.*, p. 97.
419. Kuijper, *VW*, p. 176. « Zonde is de persoonlijke verkeerdheid. Onpersoonlijke zonde is er niet. »

Christ n'a jamais été une personne humaine[420], étant donné qu'il est la deuxième Personne de la trinité qui existe de toute éternité[421]. Kuyper peut dire de cette personne éternelle du Fils qu'elle a été toujours sainte, même avant la chute d'Adam[422]. N'ayant jamais été une personne humaine, mais plutôt une personne divine, le Médiateur n'est concerné ni par la régénération ni par la nouvelle naissance, parce qu'il n'y a pas en lui « l'homme du péché » ou le vieil homme[423]. Il a affirmé que le Médiateur n'ayant pas été une personne humaine, il n'y a pas d'imputation de la culpabilité d'Adam au Christ[424]. En d'autres termes, comme Bavinck l'a souligné, le Fils incarné n'est pas inclus dans l'alliance des œuvres, parce qu'il n'est pas une personne humaine[425]. Pour Blocher, « l'anhypostasie de la nature humaine, la préexistence de la personne du Fils, libère de cette dépendance [c'est-à-dire la dépendance vis-à-vis de la culpabilité][426] ».

2. *Contrôle de la nature humaine : le je obéissant du Christ*

Kuyper s'est encore appuyé sur le rôle central du « je » du Fils incarné pour défendre son impeccabilité. Ce « je », ou sujet, n'était pas celui d'une personne humaine, mais celui de la deuxième Personne de la trinité[427]. Partant de l'idée que le péché est de la personne et non de la nature, le « je » du Médiateur, étant celui de la personne divine, a toujours été saint[428], puisqu'il reste uni au Père

---

420. Kuyper, *WHS*, I, p. 83 ; *VW*, pp. 70-71, 127. « [...] terwijl de Christelijke kerk steeds beleed dat Jezus een *goddelijke persoon* is, die niet een menschelijken *persoon*, maar de menschelijke *natuur* aannam! », pp. 70-71.
421. Kuyper, *WHS*, I, p. 97.
422. *Ibid.*, p. 98.
423. Kuijper, *VW*, p. 139. « Bij Jezus nu kon de oude mensch niet sterven, omdat er in Jezus nooit een mensch der zonde geweest is. Dientengevolge is er bij Jezus dan ook van geen wedergeboorte sprake; en dat wel, ten eerste, omdat hij geen menschelijke persoon was, maar een goddelijke persoon. »
424. Kuijper, *WHG*, I, p. 116. « Hem is de erfschuld van Adam niet toegerekend, overmits Hij niet als menschelijke persoon geschapen is, maar slechts de menschelijke natuur aannam » ; Kuijper, *VW*, pp. 127-128.
425. Bavinck, *RD*, III, p. 294.
426. Blocher, *La doctrine du Christ*, p. 158.
427. Kuijper, *VW*, pp. 71, 80. « Hierin ligt opgesloten, dat het subject in Jezus niet was een "menschelijk persoon" Jezus, maar dat het subject in Jezus was en is de persoon des Zoons », p. 71 ; *WHS*, I, p. 87.
428. *Ibid.*, p. 176. « Zijn *ik* blijft dan aldoor het *ik* van den Zoon van God, en dus heilig, rein en onschuldig, en van eenig zondig inmengsel in zijn wezen is schijn noch schaduw

non seulement dans l'essence divine, mais aussi de façon relationnelle. En effet, son *ego* n'a jamais désiré ou voulu autre chose que la volonté du Père[429]. Étant né de la volonté de Dieu, par sa conception par la puissance de l'Esprit et non de la volonté humaine, il ne pourrait jamais avoir une volonté contraire à celle de Dieu[430]. Par conséquent, la faiblesse de la nature humaine du Christ ne peut jamais devenir une faiblesse pécheresse, selon Kuyper[431]. Cela rejoint la pensée de Blocher déjà évoquée, suggérant qu'au sens des caractères de sa nature humaine le Christ pouvait pécher, mais cela est impossible du point de vue de l'événement[432].

Selon Kuyper, le Fils incarné n'a pas mené une existence, mais il a plutôt posé un acte puissant d'obéissance qui l'a conduit jusqu'à la mort[433]. Certes, l'auteur vise par l'idée d'obéissance jusqu'à la mort l'abaissement ou la kénose du Christ, mais c'est aussi vrai de son rapport à la volonté du Père à laquelle sa Personne ou son « je » a été totalement soumis. Il a été obéissant en se soumettant à l'épreuve de la faiblesse et de la déchéance de la nature humaine pour être tenté en tout sans pécher. Au sommet de cette épreuve, à Gethsémani, le Fils incarné a fait face à la mort qu'il a vaincue dans l'obéissance à son Père[434]. Ce fut la volonté du Christ de se sanctifier en faisant la volonté de Dieu[435]. De ce point de vue, le Christ ne pouvait pas pécher, mais il y a aussi l'apport inestimable du rôle de l'Esprit dans la vie de sanctification du Fils incarné qu'il faut considérer.

---

aanwezig » ; *WHS*, I, p. 101, l'auteur déclare que la personne du Médiateur, participant à la nature divine, était absolument sainte.

429. Kuyper, *WHS*, I, p. 91 ; *WHS*, II, p. 267, « He never desired what God withheld ».
430. *Ibid.*
431. *Ibid.*
432. Blocher, *La doctrine du Christ*, p. 155. « Au sens des caractères de sa nature humaine, Jésus "pouvait" pécher, mais l'événement était exclu, et ce serait penser dans le vide que l'imaginer. »
433. Kuyper, *WHS*, I, pp. 93-94 ; « De God-menschelijke persoon des Heeren heeft niet een leven doorleefd, maar heeft één machtige daad van gehoorzaamheid bestaan door zich te *vernederen* », *WHG*, I, p. 124.
434. *Ibid.*, p. 105.
435. *Ibid.*

II. La sanctification du Christ par l'Esprit

1. Rôle sanctificateur de l'Esprit

La distinction classique des appropriations en théologie, qui fait du Père le Créateur, du Fils le Sauveur et de l'Esprit le Sanctificateur, est affirmée par Kuyper[436] conformément au *Catéchisme de Heidelberg* (Q.23)[437]. Nous avons montré le rôle de l'Esprit sous l'angle de l'animation et de la perfection des créatures de Dieu ; nous montrons à présent cette dimension du rôle de l'Esprit en relation avec le Fils incarné. À cause du péché, qui a fait son entrée dans le monde, Kuyper a affirmé que l'une des dimensions du rôle de l'Esprit est de prendre cette donnée en compte pour contrarier ou limiter les effets et l'action du péché[438].

Parlant du rôle de l'Esprit avant Christ, il a affirmé qu'il a consisté en la régénération, la consolation et la sanctification des saints[439]. On peut dire que la régénération en elle-même participe à l'œuvre de sanctification tant qu'elle se définit comme l'implantation du principe de la nouvelle vie[440]. Kuyper a établi d'ailleurs un lien entre la sanctification et l'implantation du principe de la nouvelle vie[441]. L'Esprit est celui qui régénère et sanctifie les enfants de Dieu[442], a-t-il dit. Il est celui qui accomplit la sanctification dans la vie du croyant[443] ou encore comme le « principe vital » duquel découlent les saints désirs et inclinations[444]. C'est la raison probable pour laquelle il doit habiter dans le cœur pécheur de l'homme pour le sanctifier[445].

La sanctification est un bénéfice de la mort du Christ que l'Esprit applique dans notre vie[446], puisque Christ est notre sanctification et les rachetés possèdent tout en lui[447]. Cette application se fait par l'action conjointe de

---

436. *Ibid.* ; Kuyper, *WHS*, I, p. 15.
437. *Ibid.*, p. 44 ; *WHS*, II, p. 211.
438. *Ibid.*, p. 24.
439. *Ibid.*, p. 52.
440. Kuyper, *WHS*, II, pp. 293, 295.
441. Kuyper, *WHS*, III, p. 457.
442. Kuyper, *WHS*, I, p. 25.
443. Kuyper, *WHS*, III, p. 457.
444. *Ibid.*, p. 469.
445. Kuyper, *WHS*, II, p. 277.
446. Kuyper, *WHS*, III, pp. 460-461.
447. *Ibid.*, p. 452.

l'Esprit et de la Parole, les moyens de grâce[448]. Mais l'homme travaille avec Dieu pour sa propre sanctification[449], quand bien même l'application se fait par les moyens de grâce. Le rôle de l'Esprit en relation avec la sanctification du Christ est important, puisque Christ, étant à la fois Fils de Dieu et Fils de l'homme, possède la sainteté dans une forme humaine particulière, parce que l'Esprit trouve en lui les saintes dispositions dans leur forme requise[450].

2. Sanctification initiale à la conception par l'Esprit
a. Séparation d'avec les pécheurs

La séparation du Christ d'avec l'humanité pécheresse est d'une importance capitale pour son impeccabilité et pourrait être considérée comme le point de départ du rôle de l'Esprit. En répondant à la thèse de Böhl, Kuyper a écrit que le Christ a été séparé des pécheurs[451]. En effet, la conception par la puissance du Saint-Esprit est la cause de cette mise à part du Médiateur. Kuyper écrit ceci : « même dans sa conception et naissance le Saint-Esprit a effectué […] une séparation du péché[452] » ou « séparation des pécheurs[453] ». Il ne s'agit pas en réalité d'une séparation radicale de Jésus d'avec les pécheurs ; mais il est plutôt suggéré, par cette expression, l'idée que Christ a traversé le flot du péché sans pécher.

En défendant la thèse de la non-imputation de la culpabilité originelle à Christ, Kuyper a insisté sur le fait que Christ n'était pas descendant d'Adam. Il a écrit : « [l]a culpabilité d'Adam est imputée à sa postérité, mais Christ n'est pas un descendant d'Adam. Il a existé avant Adam. Il n'était pas né de façon passive comme nous, mais il a pris la chair[454]. » Kuyper, interprétant le texte de la généalogie de l'Évangile de Luc affirmant que Christ est fils d'Adam, fils de Dieu (3.23, 28), a encore déclaré que « Jésus n'est pas fils de

---

448. *Ibid.*, p. 489.
449. Kuyper, *WHS*, II, p. 318.
450. Kuyper, *WHS*, III, p. 461.
451. Kuijper, *VW*, p. xlix. « In alle stukken, uitgenomen de zonde. Hij was afgescheiden van de zondaren, en was niet met hen onder éénen hoop vermengd. »
452. Kuyper, *WHS*, I, p. 94 ; *WHG*, I, p. 125, « Reeds in de ontvangenis, de dracht en de geboorte van den Christus bewerkte de Heilige Geest dus niet alleen een afscheiding van de zonde. »
453. *Ibid.*, pp. 81, 83.
454. *Ibid.*, p. 87.

Joseph[455] ». L'argument selon lequel Jésus a pris seulement la chair humaine sans la personne humaine a conduit Kuyper à tirer la conséquence qu'« il s'ensuit nécessairement que Jésus ne peut pas être descendant d'Adam[456] ».

Le choix de Kuyper, pensons-nous, est résolument guidé et conditionné par la séparation qu'il fait entre la personne humaine et la nature humaine. Son choix obéit en plus à sa logique de défendre la non-imputation de la culpabilité originelle d'Adam à Christ ; et pour cette raison, il ne peut que défendre l'idée selon laquelle le Médiateur n'est pas un descendant d'Adam en refusant toute notion de personne humaine préexistante à laquelle Christ est uni à l'incarnation. Comme nous le verrons, il exprime sa pensée au moyen des concepts théologiques d'anhypostasie et d'enhypostasie.

Cette séparation du Christ avec le péché marque la discontinuité de la Personne du Christ avec l'humanité pécheresse. Bien qu'il ait pris la nature humaine faible et déchue, Christ n'a pas participé au péché auquel toute l'humanité participe. « À lui rien n'est imputé », selon Kuyper[457]. Conçu de Marie par la puissance du Saint-Esprit, il n'y a pas en lui un *ego* opposé à Dieu[458]. Comme l'a affirmé Blocher, l'existence personnelle du Christ, chef d'humanité, « est acquise sans dépendre d'Adam[459] ». Ce « sans dépendre d'Adam », sous la plume de Blocher, correspond à la pensée de Kuyper selon laquelle le Christ n'est pas un descendant d'Adam.

b. Sanctification du corps de Jésus dans le sein maternel

Le Médiateur a eu sa nature humaine sanctifiée dans le sein de Marie avant qu'elle soit portée. C'est un argument bien développé par Kuyper en faveur de l'impeccabilité du Christ. La nature humaine prise de Marie par le Fils était une nature humaine pécheresse, c'est-à-dire provenant d'une source impure[460]. La préoccupation de l'auteur a surtout été de montrer comment le Christ a pu assumer une telle nature tout en étant saint, impeccable et libre

---

455. *Ibid.*
456. *Ibid.*
457. *Ibid.*
458. *Ibid.*, p. 91.
459. Blocher, *La doctrine du Christ*, p. 158.
460. Kuijper, *VW*, p. 130. « zoo kan en mag en moet beleden, dat de menschelijke natuur, die de Persoon des Zoons uit Maria aannam, haar uit Adam toekwam door een stroom van zonde heen. »

vis-à-vis du péché⁴⁶¹. Car si elle n'était pas sanctifiée, elle serait passée à Christ dans cet état d'impureté et de souillure⁴⁶². Le rôle éthique de l'Esprit, thèse défendue par Kuyper, a été de sanctifier la nature humaine avant qu'elle soit portée par le Médiateur, de sorte que, provenant d'une racine impure, elle a été portée par le Christ complètement sanctifiée et pure⁴⁶³.

Kuyper a fait coïncider le moment de la sanctification de la nature humaine du Christ avec celui de la conception par la puissance du Saint-Esprit. Le Saint-Esprit a sanctifié la nature humaine impersonnelle au moment même où il la concevait⁴⁶⁴. L'idée de la sanctification du corps du Christ par l'Esprit à la conception est une forte affirmation chez Kuyper, puisqu'il l'a dit à plusieurs reprises⁴⁶⁵. Le résultat de cette œuvre de l'Esprit est que l'antagonisme spirituel lié à la nature humaine assumée a été enlevé par le Saint-Esprit⁴⁶⁶ ; ou encore l'inimitié contre Dieu, inhérente à la nature humaine à cause du péché, a été enlevée par l'Esprit à la conception⁴⁶⁷ ; et toute incitation de la nature humaine à pécher a été également enlevée par l'Esprit⁴⁶⁸. Le rôle de l'Esprit a été de juguler la faiblesse et la misère de la nature humaine du Christ liées au péché⁴⁶⁹. L'auteur peut même recourir au terme « immaculé (*onbevlekte*) »

---

461. *Ibid.*, p. 129. « Hoe kon Jezus dan dit samenstel onzer natuur aannemen en toch van onreinheid vrij blijven? »
462. *Ibid.*, pp. 130-131. « dat derhalve ook het vleesch en bloed, d. i. de menschelijke natuur in Maria waar uit de Persoon des Zoons zijn menschelijke natuur aannam, was een zondige, een onreine natuur, en dat derhalve deze onreine natuur ook onrein op Jezus zou zijn overgegaan, indien ze niet vooraf gereinigd en geheiligd ware. »
463. *Ibid.*, p. 131. « We hebben hier dus met een ethische werking van den Heiligen Geest te doen, die, in verband met Maria's geloof, de onreinheid der natuur stuitte, bij haar overgang op den Persoon des Zoons; zoodat deze menschelijke natuur voor de ontvangenis in Maria onrein was, en toch in de ontvangenisse geheel rein door den Persoon des Zoons is aangenomen. »
464. *Ibid.*, p. 138. « […] hem onrein in Maria was toegekomen, maar die in het eigen oogenblik der ontvangenis door den Heiligen Geest in Maria's schoot *geheiligd*, d. i. van alle onreinheid ontdaan was. »
465. *Ibid.*, pp. 131, 138, 139.
466. *Ibid.*, p. 139.
467. Kuijper, *VW*, p. 148. « […] en zijne menschelijke natuur in de ontvangenisse uit den Heiligen Geest van deze zondige vijandschap, die in het vleesch tegen God huist, was ontdaan. »
468. *Ibid.*, p. 143. « […] omdat door de ontvangenis uit den Heiligen Geest de prikkel tot zonde was weggenomen. »
469. *Ibid.*, pp. 148-149.

et ensuite à l'expression « immaculée conception (*onbevlekt ontvangen*) »[470] pour qualifier la nature humaine de Jésus conçue sans péché. C'est dire que la nature humaine du Christ a été conçue sans péché.

Comment s'est passée concrètement cette sanctification ? La sanctification est une question de disposition ou de qualité ; et elle concerne la pensée, la conscience, la volonté, les sentiments et les inclinations du cœur[471]. À la régénération, l'Esprit crée en nous de nouvelles dispositions en changeant notamment et principalement la nature de notre *ego*[472]. On en déduit que l'Esprit a fait pareil pour le Christ à sa conception, car selon Kuyper, ce que l'Esprit crée en nous par la régénération, la création de nouvelles dispositions du cœur, il l'a fait dans la nature humaine du Christ naturellement par la naissance[473]. Christ n'a point besoin de passer par la régénération, car il n'a pas en lui l'homme du péché[474]. C'est dire qu'à la conception l'Esprit a créé en Christ de nouvelles dispositions qui étaient débarrassées de toute tendance au péché. Quant à l'*ego* du Christ, il n'a point besoin de changement, car il est celui du Fils éternel ou celui de la deuxième Personne de la trinité. C'est le Saint-Esprit qui crée l'harmonie entre les nouvelles dispositions du cœur et la volonté divine du Fils[475].

L'apparente contradiction notée chez Kuyper, qui parle tantôt d'une nature humaine originale[476] et tantôt d'une nature humaine marquée par le péché[477], peut trouver une explication. On pourrait comprendre que la nature humaine du Christ, selon Kuyper, a été sanctifiée par l'Esprit au point de devenir semblable à celle ou comme celle d'avant le péché. Le propos de Calvin semble expliquer au mieux ce que Kuyper a voulu dire ou a pensé. Calvin a écrit ceci en mettant l'accent sur l'analogie :

---

470. *Ibid.*, « [...] en dat derhalve de natuur die de Persoon des Zoons aannam metterdaad was een onbevlekte. »
471. Kuyper, *WHS*, III, pp. 448, 454.
472. Kuyper, *WHS*, II, p. 312.
473. Kuijper, *VW*, p. 149. « [...] hetgeen bij ons pas in de wedergeboorte gebeurt, bij Jezus reeds gebeurd was in zijn ontvangenisse of natuurlijke geboorte. »
474. *Ibid.*, p. 139. « Bij Jezus nu kon de oude mensch niet sterven, omdat er in Jezus nooit een mensch der zonde geweest is. Dientengevolge is er bij Jezus dan ook van geen Avedergeboorte sprake. »
475. Kuyper, *WHS*, III, p. 449.
476. Kuyper, *You Can Do Greater Things Than Christ*, p. 19. L'original Pro Rege of Het Koningschap van Christus, vol. 1, Kampen, J. H. Kok, 1911.
477. Kuyper, *WHS*, I, p. 84.

[c]ar nous ne disons pas que Jésus-Christ est exempt de toute tache et contagion originelle, parce qu'il a été engendré de sa mère sans compagnie d'homme, mais parce qu'il a été sanctifié du Saint-Esprit, afin que sa génération fût entière et sans macule, *comme avant* la chute d'Adam[478].

L'Esprit a sanctifié la nature humaine au point où elle a été comme celle d'avant la chute d'Adam. Mettant en parallèle la vie sans péché d'Adam avec celle de Jésus, il a aussi écrit que c'est une erreur de penser, dans l'un ou l'autre cas, qu'il n'y a pas eu une assistance du Saint-Esprit[479]. Kuyper, en faisant valoir le rôle éthique de l'Esprit dans la sanctification de la nature humaine du Christ, a voulu éviter le piège d'une sanctification qui relève seulement de l'ordre moral faisant de Jésus celui qui, par une obéissance morale et exemplaire, est devenu parfait.

On pourrait comprendre ce rôle de l'Esprit dans le cadre de la grâce commune où l'Esprit travaille à limiter les effets et l'action du péché dans le monde, dans la vie de l'homme, et même dans celle du Médiateur en particulier. On pourrait comprendre, au regard du rôle de l'Esprit, l'idée de Kuyper, selon laquelle le Christ doit être justifié en tout, dans sa personne et dans son œuvre, par l'Esprit (1 Tm 3.16)[480].

L'impeccabilité du Fils incarné se justifie d'une part par la personne du Fils, qui porte la nature humaine, et d'autre part par le rôle éthique de l'Esprit qui sanctifie. Ce sont deux arguments majeurs en faveur de l'impeccabilité du Christ. On peut comprendre la raison pour laquelle Kuyper a pu dire que le Fils incarné était incapable d'accomplir une œuvre sainte sans le Saint-Esprit[481]. Le point de vue de Kuyper, pour le situer dans la continuité doctri-

---

478. CALVIN, *IC*, II, xiii, 3. C'est nous qui soulignons le terme de comparaison pour mettre l'accent sur l'analogie entre la nature humaine du Christ sanctifiée par l'Esprit et celle revêtue par Adam avant la chute.
479. KUYPER, *WHS*, I, p. 94.
480. *Ibid.*, p. 110.
481. *Ibid.*, p. 101 ; *WHG*, I, p. 134, « [...] als een natuur, die onbekwaam was tot iets en buiten machte tot een heilig werk, anders dan door den Heiligen Geest ».

nale de l'enseignement de la théologie réformée, ne s'oppose pas à celui de Bavinck[482], à celui de Turretin[483] et à celui de Calvin[484].

Les différentes confessions réformées confirment la thèse de Kuyper. Dans le *Catéchisme de Heidelberg*, il est dit que « le Fils éternel de Dieu [...] a pris, par l'œuvre du Saint-Esprit, une vraie nature humaine de la chair et du sang de la vierge Marie [...], semblable à ses frères en toutes choses, le péché excepté » (Q.35). La réponse à la question suivante (Q.36) fait mention de « son innocence et de sa parfaite sainteté ». Les *Canons de Dordrecht* attestent que Christ est « un homme vrai et parfaitement saint » (II, iv) ; et la corruption est dérivée d'Adam sur toute sa postérité, « excepté Jésus-Christ seul » (III-IV, ii). La *Confession de la Foi belge* a parlé d'une vraie nature humaine avec toutes ses infirmités excepté le péché (art. 18).

L'association, dans les textes confessionnels cités, entre l'impeccabilité du Christ et sa conception de la vierge Marie par la vertu du Saint-Esprit, permet de tirer la conclusion que la sanctification de la nature humaine de Jésus a été l'œuvre de l'Esprit, car c'est par sa vertu, ou sa puissance, que Christ a été conçu par Marie. Kuyper pourrait être, comme Calvin, Turretin et Bavinck, un témoin important de la tradition réformée quant au rôle éthique de l'Esprit dans la vie et l'œuvre du Fils incarné.

III. Rapport du Christ aux péchés de l'humanité

Le Fils a été séparé des pécheurs, sanctifié à sa conception par l'Esprit et il n'a pas commis de péché. Mais quelques questions subsistent : quel rapport a-t-il finalement eu avec le péché, si ni le péché ni la culpabilité originels ne lui ont été imputés ? Comment a-t-il pu accomplir l'œuvre de rédemption pour les hommes pécheurs, d'autant plus qu'il n'est pas mort pour ses propres péchés ? En se plaçant dans le contexte de la théologie de l'alliance, ou de l'alliance de grâce, Kuyper semble être favorable à la théorie de la substitution ou à celle de l'imputation.

---

482. Bavinck, *RD*, III, p. 294.
483. Turretin, *ET*, II, p. 342. « [...] but also by purging it from all taint of sin that it might be without guile (*akakos*) and pure (*amiantos*) and thus Christ might be born without sin. »
484. Calvin, *IC,* II, xiii, 3.

1. Alliance de grâce comme fondement théologique

La relation du Christ avec l'humanité est importante pour cerner à la fois l'impeccabilité, la substitution et l'imputation de la sanctification et de la justification acquises par le Christ. Le Christ est présenté comme une nouvelle tête d'humanité. Par décret éternel, Christ a été nommé tête de l'Église[485] et il est aussi une nouvelle tête d'humanité[486]. La tête symbolise la vie, car une séparation d'avec elle est synonyme de mort[487]. Ce corps, dont il est la tête, est l'ensemble des personnes régénérées[488], l'humanité recréée[489]. Il est, de ce fait, la tête du corps mystique du Christ[490]. Il n'a pas eu Adam comme tête d'humanité, car lui-même en constitue une[491].

Selon Kuyper, bien qu'elle ait été déjà présente dans le jardin, l'alliance de grâce a commencé avec Abraham[492]. Elle garantit la certitude des biens acquis par le Christ à la croix au profit du croyant[493]. Les croyants sont membres de l'alliance de grâce dont Christ est la tête[494]. Elle est au bénéfice du croyant ou du régénéré[495]. Elle place le croyant, ce que Bavinck affirme aussi[496], non pas au début du chemin spirituel à parcourir, mais plutôt à la fin du chemin que le Médiateur a parcouru pour le croyant à cause de l'union mystique[497]. On pourrait penser à l'affirmation de Bavinck, d'ailleurs contestable d'après les données bibliques, selon laquelle Christ ne serait pas inclus dans l'alliance des œuvres[498]. L'idée du chemin parcouru par le Médiateur au profit des croyants

---

485. Kuyper, *Pro Rege*, I, p. 386 ; Kuyper, *WHS*, I, p. 121.
486. *Ibid.*, pp. 278-281. Kuyper présente le Christ, en partant du modèle de la famille, comme une tête d'humanité.
487. *Ibid.*, p. 279.
488. *Ibid.*, p. 280.
489. Kuyper, *CG*, I, p. 475.
490. Kuyper, *Pro Rege*, I, p. 280 ; Bavinck, *RD*, III, p. 405 parle du Christ comme tête en ayant en vue l'union mystique.
491. Kuyper, *WHS*, I, p. 87.
492. *Ibid.*, p. 51.
493. *Ibid.*, p. 50.
494. Kuyper, *WHS*, II, p. 337.
495. *Ibid.*, p. 273. « Adam stood under the Covenant of *Works*, and the regenerated under the Covenant of *Grace*. »
496. Bavinck, *RD*, III, p. 395.
497. Kuyper, *WHS*, I, p. 50.
498. Bavinck, *RD*, III, p. 294.

suggère que Christ a vécu sous la loi ou qu'il a été inclus dans l'alliance des œuvres, puisqu'il est né d'une femme et a vécu sous la loi (Ga 4.4).

Selon Kuyper, contrairement à Bavinck, Christ a vécu sous la loi[499], il a été par conséquent soumis à l'alliance des œuvres à laquelle Adam a été également soumis[500]. Turretin a parlé de la substitution de l'alliance des œuvres par une nouvelle alliance[501] dont le Christ est « la cause et le fondement[502] ». Il s'agit sans doute de l'alliance de grâce qui se substitue à l'alliance des œuvres, mais cela n'exclut pas que Christ ait vécu sous la loi.

2. Christ vicaire de l'humanité

Le Fils de Dieu s'est incarné, sans pour autant pécher, et est devenu le vicaire de l'humanité pour faire l'expiation des péchés de l'humanité. Contre le point de vue de Böhl, Kuyper avait fermement défendu l'idée que le péché et la culpabilité originels d'Adam n'ont pas été imputés à Christ[503]. Il s'agit de la non-imputation du péché originel au Christ, mais le Christ a quand même porté les péchés de l'humanité en tant que souverain sacrificateur ou en tant que victime expiatoire. À la question de savoir si le Christ a été fait « péché » pour nous, Kuyper a répondu ceci :

> [o]ui, effectivement, sans cela nous n'aurions aucune rédemption. Mais en tout cela, il a agi comme notre substitut. […] Le fait de se charger de nos péchés était un acte de souverain sacrificateur, vicarialement accompli. Il a été fait péché, mais jamais un pécheur[504].

Kuyper a eu recours au titre de Souverain Sacrificateur pour montrer le caractère substitutif et représentatif du rôle de Christ. Il a écrit que « les péchés qu'il a portés, il les a pris sur lui-même volontairement, comme un vicaire,

---

499. Kuyper, *WHS*, III, p. 454. « The performance of all the holy works required by the law of every man, according to the Covenant of Works, is a vicarious act of Christ in the fullest sense of the word. »
500. Kuyper, *WHS*, II, p. 273.
501. Turretin, *ET*, II, p. 175.
502. *Ibid.*
503. Kuijper, *VW*, pp. 127-128.
504. Kuyper, *WHS*, I, p. 85.

comme notre Grand Prêtre et Médiateur[505] ». Ailleurs il a associé le titre de vicaire avec celui de Roi et a nommé le Christ Roi-vicaire[506].

Bavinck a, pour sa part, parlé d'une satisfaction vicariale en parlant de l'obéissance du Christ[507] tout en reconnaissant que l'expression est absente de l'Écriture[508]. Calvin, parlant du jugement et de la condamnation du Christ, a affirmé son caractère substitutif en ces mots : « [a]insi nous contemplerons la personne d'un pécheur et malfaiteur représentée en Jésus-Christ : et cependant nous connaîtrons par son innocence, qu'il a été chargé du péché des autres et non point du sien[509] ». Substitution aussi, selon Blocher, car n'ayant pas connu de péché, Christ a été réellement uni à la postérité d'Adam en vue de porter sur lui-même la culpabilité commune à l'humanité[510].

Kuyper a insisté sur la dimension volitive de l'acte du Médiateur. C'est volontairement qu'il a pris sur lui-même les péchés du monde. Étant Dieu, personne ne pouvait l'obliger à accomplir la satisfaction pénale, mais c'est volontairement qu'il s'est offert[511]. Cette volonté du Christ de s'offrir participe pleinement à son obéissance jusqu'à la mort de la croix dans son état d'humiliation. L'idée de volonté renforce la notion de substitution volontaire, car si l'acte n'avait pas été volontaire, cela aurait impliqué que le Christ aurait lui-même eu besoin de rédemption. La rédemption a été rendue effective par « l'amour et l'obéissance volontaire[512] » du Médiateur. « La sujétion volontaire tient le premier degré[513] » dans la mort du Christ selon Calvin, et Turretin a vu dans la volonté du substitut une condition pour la vraie substitution[514].

La notion de colère de Dieu n'est pas non plus à écarter dans l'acte sacrificiel du Christ. En effet, Kuyper l'a soulignée en disant que le Christ a été frappé « du courroux et de la colère de Dieu contre le péché de la race

---

505. *Ibid.*, p. 87.
506. Kuyper, *Pro Rege*, I, p. 371.
507. Bavinck, *RD*, III, p. 395.
508. *Ibid.*, p. 398.
509. Calvin, *IC*, II, xvi, 5.
510. Blocher, *Original Sin. Illuminating the Riddle*, p. 132.
511. Kuyper, *WHS*, I, p. 104.
512. *Ibid.*, p. 104.
513. Calvin, *IC*, II, xvi, 5.
514. Turretin, *ET*, II, p. 421.

humaine[515] ». « Christ a purgé la peine[516] » liée au péché de l'humanité. La propitiation a été faite par le Christ dans son acte de substitution dont le champ d'application couvre l'expiation, la satisfaction et la sanctification[517]. Il est même impossible, de l'avis de Bénétreau, de vouloir séparer l'expiation du péché et la propitiation de la colère de Dieu, car « [s]i les péchés doivent être expiés, c'est parce qu'ils sont des péchés commis contre quelqu'un qui doit être propitié[518] ». Calvin n'avait pas non plus séparé l'expiation des péchés de la propitiation, puisque Christ, « ayant expié les péchés […] effaç[a] notre condamnation, et apais[a] la colère de Dieu, son Père[519] ».

3. Justice et sanctification imputées

Kuyper s'est fermement opposé à l'idée de l'imputation du péché et de la culpabilité originels à Christ, mais il a défendu au même moment l'idée de l'imputation des bienfaits de la mort du Christ aux croyants en partant de l'idée du Christ fait vicaire de l'humanité.

> L'accomplissement de toutes les œuvres saintes exigées de chaque homme par la loi, conformément à l'alliance des œuvres, est un acte vicarial de Christ au sens propre du terme. Par conséquent nous confessons que les œuvres saintes que Christ a accomplies pour nous sont une sainteté imputée […] tout comme nous nous tenons justes devant Dieu par une justice imputée[520].

Il est à noter que la double grâce constitue l'essentiel des bénéfices de la mort du Christ qui sont imputés aux croyants. Ainsi le péché et la culpabilité ont été pris en charge par le vicaire, car la sanctification vise le péché ; et la justice vise la culpabilité. Par conséquent la justice et la sanctification, acquises par Christ, sont au bénéfice des croyants dans le cadre de l'alliance de grâce.

Pour Bavinck, si Christ a été en mesure de porter nos péchés et de partager avec nous sa justice, il a dû d'abord assumer notre nature humaine[521]. Dieu

---

515. Kuyper, *WHS*, I, p. 107.
516. Kuyper, *WHS*, III, p. 454.
517. *Ibid.*, p. 455.
518. Bénétreau, « La mort du Christ selon l'Épître aux Hébreux », p. 41.
519. Calvin, *IC*, II, xii, 3.
520. Kuyper, *WHS*, III, p. 454.
521. Bavinck, *RD*, III, p. 102.

nous impute la justice du Christ comme si nous avions accompli nous-mêmes l'obéissance que Christ a accomplie[522]. Calvin disait que « ce qui est propre au Christ, nous est imputé, c'est-à-dire communiqué par imputation[523] ». L'idée avancée à la fois par Kuyper et par Bavinck selon laquelle le croyant est placé à la fin du chemin spirituel parcouru par Christ pourrait se comprendre en termes d'imputation des bénéfices de la mort du Christ aux croyants dans le cadre de l'alliance de grâce.

Dans le cadre de l'alliance des œuvres, Christ a accompli les exigences de la loi à notre place et son accomplissement de la loi nous est imputé ou affecté comme si nous l'avions accomplie nous-mêmes[524]. « Non seulement la satisfaction et la sainteté, mais même la justice originelle, sont imputées de telle sorte que l'on se tienne devant Dieu une fois de plus justes et honorables[525]. » Kuyper a pu dire que Christ est notre justification et notre sanctification[526]. Cependant, il a précisé que c'est la sanctification, au sens de l'accomplissement de la loi, qui est imputée ; ensuite vient la sanctification personnelle[527]. À l'image d'Adam, qui a été créé saint, le régénéré est rendu saint[528], mais par imputation de la sanctification en Christ qui est « lui-même notre sanctification[529] ».

Selon Kuyper, l'imputation des bienfaits du Christ aux croyants, ou même l'imputation du Christ lui-même d'après Bavinck[530], se fait par la foi. Pour être participant à tous les acquis du Christ, « la foi est le lien du partenariat[531] ». Car par la foi on est partenaire avec Christ qui a payé nos dettes pour nous faire participer à toutes ses richesses[532]. Elle est le seul moyen ordonné par

---

522. *Ibid.*
523. CALVIN, *Épître aux Romains*, p. 132.
524. KUYPER, *WHS*, II, p. 377. « As the ground of godliness it does not require of you the keeping of the law, but it imputes and imparts to you Christ's fulfilment [sic] of the law; esteeming you as if you had fully accomplished all that obedience which Christ has accomplished for you. »
525. *Ibid.*
526. KUYPER, *WHS*, III, p. 454.
527. *Ibid.*, p. 455.
528. *Ibid.*
529. *Ibid.*, p. 462.
530. BAVINCK, *RD*, III, p. 583.
531. KUYPER, *WHS*, II, p. 375.
532. *Ibid.*

Dieu pour la certitude de la justice et de la sainteté[533] que nous avons en Christ. En effet, la sanctification infuse, faisant partie de l'alliance de grâce, est liée à l'union avec Christ[534], puisque Dieu a ordonné que notre sanctification découle directement du Christ[535].

Selon Turretin, l'imputation des péchés justifie la substitution d'après l'Écriture[536]. Toutes les conditions requises pour la substitution étaient réunies en Christ notre substitut[537]. Selon Calvin, « […] voulant effacer leurs macules, il [Jésus] les a […] reçues en sa personne, afin qu'elles lui fussent imputées[538] ». Pour Calvin et Turretin, il s'agit de l'imputation de la culpabilité ou du péché au Christ sans qu'il s'agisse du péché et de la culpabilité originels. Le résultat de cette imputation, pour les croyants, est l'expiation, la sanctification et la justice.

---

533. *Ibid.*, p. 387.
534. Kuyper, *WHS*, III, p. 458.
535. *Ibid.*, p. 460.
536. Turretin, *ET*, II, p. 421.
537. *Ibid.* L'auteur a donné cinq conditions pour une vraie substitution et ces conditions ont été réunies en Christ. Il en conclut que ce n'était pas une injustice que le Christ, juste, se substitue à nous, injustes.
538. Calvin, *IC*, II, xvi, 6.

CHAPITRE 4

L'Esprit dans le ministère du médiateur Jésus-Christ

Quel a été le rôle de l'Esprit dans le ministère terrestre de Jésus-Christ ? Le Médiateur a-t-il accompli ses œuvres par les ressources de ses deux natures ou seulement par celles de son humanité remplie du Saint-Esprit ? Comment le Fils incarné glorifié a-t-il vécu en relation avec l'Esprit ? Comment et pourquoi l'Esprit a-t-il été répandu sur le Corps du Christ ? Nous tenterons de trouver des éléments de réponse à ces questions chez Kuyper. Dans la glorification, le Fils incarné n'a pas renoncé à sa nature humaine ; de ce fait, il nous est possible d'étendre notre réflexion au rôle de l'Esprit dans la vie du Fils incarné glorifié. C'est la raison pour laquelle dans notre traitement du sujet nous prendrons en compte l'aspect ecclésiologique, c'est-à-dire le rapport de l'Esprit au Corps du Christ glorifié.

A. La plénitude de l'Esprit et le ministère terrestre du Christ

I. L'onction et la consécration du Médiateur à son ministère
1. *Nécessité de l'onction et étendue de l'action de l'Esprit*
a. Nécessité de l'onction

Le Médiateur étant à la fois Dieu et homme, certains théologiens, auxquels Kuyper s'est opposé, ont jugé superflue la nécessité de l'onction du Christ, car selon eux le Fils éternel aurait bien pu accomplir par voie de substitution ce que l'Esprit accomplirait dans la vie du Médiateur[1]. Mais de l'avis de Kuyper, le Fils éternel ne pouvait pas se substituer au Saint-Esprit ou prendre sa place, mais plutôt en dépendre[2]. Selon Kuyper, « il est faux de supposer que la Personne divine a accompli dans sa nature humaine [du Christ] ce qui est effectué en nous par le Saint-Esprit. Cela pourrait mettre en danger sa vraie et réelle humanité[3] ». Cela justifie en partie l'onction du Fils incarné et le rôle de l'Esprit dans la vie du Médiateur. Il y a aussi l'argument kuypérien selon lequel le Fils incarné, Fils éternel et Dieu qu'il est, n'a rien révélé de sa majesté divine pendant son ministère terrestre[4]. Par conséquent l'onction de l'homme Jésus était une nécessité pour accomplir son œuvre.

D'autres arguments peuvent être convoqués en faveur de la nécessité de l'onction du Christ pour son office. La relation de la nature humaine avec le rôle du Saint-Esprit est définie par le décret éternel de Dieu. En effet, selon Kuyper, par un décret divin, la nature humaine a été créée pour pouvoir s'adapter à l'œuvre intérieure du Saint-Esprit. Il l'écrit en ces termes :

> [s]elon le conseil de Dieu, dès la création, la nature humaine est adaptée à l'œuvre intérieure du Saint-Esprit, sans laquelle elle ne peut se développer en aucun cas, comme la rose ne peut survivre sans la lumière et la chaleur du soleil[5].

En raison des appropriations des personnes divines, la nature humaine a été adaptée à l'action intérieure du Saint-Esprit et non à l'action du Fils éternel ni à celle du Père. Cela justifie également l'onction du Fils incarné, étant donné la dépendance de la nature humaine vis-à-vis de l'Esprit ou l'affinité entre cette nature et le rôle de l'Esprit.

En plus de l'argument décrétif, il y a aussi l'expérience malheureuse du péché faite par l'humanité. Étant désormais corrompue, la nature humaine a

---

1. Kuyper, *WHS*, I, p. 102.
2. *Ibid.*, p. 103. « [...] dat de Zoon bij zijn eigen natuur de plaats van den Heiligen Geest niet *kon* vervangen, maar naar de ordinantiën van de goddelijke huishouding ook voor zijn eigen menschelijke natuur van het ondersteunend werk van den Heiligen Geest afhankelijk was », *WHG*, I, pp. 137-138.
3. *Ibid.*, p. 97. « Wel daarentegen zou men misgaan, indien men onderstelde, dat de *Godheid des Middelaars* bij Jezus' menschelijke natuur de taak vervuld had, die anders steeds bij de menschelijke natuur wordt vervuld *door den Heiligen Geest* », *WHG*, I, p. 129.
4. Kuyper, *Pro Rege*, I, p. 141 ; Kuyper, *You Can Do Greater Things Than Christ*, p. 17.
5. Kuyper, *WHS*, I, p. 100.

impérativement besoin de l'Esprit, dont le rôle est de contrarier et d'annihiler le péché ou de réduire ses effets[6]. L'onction du Christ a bien été justifiée, car la nature humaine, assumée par le Fils à l'incarnation, est dans l'incapacité d'accomplir l'œuvre messianique sans l'Esprit[7].

L'onction du Christ, selon Kuyper, est une onction éternelle, puisque le ministère messianique du Médiateur n'a pas commencé à son baptême[8]. Son onction ayant été de toute éternité, le baptême n'a fait qu'actualiser celle-ci pour marquer officiellement le début du ministère[9]. Cette onction éternelle remonte à la constitution du Médiateur lui-même. Quand a-t-elle eu lieu ? Kuyper se réfère au décret, qui, dans la théologie réformée, détermine toute chose à l'avance. Ainsi la recréation aussi bien que la création sont justifiées par le conseil de Dieu[10]. C'est également dans le même décret que s'enracine la nomination ou constitution du Médiateur, de sorte qu'il n'y ait pas deux décrets, l'un pour la création et l'autre pour la recréation ou le salut[11]. La constitution du Médiateur remonte au décret éternel de la création-recréation. C'est ainsi que l'on peut comprendre l'onction éternelle du Médiateur pour son œuvre messianique.

Le Médiateur a été nommé de toute éternité, et sa nomination et son onction éternelles ont eu lieu concomitamment dans le décret divin[12]. C'est ce qui explique et justifie, selon Kuyper, la pleine conscience du Médiateur de son œuvre messianique, même avant son baptême – actualisation de l'onction[13]. Déjà dans le décret, le Médiateur était chargé des péchés du peuple[14].

---

6. *Ibid.*, p. 24. « […] dat de Heilige Geest juist lijnrecht *tegen de zonde* overstaat, en het juist tot de roeping van den Heiligen Geest behoorde, om de zonde te vernietigen », *WHG*, I, p. 30.
7. *Ibid.*, p. 101. « Toen derhalve de Zoon de menschelijke natuur aannam, nam Hij haar zooals ze is, d. w. z. als een natuur, die onbekwaam was tot iets en buiten machte tot een heilig werk, anders dan door den Heiligen Geest », *WHG*, I, p. 134.
8. *Ibid.*, p. 98.
9. *Ibid.*
10. Kuyper, *Encyclopedia*, p. 426.
11. *Ibid.*
12. Kuyper, *E Voto*, I, p. 319. « Hij was reeds van eeuwigheid van God *verordineerd en met den Heiligen Geest gezalfd.* »
13. Kuyper, *WHS*, I, p. 98.
14. Kuyper, *E Voto*, I, p. 431. « Hij neemt allen doem, die op dat volk rustte, terstond, onverwijld en geheel over. Niet pas op Golgotha, maar reeds in den eeuwigen raad. En daardoor zijn diegenen, voor wie hij aldus intreedt, reeds in dien eeuwigen raad weer vrijgesproken, en ontstond hun rechtvaardigmaking niet eerst *doordien hij betaalde,* maar reeds van eeuwig, doordien hij *beloofde* te betalen. »

Il est descendu à son baptême dans les eaux du Jourdain chargé des péchés pour accomplir la justice de Dieu[15]. L'idée de justification éternelle défendue par Kuyper trouve son ancrage dans la nomination et l'onction éternelles du Médiateur.

b. Étendue de l'action de l'Esprit

Quant à l'étendue de l'action de l'Esprit, Kuyper a distingué l'onction du Fils par décret[16] de l'actualisation de l'action de l'Esprit dans la vie du Médiateur[17]. Il y a deux moments distincts du rapport du Fils incarné à l'Esprit. L'action ou l'actualisation de l'Esprit se situe dès le début du ministère du Médiateur, c'est-à-dire du baptême jusqu'à la chambre haute. Il a écrit ceci pour situer son étendue : « l'œuvre de médiation du Christ, commençant au baptême et se terminant à la chambre haute, a été marquée par l'opération, l'influence et le soutien du Saint-Esprit[18]. » Le point de départ de l'œuvre de médiation du Christ est le début de l'actualisation de son onction en vue de son ministère. En d'autres termes, l'actualisation de l'onction au baptême inaugure l'œuvre du Médiateur, même si son onction a été de toute éternité.

On ne pourrait ignorer le rôle de l'Esprit à la conception comme faisant partie de l'étendue de l'œuvre de l'Esprit, même si le Christ n'a point participé activement et personnellement à l'œuvre de conception dans le sein de sa mère par l'opération du Saint-Esprit. En effet, toutes les étapes de l'humiliation du Christ sont couvertes par l'œuvre du Saint-Esprit[19]. Il faut noter que le Fils glorifié, selon Kuyper, demeure rempli du Saint-Esprit[20], car « il est entré dans sa gloire sans être un tant soit peu séparé du Saint-Esprit[21] ». Au regard de l'étendue et du moment de l'onction, Kuyper a pu parler d'une onction éternelle du Fils médiateur[22], et par conséquent d'une onction continue dans la glorification du Fils[23].

---

15. KUYPER, *WHS*, I, p. 98.
16. *Ibid.*
17. *Ibid.*
18. *Ibid.*, p. 100.
19. *Ibid.*, p. 107.
20. *Ibid.*, p. 110.
21. *Ibid.*, p. 111.
22. *Ibid.*, p. 98.
23. *Ibid.*, p. 110.

2. Baptême de Jésus et consécration au ministère par le Saint-Esprit

Kuyper a fait une distinction entre le rôle de l'Esprit dans la vie personnelle de Jésus et son rôle dans sa vie professionnelle ou officielle, c'est-à-dire dans son office de Médiateur. Cela permet de comprendre le fait que le Christ a reçu l'Esprit sans mesure dès le sein maternel et de comprendre aussi le fait que l'Esprit est descendu sur lui à son baptême[24]. Le baptême a été le lieu et le moment de la communication officielle de l'Esprit au Médiateur, bien qu'il ait été personnellement en contact avec l'Esprit de façon permanente[25]. Le Christ, à son baptême, a reçu l'Esprit, car il est dit que l'Esprit est descendu sur lui. Une telle communication ou descente du Saint-Esprit sur lui est comprise par Kuyper comme la consécration de Jésus à son office[26]. Ainsi la communication de l'Esprit ou sa descente sur Jésus à son baptême a marqué l'actualisation de son onction et sa consécration au ministère. C'est la communication de l'Esprit au Christ en vue de bien remplir son office de Médiateur.

C'est une consécration qui couvre les trois offices du Médiateur. Kuyper a écrit : « [...] il a été consacré à son office par la communication de dons messianiques à sa nature humaine par lesquels il peut intercéder pour nous en tant que Grand-Prêtre, et régner sur nous comme notre Roi[27]. » On a une consécration du Christ à son office *royal* et *sacerdotal* par la réception de l'Esprit, ou plus précisément l'actualisation de l'Esprit à son baptême. Cette consécration s'étend à l'office prophétique également, car il a été ordonné Prophète et Grand-Prêtre par Dieu et rempli du Saint-Esprit[28]. C'est une consécration à son office de Messie[29], de prophète[30] et d'enseignant[31]. C'est

---

24. *Ibid.*, p. 96.
25. *Ibid.*, p. 98. « Altho in His human nature Jesus was personally in constant fellowship with the Holy Spirit, yet the official communication was established only at the time of His Baptism. »
26. *Ibid.*
27. *Ibid.*, p. 101.
28. Kuyper, *E Voto*, I, p. 319. « Hij was reeds van eeuwigheid van God verordineerd en met den Heiligen Geest gezalfd, niet enkel tot onzen hoogsten Profeet, maar ook tot onzen eenigen Hoogepriester [...]. »
29. Kuyper, *WHS*, I, p. 110.
30. *Ibid.*, p. 100.
31. *Ibid.*, p. 98.

pour être consacré aux trois offices principaux que le Saint-Esprit lui a été donné sans mesure[32].

Était-elle nécessaire, cette consécration comme signe officiel de l'entrée de Jésus dans son ministère ? Kuyper a trois éléments de réponse. La consécration de Jésus dans son office montre la vraie humanité du Médiateur[33] ; pour sa conscience humaine, une telle révélation venant du ciel était de la plus grande nécessité, même s'il en était pleinement conscient en tant que Fils éternel[34]; et enfin pour les apôtres et l'Église, Jésus, par sa consécration, a été révélé comme le vrai Messie, à la différence des pseudomessies et anti-christs[35].

Que dire du sens du baptême d'eau de Jésus administré par Jean-Baptiste ? Le baptême de Jésus serait-il un baptême de repentance[36] ? Kuyper ne l'a pas explicitement affirmé. Selon lui, le Christ est descendu dans les eaux du baptême chargé des péchés du monde[37]. Ce n'était pas une simple formalité, comme l'affirmaient les pharisiens[38], mais l'accomplissement de la justice de Dieu[39]. C'est une preuve qu'il était bien conscient, même avant son baptême, de son rôle de Messie[40]. Son baptême a annoncé symboliquement la mort de Jésus pour les autres, puisqu'il était chargé des péchés du monde.

Selon lui, le baptême de Jean était une affirmation ou un témoignage que les Juifs aussi bien que les Gentils n'étaient pas saints, contrairement à leur prétention de l'être[41]. Par son baptême, Jésus a montré qu'il fallait être lavé de ses péchés pour entrer dans le royaume[42], le royaume spirituel pour lequel

---

32. KUYPER, *E Voto*, I, p. 283. « En waar dus Jezus optreedt, en nu het Christusschap ontvangt, d. i. Koning boven alle koningen. Priester boven alle priesters en Profeet boven alle profeten wordt moest de Heilige Geest hem dan ook de ambtelijke gaven toebedeelen zonder mate. »
33. KUYPER, *WHS*, I, p. 99. « En tant que vrai homme, il doit être installé conformément à la coutume, entrer dans son ministère publique à trente ans, être publiquement installé et être oint du Saint-Esprit. »
34. *Ibid.*, p. 98.
35. *Ibid.*, p. 99.
36. KUYPER, *Pro Rege*, I, p. 336. Pour Kuyper, le baptême de Jean Baptiste « était un signe, et rien de plus qu'un signe, de la repentance et de la purification des péchés, avec allusion à celui qui baptiserait avec le Saint-Esprit et le feu ».
37. KUYPER, *WHS*, I, p. 98.
38. KUYPER, *Pro Rege*, I, p. 336.
39. KUYPER, *WHS*, I, p. 98.
40. *Ibid.*
41. KUYPER, *Pro Rege*, I, p. 336.
42. *Ibid.*

il a été oint[43], et non pour entrer dans le royaume politique juif dont les Juifs attendaient la restauration[44]. Le baptême de Jésus aurait une valeur symbolique indiquant désormais la voie à suivre, celle du baptême de repentance pour entrer dans le royaume spirituel de Dieu. Ce n'est pas un baptême de repentance, mais le symbole dudit baptême.

Bavinck, contrairement à Kuyper, a situé la prise de conscience du Christ de son rôle messianique au tout début de son ministère public, et selon lui le Christ a commencé à agir comme tel en vertu de cette conscience[45]. À son baptême par Jean-Baptiste, il a reçu le signe divin et le sceau de son appel[46]. Alors que pour Kuyper, bien avant son baptême Jésus était conscient de son rôle messianique, puisque cette mission reposait sur sa sainte Personne bien avant la chute d'Adam[47].

Pour Calvin, tout comme pour Kuyper qui l'a suivi, le baptême du Christ revêt le sens d'une consécration « en son office comme par une cérémonie solennelle[48] ». C'est une onction spirituelle actualisée en son baptême, « non pas qu'il en fut dépourvu auparavant[49] » ; c'est un baptême-actualisation qui marque le début du ministère ou la manifestation de Jésus au monde[50]. C'est un signe visible « qu'en lui réside l'abondance de tous les dons[51] » ; d'où « sa plénitude[52] » du Saint-Esprit.

II. L'Esprit et les miracles du Christ

1. Généralités sur le sens kuypérien du miracle et cadrage théologique

Chez Kuyper, dans le décret éternel de Dieu, les lois de la création sont à la fois valables pour la nature (*natuurwetten*) et pour le miracle (*wonder*),

---

43. *Ibid.*, p. 337.
44. *Ibid.*, p. 336.
45. Bavinck, *RD*, III, p. 251.
46. *Ibid.*
47. Kuyper, *WHS*, I, p. 98. « This lay in His holy Person ; it was not added to Him at a later period, but was His before Adam fell. »
48. Calvin, *Évangile selon Saint Jean*, p. 42.
49. *Ibid.*
50. *Ibid.* « Mais quand il a voulu se manifester et se donner à connaître au monde, il a commencé par le baptême. »
51. *Ibid.*
52. *Ibid.*

puisque l'un et l'autre sont liés par la même loi divine ou la volonté divine[53]. Kuyper a affirmé par ailleurs que le pouvoir de faire des miracles a été conféré à l'humanité en vertu des lois de la création[54]. Pour Jésus lui-même, son pouvoir d'opérer des miracles de toutes sortes provenait de sa nature humaine[55]. Par « le pouvoir de l'esprit implanté dans notre nature[56] », dira-t-il aussi, les disciples pouvaient également opérer des miracles.

Les miracles sont considérés par Kuyper comme une démonstration du pouvoir de Dieu sur la nature. L'homme, image de Dieu, a été créé par Dieu pour dominer la nature[57]. Mais avec le péché, la nature a pris une ascendance sur l'homme qui a perdu son pouvoir royal ou la maîtrise de la nature[58] ; la nature, et non Dieu, a fini par être un objet d'adoration de la part de l'homme[59]. Par le miracle, Dieu démontre son plein pouvoir sur l'ordre créé[60] ; les signes et les merveilles sont une révélation de la souveraineté de Dieu sur la nature[61].

Le caractère organique du monde fait que le miracle et la nature sont liés, car si le miracle introduisait un élément nouveau dans le monde, le caractère organique du monde serait remis en cause. Kuyper a clairement affirmé, dans ce sens, que le miracle n'ajoute rien de nouveau à la création ou au monde existant. « Dans aucun miracle ne se crée quelque chose qui puisse s'ajouter comme un nouvel élément au cosmos existant. Cette possibilité est inconcevable et serait une destruction du caractère organique du cosmos[62]. » Les miracles, selon lui, « ne peuvent pas être mécaniquement ajoutés à la nature, mais organiquement unis à elle[63] ». Il a écrit qu'un « miracle n'est

---

53. Kuyper, *E Voto*, I, p. 241. « Uit dien Raad vloeien én de Natuurwetten én de Wonderen, en beide zijn goddelijke wilsuitingen alleen met dit verschil, dat Hij het gewone duurzaam wil, en het wondere slechts een enkele maal. »
54. Kuyper, *Pro Rege*, I, p. 150.
55. *Ibid.*, p. 144.
56. *Ibid.*, p. 148.
57. *Ibid.*, pp. 114, 115.
58. *Ibid.*, p. 149.
59. *Ibid.*, p. 130.
60. *Ibid.* « That fear of God, not of nature or evil spirits, could stand or return only when a miracle intervened, when in factual occurrences God showed to human race that he still had domination over the power of nature. »
61. *Ibid.*, p. 133.
62. Kuyper, *Encyclopedia*, p. 373.
63. *Ibid.*, p. 428.

rien d'autre que l'entrée d'un nouvel ordre dans l'ordre élevé dérangé[64] ». Le pouvoir d'opérer les miracles, pour Jésus aussi bien que pour les disciples, est localisé par Kuyper dans notre nature humaine[65]. La seigneurie de Jésus, par exemple, n'était pas due à une autorité qui venait de l'extérieur, mais « de sa nature humaine[66] ». Il en est de même pour le pouvoir des disciples d'opérer des miracles[67]. Il ressort de ces différentes citations que le miracle et la nature ou création sont bien liés, et cela semble faire du miracle un acte ou un fait naturel, et non surnaturel.

Le miracle est considéré par Kuyper comme ayant une fonction restauratrice de l'ordre naturel dérangé par le péché. Les miracles révèlent le pouvoir et la majesté dont l'humanité était revêtue à la création[68]. C'est la restauration de la domination royale de l'homme Jésus qui est révélée dans l'accomplissement des miracles[69]. Par ceux-ci, « la foi est renouvelée et confirmée[70] ». La restauration du pouvoir de l'humanité sur la nature par le Fils de l'homme au moyen des miracles[71] permet la glorification de Dieu[72].

Le principe directeur dans le miracle est le rapport de domination de l'esprit sur la matière, puisque l'esprit a le pouvoir de dominer la matière[73] ; par conséquent, « l'Esprit doit triompher de la matière et ne devrait pas lui être soumis[74] ». Le pouvoir de domination conféré à l'homme par Dieu obéit à ce principe basique que l'esprit contrôle la matière[75]. Dieu lui-même, qui est esprit, exerce son autorité par son Esprit sur le monde spirituel, matériel et physique[76]. Ainsi, le pouvoir du Fils incarné d'opérer des miracles demeurait

---

64. Kuyper, *Van de Voleinding*, II, p. 54.
65. Kuyper, *Pro Rege*, I, p. 141. « But to the very end, it was and remained a spiritual power that worked in, from, and through him within the limits of our human nature, bound to the ordinances that God himself had given to our human nature at creation. »
66. *Ibid.*, p. 144.
67. *Ibid.*, p. 148. « The ability to perform miracles that Jesus conferred on his disciples was thus the power of the spirit implanted in our nature that had sunk through sin. »
68. *Ibid.*, p. 140.
69. *Ibid.*, p. 142.
70. *Ibid.*, p. 136.
71. *Ibid.*, p. 163.
72. *Ibid.*, p. 164.
73. *Ibid.*, p. 138.
74. *Ibid.*, p. 127.
75. *Ibid.*, p. 115.
76. *Ibid.*, p. 186.

caché, selon Kuyper, dans son esprit[77]. Comparant le pouvoir d'opérer des miracles qu'avait Adam à celui de Jésus, il a écrit que « le Fils de l'homme a possédé le pouvoir de l'esprit humain revivifié et élevé au plus haut niveau de telle sorte qu'il pouvait contrôler la nature[78] ».

La seigneurie de l'homme Jésus se comprend à la lumière de sa conception plus élevée et plus riche du monde spirituel[79]. Ainsi pouvait-il écrire que :

> des miracles de Jésus au contraire se reçoit l'impression que Jésus se sentait chez lui dans chaque domaine de la vie et se mettait en branle sans faire de bruit et sans rien de forcé ; et il accomplissait les grands miracles sans faire d'efforts, comme si c'était la chose la plus simple et la plus ordinaire au monde[80].

En somme, les miracles, tels qu'ils sont compris par notre auteur, sont étroitement liés à la nature. Ils obéissent au principe selon lequel l'esprit doit dominer la matière. Par conséquent, celui qui possède une plus grande connaissance du monde spirituel, comme ce fut le cas pour Jésus, peut opérer des miracles grâce à l'élévation de son esprit par l'Esprit de Dieu. Le pouvoir spirituel et la science ou connaissance se conjuguent ainsi, selon l'auteur, pour l'opération des miracles qui ne sauraient être surnaturels, parce qu'ils n'apportent rien de nouveau au monde créé.

2. Jésus-Christ : le Fils de l'homme comme faiseur de miracles

Le titre christologique auquel Kuyper a beaucoup réfléchi en relation avec les miracles est celui du Fils de l'homme. Qu'entendait-il par ce titre et quels sont ses liens avec d'autres titres ? Chez Kuyper, le titre évoque la nature humaine ou l'humanité du Christ, et non sa divinité. Il a décrit le Fils de l'homme comme étant synonyme de « l'humanité sans péché[81] ». Le Fils

---

77. *Ibid.*, p. 141. « All of his power lay hidden in his spirit. »
78. *Ibid.*, p. 142.
79. *Ibid.*, p. 144.
80. Kuyper, *Pro Rege*, III, p. 356. « De wondere werken, die Jezus deed, zijn niet alleen een machtsopenbaring, maar pleiten evenzeer voor een kennis, een wetenschap, die Jezus van den geschapen dingen bezat, die ver boven onze kennis uitgaat. Jezus' heerschappij over de "booze geesten", waarvan de slachtoffers hem om redding aanriepen, ondersvelt, dat deze geestenwereld voor Jezus geen onbekend gebied was. »
81. Kuyper, *Pro Rege*, I, p. 141.

de l'homme est l'homme Jésus-Christ[82] ; il est le Messie[83] ; il est l'homme central ou l'humanité dans sa plénitude[84]. Il est la semence promise à Ève et descendant d'Adam selon la chair[85].

Toutefois, le Fils de l'homme, selon Kuyper, malgré tout l'accent mis sur son humanité, partage la nature divine, car « Christ, dit-il, est le Fils unique de Dieu, qui lui-même partage la nature divine[86] ». Christ est identifié au Fils unique de Dieu, donc Dieu. En lui l'autorité divine et l'autorité humaine sont inséparables[87]. Le Christ est le Fils de Dieu qui a créé toutes choses[88]. Il a affirmé que « le Fils de l'homme était Dieu, mais qu'il s'est humilié, s'est abaissé, et a assumé la forme d'un homme – d'un serviteur en fait[89] ».

Mais la thèse de l'auteur en ce qui concerne les ressources par lesquelles Christ a opéré les miracles est que c'est en tant qu'homme, et non en tant que Fils éternel ou Dieu que le Médiateur a accompli l'ensemble de ses miracles. Car « dans les miracles et signes, Jésus ne s'est pas révélé dans sa divinité, mais plutôt comme le Fils de l'homme[90] ». Les miracles accomplis par le Fils de l'homme ne doivent pas être mis au compte des miracles réalisés par le Fils de Dieu[91]. Ce n'est pas en tant que Fils de Dieu, mais plutôt en tant que Fils de l'homme que sa seigneurie doit être reconnue[92]. C'est aussi le Fils de l'homme qui a le pouvoir de pardonner les péchés (Mt 9.6)[93], de soumettre à lui les animaux et les poissons de la mer (Lc 5.4-10)[94]. C'est en tant que Fils de l'homme qu'il a opéré le miracle du vin à Cana et la multiplication des pains et des poissons, et c'est lui qui a ramené à la vie des personnes qui étaient mortes[95].

---

82. *Ibid.*, pp. 142, 149.
83. *Ibid.*, p. 173.
84. *Ibid.*, p. 142.
85. *Ibid.*, pp. 144, 329.
86. *Ibid.*, p. 323.
87. *Ibid.*
88. *Ibid.*
89. *Ibid.*, p. 359.
90. *Ibid.*, p. 142.
91. *Ibid.*, p. 141.
92. *Ibid.*, pp. 118, 254.
93. *Ibid.*, p. 141.
94. *Ibid.*, p. 143.
95. *Ibid.*

3. Les miracles de Jésus-Christ
a. Types de miracles de Jésus

Le répertoire des miracles de Jésus est riche et varié, touchant au monde animal, au monde végétal, au monde démoniaque et même à la matière inorganique[96]. Dans la catégorie des miracles accomplis directement par Jésus, il y a entre autres le miracle de l'eau changée en vin à Cana (Jn 2.1ss), la multiplication des pains et des poissons (Jn 6.1-15), la marche sur les eaux (Jn 6.16-21), le calme imposé à la tempête (Mt 8.26-27), la guérison des malades, la résurrection de trois personnes[97], et enfin il y a la guérison d'un paralytique accompagnée du pardon de ses péchés[98].

L'exorcisme, selon Kuyper, occupait une place capitale dans les miracles opérés par Jésus (Mt 12.28 ; Mc 6.14)[99]. C'est dans ce sens qu'il a noté que le combat spirituel, combat contre les démons et Satan, était primordial dans le ministère de Jésus[100]. Kuyper, rapportant le cas de l'enfant possédé par un esprit démoniaque que les disciples n'ont pas pu délivrer (Mt 17.15-16)[101], a affirmé que « Jésus a alors réprimandé le démon qui sortit du corps, et l'enfant fut guéri à l'instant même[102] ».

Par ailleurs, l'auteur a élargi sa vision des miracles de Jésus en parlant des miracles accomplis par les disciples comme étant les miracles indirects de Jésus. Par exemple, les miracles accomplis par les disciples que Jésus a envoyés en Israël ont été accomplis avec le pouvoir de Jésus conféré aux disciples[103]. En plus, les œuvres plus grandes (Jn 14.12) concernent, selon lui, les miracles accomplis par les disciples de Jésus en vertu du pouvoir qui leur était conféré par le Médiateur[104]. Ce sont des miracles qui ont un rapport direct avec le pouvoir de domination de l'humanité sur la nature[105] par le pouvoir spirituel

---

96. *Ibid.*
97. *Ibid.*, pp. 143, 154.
98. *Ibid.*, p. 141.
99. Kuyper, *WHS*, I, pp. 100, 110.
100. Kuyper, *Pro Rege*, I, pp. 178, 175. « Jesus' struggle with Satan to save the sheep of his pasture out of the clutches of the world is not secondary but the primary purpose of Jesus' coming on earth », p. 175.
101. *Ibid.*, p. 146.
102. *Ibid.*
103. *Ibid.*, p. 138.
104. *Ibid.*, p. 172.
105. *Ibid.*, p. 138.

reçu de Jésus[106]. Dans l'accomplissement de tout miracle, il y a l'action de l'Esprit, à tel point que celui-ci est considéré comme l'agent d'opération.

b. L'Esprit comme agent d'opération des miracles

Les affirmations sur le mode opératoire

L'action de l'Esprit a été évidente dans les miracles accomplis par Jésus, puisqu'il a été oint de toute éternité et qu'il a reçu l'Esprit sans mesure. Le fait que Jésus, au début de son ministère, se soit approprié le texte prophétique d'Ésaïe (61.1ss) est une preuve que l'Esprit était son agent d'opération ou d'action[107]. Il en était bien conscient selon Kuyper[108]. Les expressions de l'auteur indiquant que Christ agissait par l'Esprit durant son ministère sont assez variées. Il a parlé d'une « influence officielle du Saint-Esprit qui a accompagné le Médiateur dans l'accomplissement de son office[109] » ; Jésus était « guidé, conduit, animé et soutenu par le Saint-Esprit[110] » ; son ministère du début à la fin a été marqué par « l'opération, l'influence et le soutien du Saint-Esprit[111] » ; il a été « qualifié par le Saint-Esprit pour chasser les démons[112] » ; il ne pouvait pas accomplir l'œuvre messianique « sans la puissante direction et l'opération constante du Saint-Esprit[113] ».

L'indispensable présence de l'Esprit avec le Christ est valable pour les miracles de guérison ordinaire, mais aussi pour les cas d'exorcisme. L'affirmation selon laquelle Jésus a chassé les démons par l'Esprit est venue de Jésus lui-même[114]. Car si je chasse les démons par l'Esprit de Dieu, c'est que le royaume de Dieu s'est approché de vous, a-t-il dit (Mt 12.28). C'est l'Esprit qui l'a rendu capable de pratiquer l'exorcisme, selon Kuyper[115].

---

106. *Ibid.*, p. 149. « Thus, Jesus presents himself as the one from whom a power will go forth to work in his disciples and inspire them and those who will believe in him. »
107. KUYPER, *WHS*, I, p. 100.
108. *Ibid.*
109. *Ibid.*, p. 99.
110. *Ibid.*, p. 101. « Maar daarom dan ook is Hij op elke schrede van zijn Messiasambt steeds door den Heiligen Geest geleid, gedreven, bezield en ondersteund », *WHG*, I, p. 134.
111. *Ibid.*, p. 100.
112. *Ibid.*, p. 106.
113. *Ibid.*, p. 100. « [...] dat de menschelijke natuur, die Jezus had aangenomen, uit zichzelve onbekwaam was voor zoo heerlijk werk als de Messias te vervullen had, en dat alleen een machtige en aanhoudende inwerking en drijving van den Heiligen Geest », *WHG*, I, p. 133.
114. *Ibid.*
115. *Ibid.*, p. 110.

En ce qui concerne son séjour terrestre, « nous lisons sans cesse qu'un pouvoir sortait de lui (Lc 8.46), et qu'il chassait les esprits impurs avec puissance et autorité (Lc 9.1)[116] ». La puissance et l'autorité sont celles de l'Esprit, étant donné qu'il est dit qu'un pouvoir sortait de lui. Il dira encore que c'est une influence spirituelle que Jésus a exercée pour chasser les démons en ce qui concerne l'exorcisme dans le territoire des Gadaréniens (Mt 8.28-34), puisqu'il a dominé spirituellement les esprits mauvais, qui ont pris possession d'un troupeau de cochons qui s'est précipité dans la mer[117].

Selon l'auteur, le pouvoir démoniaque ne peut pas être dominé par la magie, mais seulement par l'Esprit[118]. Ce pouvoir spirituel qu'avait Jésus a été également donné à ses disciples[119]. Leur pouvoir n'était pas magique[120]. Par l'Esprit, Jésus opérait immédiatement des miracles[121], contrairement aux disciples qui le faisaient médiatement[122]. Les citations ou les références ci-dessus montrent que l'Esprit est en général l'agent d'opération des miracles, qu'ils soient de la catégorie des miracles directs ou de la catégorie des miracles indirects. Mais quel est le mode opératoire de l'Esprit ? Agissait-il en Jésus par les dons spirituels ou prenait-il le contrôle total de la personne du Médiateur pour agir et opérer directement les miracles ?

Mode opératoire de l'Esprit en relation avec Christ

Comme il est prouvé ci-dessus par les affirmations générales que Jésus agissait par l'Esprit, la clarification du mode opératoire de l'Esprit reste nécessaire. S'agit-il du Saint-Esprit lui-même ou des dons du Saint-Esprit, quand Kuyper affirme que c'est par l'Esprit que le Médiateur agissait constamment ? Est-ce par l'Esprit, la troisième Personne de la trinité, ou par le pouvoir de l'Esprit comme don de l'Esprit ?

Kuyper désigne le don de grâce, c'est-à-dire le Saint-Esprit lui-même ou le don du salut par le terme *dôréa*, tandis que le don spirituel est nommé

---

116. Kuyper, *Pro Rege*, I, p. 432.
117. *Ibid.*, pp. 185, 357.
118. *Ibid.*, pp. 195, 196.
119. *Ibid.*, p. 198. « But with his royal, spiritual superiority, Jesus took on the power of Satan and his demons. He cast the demons out and gave to his disciples the power to cast them – not to cast demons out mediately, but immediately through the direct power of his spirit. »
120. *Ibid.*, p. 146.
121. *Ibid.*, p. 198.
122. *Ibid.*

charis[123]. Les deux aspects sont liés, car « [l]e premier implique que nous avons reçu le Saint-Esprit ; le dernier implique qu'il nous accorde des dons[124] ». Il est dit que le Christ a reçu l'Esprit sans mesure[125], et que l'Esprit l'a aussi orné et enrichi de dons spirituels[126]. On note déjà deux possibilités relatives à la présence et au mode d'action de l'Esprit en Christ : l'Esprit donné au Christ sans mesure et les dons spirituels accordés au Christ par l'Esprit.

Le Christ a certes reçu l'Esprit, mais il ne l'a pas reçu comme don de grâce, c'est-à-dire le don gratuit du salut, car il n'a pas eu besoin de ce don. Ce don, au sens de *dôréa*, est d'ailleurs Jésus lui-même[127]. La réception de l'Esprit par le Christ pourrait renvoyer à l'idée selon laquelle l'Esprit est donné comme agent d'opération du Christ. Par exemple, les dons de guérison et de miracle provenaient de l'Esprit et ils étaient à l'œuvre en Jésus (Mc 6.14)[128]. C'est dire qu'il avait le don de guérison ou de miracle conféré par l'Esprit.

De ce fait, le Christ, agissant par la puissance du Saint-Esprit au travers des dons reçus, agit d'une certaine manière par l'Esprit. Kuyper ne voit pas le Christ agir seulement par les dons spirituels reçus. Pour l'auteur, le Christ est aussi celui que l'Esprit dirige et conduit dans ses actions selon sa façon de concevoir l'œuvre intérieure de l'Esprit. La distinction faite par Kuyper entre l'œuvre du Saint-Esprit *hors de moi* et son œuvre *en moi*[129] peut nous aider à clarifier davantage le mode opératoire de l'Esprit en Christ.

> L'expression biblique « Il était rempli du Saint-Esprit » réfère non seulement à la Personne du Saint-Esprit, mais aussi à Son œuvre dans l'âme humaine. Donc en référence à Christ, il y a une différence entre : « Il était conçu du Saint-Esprit », « Le Saint-Esprit est descendu sur Lui », « Étant rempli du Saint-Esprit », « Il s'est offert par l'Esprit éternel »[130].

---

123. Kuyper, *WHS*, I, p. 180.
124. *Ibid.*, p. 181.
125. *Ibid.*, pp. 94, 96.
126. *Ibid.* « [...] altho He was the Son, He did not take its preparation, enriching, and operation into His own hand, but was willing to receive them from the hand of the Holy Spirit. »
127. *Ibid.*, p. 180.
128. *Ibid.*, p. 100.
129. *Ibid.*, p. 104.
130. *Ibid.*

Il ressort de cette citation qu'un autre mode d'opération du Saint-Esprit peut être observé dans l'accomplissement des miracles par le Christ. Puisque l'expression « étant rempli du Saint-Esprit » implique la Personne du Saint-Esprit et son œuvre directe dans l'âme, Jésus pouvait alors être saisi et conduit directement par le Saint-Esprit pour accomplir des miracles. C'est la raison pour laquelle Kuyper a vu le départ de Jésus au désert comme une preuve de la direction directe du Saint-Esprit (*van de drijving des Heiligen Geestes*) sur Jésus, car de lui-même, a-t-il dit, Jésus ne serait pas parti au désert[131]. Il s'agit d'un contrôle direct de l'Esprit sur la Personne de Jésus, dans la mesure où il ne serait pas allé de lui-même dans le désert. En termes de mode opératoire, on note que c'est l'Esprit lui-même qui fait agir Jésus dans ce cas précis. On pourrait, de toute évidence, penser à l'Esprit des prophètes qui fait agir ces derniers.

La différence entre Jésus et les prophètes, comme Élie et Ézéchiel, est qu'une puissance descendait sur les prophètes, alors que Jésus, rempli de l'Esprit, ressentait cette puissance en lui-même et au plus profond de son âme[132]. Ce qui veut dire que l'œuvre de l'Esprit est extérieure dans la vie et l'action des prophètes, tandis qu'elle est interne en Christ. C'est cela qui explique « l'opération, l'influence et le soutien du Saint-Esprit[133] » dans la vie du Médiateur.

Kuyper a abordé la question du rapport de l'Esprit au Fils incarné en parlant de la coopération du Fils, dans l'assomption de la nature humaine, avec l'Esprit[134]. Il a aussi parlé de la volonté du Fils de s'abaisser afin que l'Esprit puisse le remplir[135], même si l'auteur a pensé à toute la vie d'humiliation du Fils. Cette coopération du Fils dans le cadre de la rédemption a pris la forme d'une dépendance ou d'une subordination du Fils incarné vis-à-vis de l'Esprit, selon Kuyper, puisque « le Fils, conformément à sa propre nature, ne

---

131. *Ibid.*, p. 99. « Of Himself Jesus would not have gone into the desert; His going there was the result of the Holy Spirit's leading » ; « Jesus uit zichzelf zou *niet* naar de woestijn gegaan zijn, en dat Hij er toch heenging, was gevolg van de drijving des Heiligen Geestes », *WHG*, I, p. 132.
132. *Ibid.*
133. *Ibid.*, p. 100. « [...] de werking, den invloed en de ondersteuning van den Heiligen Geest », *WHG*, I, p. 134.
134. *Ibid.*, p. 101.
135. *Ibid.*

peut prendre la place du Saint-Esprit ; mais dans l'économie divine, en vertu de l'union avec la nature humaine, il dépend toujours du Saint-Esprit[136] ».

C'est l'explication possible de la dépendance du Fils incarné à l'Esprit. On note cependant une difficulté avec la formulation de Kuyper. Lorsqu'il parle, s'agissant du Fils, de « sa propre nature », Kuyper semble la séparer de celle de l'Esprit, alors qu'il s'agit de la même et seule nature divine. Comment parler de substitution alors que la nature divine est une et indivise, et que le Fils incarné reste *un* avec l'Esprit et le Père dans la divinité ? C'est un propos que la partie consacrée à l'évaluation des thèses de l'auteur prendra en compte.

La clé de lecture du mode opératoire de l'Esprit est au niveau de l'expression « être rempli du Saint-Esprit », qui est bien différente des autres expressions similaires telles que « être conçu du Saint-Esprit » ou « le Saint-Esprit est descendu sur Lui ». L'expression « être rempli du Saint-Esprit » évoque chez Kuyper l'œuvre intérieure de l'Esprit dans la vie de Jésus comme moyen d'action, d'une manière différente du fait qu'il a reçu l'Esprit sans mesure à la conception et de sa consécration par l'Esprit à son baptême. Elle suggère l'idée de totale dépendance du Fils incarné à l'Esprit.

En définitive, les deux modes opératoires de l'Esprit ne sont pas opposés dans la vie de l'homme Jésus. Il pouvait agir par la puissance de l'Esprit, c'est-à-dire par les dons et pouvoirs de l'Esprit, mais il pouvait, et cela au plus haut niveau, être conduit et contrôlé par l'Esprit pour accomplir les miracles ou les œuvres, comme en témoigne le rôle de l'Esprit à la passion et à la mort du Christ.

III. La passion, la mort et la résurrection du Christ et le rôle de l'Esprit

1. L'Esprit à la passion et mort du Christ
a. « L'Esprit éternel » selon Kuyper

Le moment de la passion est un espace théologique où l'Esprit a été à l'œuvre dans la vie du Médiateur, car le Fils incarné a souffert la mort temporelle et la mort éternelle à cause de sa nature humaine[137]. Pour cette passion, il

---

136. *Ibid.*, p. 103. « […] dat de Zoon bij zijn eigen natuur de plaats van den Heiligen Geest niet *kon* vervangen, maar naar de ordinantiën van de goddelijke huishouding ook voor zijn eigen menschelijke natuur van het ondersteunend werk van den Heiligen Geest afhankelijk was », *WHG*, I, pp. 137-138.

137. *Ibid.*

était nécessaire d'avoir un médiateur. Qu'a fait l'Esprit en tant que médiateur ? Dans la souffrance et la mort, selon Kuyper, le Fils incarné s'est offert par l'Esprit éternel (Hé 9.14)[138]. Qu'entendait-il par cette expression ? Aurait-elle la même portée que l'expression « être rempli du Saint-Esprit » ?

Si Bèze et Gomarus ont vu dans cette expression une référence à la nature divine du Christ, Calvin et la majorité des théologiens réformés l'ont référée plutôt au Saint-Esprit, et la théologie de tendance rationaliste y voyait la tension liée à la nature humaine du Christ[139]. Pour Kuyper, ce n'est ni la divinité, c'est-à-dire la nature divine du Fils, ni le Saint-Esprit, car l'Esprit éternel est différent du Saint-Esprit[140]. La divinité, c'est-à-dire le Fils de Dieu, ne se substitue pas à l'Esprit dans la nature humaine du Fils. Cela aurait eu comme conséquence que la nature humaine soit submergée par la divinité et cela empêcherait alors l'Esprit de briller dans ladite nature[141]. C'est seulement par l'Esprit éternel, distinct du Saint-Esprit et du Fils éternel, que le Christ a souffert et s'est offert au Père.

La distinction faite par Kuyper entre l'œuvre du Saint-Esprit *hors de moi* et son œuvre *en moi*[142] apporte ici encore l'éclairage nécessaire à la compréhension du rôle de l'Esprit à la passion et à la mort du Christ[143]. En fait, cette distinction éclaire le sens de l'expression « Esprit éternel ». Selon l'auteur, « étant rempli du Saint-Esprit » et « qui s'est offert par l'Esprit éternel » sont deux expressions qui ont la même portée, même si elles renvoient à des domaines d'action différents. Elles signifient, pour Kuyper, « le fait que l'esprit de Jésus est saisi par le Saint-Esprit et s'est identifié à lui[144] ». Ainsi, l'expression « "Esprit éternel" a été choisie pour indiquer que la Personne divine et humaine du Christ est entrée dans une relation indissoluble avec le Saint-Esprit au point où même la mort éternelle ne peut la rompre[145] ». Dans

---

138. *Ibid.*, p. 102.
139. *Ibid.*
140. *Ibid.*, p. 104.
141. *Ibid.*
142. Kuijper, *WHG*, I, p. 138. « Er is namelijk onderscheid tusschen den Heiligen Geest als derde Persoon der Drieëenheid buiten mij gedacht en de werking van den Heiligen Geest, die in mij is uitgestort. »
143. Kuyper, *WHS*, I, p. 104.
144. *Ibid.* « [...] maar als door den geest van Jezus in zich opgenomen, met dien geest van Jezus vereenzelvigd », *WHG*, I, p. 139.
145. *Ibid.*

ce cas précis, c'est une opération, une influence et un soutien du Saint-Esprit dans la vie du Médiateur face à la souffrance et à la mort. Ainsi, l'expression évoque cette union indissoluble entre la Personne de Jésus et l'Esprit Saint.

Kuyper a une approche trinitaire dans sa présentation du rôle de l'Esprit à la passion et à la mort du Fils incarné. Sa position tente de réconcilier celle de Gomarus avec celle de Calvin, car ce n'est ni l'action exclusive de l'Esprit, comme Calvin l'a pensé, ni celle du Fils éternel, comme Gomarus et Bèze l'affirmaient[146]. Pour créer un espace théologique pour l'œuvre resplendissante du Saint-Esprit, c'est par sa divinité que le Fils a rendu sa nature humaine capable de lutter avec la mort éternelle, jusqu'à l'identification de cette opération avec l'opération du Saint-Esprit (Hé 9.14)[147].

L'amour et l'obéissance volontaire du Fils ont été démontrés à la passion[148], car le Fils a bien voulu s'abaisser pour être rempli de l'Esprit de Dieu et passer par la mort éternelle par l'Esprit éternel[149]. Il en ressort une fois de plus que l'identification de l'Esprit dans son œuvre intérieure, ou l'œuvre de l'Esprit *en nous* avec la Personne du Fils apporte l'éclairage nécessaire pour saisir le rôle et le sens de l'Esprit éternel chez Kuyper. Retenons que par l'expression « Esprit éternel » Kuyper entend désigner la ferme adhésion de la personne divine et humaine de Jésus à la volonté du Saint-Esprit, au point que la personne divine et humaine du Fils s'identifie à l'Esprit Saint.

b. Exégèse de Hébreux 9.14

La position de Kuyper sur l'identité de l'Esprit éternel définie comme une relation indissoluble entre le Saint-Esprit et la personne divine et humaine du Christ peut-elle être soutenue par l'exégèse du texte en cause (Hé 9.14) et par la tradition réformée ? « Originale, par contre, et difficile à interpréter est

---

146. *Ibid.*, p. 106.
147. *Ibid.* « En overmits nu de Zoon door zijn godheid zijn menschelijke natuur tot die vereenzelving van haar werking met de werking van den Heiligen Geest in deze ontzaglijke, onze natuur verre tebovengaande worsteling met den eeuwigen dood bekwaamd heeft, daarom wordt door den apostel beleden en door ons hem eerbiedig nagezegd, dat de zelfofferande van den Middelaar tot stand kwam door de werking van den eeuwigen Geest », *WHG*, I, p. 141.
148. *Ibid.*, p. 104.
149. *Ibid.*, p. 105. « De Zoon wilde alzoo zichzelven vernietigen, dat zijn menschelijke natuur onder den eeuwigen dood kon doorgaan; en opdat zij dit zou kunnen, ving Hij in haar op al de mogendheid van den Heiligen Geest. Aldus heeft dan de Zoon "door den eeuwigen Geest" zichzelven opgeofferd, opdat wij den levenden God dienen zouden », *WHG*, I, p. 141.

la formule "par un esprit éternel" ou "par l'Esprit éternel" », a fait remarquer Bénétreau[150]. L'expression « par l'Esprit éternel » (9.14) est importante dans la compréhension de la péricope traitant de la supériorité du nouveau culte (9.11-28), et l'exégèse du texte peut aider à la comprendre dans le contexte de l'épître.

L'usage de l'expression dans le Nouveau Testament dans un contexte sacrificiel est rare. En Romains 15.16, on parle des non-Juifs comme étant une offrande « consacrée par l'Esprit Saint » par le ministère de Paul. Bien que l'article défini manque, l'adjectif « saint », qui qualifie *pneuma*, permet de dire qu'il s'agit de « l'Esprit Saint ». Selon Bénétreau, des exégètes comme Strathmann, Bruce, Michel et Vanhoye ont conclu, en partant de l'usage en Romains 15.16, qu'il s'agit de l'Esprit Saint en Hébreux 9.14[151]. C'était également la lecture préférée par Calvin, comme nous l'avons dit[152].

Une correspondance est souvent établie entre Hébreux 9.14 et 7.16, 24. Dans ces textes, il s'agit de Jésus, devenu souverain sacrificateur à la manière de Melchisédek, non pas selon la loi de la chair, ou par succession généalogique, mais « par la puissance d'une vie indestructible » (7.16). Des auteurs ont rapproché l'Esprit éternel de « la puissance d'une vie indestructible » et ont conclu qu'en Hébreux 9.14 il s'agit de la nature divine du Fils[153]. La nature divine du Fils, dans ce cas, renvoie au Fils éternel. Selon Kuyper, Gomarus et Bèze avaient opté pour cette lecture favorable à la nature divine du Fils[154]. Or ici, en 7.16, à notre avis, il est plus question de la personne que de l'œuvre de sanctification faite par le nouveau souverain sacrificateur, œuvre qui semble être plus en vue en Hébreux 9.14. Les textes d'appui pour les défenseurs de cette thèse (Rm 1.4 ; 1 Tm 3.16 ; 1 P 3.18) semblent plutôt suggérer soit l'œuvre de la Personne de l'Esprit (1 P 3.18) soit la Personne du Christ, mystère de la piété (Rm 1.4 ; 1 Tm 3.16).

---

150. Bénétreau, *L'Épître aux Hébreux*, p. 81.
151. *Ibid.*
152. Calvin, *Épître aux Hébreux*, p. 124. Parlant de l'offrande du Christ par l'Esprit éternel (Hé 9.14), Calvin a écrit : « mais que cette mort nous fût salutaire, c'était une chose qui provenait de l'efficacité de l'Esprit. Car le sacrifice de purification éternelle a été une œuvre plus qu'humaine. Et pour cette cause il appelle l'Esprit *éternel*, afin que nous sachions que la réconciliation qu'il a faite est éternelle. »
153. Bénétreau, *L'Épître aux Hébreux*, p. 81. L'auteur a cité Spicq, Windisch, Moffatt et bien d'autres auteurs pour la lecture optant pour la nature divine du Christ.
154. Kuyper, *WHS*, I, p. 106.

Nous pensons que des correspondances de sens devraient être trouvées dans le contexte immédiat (9.11-14) et les différentes présentations, au moyen des contrastes, du nouveau souverain sacrificateur peuvent clarifier l'idée de l'auteur (2.14-15 ; 5.7-8). En effet, l'auteur fait des contrastes : sang animal/sang du Christ, chair/conscience et tente accomplie/tente faite de mains d'hommes (9.11-14). Un autre contraste, le plus important pour comprendre notre texte, est le caractère volontaire du sacrifice du Fils opposé à celui des animaux offerts (10.5-10), volonté manifestée depuis l'incarnation, car il a participé volontairement à la chair et au sang (2.14-15). Pour indiquer de quelle mort en sacrifice volontaire ou involontaire Christ est mort, l'auteur précise qu'il « s'est offert lui-même » (9.14a). Mais le sens de cette offrande volontaire du Christ dépend du sens de *dia pneumatos aïôniou* (διὰ πνεύματος αἰωνίου). Quel sens revêt alors la préposition διὰ ?

Si on opte pour le sens instrumental, le Christ s'est alors offert *par* (*dia*) l'Esprit éternel. Ce qui valoriserait la dimension trinitaire de l'œuvre sacrificielle du Christ : Christ, victime sacrificielle, s'offre au Père et par l'Esprit. Bénétreau est opposé à une telle dimension trinitaire de l'offrande[155]. Le contraste sous-entendu entre l'offrande volontaire du Christ et l'offrande des animaux contre leur gré ne sera pas perçu dans ce cas. Il serait préférable de donner un autre sens à *dia*. Ainsi *dia pneumatos aïôniou* serait mieux rendu, en tenant compte du contexte immédiat, par « avec la détermination d'un esprit éternel[156] », pour marquer la volonté absolue du Christ, par opposition aux victimes animales sans volonté dans leur mort sacrificielle. Une autre formulation, à notre avis, serait de dire que le Christ « *s'est offert corps, âme et esprit* ». Ce qui n'est guère le cas pour les offrandes animales.

Pour déterminer le sens de l'offrande du Christ par l'Esprit éternel, Kuyper, pour sa part, a plutôt valorisé l'aspect trinitaire, avec son idée de relation indissoluble entre le Saint-Esprit et la personne divine et humaine du Christ. Le Père est aussi impliqué, puisque c'est à lui que le Fils incarné s'est offert. Le fait que l'épître fonctionne en mettant en œuvre des contrastes devrait militer en faveur de la lecture de Bénétreau, que nous suivons,

---

155. BÉNÉTREAU, *L'Épître aux Hébreux*, p. 82. Selon l'auteur, « [l]e contexte ne fait pas ressortir un intérêt trinitaire pour l'ontologie ou la réflexion trinitaire, mais il exalte une démarche personnelle, celle du grand-prêtre nouveau ».

156. *Ibid.*

avec l'accent mis sur la volonté ou la détermination du Fils. Certes, il y a la notion de détermination ou de volonté du Fils éternel dans l'acte sacrificiel du Médiateur selon l'interprétation de Kuyper, puisque la divinité du Christ était engagée dans l'épreuve de la mort[157]. Mais l'idée de détermination telle que l'interprétation de Bénétreau la suggère n'est pas au premier plan comparativement à la dimension trinitaire de l'interprétation de l'expression et même de l'acte sacrificiel.

Lorsqu'on se réfère aux textes confessionnels, l'interprétation de l'expression suggérée semble être assez différente de celle de Kuyper. C'est l'idée de la divinité du Christ comme ressource face à la mort que semble convoquer l'expression. Par exemple, la *Confession de la Foi belge* affirme que « la nature divine demeura toujours unie à l'humaine, même étant gisante au tombeau, et la divinité ne laissait d'être en lui », et elle ajoute que le Christ a été « vrai Dieu pour vaincre la mort par sa puissance » (art. 19), sous-entendu par la puissance divine du Fils. Toutefois, la formulation n'exclut pas le recours à l'Esprit comme ressource du Fils incarné, dans la mesure où il est fait mention de « vaincre la mort par sa puissance », l'Esprit étant généralement la puissance divine.

2. La résurrection du Christ et l'Esprit

La résurrection du Christ a été une œuvre trinitaire dans laquelle l'Esprit a joué un rôle particulier[158]. C'est une affirmation biblique que la résurrection est l'œuvre de l'Esprit[159]. Kuyper trouve son appui scripturaire dans les écrits de Paul (Rm 1.4 ; 8.11) et de Pierre (1 P 3.18). Paul a écrit que « Jésus a été déclaré Fils de Dieu, par l'Esprit de sainteté avec puissance, par la résurrection d'entre les morts » (Rm 1.4) ; dans l'épître de Pierre, il est dit « qu'il a été vivifié par l'Esprit » (1 P 3.18), ou encore dans l'épître aux Romains il est dit aussi que « celui qui a ressuscité Christ d'entre les morts vivifiera aussi vos corps mortels par son Esprit qui habite en vous » (Rm 8.11). La difficulté, Kuyper l'a notée, réside dans le sens de l'expression « qui habite en vous[160] »

---

157. KUYPER, *WHS*, I, p. 106.
158. *Ibid.*, p. 109.
159. *Ibid.*, p. 108.
160. *Ibid.*, p. 109.

(Rm 8. 11). Comprendre cette expression nous permettra de saisir le rôle particulier de l'Esprit à la résurrection.

L'idée suggérée par l'expression « qui habite en vous » est que la résurrection est une œuvre réalisée de l'intérieur, c'est-à-dire en Christ[161]. Kuyper remonte à l'œuvre du Saint-Esprit dans la création d'Adam et son œuvre à notre naissance. Par analogie, il comprend l'œuvre de l'Esprit en Christ en référence à celle réalisée en Adam : « [s]i l'Esprit allume la flamme de vie et crée toute vie, spécialement en l'homme, alors c'était lui qui a rallumé la flamme de vie éteinte par le péché et la mort. Il en a fait de même en Jésus ; il en fera pareil en nous[162]. » En faisant appel à la distinction de l'œuvre de l'Esprit réalisée de l'extérieur et celle réalisée de l'intérieur, Kuyper pouvait dire que l'œuvre de l'Esprit à la création vient de l'extérieur (*van buiten af*), tandis que son œuvre à la résurrection est de l'intérieur (*van binnen uit*)[163].

La résurrection comme œuvre réalisée de l'intérieur implique que le croyant ou le Christ soit le temple du Saint-Esprit. Ce qui est vrai du Christ, car le Saint-Esprit habitait dans la nature humaine du Christ comme en son temple[164]. Il n'y a pas, selon Kuyper, une opposition entre le Saint-Esprit et l'esprit de Jésus, et par conséquent l'esprit de Jésus a participé activement à l'œuvre du Saint-Esprit à la résurrection[165]. L'expression « qui habite en vous » renvoie à la présence et à l'action intérieure de l'Esprit dans le croyant, et aussi en Christ, avec la coopération de l'esprit de Jésus ou de notre esprit.

Partant de la coopération de l'esprit de Jésus à l'œuvre du Saint-Esprit à la résurrection, le Christ est considéré comme ayant participé passivement mais aussi activement à sa résurrection. Car Christ a déclaré qu'il avait le pouvoir de donner sa vie, mais aussi de la reprendre (Jn 10.18) ; tout comme il est dit du Christ que Dieu l'a ressuscité ou qu'il est ressuscité[166]. La résurrection du Christ a été l'œuvre de Dieu (Ac 2.24), ou une œuvre réalisée par la puissance

---

161. *Ibid.*
162. *Ibid.*
163. *Ibid.* « Bij onze schepping namelijk, en dus ook bij de schepping van Jezus' menschelijke natuur, kwam de werking van den Heiligen Geest *van buiten af*. Hier daarentegen bij de wederopstanding werkt de werking van den Heiligen Geest *van binnen uit* », WHG, I, p. 146.
164. *Ibid.*, p. 111.
165. *Ibid.*, p. 109.
166. *Ibid.* ; BAVINCK, *RD*, III, p. 437.

de Dieu (Ep 1.20)[167], mais avec la particularité d'être une œuvre « accomplie de l'intérieur par l'Esprit qui habite en lui sans mesure, qui a continué avec lui à sa mort, et dans l'œuvre duquel son propre esprit a pleinement participé[168] ».

Selon Bavinck, l'Esprit qui habite en Christ, et qui l'a conduit durant toute sa vie d'obéissance au Père jusqu'à la mort[169], est l'Esprit de sainteté ($\pi\nu\varepsilon\tilde{\upsilon}\mu\alpha$ $\dot{\alpha}\gamma\iota\omega\sigma\acute{\upsilon}\nu\eta\varsigma$)[170] par lequel Dieu a ressuscité Christ pour qu'il vive par le pouvoir de l'Esprit[171]. Selon Turretin, l'orthodoxie a attribué « la cause de la résurrection au Fils aussi bien qu'au Père[172] » ; « [p]uisque le pouvoir du Père et du Fils est le même […] le Père a ressuscité le Christ et Christ s'est ressuscité[173] ». Ce pouvoir, par lequel Christ s'est ressuscité, est « son propre pouvoir de divinité[174] », qui est en réalité l'Esprit de sainteté par lequel Christ a été déclaré Fils de Dieu[175]. La perspective est trinitaire, car « la résurrection est une œuvre extérieure[176] » à la trinité, et donc indivise. Pour Calvin, le double aspect est noté, car « Christ a été ressuscité par la puissance de l'Esprit de Dieu[177] », ou encore « Christ est ressuscité de lui-même et par sa propre vertu[178] ».

Bavinck, Turretin et Calvin, tout comme Kuyper, ont tous relevé ou noté l'aspect passif et actif de la résurrection du Christ. C'est l'œuvre de Dieu par la puissance de son Esprit. Comme l'Esprit de Dieu est aussi celui du Fils et habite en Christ, alors on peut affirmer que Christ s'est ressuscité de lui-même ou que Dieu l'a ressuscité. L'accent semble être mis chez Kuyper sur l'aspect intérieur, en faisant de la résurrection une œuvre intérieure de l'Esprit. Il a favorisé l'aspect actif de la résurrection tout en faisant participer l'esprit du

---

167. *Ibid.*
168. *Ibid.*, pp. 109-110 ; Bavinck, *RD*, III, p. 436. L'auteur parle de la résurrection comme « l'événement dans lequel Christ par son pouvoir divin a redonné vie à son corps mort, l'a uni à son âme, et sortit alors du tombeau ».
169. Bavinck, *RD*, III, p. 436.
170. *Ibid.*, p. 434.
171. *Ibid.*, p. 435.
172. Turretin, *ET*, II, p. 365.
173. *Ibid.*
174. *Ibid.*
175. *Ibid.*
176. *Ibid.*, p. 366.
177. Calvin, *Épître aux Romains*, p. 184.
178. *Ibid.*, p. 185.

Christ à l'œuvre intérieure du Saint-Esprit. Peut-être, ici encore, notre auteur a-t-il en vue l'Esprit comme principe de vie, en lui donnant la même portée qu'il a reconnue à l'Esprit éternel. Car s'il s'est offert par l'Esprit éternel, n'est-ce pas aussi par l'Esprit éternel qu'il est ressuscité ? La suggestion est possible, car la mort en sacrifice aussi bien que la résurrection est l'œuvre intérieure de l'Esprit.

B. L'Esprit du Christ glorifié et l'Église

Nous avons justifié la place du rapport de l'Esprit au Christ glorifié dans notre travail par le fait que Christ, même glorifié, ne s'est pas départi de sa nature humaine. Selon Kuyper, même dans sa glorification il demeure rempli du Saint-Esprit[179]. Par conséquent il est possible d'envisager une réflexion sur son rapport à l'Esprit dans le domaine de l'ecclésiologie. Comment le Fils incarné glorifié a-t-il vécu en relation avec l'Esprit ? Comment et pourquoi l'Esprit a-t-il été répandu sur le Corps du Christ glorifié ?

I. Église, Corps du Christ glorifié

1. *Corps : organisme et institution*

Ce point a été survolé dans notre premier chapitre consacré aux contextes et au survol de la théologie de l'auteur. Plus de détails peuvent être fournis sur l'Église comme organisme et institution telle qu'elle est présentée par l'auteur en partant du texte de l'épître aux Éphésiens (3.17). Qu'est-ce que l'organisme et l'institution, et comment les deux notions sont-elles liées ? Qu'en est-il de leur relation avec l'Esprit ?

a. L'Église comme organisme

Parlant de l'organisme, Kuyper le décrit comme suit : « [e]nraciné [l'organisme] est la métaphore décrivant la vie libre qui vient non de l'activité humaine, mais immédiatement de la main du Créateur, portant en son cœur la puissance de la vie et dans sa semence la loi de la vie[180]. » L'organisme est le cœur de l'Église, car c'est de l'organisme que vient le souffle vital[181]. L'auteur

---

179. KUYPER, *WHS*, I, p. 110. « […] the glorified Christ also, who continues to be a true man in heaven, must therefore forever continue to be filled with the Holy Spirit. »
180. KUYPER, *OC*, p. 49.
181. *Ibid.*, p. 54.

compare l'organisme à la semence de vie sans laquelle les missionnaires, par exemple, ne pourront pas implanter des Églises[182]. La vie humaine comporte un aspect instinctif et un aspect conscient[183]. L'organisme pourrait être comparé à la vie instinctive ou organique qui a besoin d'être revêtue du pouvoir institutionnel[184].

Trois métaphores ou exemples servent à illustrer la réalité organique de l'Église : la métaphore de l'arbre, celle du levain et celle du corps[185]. L'Église est un organisme pour les raisons déjà présentées dans le survol de l'ecclésiologie[186]. Une autre raison, qu'il faut noter, est le fait que la création même est un fait organique, car « Dieu n'a pas créé l'humanité comme des âmes isolées, mais comme une race[187] ».

L'Église, à l'image de l'humanité unie organiquement, est l'ensemble des élus, car selon l'Écriture, « les élus constituent un corps[188] ». Elle est un corps visible en partie, mais avec une dimension spirituelle, donc invisible. Les élus sont dans une relation vitale, organique et spirituelle[189]. C'est un corps dont la constitution définitive a eu lieu avec l'ascension de Jésus et sa session à la droite de Dieu[190]. Le Corps du Christ n'a pas existé, selon Kuyper, avant l'ascension du Christ[191]. Kuyper trouve une explication à ce fait en écrivant ceci :

> [c]ependant, cela n'a pas eu lieu directement à la naissance du Christ, mais après son ascension ; car sa nature humaine n'avait pas atteint sa pleine perfection tant qu'il n'était pas monté

---

182. *Ibid.*
183. *Ibid.*, p. 51.
184. *Ibid.*, p. 52.
185. *Ibid.*, pp. 49-50.
186. *Ibid.*, p. 54 ; voir KUYPER, *Rooted and Grounded*, p. 11. « L'Église est un organisme parce qu'elle porte en elle-même une vie unique et une conscience de soi qui maintient l'indépendance de cette vie contre l'ancienne. L'Église est un organisme parce qu'elle vit selon sa propre règle et doit suivre sa propre loi vitale. Finalement, l'Église est un organisme parce qu'elle porte déjà en elle-même la semence de ce qui naîtra d'elle plus tard. »
187. KUIJPER, *WHG*, I, p. 161. « God schiep de menschheid niet als een aaneenrijging van op zichzelf staande zielen, maar als *één geslacht* » ; *WHS*, I, p. 120.
188. KUYPER, *WHS*, I, p. 120.
189. *Ibid.*
190. *Ibid.*, p. 121.
191. *Ibid.* « Ze vormden dit nog niet onder het Oude Verbond, noch ook onder Johannes den Dooper, noch ook zoolang Jezus op aarde was », *WHG*, I, p. 163.

au ciel, où, en tant que Fils de Dieu glorifié, il serait assis à la droite du Père[192].

L'Église, en tant qu'organisme, est enracinée dans le décret de l'élection, selon les Pères, mais aussi dans l'amour, selon les apôtres[193]. Il y a un ancrage double pour l'organisme : l'amour de Dieu et le décret. « De ce champ éternel de l'élection, l'Église tire sa sève nourricière et sous ses rayons elle fleurit[194]. » Comment résoudre la tension dans la pensée de l'auteur puisque l'Église existe de toute éternité dans le décret, mais en tant que Corps du Christ elle n'a été constituée effectivement qu'après l'ascension ? Comment expliquer et justifier l'idée selon laquelle la nature humaine du Fils n'a atteint sa perfection qu'à l'ascension ?

La distinction kuypérienne déjà constatée dans sa doctrine de la création entre l'essence d'une chose et son existence a une importance capitale pour sa conception ecclésiologique. Il a écrit :

> [….] l'Église est présente en Dieu de toute éternité, non pas selon son existence, mais selon son essence. [...] Maintenant l'Église, en ce qui concerne sa constitution, est en Dieu comme une opération immanente, et elle vient alors à l'existence, quand cette opération immanente devient une opération externe[195].

Nous pouvons comprendre dans quelle mesure l'Église est présente *essentiellement* en Dieu ou dans le décret[196] et saisir aussi son caractère historique manifesté dans le temps par son *existence* hors de Dieu. L'Église est comme une extériorisation du décret. Comme toute création de Dieu, elle existe essentiellement en Dieu avant d'être manifestée dans l'histoire. C'est le sens de l'immanence de l'Église : les décrets sont considérés comme les œuvres

---

192. *Ibid.*, pp. 120-121.
193. KUYPER, *OC*, p. 54.
194. *Ibid.*
195. KUYPER, *Locus de Ecclesia*, p. 69. « [...] de kerk is in God van eeuwigheid aanwezig, niet naar haar existentie, maar naar haar essentie. (Essentie is alles wat in God bestaat – existentie is alles wat buiten God bestaat.) Welnu, de kerk, zooals ze in de constitutio ecclesiae ligt, is in God als opus immanens, en de existentie bestaat eerst dan, wanneer dit opus immanens overgaat in een opus exeuns. »
196. KUYPER, *OC*, p. 88. Il a écrit ailleurs pour préciser dans quelle mesure l'Église est présente dans le décret : « In God's counsel lies the church of all ages, with the full number of elect, completed according to its perfect plan, from before the foundation of the world. In that counsel it is ordained, called, justified, and glorified before the face of the Triune God. »

immanentes de la trinité. Cela permet de mieux comprendre le sens de l'Église comme l'élue éternelle chez Kuyper.

b. L'Église comme institution

L'organisme ne suffit pas pour décrire ce qu'est l'Église dans sa totalité. L'Église est une institution en plus d'être un organisme. Qu'est-ce que l'institution ? L'institution renvoie à la forme[197] ou à l'organisation, car « l'Église est un peuple issu du tronc vivant, mais néanmoins organisé avec sagesse et guidé par une motivation personnelle[198] ». L'institution « évoque encore la vie consciente avec laquelle on fait avancer, on entretient et développe ce que l'organisme porte en lui-même[199] ». Les métaphores sont, entre autres, celle du levain, celle de la croissance vitale[200]. Les moyens institutionnels sont essentiellement la prédication de la Parole et l'administration des sacrements[201]. Ces moyens ne sont pas du tout une opération organique, car ils présupposent toujours une conscience humaine[202].

Quelques raisons sont données pour justifier la nécessité de l'institution. L'aspect instinctif de l'organisme a fait que les apôtres, par exemple, ont dû donner à la jeune plante (Église apostolique) une organisation. « Ils […] ont cherché à donner une forme à cette vie qui pourrait la préserver de la disparition[203]. » En plus, l'aspect corporatif du christianisme fait que l'institution est une nécessité « puisque le christianisme ne vise pas seulement des individus dans l'accomplissement de sa mission, mais aussi des croyants unis ensemble, il doit avoir une organisation qui régule toute chose[204] ».

c. Relation entre l'organisme et l'institution

Pour Kuyper, les deux aspects sont inséparables en ce qui concerne l'essence et la forme de l'Église. Il décrit le lien ou le rapport comme suit : « [l]'organisme est l'essence, l'institution est la forme[205]. » Ou encore « [l]'organisme

---

197. *Ibid.*, p. 58.
198. *Ibid.*, pp. 50, 54.
199. *Ibid.*, p. 54.
200. *Ibid.*, p. 50.
201. *Ibid.*, p. 56.
202. *Ibid.*
203. *Ibid.*, p. 55.
204. *Ibid.*
205. Kuyper, *Rooted and Grounded*, p. 17 ; Kuyper, *OC*, p. 58.

de l'Église est la source nourrissante du torrent, mais l'institution est le lit qui porte ce torrent, les rives qui contiennent ses eaux[206] ». Il a décrit encore la relation en ces termes : « l'institution est un moyen donné par Dieu pour nourrir et étendre l'organisme[207]. » Il dit qu'il y a une influence mutuelle entre l'organisme et l'institution, car « [d]e l'organisme l'institution est née, mais par l'institution l'organisme est nourri[208] ». Après la naissance miraculeuse de l'Église à la Pentecôte, « c'est l'Église elle-même par le Saint-Esprit, qui habite en elle [l'institution], qui étend et développe l'Église[209] ». On peut sous-entendre dans cette pensée le développement de l'organisme par l'institution, à l'image de la création initiale à laquelle l'homme a donné plus de vie par son activité[210]. Selon lui, l'Écriture refuse toute séparation de l'organisme d'avec l'institution[211]. La notion d'Église, chez l'auteur, ferait plus référence à l'Église institutionnelle.

C'est dans le rôle de l'Église mère que la corrélation entre l'organisme et l'institution est assez perceptible chez Kuyper. En partant de l'idée de Calvin, selon laquelle l'Église visible est la mère des fidèles[212], l'auteur a affirmé que l'expression est bien à propos en ce qui concerne l'organisme et l'institution dans leur corrélation. « Son sein maternel nous donne la vie ; son soin nous nourrit[213] », a-t-il écrit au sujet de l'Église mère. Il a affirmé que là où il n'y a pas de régulation ni d'ordre il n'y a pas de nourriture et de soins[214]. D'où la nécessité de la corrélation entre l'organisme et l'institution pour que l'Église soit la mère. L'Église est mère de l'humanité et elle a donné naissance à l'humanité, selon Kuyper[215]. Dans quelle mesure l'Église est-elle la mère de l'humanité et quel est le sens que revêt le terme « humanité » chez Kuyper ?

---

206. *Ibid.*, p. 16.
207. Kuyper, *OC*, p. 55.
208. *Ibid.*, p. 56.
209. *Ibid.*
210. *Ibid.*
211. *Ibid.*, p. 50.
212. Calvin, *IC*, IV, i, 1 ; *IC*, IV, i, 4.
213. Kuyper, *OC*, p. 56. « Her womb granted us life; her care nurtures us. »
214. *Ibid.*, p. 57. « So there is no nurture where there is no regularity, no nursery where there is no order. Every sphere of nurture involves organism and institution. »
215. *Ibid.*, p. 56. « The church is not the instrument of humanity, but humanity is born from her maternal womb as her instrument. The church exists before humanity, because the church gives birth to humanity. The church stand above humanity, because the church nurtures humanity. »

2. Union avec le Christ glorifié

La notion d'Église[216], Corps du Christ organique et institutionnel, implique l'union des croyants avec Christ. Quelle est la nature de cette union ? Quand commence-t-elle ? Il nous faut commencer par le début ou l'origine de l'union avec Christ. Selon Kuyper, l'union avec Christ commence par le décret éternel de Dieu[217]. « Dès l'instant même où le Père nous a donnés au Fils, nous étions réellement sa propriété, et une relation a été établie entre lui et nous[218]. » L'Église a été donnée au Christ par le Père[219]. Ensuite vient l'actualisation du décret par l'incarnation du Fils, et, dans sa chair, « Christ porte tous les croyants[220] ». Après leur régénération, les croyants sont conduits par le Saint-Esprit à développer une foi consciente par la conversion[221]. En ce moment, l'union avec Christ est scellée subjectivement[222].

L'union avec Christ est-elle spirituelle ou mystique ? Pour la nature de l'union, elle est comparable pour Kuyper à d'autres types d'union, telle que l'union sacramentelle, scellée au moyen du baptême et de la cène, ou l'union spirituelle par l'inhabitation de l'Esprit en nous. Mais ces formes d'union ne peuvent pas traduire pleinement le sens de l'union avec Christ[223]. Il précise donc le sens de l'union avec Christ en disant que « [c]'est une union invisible et intangible ; [….] néanmoins c'est une vraie et réelle union et communion, par laquelle la vie du Seigneur Jésus nous affecte et nous contrôle directement[224] ». C'est « une union mystique avec le corps dont Christ est la tête[225] ».

Parlant de l'union organique à partir des images du corps et de l'arbre, Kuyper conclut « qu'il existe une union mystique entre Christ et les

---

216. *Ibid.*, p. 88. Kuyper donne quatre perspectives ecclésiologiques quant à l'essence de l'Église. Il écrit : « By the term *church*, one could mean the church as it exists in God's counsel, the church as its life is hidden in Christ, the church as it is realized among human beings on earth, or finally, the church as it will one day in glory sing praises before the throne. »
217. *Ibid.*
218. Kuyper, *WHS*, II, p. 335.
219. Kuyper, *OC*, p. 88.
220. Kuyper, *WHS*, II, p. 335.
221. *Ibid.*, p. 336.
222. *Ibid.*
223. *Ibid.*, p. 337.
224. *Ibid.*
225. Kuyper, *WHS*, I, p. 122.

croyants[226] ». Dans le même contexte, il en parle en termes « d'union spirituelle entre lui-même [Christ] et son peuple[227] ». L'union est dite mystique, « parce que la vie de la tête et la vie des membres sont unies plus intimement qu'avec un corps normal[228] ». Ailleurs, le corps mystique du Christ est synonyme du corps spirituel, car les deux expressions sont utilisées pour définir les croyants[229]. Il semble ne pas faire une différence fondamentale entre l'union mystique et l'union spirituelle.

En étant unis au Christ, comme le bébé qui vit du sang maternel dans le sein de sa mère, « nous [les croyants] vivons de la vie de Christ, avons notre battement de cœur *non* dans notre âme, mais hors de nous, au ciel, en Christ Jésus[230] ». Il disait à peu près la même chose au sujet des personnes régénérées, que « dans l'âme des régénérés il y a un principe vital, mais la source de son énergie est hors de nous-mêmes, en Christ[231] ». Ainsi le régénéré reçoit directement la vie du Christ, qui est extérieur à lui et assis à la droite de Dieu[232]. C'est le caractère mystique, voire spirituel de l'union avec Christ.

3. *Le Corps du Christ et le corps apostolique*

Qu'est-ce que le corps apostolique et quelle est sa relation avec le rôle de l'Esprit ? Les apôtres[233], dont l'ensemble constitue le corps apostolique, ont été mis à part ou sanctifiés[234] ; ils ont une signification particulière[235] et unique[236], « non transitoire ou temporaire, mais permanente et impliquant

---

226. *Ibid.*, p. 124.
227. *Ibid.*
228. Kuyper, *Pro Rege*, I, p. 280.
229. *Ibid.*, p. 149.
230. Kuyper, *WHS*, II, p. 337.
231. *Ibid.*, p. 279.
232. *Ibid.*
233. Kuyper, *WHS*, I, p. 160. Kuyper donne le sens spécifique et le sens général du terme apôtre. Au sens spécifique, c'est le fait d'être appelé directement par Jésus pour être ambassadeur de Dieu. Au sens général, le terme apôtre désigne toute personne qui est envoyée par Jésus dans son champ.
234. *Ibid.*, p. 139.
235. *Ibid.*, pp. 139, 140.
236. *Ibid.*, p. 144.

toute l'Église²³⁷ ». Ils constituent, avec Christ, la fondation de l'Église²³⁸. Ils ont une position unique²³⁹.

Dans leur mise à part, les apôtres constituent un corps, un organisme, qui est l'apostolat. Ils sont « non plus chacun pour soi, mais tous ensemble dans leur union mutuelle ils constituent l'apostolat, dont l'unité n'est fondée ni en St Pierre ni en St Paul, plutôt en *Christ*²⁴⁰ ». En effet l'apostolat de Jésus, l'Apôtre et Grand-Prêtre, pourrait être la somme de l'apostolat des douze, selon Kuyper²⁴¹.

Les apôtres sont des témoins du Christ²⁴² ; leur témoignage reste et « est un instrument entre les mains du Saint-Esprit pour mettre en relation les âmes avec la vie éternelle²⁴³ ». Ils sont les responsables permanents du Corps du Christ²⁴⁴ ; choisis par le Christ lui-même et « établis comme les instruments par lesquels il est lié à son Église²⁴⁵ ». Car une fois qu'une relation est établie entre les membres et le corps apostolique, il se crée une relation entre les croyants et le Père et le Fils²⁴⁶. À cet effet, les apôtres médiatisent la présence du Christ. Cela rejoint le sens spécifique que Kuyper donne au terme apôtre : ambassadeur ou représentant de Dieu²⁴⁷. Les apôtres sont des « ambassadeurs extraordinaires du Christ²⁴⁸ », a-t-il dit.

Selon Kuyper, « les apôtres de Jésus étaient mis à part pour le service du saint royaume de Dieu, et ils étaient qualifiés pour cette mission par la puissance du Saint-Esprit²⁴⁹ ». Ils ont reçu leur autorité non de l'Église, mais directement du Saint-Esprit²⁵⁰. Ils médiatisent le pouvoir de Dieu dans

---

237. *Ibid.*
238. *Ibid.*
239. *Ibid.*, p. 146.
240. *Ibid.*, p. 144.
241. *Ibid.*
242. *Ibid.*, p. 141.
243. *Ibid.*, p. 142.
244. *Ibid.*, p. 143.
245. *Ibid.*, p. 144.
246. *Ibid.*, p. 141.
247. *Ibid.*, p. 160.
248. *Ibid.*, p. 156.
249. *Ibid.*, p. 140.
250. *Ibid.*, p. 147. « Hence the power and authority to command, to ordain and to judge in the churches, they derive not from the Church, nor from church council, nor from the apostolate, but directly from the Holy Spirit. »

l'Église, car « il a plu à Dieu de faire descendre ce pouvoir dans l'Église par des organes et instruments, dont le principal est l'apostolat[251] ». En vertu de cette autorité, ils avaient la responsabilité de donner aux Églises des formes fixes de gouvernement pour déterminer leur caractère[252]. C'est dire qu'ils étaient habilités à donner aux Églises leur forme institutionnelle. Kuyper, dans sa critique des irvingites, a affirmé que les apôtres, en vertu de la qualification particulière reçue du Saint-Esprit, étaient infaillibles dans le service de l'Église[253].

En termes d'autorité, le pouvoir des clés (Mt 16.19 ; Jn 20.23) est donné au corps apostolique non par l'Église institutionnelle, comme c'est le cas dans l'Église catholique par sa succession apostolique[254] ; mais c'est par une opération particulière, unique et extraordinaire du Saint-Esprit que les apôtres ont reçu ce pouvoir[255]. Il n'a été donné à personne d'autre en dehors des apôtres[256]. En effet, la parole de Jésus, dans les textes qui s'y réfèrent, a été exclusivement adressée aux disciples[257].

II. L'Esprit et le Corps du Christ glorifié

1. L'Esprit donné au Corps

La Pentecôte a marqué un tournant historique dans l'économie de l'Esprit, car ce fut le moment où l'Esprit a été répandu sur le Corps du Christ[258]. À l'ascension du Christ, le rapport du Christ à l'Esprit semble avoir changé. Le Christ, qui dépendait de l'Esprit aux jours de sa chair, est désormais celui qui a reçu l'Esprit du Père. Kuyper a écrit ceci de l'appropriation de l'Esprit par le Médiateur à son ascension : « [t]out était prêt pour le corps mystique avant l'ascension de Jésus, mais c'est seulement quand il est monté au ciel

---

251. *Ibid.*, p. 164.
252. *Ibid.*, p. 146.
253. *Ibid.*, p. 159. Kuyper voit deux marques distinctives de l'apostolat : l'appel direct reçu par les apôtres du Roi de l'Église, et une qualification particulière du Saint-Esprit rendant les apôtres infaillibles dans le service de l'Église.
254. *Ibid.*, p. 154.
255. *Ibid.*, p. 155. « […] for the words of Jesus referred to do not receive justice so long as we refuse to recognize in the apostles a working of the Holy Spirit entirely peculiar, unique, and extraordinary. »
256. *Ibid.*
257. *Ibid.* « We emphasize this in opposition to Rome and to those who apply the words of Christ, spoken to His disciples exclusively, to ministers and other believers. »
258. Kuyper, *Pro Rege*, I, p. 465.

qu'il a reçu le Saint-Esprit du Père pour le donner aux siens [...]²⁵⁹. » « Le Saint-Esprit est l'Esprit du Médiateur²⁶⁰ », affirme-t-il ; il ne l'a pas envoyé de lui-même²⁶¹, mais c'est du Père²⁶².

Si l'Esprit est l'Esprit du Christ, c'est à son ascension qu'il se l'est approprié. Ainsi le don de l'Esprit au Corps est possible parce que « [...] le temple était en lui [Jésus]. Le Saint-Esprit vivait dans ce temple [Jésus]²⁶³ ». Il est le temple, parce qu'il est le parfait homme²⁶⁴, dans la mesure où « il a pris la nature humaine sans péché²⁶⁵ ». Le fait que le parfait homme, Jésus, une fois glorifié reçoive l'Esprit est un point de départ important pour comprendre comment le Christ répand l'Esprit sur son Corps.

En partant du principe de l'union organique, où les membres sont unis au corps dont Christ est la tête, Kuyper a défendu l'idée que l'Esprit est donné au Corps et non directement à l'individu. C'est une affirmation assez fréquente chez Kuyper. Il a écrit ce qui suit dans ce sens :

> [l]e fait essentiel de la Pentecôte a consisté en ce que le jour de la Pentecôte le Saint-Esprit est entré pour la première fois dans le corps organique de l'Église, et les individus sont venus boire, non individuellement, mais tous ensemble dans l'union organique²⁶⁶.

Dans ce que Kuyper a affirmé, on comprend que l'Esprit est d'abord donné au Corps, et les individus sont bénéficiaires de l'Esprit en étant unis au Corps. L'aspect organique du don de l'Esprit est un facteur déterminant, car de la

---

259. *Ibid.*, p. 471 ; *WHS*, I, p. 123, « And then, after His ascension, [...] He had received the Holy Spirit from His Father. »
260. *Ibid.*
261. Kuyper, *WHS*, I, p. 121. « It becomes clear [...] that He would not send Him from Himself, but from the Father. »
262. *Ibid.*
263. Kuyper, *Pro Rege*, I, p. 468.
264. Kuyper, *WHS*, I, p. 121. « Only when the perfect Man was given, who on the one hand could be the temple of the Holy Ghost without hindrance, and on the other unite the spirits of the elect into one body. »
265. Kuyper, *Pro Rege*, I, p. 470.
266. Kuyper, *WHS*, I, p. 124. « [...] dat op dit heuglijk oogenblik de Heilige Geest voor het allereerst in dit organisch lichaam der kerk instroomde en de enkele personen drenken kwam, niet meer ieder op zichzelf, maar allen saam en in onderling verband », *WHG*, I, p. 167.

tête, l'Esprit est répandu sur les membres²⁶⁷ ; ou encore, « la descente de l'Esprit sur le Corps du Christ²⁶⁸ » procède de la tête. Le croyant n'a pas une existence séparée ou isolée de l'Église, mais c'est en étant uni au Corps qu'il peut participer aux dons de l'Esprit²⁶⁹. De ce fait, Kuyper a semblé écarter la possibilité d'une relation directe de l'individu avec l'Esprit. Il faut être membre du Corps du Christ pour expérimenter la vie de l'Esprit.

C'est dire que la communion du croyant à l'Esprit est médiatisée seulement par le Corps²⁷⁰. Kuyper a d'ailleurs affirmé que la communion (*gemeenschap*) du croyant à l'Esprit dépend de son union (*gemeenschap*) mystique avec le Corps du Christ²⁷¹. C'est comme l'oxygène que l'on respire qui n'a aucun effet sur les membres à moins qu'il passe par le corps. Ainsi en est-il du Saint-Esprit, qui est répandu sur les membres du corps, mais seulement par le corps de l'Église²⁷².

Dans le livre des Actes des apôtres, il est écrit que « Jean a baptisé d'eau, mais vous, c'est un baptême dans l'Esprit Saint que vous recevrez d'ici peu de jours » (1.5). Cette parole renvoie à la promesse du Saint-Esprit. Pour Kuyper, avant la Pentecôte les disciples comme Jean, Pierre, Philippe et bien d'autres avaient reçu les dons de la grâce de l'Esprit, mais aucun d'eux n'avait été baptisé du Saint-Esprit²⁷³. Il a compris l'événement de la Pentecôte comme étant le baptême de l'Église par l'Esprit en partant de l'analogie d'un château d'eau à partir duquel toute une ville est servie en eau²⁷⁴. Ainsi, Christ étant la fontaine spirituelle²⁷⁵, voire le château d'eau, du ciel il peut répandre l'Esprit

---

267. *Ibid.* « By means of this organic union the Holy Spirit was poured out on Pentecost from Christ the Head into us, the member of His body. »
268. Kuyper, *Pro Rege*, I, p. 467.
269. Kuyper, *WHS*, I, p. 185.
270. *Ibid.*, p. 143. « That even now each of us experiences the gracious operations of the Holy Spirit only through fellowship with this body. »
271. *Ibid.*, p. 122. « [...] dat alle gemeenschap met den Heiligen Geest voor ons hangt aan onze mystieke gemeenschap aan het lichaam van ons Hoofd Christus », *WHG*, I, p. 164.
272. Kuyper, *Meditations*, p. 78. « As the oxygen we breathe in has no effect on the members of the body unless it flows through the body, so also comes the Holy Spirit to us, the members of the body, only through the body of the Church. »
273. Kuyper, *WHS*, I, p. 125.
274. *Ibid.*, p. 124.
275. *Ibid.*, p. 123. « He gathered the full stream of the Holy Spirit for us all, *in His own Person*. »

sur les membres de son Corps[276] ; d'où l'aspect corporatif du baptême de l'Église par l'Esprit.

L'Esprit n'était pas donné seulement aux personnes présentes le jour de la Pentecôte. En effet, il a été donné, de façon unique et définitive[277], aux croyants de tous les temps, c'est-à-dire du présent et du futur en vertu de l'élection et de l'alliance de grâce. « Il est descendu non seulement sur ceux qui vivaient en ce temps-là, mais aussi sur tous ceux qui, un jour, seraient membres de ce Corps[278] », a-t-il écrit en ayant comme appui le texte de l'Évangile de Jean (17.20). L'élection détermine le don de l'Esprit aux futurs membres, car selon l'auteur, « [l]'élection définit le corps mystique, tandis que l'alliance de grâce l'a fait croître au fil des siècles au sein de l'humanité sauvée[279] ». C'est le sens de la prière sacerdotale de Jésus pour l'unité des chrétiens du présent et du futur (Jn 17.20)[280].

En plus, l'aspect corporatif ou organique du rôle de l'Esprit apparaît dans le fait que l'Esprit est plus manifesté dans la connexion organique de plusieurs personnes que dans les limites d'un individu. Kuyper l'a exprimé de cette façon :

> [...] c'est précisément dans cette connexion organique de plusieurs personnes que la Personne du Saint-Esprit peut révéler la majesté de son activité divine, infinie et irrésistible mieux et plus puissamment que dans les limites de l'individu[281].

Il en est de même pour l'onction du corps comparée à celle de l'individu. Selon Kuyper, la pleine onction repose sur le corps, non sur l'individu.

> Non pas le croyant en tant qu'individu, mais toute l'Église *comme un corps* possède la pleine onction de Celui qui est saint et [elle] connaît toute chose. L'Église en tant que corps n'a pas

---

276. *Ibid.*, p. 130. L'analogie du château d'eau, à partir duquel toute la ville est servie en eau, peut correspondre à cette pensée prise de notre auteur : « [...] la descente du Saint-Esprit était réelle, non apparente. Ayant trouvé son temple dans la tête glorifiée, il doit nécessairement descendre du ciel et entrer dans le corps ».
277. *Ibid.*, p. 121. « [...] this outpouring of the Spirit into the body of Christ is never repeated, and could occur but once. »
278. Kuyper, *Pro Rege*, I, p. 471.
279. *Ibid.*
280. *Ibid.*
281. Kuyper, *OC*, p. 107.

besoin que quelqu'un de l'extérieur vienne l'enseigner, car elle possède tous les trésors de la sagesse et connaissance, étant unie à la tête [...] en qui habite toute sagesse[282].

La primauté est donnée au corps et non à l'individu en ce qui concerne l'onction, et cela va dans le sens du don de l'Esprit au corps ecclésial et non d'abord à l'individu. D'ailleurs, on peut dire que l'onction individuelle n'est rien d'autre qu'une part reçue de l'onction du corps. En définitive, l'aspect corporatif de la réception de l'Esprit est une dominante chez Kuyper. Cela pourrait avoir un rapport avec le rôle de l'Esprit qui est le principe de vie de tout corps ou de tout organisme.

2. Esprit principe de vie et d'animation du Corps du Christ

Nous avons déjà montré, dans nos précédents chapitres, que l'Esprit est le principe de vie de toute créature, et aussi le principe de vie et d'action du Christ, la tête de l'Église. Il convient à présent de voir comment cela pourrait être valable aussi pour l'Église, Corps du Christ. Il faut déterminer d'abord si l'Église est une créature ou non. Si oui, peut-elle alors être une créature ou un corps sans âme ? Pour Kuyper, l'Église est bien une créature de Dieu. Dieu a toujours eu une Église, même avant la création ou le commencement du cosmos[283] ; et cela en vertu de l'élection divine[284] ou du conseil éternel de Dieu sans lequel il n'y aurait pas d'Église dans le monde[285]. Mais selon l'auteur, cette Église existant par le décret divin a été fondée historiquement par Christ[286]. C'est une Église qui est construite selon le plan de Dieu[287].

L'Église ayant été appelée à l'existence par Dieu, elle reçoit l'Esprit comme son principe de vie. Kuyper, après avoir affirmé que Christ a fondé l'Église[288] et qu'il est son centre vivant[289], a déclaré que l'Église « est animée par son

---

282. Kuyper, *WHS*, I, p. 185.
283. *Ibid.*, p. 179.
284. *Ibid.* ; Kuyper, *OC*, p. 88.
285. Kuyper, *OC*, p. 109. « Without the counsel of God there would be no seed of God and there would be no church to manifest itself. »
286. *Ibid.*, p. 24.
287. *Ibid.*, p. 109.
288. *Ibid.*, p. 24.
289. *Ibid.*, p. 23.

esprit²⁹⁰ », c'est-à-dire par l'Esprit du Christ. Il serait difficile de dire dans ce cas que l'action de l'Esprit du Christ est tout autre que l'œuvre intérieure du Saint-Esprit. Il a parlé d'une domination du Christ sur ses ennemis (Lc 21.15, 27) « par son propre Esprit²⁹¹ ». Puisque « le Saint-Esprit est l'Esprit du Médiateur²⁹² », c'est bien possible qu'il soit également l'Esprit qui anime le Corps du Christ. On peut dire que l'Esprit anime le Corps du Christ ou l'Église, c'est-à-dire qu'il lui donne vie. Là où il y a l'Esprit, il y a la vie²⁹³, par conséquent « une Église de laquelle l'Esprit se retire est morte²⁹⁴ ». Ou encore, « [c]ette congrégation [l'Église] du Dieu vivant reçoit l'effusion du Saint-Esprit, de sorte qu'elle vive de lui²⁹⁵ ».

Une autre affirmation venant de Kuyper évoque explicitement le rôle d'animation de l'Esprit joué dans le Corps du Christ. Il a écrit ceci de la vie du Christ, qui coule dans ses membres :

> [é]tant la tête du corps, il fait que sa vie coule dans les membres de ce corps. Il y a seulement une vie dans ce corps tout entier, la vie du Christ. […]. Puisque le Saint-Esprit est l'Esprit du Médiateur, il fait sa demeure non seulement dans la tête, mais dans le corps tout entier aussi bien que dans chaque membre qui est incorporé comme un membre vivant dans ce corps mystique²⁹⁶.

La vie du Christ a été animée par l'Esprit, et si l'Esprit fait sa demeure dans le corps tout entier, c'est que tout le corps vit de l'Esprit. L'Esprit a été le principe de vie et d'animation du Christ, il l'est également pour le corps mystique, considéré organiquement. La notion d'organisme implique en elle-même l'idée de principe de vie ou loi de vie²⁹⁷. Cela pourrait suffisamment justifier l'idée selon laquelle l'Esprit anime l'Église.

---

290. *Ibid.*, p. 24.
291. *Ibid.*
292. Kuyper, *Pro Rege*, I, p. 171.
293. Kuyper, *Meditations*, p. 118.
294. *Ibid.*
295. Kuyper, *Pro Rege*, I, p. 198.
296. *Ibid.*, p. 471.
297. Kuyper, *OC*, p. 54. Ce qui a été dit pour montrer que l'Église est un organisme peut aider aussi à montrer que l'Esprit est le principe de vie ou la loi de vie de l'Église. Car « l'Église est un organisme, parce qu'elle vit selon sa propre règle et doit suivre sa propre loi de vie ».

Pourquoi l'Esprit a-t-il été répandu sur l'Église à la Pentecôte ? On peut désormais répondre à cette question en suivant notre auteur. Kuyper, dans ses *Meditations*, propose une réponse à cette question et cela nous permet de mieux comprendre le rôle de l'Esprit dans le Corps.

> En ce temps, le Corps était préparé et prêt, mais il n'avait pas encore reçu son propre souffle, son propre esprit ou, en général, sa propre vie pleine. C'est à l'effusion du Saint-Esprit que le Corps de l'Église en ce jour [...] est apparu sur scène, recevant le souffle de vie, commençant à mouvoir consciencieusement à partir de sa propre respiration et ouvrant les yeux sur la lumière éternelle[298].

Il apparaît, dans les propos de Kuyper, que l'Esprit a été donné au Corps comme son souffle de vie. À partir du moment où le Corps a reçu son Esprit, il a commencé à vivre avec son propre principe, comme le nouveau-né qui cesse de dépendre de sa mère dès sa naissance pour respirer par lui-même. C'est à la Pentecôte que le Corps a reçu son Esprit, car il n'y a pas de corps sans esprit pour le faire mouvoir. L'action de l'Esprit dans le corps « est devenue immédiate, directe ; la fonction de la mère a atteint son but et s'est arrêtée ; l'Enfant était né et le Saint-Esprit était répandu sur le corps lui-même afin de l'animer de l'intérieur[299] ». L'Esprit a été répandu sur le corps en vue de l'animer et de lui donner vie. L'analogie avec la création de l'homme éclaire la pensée de l'auteur quant au rôle de l'esprit : à la création de l'homme, ce dernier a reçu le souffle de vie et est devenu un être vivant (Gn 2.7). Il en a été ainsi pour l'Église à la Pentecôte.

La tête de l'Église ou du Corps, c'est-à-dire Christ lui-même, a un rôle particulier dans l'animation du Corps par l'Esprit, car « [u]ne fois qu'un corps est créé, il respire seulement par sa tête[300] ». Un corps est impensable sans la tête, et il peut respirer, être nourri, grandir et être gouverné par la tête[301] :

> de façon similaire, il est impensable et impossible pour le Saint-Esprit de se répandre sur le Corps du Christ autrement que

---

298. Kuyper, *Meditations*, p. 77.
299. *Ibid.*, p. 78.
300. *Ibid.*
301. *Ibid.*

par la tête. Avant tout, la tête doit aspirer cet Esprit, et de là il pourra être automatiquement répandu de la tête, en passant par les poumons et les artères, sur le corps[302].

Telle est la signification de la « tête » chez Kuyper. Elle est l'origine et la source, mais aussi l'autorité, puisque par elle tout le corps est gouverné ; elle est l'origine et la source quant à la vie du corps par l'Esprit.

3. *Constitution, communion et gouvernement de l'Église et rôle de l'Esprit*
a. Constitution et communion de l'Église

Comment l'Église, tant dans sa dimension organique qu'institutionnelle, s'est-elle constituée dans le temps ? Comment le décret fondateur de l'Église a-t-il été réalisé dans l'histoire ? La réponse à ces préoccupations permettra de préciser le rôle de l'Esprit dans la constitution et la communion du Corps de Christ. Au titre de la constitution, Kuyper associe l'Esprit et la Parole comme étant les moyens de grâce par lesquels l'Église s'est constituée. Il écrit :

> [l]e Seigneur rassemble ses élus par la Parole, rendant le [rassemblement] effectif en termes de salut dans la régénération par le Saint-Esprit. Ayant été amenés à la vie par cet Esprit, les élus confessent cette Parole[303].

Par la Parole, les élus sont appelés à la foi et à la conversion ; et par l'Esprit les nouvelles dispositions sont créées, rendant ainsi la foi possible. Dieu, « par sa Parole et l'Esprit, fait l'appel et le rassemblement de ses élus[304] », dit-il. Même si par endroits Kuyper a pu dire que les élus sont rassemblés par le Fils[305], ou que l'Église a été fondée par le Christ[306], il veut dire que le Fils le

---

302. *Ibid.* « Similarly, it is unthinkable and impossible for the Holy Spirit to infuse the Body of Christ except through her Head. First, if you will, the Head must breathe in this Spirit and from there it will automatically be poured from the Head through the lungs and arteries into the Body. »
303. Kuyper, *OC*, p. 91.
304. *Ibid.*, p. 109.
305. *Ibid.*, p. 345.
306. *Ibid.*, p. 24.

fait « par l'Esprit et la Parole[307] ». En considérant l'ordre des mots[308], selon le commentaire de Kuyper sur la question 54 du catéchisme *Lord's Day 21*[309], l'accent est mis sur le rôle de l'Esprit d'abord, et non sur celui de la Parole. On peut donc parler de l'Esprit et de la Parole comme des co-constituants de l'Église chez Kuyper.

Le témoignage intérieur de l'Esprit fait partie du rôle de l'Esprit, conjoint à celui de la Parole, dans la constitution de l'Église. Kuyper voit deux aspects dans le rôle de l'Esprit : « une opération sur les êtres humains et une opération par les êtres humains[310]. » Il précise ensuite sa pensée en disant que c'est une opération sur les êtres humains, parce que le Saint-Esprit fait son entrée dans les élus pour faire l'appel intérieur ; et il les convainc en faisant fléchir leur volonté[311]. Cette action du Saint-Esprit correspond au témoignage intérieur de l'Esprit ; elle est une réponse à son action extérieure réalisée par l'homme par la communication de la Parole. Ainsi l'action de l'Esprit est liée à celle de la Parole, puisque cette dernière a été inspirée par l'Esprit[312].

La constitution de l'Église, en plus d'être un rassemblement des élus, a aussi un aspect dogmatique et confessionnel. L'Esprit, selon Kuyper, a également un rôle à jouer à ce niveau. En effet, la Parole de l'Esprit est infaillible, à la différence de celle des hommes[313]. L'Esprit est le témoin de la Parole des prophètes et des apôtres et aussi témoin dans la Parole écrite[314]. Comme la Parole de Dieu doit être son propre témoin, pour appeler les hommes des ténèbres à son admirable lumière (1 P 2.9), l'Esprit intervient donc dans la constitution dogmatique comme témoin de la vérité. Selon Kuyper, « la personne du Saint-Esprit témoigne dans le développement des dogmes de la

---

307. *Ibid.*, p. 345.
308. *Ibid.* Il écrit : « This happens through his Spirit and Word. Note that it does not say "through his Word and Spirit" but "through his Spirit and Word". The Spirit comes first, then the Word follows. »
309. Kuyper, *E Voto*, II, pp. 108, 133 ; Kuyper, *OC*, pp. 318, 345.
310. Kuyper, *OC*, p. 105.
311. *Ibid.*, pp. 105-106.
312. *Ibid.*, p. 106. « […] it has pleased God to bind the person of the Holy Spirit, in all his work, to the Word inspired by himself. »
313. *Ibid.*, p. 107.
314. *Ibid.*

vérité que la Parole nous livre au sujet du Dieu éternel[315] ». Le dogme est une sorte de confession de l'Esprit vis-à-vis de la Parole. En vertu de cette action de l'Esprit dans la constitution du dogme, l'Église peut recevoir la confession « comme un précieux joyau préparé pour elle par le Saint-Esprit »[316]. C'est de cette manière que l'Esprit accomplit son rôle dans la constitution dogmatique, en témoignant de façon dogmatique de la vérité concernant Dieu.

Pour l'aspect institutionnel de la communion de l'Église avec Christ, Kuyper a affirmé que la relation entre les institutions ecclésiastiques et le Christ glorifié est faite par le Saint-Esprit[317]. L'Esprit fait le lien entre Christ et ses institutions ecclésiastiques. En plus, l'Esprit se manifeste non seulement dans l'individu, uni au corps, mais également, et plus encore, dans la communion des saints par l'office des croyants. Il se manifeste dans l'office particulier d'un individu, mais surtout dans les assemblées synodales ou conciliaires de tous les serviteurs du Christ[318]. Il reste l'acteur principal de l'unité institutionnelle, car c'est par les institutions ou offices ecclésiastiques que l'Esprit travaille[319] ; c'est lui qui les inspire, sanctifie les personnes en charge, les équipe et leur donne de porter des fruits[320].

Le caractère propre et personnel de l'Église, c'est d'être une communion fraternelle[321]. Il est donc nécessaire que ceux qui ont été unis à Christ aient une certaine unité[322]. La communion fraternelle est aussi réalisée par le même Esprit, car Christ étant au ciel et ses membres sur terre, l'Esprit unit la tête avec le corps[323]. Ainsi sont-ils « un et dans le même Esprit[324] » ou encore « une

---

315. *Ibid.*, p. 108. « This, the person of the Holy Spirit, realizes in the development of dogma […] the truth that the Word brings us concerning God eternal. »

316. *Ibid.*

317. *Ibid.*, p. 105. « […] the question arises regarding the way that the connection is made between ecclesiastical office on earth and the messianic office of King Jesus. And the answer to this question is that this connection is made by the Holy Spirit. »

318. *Ibid.*, p. 107.

319. *Ibid.*, p. 106.

320. *Ibid.*

321. *Ibid.*, p. 20.

322. *Ibid.*, p. 21.

323. *Ibid.*, p. 105. « The person of the Holy Spirit is now the one who has been sent, who works on the earth, and who therefore dwells not only in Christ as our Head, but also in us his members. He thus binds together the Head and the church. »

324. *Ibid.*, p. 21.

communauté fraternelle [*fraterna societas*]³²⁵ » ; et « Jésus lui-même peut être établi comme l'agent de liaison de la communauté de l'Église³²⁶ ».

Kuyper a affirmé que « [l]e lien par lequel les membres de l'Église sont unis n'est ni le baptême ni la confession d'une certaine doctrine, mais en réalité c'est par le seul Esprit divin du Christ³²⁷ ». En effet, l'unité de l'Église, selon Kuyper approuvant l'avis de Lasco, n'est pas basée sur une doctrine, comme l'a affirmé Calvin. Mais elle est plutôt basée sur le fait que les croyants « sont imbibés dans son divin Esprit [l'Esprit du Christ], et animés d'un amour fraternel mutuel³²⁸ » ; l'amour étant lui-même le produit de l'Esprit³²⁹.

b. Gouvernement et direction de l'Église

L'Église est une institution divine³³⁰, et en tant que telle, Christ dirige les affaires externes de cette institution tout comme sa grâce la nourrit intérieurement³³¹. C'est l'aspect institutionnel de l'Église qui est en vue lorsqu'on parle de gouvernement et de direction de l'Église. Le but du gouvernement de l'Église est de « préserver la pure prédication de la Parole et d'empêcher que les sacrements soient profanés³³² ». Pour atteindre ce but, l'Esprit a un leadership au sein de l'Église institutionnelle.

Selon Kuyper, les yeux spirituels des croyants doivent être ouverts pour comprendre l'œuvre du Saint-Esprit³³³. Les consistoires, ou les synodes, sont simplement pour le non-croyant des rencontres d'hommes. Mais pour l'enfant de Dieu, avec des yeux ouverts sur l'œuvre ou le rôle du Saint-Esprit, ces assemblées, synodes ou consistoires revêtent un aspect totalement différent. L'enfant de Dieu reconnaît et confesse que les consistoires, les classes ou les synodes n'ont pas de validité tant que le Saint-Esprit ne préside et ne participe

---

325. *Ibid.*, p. 22.
326. *Ibid.*, p. 23.
327. *Ibid.*, p. 29.
328. *Ibid.*, p. 26.
329. Kuyper, *WHS*, III, p. 549. « [...] that the Spirit's real, characteristic, and perpetual work is the *shedding abroad of love*. »
330. Kuyper, *WHS*, I, p. 196.
331. *Ibid.*, p. 197.
332. *Ibid.*
333. *Ibid.*, p. 198.

à la prise de décision avec les membres[334]. Le gouvernement de l'Église signifie donc que « le Saint-Esprit [vient] dans l'assemblée pour diriger les délibérations[335] ». C'est pourquoi la prière liturgique à l'ouverture des consistoires implore Dieu pour la présence et la direction du Saint-Esprit[336].

Pour Kuyper, il ne s'agit pas d'avoir de meilleurs hommes aux affaires de l'Église ou à la direction, une certaine forme d'aristocratie, mais il suffit d'avoir le Saint-Esprit[337]. La direction par le Saint-Esprit est liée à l'autorité de la Parole, puisqu'il ne peut diriger si la Parole n'est pas la règle de conduite et l'autorité absolue dans l'Église[338]. La conjonction de la Parole à l'Esprit, dans la direction de l'Église, est due au fait que le Saint-Esprit est le témoin dans la parole des apôtres et prophètes[339]. Le Saint-Esprit continue à diriger l'Église, même si la parole des hommes, faillible et émaillée d'erreurs, peut faire dévier l'Église[340].

La direction de l'Église par l'Esprit et la Parole fait remonter finalement l'autorité à Christ lui-même. Par exemple, le corps pastoral du Christ est une assemblée « dans laquelle la Parole du Seigneur est l'autorité et Christ lui-même préside par le Saint-Esprit[341] ». C'est une direction ou un gouvernement de l'Esprit avec la Parole, mais en définitive c'est Christ lui-même qui dirige ou gouverne. C'est une sorte de monarchie si on considère que Christ, la tête de l'Église, dirige par l'Esprit et la Parole.

Dans sa façon de concevoir le rapport entre l'Esprit et le Corps, on a pu remarquer que Kuyper a favorisé l'idée selon laquelle l'Esprit est donné au Corps et non à l'individu directement. Cet Esprit donné au Corps l'anime

---

334. *Ibid.* « Dan toch erkent en belijdt men, dat deze kerkeraad geen kerkeraad is, tenzij de Heilige Geest er presideere; dat deze classes geen classes zijn, tenzij de Heilige Geest er de beslissing geve; en dat deze synoden slechts den schijn van een synode vertoonen, tenzij de Heilige Geest er besluite met den geest der saamgekomenen », *WHG*, I, p. 263.

335. *Ibid.*, p. 199. « […] dat de Heilige Geest in den kerkeraad, in de classis en in de synode kome, om de beraadslagingen te leiden », *WHG*, I, p. 265.

336. *Ibid.*

337. *Ibid.* « Neen, de vraag is niet, of er beter menschelijk personeel in komt, maar alleen, of de Persoon van den Heiligen Geest er presideert », *WHG*, I, p. 265.

338. *Ibid.* « En die kan niet komen, waar Gods Woord niet absoluutelijk heerscht », *WHG*, I, p. 265.

339. Kuyper, *OC*, p. 107.

340. *Ibid.*

341. *Ibid.*, p. 108. Calvin, *IC*, IV, ix, 1 : « Or je dis qu'il [Christ] préside, quand il gouverne toute l'assemblée par son Esprit et par sa Parole. »

et le vivifie. Turretin a parlé d'une « unité de tête qui donne une unité du Corps[342] ». Mais c'est aussi une unité d'esprit et ce corps est animé par l'esprit[343]. Ce qui semble se rapprocher plus de l'idée d'animation du Corps par l'Esprit chez Calvin serait ce qu'il a appelé « la vie commune des croyants avec Christ », rendue possible lorsque Christ vit en eux par son Saint-Esprit[344]. Le Christ et les croyants, formant un seul Corps, selon Calvin, partagent la même vie, qui est celle de l'Esprit. Dans ce cas on pourrait parler également de l'animation du Corps par l'Esprit chez Calvin.

La confession réformée, selon ce qui est écrit dans le *Catéchisme de Heidelberg*, n'est pas contre la notion d'animation de l'Église par l'Esprit. Car s'agissant de la foi en l'Église universelle, elle dit que le Fils de Dieu « la protège et il la maintient par son Esprit et sa Parole » (Q.54). L'idée de maintien renvoie certainement à la vie ; et on pourrait dire que l'Esprit anime l'Église ou la maintient en vie. On tire la conclusion que l'idée d'animation du Corps par l'Esprit est un point commun à Calvin, Turretin, Kuyper et à la confession réformée.

III. Corps du Christ, dons de l'Esprit et ministères

1. Mission de l'Église et dons de l'Esprit

L'Église ne doit pas être renfermée sur elle-même et ne viser que ses intérêts[345], car elle a une mission dans le monde[346]. Kuyper résume la mission de l'Église en ces termes : « [e]n somme, l'Église est appelée à accomplir une œuvre de philanthropie, d'évangélisation et de mission[347]. » En effet, l'Église doit étendre sa compassion et son aide à ceux qui sont dans le monde, conduire les incroyants à la foi en Christ et envoyer des évangélistes et missionnaires dans d'autres pays[348]. C'est une mission à l'intérieur et à l'extérieur de l'Église.

---

342. TURRETIN, *ET*, III, p. 28. « Unity of head, which gives unity to the body from this. »
343. *Ibid.* « Unity of spirit, which flows from the unity of head to constitute the unity of the body. For on this account, one head has one body joined to it because by one pervading spirit it animates all the members. Hence the apostle adjoins unity of spirit to unity of body. »
344. CALVIN, *Première Épître aux Corinthiens*, p. 213.
345. KUYPER, *OC*, p. 160.
346. KUYPER, *WHS*, II, p. 184.
347. KUYPER, *OC*, p. 160.
348. *Ibid.*

Le but de l'évangélisation doit être l'extension de l'Église là où elle existe déjà[349]. L'appel à évangéliser, ou ordre missionnaire, est adressé à l'individu, mais aussi à l'Église[350]. Kuyper est contre toute idée de sociétés de mission qui se donneraient le droit d'instituer le ministère de la parole, d'administrer les sacrements et d'implanter une Église[351]. Pour lui, les prédicateurs indépendants ne sont pas comme des prêtres catholiques qui peuvent agir *ex opere operato*[352], c'est-à-dire agissant en vertu d'un pouvoir qui leur est conféré par l'Église. Car « sans une connexion ecclésiastique, ces individus [prédicateurs indépendants] n'ont pas de pouvoir ni d'autorité pour faire l'ordination. [Le pouvoir d'une] ordination peut seulement venir des Églises en relation[353] ».

L'Église a également une mission en ce qui concerne l'éducation ou l'enseignement. Elle doit, en tant que substitut des structures éducatives[354], créer et entretenir des structures éducatives, soutenir les enfants de ses membres indigents, et veiller à ce que l'éducation se fasse dans la pureté de la vérité, conformément à la Parole de Dieu[355]. Puisque l'Église est la colonne et l'appui de la vérité, avec courage et de façon héroïque elle se doit de rétablir cette vérité conformément à la Parole de Dieu[356]. Cette volonté de rétablir la vérité selon la Parole de Dieu pousse l'Église, et le chrétien aussi, à s'engager activement dans la société. D'où l'importance du thème de l'engagement public du chrétien dans la théologie de Kuyper, comme nous l'avons noté par des écrits d'auteurs cités dans notre introduction.

---

349. *Ibid.*
350. *Ibid.*
351. *Ibid.*
352. *Ibid.*, p. 161.
353. *Ibid.* Kuyper défend un système de gouvernance (presbytéral ou synodal) de l'Église basé sur l'Église locale à partir de laquelle toute l'action chrétienne prend son départ et son essor, KUYPER, *OC*, p. 128.
354. *Ibid.* « The Church must, as a subsitute, establish, nurture, and maintain schools, insofar as they do not exist due to the neglect of others, or if schools exist but in the wrong way, due to wrong influence. » Kuyper, bien qu'opposé à l'idée d'interférence, fait preuve de souplesse et nuance bien ses propos ici en affirmant que l'Église doit être un substitut aux structures éducatives, pour créer et maintenir des écoles dans la mesure où elles n'existent pas à cause de la négligence des autres, ou dans le cas où elles existent, mais de la mauvaise manière. Ce n'est pas une interférence dans une autre sphère de souveraineté quand l'Église crée des structures éducatives ; mais cela participe, selon Kuyper, à sa mission de combler le déficit créé par la négligence des autres.
355. *Ibid.*, pp. 161-162.
356. *Ibid.*, p. 162.

Selon Kuyper, c'est la mission de l'Église, succinctement présentée, qui appelle l'idée de l'œuvre, de l'office et du don, car, « quelle que soit la forme de la tâche [missionnaire], l'Église a toujours besoin de pouvoir spirituel pour l'accomplir ; pas un pouvoir en elle-même, mais un pouvoir avec lequel le Roi supplée son Église[357] ». Ainsi, « les charismes ou dons spirituels sont des moyens et pouvoirs divinement ordonnés par lesquels le Roi rend son Église capable d'accomplir sa tâche sur terre[358] ». Mais ses moyens et pouvoirs, notamment les dons et charismes, sont-ils d'actualité ou ont-ils cessé totalement ou partiellement ?

2. Les dons de l'Esprit : catégorisation, actualité, et cessation
a. Catégories de dons de l'Esprit

> En fait, l'Église du Christ a reçu la plus grande abondance de dons spirituels ; et aujourd'hui nous avons la disposition non seulement de dons des Églises dans notre propre ville, mais aussi de ceux accordés aux Églises d'ailleurs, et du capital historique accumulé pendant dix-huit siècles[359].

Dans cette citation, Kuyper a affirmé que des dons sont accordés à l'Église d'une part, et que la disposition existe toujours aujourd'hui, à l'époque de l'auteur, d'autre part. En s'appuyant sur les textes bibliques (1 Co 12.8ss ; Rm 12.6-8), Kuyper a dégagé trois catégories de dons : les dons officiels, les dons extraordinaires et les dons ordinaires[360]. Les dons en question sont les *charismata*, dons spirituels ou charismes, et non le don de la grâce, c'est-à-dire le salut en Christ, qui est appelé *dôréa*[361].

Les charismes officiels sont ceux relatifs au service ordinaire de l'Église par ses ministres, ses anciens et ses diacres[362]. Ils concernent le domaine des affaires spirituelles et séculières de l'Église ; et peuvent faire partie des

---

357. Kuyper, *WHS*, I, p. 184.
358. *Ibid.*
359. *Ibid.*, p. 186.
360. *Ibid.*, p. 187. « According to their nature these spiritual Gifts may be divided into three classes: the *official*, the *extraordinary*, and the *ordinary* » ; « Wat nu de geaardheid dezer gaven betreft, zoo doet men het best met ze in te deelen in drie soorten t. w. in ambtelijke, buitengewone en gewone », *WHG*, I, p. 247.
361. *Ibid.*, p. 180.
362. *Ibid.*, p. 187.

dons officiels, le don de la prophétie, le don d'enseigner, de servir, celui de la libéralité et le don de diriger[363]. Ensuite viennent les dons non officiels, par exemple, le parler en langues, le discernement des esprits, la guérison[364]. Enfin les charismes extraordinaires tels que la continence (Mt 19.12) et la guérison des malades, s'appliquant au domaine physique et spirituel. Il y a également la sagesse, la connaissance, le parler en langues et l'interprétation et le discernement des esprits, s'appliquant uniquement au domaine spirituel[365]. Ayant catégorisé de la sorte les charismes, qu'en est-il de la cessation ou de la continuité des dons de l'Esprit dans l'Église ?

b. Actualité des dons

Par principe, Kuyper défend la continuité des charismes. Voici comment il s'est exprimé sur l'actualité des dons ou charismes de l'Esprit :

> [l]es charismes qui existent maintenant dans l'Église sont ceux qui appartiennent au ministère de la Parole ; les charismes ordinaires qui stimulent l'exercice de la foi et de l'amour ; les charismes de la sagesse, connaissance et discernement des esprits ; ceux de la maîtrise de soi ; et finalement ceux de la guérison des malades souffrant de maladies psychologiques et mentales. Les autres charismes sont inactifs pour le présent[366].

Kuyper n'a pas affirmé que tous les charismes sont actifs ou inactifs dans l'Église. Ses propos, bien nuancés, laissent croire qu'il y a des dons actifs, même si d'autres ne le sont pas. Il a affirmé que le pouvoir d'opérer des miracles de nos jours ne peut être remis en cause. C'est dans ce sens qu'il a écrit ceci : « [p]ersonne […] n'a le droit de nier, sans chercher plus à le prouver, la possibilité que le pouvoir d'opérer des miracles, qui était fréquemment

---

363. *Ibid.*
364. *Ibid.*
365. *Ibid.*, p. 188.
366. *Ibid.*, p. 189. « Thans komen van deze charismata nog alleen voor: 1°. de ambtelijke charismata; 2°. de gewone charismata van versterkte geloofs – en liefdes – werking; 3°. de charismata van wijsheid, kennis en geestesonderscheiding; 4°. het charisma van zelfbedwang; en 5°. het charisma van ziektegenezing bij zenuw – en zielsziekte. De overige werken op dit oogenblik niet », *WHG*, I, p. 250.

à l'œuvre au temps de la révélation, pourrait aussi être à l'œuvre de nos jours[367]. » Le pouvoir de faire des miracles est d'actualité.

Kuyper a avancé essentiellement l'union du croyant avec Christ par la foi pour défendre sa thèse de l'actualité des dons de l'Esprit. La possibilité d'opérer des miracles est liée à la capacité d'action de la foi en tout temps, puisqu'elle permet de savoir quel pouvoir peut être suscité en nous par la foi[368]. S'agissant par exemple de la guérison, il a dit que « la foi en la guérison doit être enracinée dans la foi en Christ[369] ». Cette foi ne s'obtient que dans l'union avec Christ. L'union avec Christ est une clé de lecture importante pour la question du miracle de nos jours. Kuyper fait aussi dépendre de l'union avec Christ la possibilité d'opérer des miracles, afin que par la puissance de Jésus-Christ, le chrétien, membre du Corps et uni à la tête, soit en mesure d'opérer les miracles. Selon lui :

> [...] personne ne pourrait dire que les miracles ne peuvent plus se produire aujourd'hui. Christ notre Roi vit à la droite de Dieu comme la tête de l'Église et la tête de l'humanité ; une puissance sort de lui ; et par conséquent il n'y a aucune raison que cette puissance ne triomphe sur la résistance de la nature actuellement[370].

Jésus est présenté comme celui qui donne ou confère une puissance aux disciples ; il les inspire, ainsi que ceux qui auront cru en lui[371]. Le langage évoque bien l'idée de l'union avec Christ comme condition pour opérer les miracles. Tant que l'Esprit anime le Corps, dont Christ est la tête, les membres pourront accomplir des miracles par la foi et en vertu du pouvoir spirituel qui vient du Christ, la tête. Sur cette base théologique, les miracles n'ont pas cessé.

c. Cessation des dons de l'Esprit

Kuyper a affirmé que beaucoup de dons de l'ère apostolique ont cessé ou sont inactifs de nos jours[372]. Quels seraient ces charismes ? En regardant la

---

367. KUYPER, *Pro Rege*, I, p. 151.
368. *Ibid.*, p. 152.
369. *Ibid.*, p. 153.
370. *Ibid.*, p. 154.
371. *Ibid.*, p. 149.
372. KUYPER, *WHS*, I, p. 182. « [...] many of which; given to apostolic church, are not of service to the Church of the present day. »

liste des charismes, on pourrait repérer les dons qui ne sont plus actifs de nos jours, selon Kuyper. Sa logique suggère qu'au nombre des charismes inactifs il y a le don de guérison physique, car celui-ci n'est plus cité dans sa liste des dons en vigueur. Or il avait été cité parmi les dons spirituels accordés à l'Église apostolique, comme l'affirme la pensée citée en note[373]. L'affirmation la plus explicite chez Kuyper sur la cessation concerne le don du parler en langues, celui de l'interprétation du parler en langues et celui de l'apostolat. Ce sont ces cas que nous voulons considérer.

Du parler en langues et de l'interprétation

Il est possible, en suivant la logique de Kuyper, que le don du parler en langues et celui de l'interprétation du parler en langues fassent partie des dons inactifs, puisqu'ils ne sont plus cités dans la liste de dons actifs[374], bien que figurant parmi les dons spirituels de la période apostolique[375]. Cependant, Kuyper fait une distinction entre le parler en langues à la Pentecôte (Ac 2.1ss) et le parler en langues pendant la période apostolique (1 Co 12.10). Le parler en langues à la Pentecôte était compris par un grand nombre d'auditeurs, tandis que dans les Églises apostoliques, c'est seulement quelques personnes qui étaient habilitées à l'interpréter[376]. Il a encore affirmé que le miracle du parler en langues à la Pentecôte était complet, et plus tard il était un miracle incomplet[377]. Kuyper tire la conclusion suivante : « [a]lors à la Pentecôte il y avait le miracle des langues dans sa perfection ; plus tard dans les Églises [il y avait le miracle du parler en langues], dans une faible mesure[378]. » Il a

---

373. *Ibid.*, p. 188. « The charisma of healing refers to the glorious gift of healing the sick: not only those who suffer from nervous diseases and psychological ailments, who are more susceptible to spiritual influences, but *also those whose diseases are wholly outside the spirituel realm.* » C'est nous qui soulignons pour mettre en relief les cas de maladies physiques, « maladies se situant hors du domaine spirituel » que le charisme de guérison prenait en charge pendant l'ère apostolique.
374. *Ibid.*, p. 189.
375. *Ibid.*, p. 188.
376. *Ibid.*, p. 134.
377. *Ibid.* Kuyper a vu aussi dans les différentes résurrections opérées par le Seigneur Jésus-Christ une certaine progression ou croissance dans le miracle. En effet, la résurrection de la fille de Jaïrus qui venait juste de mourir, ensuite celle du fils de la veuve de Naïn qu'on amenait au cimetière pour son inhumation, et enfin la résurrection de Lazare, dont le corps était en voie de décomposition dans la tombe. Ces miracles démontrent une croissance de la puissance de Jésus.
378. *Ibid.*, p. 135.

continué en disant : « donc il y a dans le miracle du parler en langues une différence de puissance – *non croissante*, mais *décroissante*[379]. » La différence de puissance décroissante pourrait expliquer la raison pour laquelle le parler en langues et le don d'interprétation disparaissent au fur et à mesure dans l'existence historique de l'Église.

Une autre explication est le fait que le Saint-Esprit restaure le langage, la parole ou le discours. Selon Kuyper, « le discours dans l'homme est le fruit de son raisonnement ; et ce raisonnement dans un état sans péché est une lumière intérieure [...], résultat de l'inspiration, le souffle intérieur du Saint-Esprit[380] ». Mais la relation entre le Saint-Esprit et notre discours ou parole a subi l'influence du péché[381]. Le langage humain a été par conséquent endommagé par la faiblesse des organes du langage[382]. Toutefois, il y a eu « la restauration du langage pur et originel sur les lèvres des rachetés, accomplie par l'opération du Saint-Esprit sur la pensée humaine[383] ». S'il y a cessation du parler en langues, cela est donc dû à la restauration du langage, qui permet désormais une action directe du Saint-Esprit dans le domaine du langage, rétablissant ainsi la communication et la compréhension. Pour Kuyper, la Pentecôte a été le prélude ou commencement de cette restauration[384].

De l'apostolat

Kuyper, partant de la définition spécifique de l'apôtre, a défendu contre les irvingites l'idée selon laquelle la liste des apôtres a été close et arrêtée à douze apôtres. Il a écrit ceci : « [c]'est un cercle fermé ; et tout effort pour l'ouvrir tend à annihiler une caractéristique de la Nouvelle Alliance[385] » ; ou encore « un cercle fermé, et non une théorie flexible[386] », dira-t-il. Il a précisé « que la Parole déclare que les douze du temps de St Paul étaient *les derniers apôtres*[387] ».

---

379. *Ibid.*, pp. 134-135.
380. *Ibid.*, p. 137.
381. *Ibid.*, p. 138.
382. *Ibid.*
383. *Ibid.*
384. *Ibid.*
385. *Ibid.*, p. 158.
386. *Ibid.*, p. 161.
387. *Ibid.*

La liste des apôtres est close définitivement, mais est-ce que le ministère des apôtres a pris fin pour autant, ou a cessé ? Kuyper n'a pas affiché clairement et explicitement sa position, mais quelques éléments permettent de dégager ce qui semble être son avis. Il a dit que la communion avec le Fils et le Père passe par les apôtres ou le corps apostolique[388]. Le Corps du Christ est impensable sans les apôtres[389] ; ils sont en plus leaders du Corps[390]. La réception des dons de l'Esprit après la Pentecôte n'est possible qu'en étant en communion avec les apôtres[391]. Tout cela prouve que la cessation du ministère apostolique pourrait avoir des conséquences sur l'existence actuelle du Corps du Christ, mais aussi sur son animation par l'Esprit.

Un autre élément très important est le fait que le Christ lui-même est considéré comme apôtre, car il est appelé « Apôtre et Grand-Prêtre de notre profession[392] ». Son apostolat est la somme de l'apostolat des douze[393]. En Christ seul est fondée l'unité apostolique[394]. Ainsi l'apostolat « c'est Christ lui-même appelant et témoignant dans son Église[395] ». Si les apôtres sont conjoints à Christ, le véritable Apôtre, leur ministère trouve sa continuité dans celui du Christ médiateur. Il n'y aurait pas de cessation du ministère apostolique dans ce cas, même si on peut dire que le don de l'apostolat a cessé, étant donné que la liste est close. Il y a une continuité du ministère apostolique, mais une cessation du don.

Sur ce dernier point, Bavinck, un référent important dans notre lecture de Kuyper, a été très explicite en affirmant clairement que l'office apostolique « n'est pas temporaire ni limité à une Église locale, mais qu'il continue et s'étend à toute l'Église[396] ». Une telle pensée peut être retrouvée chez Kuyper, qui a affirmé, au sujet des apôtres, que « leur signification n'est pas passagère

---

388. *Ibid.*, pp. 141, 144.
389. *Ibid.*, p. 142.
390. *Ibid.*
391. *Ibid.*
392. *Ibid.*, p. 144.
393. *Ibid.*
394. *Ibid.* « […] maar ligt alleen *in Christus zelf* », *WHG*, I, p. 192.
395. *Ibid.* « Eigenlijk toch is het de Christus zelf, die in de kerk roept en in de kerk getuigt », *WHG*, I, p. 192.
396. Bavinck, *RD*, IV, p. 338. « Their office, accordingly, is not for a time, nor limited to a local church, but continues and extends to the whole church. »

et temporaire, mais permanente et incluant toute l'Église³⁹⁷ ». On peut affirmer que pour Kuyper le ministère apostolique n'a pas cessé, même si la liste des apôtres est close et qu'il n'y a plus de nouveaux apôtres. C'est pour cela que leur signification n'est ni passagère ni temporaire, mais permanente.

Quelques théologiens réformés, à l'image de Calvin et de Turretin, sont cessationistes quant à l'actualité de certains dons de l'Esprit. Pour Turretin, par exemple, le don de prophétie, celui de l'interprétation et le don de miracle ont cessé. Les miracles, selon lui, étaient donnés pour un temps et ne sont pas permanents³⁹⁸. Ils étaient nécessaires pour Moïse et Jésus, pour confirmer leur doctrine³⁹⁹. Quant au don de prophétie, il était un don extraordinaire et non perpétuel⁴⁰⁰.

Calvin avait également affirmé que le don de prophétie a cessé, aussi bien que le don d'évangéliste et celui de l'apostolat, mais avec la nuance que quelques fois encore Dieu en suscite selon que la nécessité le requiert⁴⁰¹. Ces dons, selon lui, ne sont pas nécessaires là « où les Églises sont dûment ordonnées⁴⁰² ». Le don de prophétie, par exemple, se réduit de nos jours, selon lui, à « une droite intelligence de l'Écriture et une dextérité singulière de bien l'expliquer⁴⁰³ ». Dans ce sens, le don de prophétie n'a pas véritablement cessé ; il a juste pris une autre forme d'expression. Kuyper était du même avis en défendant une continuité du don de prophétie⁴⁰⁴ à condition qu'il soit lié au ministère de la Parole⁴⁰⁵. Turretin, qui affirme un cassationisme total, semble

---

397. KUYPER, *WHS*, I, p. 144. « Ze hebben dus volstrekt niet slechts een *tijdelijke* en *voorbijgaande* beteekenis. Neen, hun beteekenis is duurzaam en strekt zich tot heel de kerk uit », *WHG*, I, p. 192.
398. TURRETIN, *ET*, III, p. 114. « Miracles are accidents and extraordinary gifts which were given to the church only for a time, not always; for the first establishment of Christianity, not for its continuance. »
399. *Ibid.*, p. 115.
400. *Ibid.*
401. CALVIN, *IC*, IV, iii, 4.
402. *Ibid.*
403. CALVIN, *Épître aux Romains*, pp. 292-293.
404. KUYPER, *WHS*, I, p. 187. L'auteur définit la prophétie comme une prédication vivante dans laquelle le prédicateur se sent inspiré par le Saint-Esprit. Cela rejoint ce que Calvin a appelé « une intelligence de l'Écriture et une dextérité singulière de bien l'expliquer ». C'est ce qui donne à la prophétie sa continuité ou son actualité de nos jours.
405. KUYPER, *WHS*, I, p. 189.

n'avoir pas perçu cet aspect particulier du don de la prophétie comme Calvin et Kuyper, qui ont des avis assez nuancés sur la cessation des dons de l'Esprit.

3. Les œuvres plus grandes : Jean 14.12
a. Nature des œuvres plus grandes

Quelles sont les œuvres plus grandes selon Kuyper ? Il faut déterminer ce qu'elles sont et ce qu'elles ne sont pas. On s'attendait à découvrir des œuvres ou miracles différents de ceux accomplis par Jésus, mais les œuvres plus grandes qu'accompliront les disciples, d'après les paroles de Jésus lui-même, sont celles que Jésus lui-même a accomplies pour révéler son pouvoir sur la nature[406]. C'est dire que les œuvres plus grandes des disciples sont de même nature que celles accomplies par Jésus.

Elles ne seront pas plus excellentes que celles de Jésus. Kuyper, en citant l'exemple du miracle de Cana, celui de la multiplication des pains ou les exemples de résurrections de personnes, rejette l'idée que les miracles accomplis soit par les apôtres soit après ceux-ci par les chrétiens surpassent en excellence ceux réalisés par Jésus[407]. Ils doivent se situer dans le prolongement de l'œuvre de Jésus en mettant plus en évidence le pouvoir spirituel sur la nature et sur l'activité démoniaque[408], pouvoir déjà excercé par Jésus sur la nature[409].

En se présentant comme le Fils de l'homme, Jésus n'est pas ontologiquement différent de ses disciples[410]. Kuyper a compris les miracles comme relevant du pouvoir qu'a la nature humaine. La grandeur des œuvres en question n'est donc pas liée à une nature divine quelconque. Selon lui :

> Jésus ne situe pas ses miracles hors de sa nature humaine, de manière à les faire dépendre de sa nature divine. Si tel était le cas, il serait impossible au pouvoir d'opérer des miracles en lui

---

406. Kuyper, *Pro Rege*, I, p. 160. « When Jesus speaks of the greater things that will come one day, he does so specifcally in reference to his works; and among those works especially his miracles stand in the foreground – miracles that, in particular, revealed his power over *visible* nature. »

407. *Ibid.*, p. 154.

408. *Ibid.*, p. 149. « […] it is clear that the works that his believers wold perform will likewise evidence a spiritual power over nature – mean to set it free from the curse – as well as over the demoniac operation arising from the curse. »

409. *Ibid.*, p. 160.

410. Kuyper, *Pro Rege*, I, p. 149.

d'être manifesté aussi dans ses disciples, qui, sans doute, n'ont pas plus qu'une nature humaine[411].

Ce n'est pas en tant que Dieu que Jésus a opéré des miracles, mais en tant qu'homme. Ainsi, « les disciples chasseront des démons et guériront les malades – toutes maladies, toutes infirmités[412] ». Les apôtres aussi « ont révélé qu'un pouvoir de faire des miracles, similaire au pouvoir de Jésus, était aussi à l'œuvre en eux[413] », avec pour preuve la guérison d'un homme paralytique de naissance devant le temple (Ac 3.1-10)[414]. C'est pourquoi Jésus, le Fils de l'homme, n'a pas fait de différence entre ses propres miracles et ceux accomplis par ses disciples[415], même si, selon Jésus, les disciples allaient accomplir des œuvres plus grandes que lui (Jn 14.12)[416].

Le don du Saint-Esprit par imposition des mains, le parler en langues et les signes qui accompagneront ceux qui auront cru (Mc 16.17-18) ne correspondent pas non plus aux œuvres plus grandes, selon Kuyper[417]. Ce n'est pas non plus le fait de boire du breuvage mortel, de marcher sur des serpents ou de guérir des malades (Mc 16.17-18) : ces derniers miracles sont des miracles d'un niveau très inférieur à ceux accomplis par Jésus[418], à l'image de l'eau changée en vin, de la multiplication des pains ou des résurrections opérées par Jésus.

b. Facteur déterminant de la grandeur des miracles accomplis par les disciples

Pour Kuyper, la question était de savoir « où nous devons chercher ces "œuvres plus grandes" et où les "œuvres plus grandes" doivent être trouvées[419] ». Pour déterminer la « grandeur » des œuvres à accomplir par les disciples, Kuyper s'est donné un point de départ et une nouvelle interprétation, que voici :

---

411. *Ibid.*, p. 148.
412. *Ibid.*
413. *Ibid.*, p. 150.
414. *Ibid.*
415. *Ibid.*, p. 141.
416. *Ibid.*, pp. 145, 165, 172.
417. *Ibid.*, p. 155.
418. *Ibid.*
419. *Ibid.*

> [p]our cette raison, nous aimerions proposer une *interprétation entièrement différente*. Notre point de départ est une indéniable distinction dans l'histoire : la distinction, le contraste entre le maniement instinctif, inconscient des objets de la nature et le maniement délibéré obtenu par la pratique[420].

Kuyper est parti de la distinction entre une pratique instinctive, inconsciente et une pratique consciente et volontaire ou délibérée. L'idée est que la pratique consciente ou délibérée prend le dessus sur la pratique instinctive et inconsciente. Le passage du maniement instinctif ou inconscient au maniement délibéré et conscient de la nature donne à l'humanité un pouvoir plus grand sur la nature[421]. Par l'approche rationnelle ou consciente vis-à-vis de la nature, on découvre les mystères de la nature[422]. « L'approche est instinctive quand Dieu lui-même, directement et sans médiation, ouvre la voie à l'humanité et fait que sa force intérieure se déploie[423]. » Bien que dans l'approche instinctive ce soit Dieu lui-même qui agisse directement, cette approche manque néanmoins de dimension rationnelle et consciente.

Kuyper sous-entendait dans le maniement conscient ou délibéré l'implication de la science et de la connaissance rationnelle. Il a déclaré : « un plus grand pouvoir sur la nature devint nôtre, quand, par la recherche et la réflexion, l'humanité a pu pénétrer l'essence réelle de la nature et a appris à mettre à son service le pouvoir caché en elle[424]. » De cette façon, « dans l'action délibérée, nous trouvons en fait quelque chose de plus grand comparé au passé[425] ». Jésus a donné l'exemple en pénétrant au plus profond les secrets de la nature pour révéler les forces cachées en elle capables de développement[426]. C'est seulement par une approche rationnelle, ou connaissance rationnelle, que la domination sur la nature sera possible à l'homme[427]. L'apport de la

---

420. *Ibid.*, p. 156. C'est nous qui soulignons pour faire apparaître l'aspect nouveau de l'interprétation kuypérienne, ou du moins son point de départ.
421. *Ibid.*, p. 158.
422. *Ibid.*
423. *Ibid.*
424. *Ibid.*, p. 159.
425. *Ibid.*, p. 160.
426. *Ibid.*, p. 161. « Jesus penetrates through to enter nature's secret and shows how there are forces in nature that set a process in motion on their own and complete it according to the laws of that process. »
427. *Ibid.*, p. 160.

recherche scientifique semble être le facteur déterminant dans la compréhension des œuvres plus grandes par Kuyper.

Le principe étant établi, à savoir la distinction entre ce qui est instinctif et ce qui est conscient, Kuyper s'est servi de la parabole de la moutarde et de celle du levain pour corroborer sa thèse[428]. L'interprétation kuypérienne met l'accent sur le progrès ou l'évolution[429]. De la graine de moutarde, Kuyper dit ceci :

> [e]lle est une si petite semence, mais elle germe, grandit, suit un processus ; et à la fin de ce processus, c'est un arbre avec des branches bien larges qui donne de l'ombre et de la protection aux oiseaux du ciel[430].

C'est la même logique, celle de l'évolution ou de progrès, qui se dégage de sa compréhension de la parabole du levain, car « le miracle est que le levain est ajouté à la farine, et après avoir été mis dans la farine, le levain déclenche un puissant processus[431] ». L'idée de progrès et d'évolution, ou de changement, apparaît clairement dans la pensée de Kuyper. Selon lui, Jésus ne parlait pas « d'une situation stable où toute chose demeure toujours la même, mais d'une progression à travers des périodes, d'une expansion de l'influence, d'une saturation de la vie entière avec cette influence[432] ».

Des œuvres plus grandes seront accomplies par l'humanité quand celle-ci aura achevé le niveau actuel de sa domination sur la nature par la découverte de ses secrets et la connaissance de ses forces cachées[433]. La grandeur des œuvres n'est pas seulement en relation avec la manifestation d'un pouvoir plus élevé, mais aussi en relation avec « son étendue, son but et sa durée[434] ».

La justification est la suivante :

> ce second pouvoir [...] exerce son œuvre et son influence parmi tous les pays et toutes les nations de façon égale d'un pays à un

---

428. *Ibid.*
429. *Ibid.*
430. *Ibid.*
431. *Ibid.*, pp. 160-161.
432. *Ibid.*, p. 160.
433. *Ibid.*, p. 162.
434. *Ibid.*, p. 165.

autre. C'est une bénédiction simultanée pour des milliers dans toutes les détresses et afflictions[435].

Pour une telle influence aux dimensions très larges, et sur des milliers de personnes, reconnue au second pouvoir, les progrès scientifiques et technologiques constituent un ressort technique important pour les œuvres plus grandes[436].

On retient que l'expression « œuvres plus grandes », selon l'interprétation de Kuyper, renvoie à l'action consciente et rationnelle de l'homme dans son rapport à la nature en vue du développement de l'humanité, grâce à l'élévation de l'esprit humain à un niveau supérieur par l'Esprit de Dieu. Les progrès scientifiques peuvent être un levier pour l'accomplissement des œuvres plus grandes dans l'espace et dans le temps.

c. Exégèse de Jean 14.12

Que peut-on dégager comme sens de l'expression « œuvres plus grandes » à partir de l'exégèse du texte clé (Jn 14.12) ? L'expression les « œuvres plus grandes », figurant comme le cœur du verset, ou « la thèse qui domine l'ensemble[437] », « n'est pas évidente à comprendre[438] », selon Carson. Calvin disait aussi à propos dudit texte que « plusieurs se troublent de ce qu'il [Jésus] dit ensuite *qu'ils feront des œuvres plus grandes que lui*[439] ». La compréhension de ce texte par Kuyper ayant été déjà présentée, il est important de faire une brève considération exégétique du texte pour saisir le sens de l'expression dans son contexte johannique.

Pour situer ce verset dans son contexte littéraire, notons qu'il fait partie de la section vv. 1-14 qui traite du chemin vers le Père avec le sous-thème de la foi faisant une sorte d'inclusion (14.1 ; 14.12-14). Notre texte est une invite à la foi en Christ par laquelle les œuvres plus grandes seront accomplies (14.12-14). Elle est considérée comme une condition de la promesse faite aux disciples d'accomplir lesdites œuvres. Mais quelles sont ces œuvres en

---

435. *Ibid.*
436. *Ibid.*, p. 164.
437. Jean Zumstein, *L'Évangile selon Saint Jean (13-21)*, Commentaire du Nouveau Testament, IVb, Genève, Labor et Fides, 2007, p. 70.
438. D. Carson, *Évangile selon Jean*, traduit de l'anglais par Antoine Doriath et Christophe Paya, Charols, Excelsis, 2011, p. 649.
439. Calvin, *Évangile selon Saint Jean*, p. 399.

cause et pourquoi sont-elles dites « œuvres plus grandes » dans le contexte johannique ?

L'Évangile de Jean emploie le terme τὰ ἔργα (les œuvres) dans des contextes différents. En 14.11, l'expression τὰ ἔργα est employée pour désigner les œuvres que Jésus a accomplies qui pourraient démontrer qu'il est dans le Père et le Père est en lui. Ensuite, de façon indirecte et non explicite, il est question des œuvres que le Père a données au Fils d'accomplir pour montrer qu'il a été envoyé du Père (5.36). Ailleurs le terme désigne à nouveau les œuvres faites par le Fils et qui sont aussi celles du Père (10.37-38). La dernière occurrence du terme, avec une formulation plus proche de celle de 14.12, est l'expression « œuvres plus grandes encore » que le Père montrera au Fils (μείζονα δείξει ἔργα, 5.20).

S'agit-il de miracles ? Les œuvres en question, selon Carson, pourraient être les miracles de Jésus[440]. Même s'il peut s'agir de miracles, ils ne seraient pas différents dans leur nature des miracles de Jésus, selon Kuyper, du moment où il n'y a pas de différence entre les miracles de Jésus et ceux des disciples[441]. Par exemple, il y a l'humilité de Jésus (13.15) et les actes d'amour (13.34-35) qui sont des actes ou œuvres de Jésus sans être des miracles. Cependant ailleurs il s'agit bien de miracles, notamment le miracle de la résurrection comme œuvre du Christ (5.20-21). Carson a raison en disant, dans ce sens, que « [l]es "œuvres" de Jésus peuvent inclure autre chose que des miracles, mais ne les excluent jamais[442] ». Buchhold affirme, dans le même sens, que « les œuvres de Jésus sont des œuvres qui se voient (7.3 ; 15.24), bouleversent (7.21) et exaspèrent (10.32-33) : ce sont les miracles de Jésus[443] » ou encore les œuvres de Jésus sont des « miracles qu'il a accomplis dans la communion du Père et dans le but de mener l'œuvre de Dieu à son terme : susciter la foi

---

440. CARSON, *Évangile selon Jean*, p. 648. L'auteur a écarté quelques possibilités de compréhension de l'expression. L'expression ne veut pas simplement dire qu'il y aura davantage d'œuvres, elle ne peut pas non plus signifier « plus spectaculaire », car il n'y a pas d'œuvres plus spectaculaires ou plus surnaturelles que la résurrection de Lazare, la multiplication des pains ou le changement d'eau en vin, p. 649.
441. KUYPER, *Pro Rege*, I, p. 141. « He never drew a fundamental distinction between his own miracles and those for which he would equip his apostles. At one point he spoke the remarkable words that those who believed in him would perform greater deeds than these. »
442. CARSON, *Évangile selon Jean*, p. 649.
443. J. BUCHHOLD, « De plus grandes œuvres que celles de Jésus ! », *ThEv*, vol.4, 3/2005, p. 9.

au Père et à son Envoyé[444] ». Dans l'ensemble, l'expression ne convoque pas seulement les miracles, et elle ne les exclut pas non plus.

Selon Buchhold, l'interprétation de l'expression dans notre texte (14.12) doit tenir compte du seul autre passage johannique (5.19-29) où il est aussi question de ces « œuvres plus grandes encore » (5.20)[445]. Or dans ce dernier texte, la résurrection et le jugement, œuvres communes au Père et au Fils, constituent les œuvres plus grandes (5.21). Elles sont en rapport avec l'œuvre du Fils, car « [c]e pouvoir vivifiant du Fils, selon Carson, repose sur sa mort, sa résurrection et son élévation[446] ». Il y a aussi dans le texte en cause (14.12) un rapport entre les plus grandes œuvres et le retour de Jésus au Père, qui inaugure un nouvel ordre[447]. Cet ordre nouveau, qui connaîtra une fécondité dans la vie des disciples par l'accomplissement des œuvres plus grandes, ne peut pas être séparé du don du Saint-Esprit. Carson l'a noté en écrivant que « [c]es œuvres plus grandes sont liées au don du Saint-Esprit[448] ». Les disciples feront des œuvres plus grandes, parce que d'une part le Fils retourne auprès du Père, et d'autre part ce retour inaugure un ordre nouveau, celui de l'Esprit, par lequel les disciples opéreront de plus grandes œuvres au moyen de la foi. Buchhold a fait ressortir le rapport des œuvres plus grandes avec l'Esprit en disant qu'avec la session de Jésus à la droite du Père s'ouvre le temps de l'Esprit[449]. On peut rapprocher cet ordre nouveau, avec sa fécondité spirituelle remarquable, du baptême d'Esprit dont l'Église a été l'objet.

En somme, les « œuvres plus grandes » sont à situer dans le contexte de la résurrection et de la glorification du Christ, c'est-à-dire « leur place dans

---

444. *Ibid.*, p. 15.
445. *Ibid.*, p. 18.
446. Carson, *Évangile selon Jean*, p. 650.
447. *Ibid.*, p. 649. Il a écrit que « [l]e fondement des "œuvres plus grandes" repose sur le fait que Jésus va auprès du Père » ; Calvin avait aussi vu en ce retour du Fils auprès du Père la raison pour l'accomplissement des œuvres plus grandes, voir Calvin, *Évangile de Saint Jean*, p. 400 ; Buchhold a également parlé d'un ordre nouveau avec l'idée de l'élévation ou l'entrée dans le règne de Jésus marquée par le rassemblement des élus du monde entier. Ce qui pourrait suggérer l'idée d'un ordre nouveau, Buchhold, « De plus grandes œuvres que celles de Jésus ! », p. 16 ; Zumstein, *L'Évangile selon Saint Jean (13-21)*, p. 71 ; cet auteur a évoqué le « départ du Révélateur, son retour vers le Père, par quoi il faut entendre sa mort en croix, est donc conçu comme un événement productif dans l'ordre de la révélation ».
448. *Ibid.*, p. 651.
449. Buchhold, « De plus grandes œuvres que celles de Jésus ! », p. 20. « […] avec la session de Jésus à la droite du Père s'ouvre le temps de l'Esprit qui, faisant naître à la vie éternelle des hommes de tout lieu, réunit en un seul peuple les enfants de Dieu naguère dispersés. »

l'histoire du salut[450] », car c'est le moment où l'Esprit, la puissance d'en haut, qui était promis aux disciples est répandu sur eux. Par cette puissance, les disciples vont conduire beaucoup de personnes à la nouvelle vie jusqu'à la résurrection finale. Les actions pouvant conduire les personnes à naître à la vie nouvelle peuvent être des miracles aussi bien que des œuvres d'amour et d'humilité.

Kuyper, par sa distinction entre le maniement instinctif et le maniement conscient et délibéré des forces de la nature[451] comme clé de compréhension des œuvres plus grandes, semble ne pas prendre en compte le contexte historique et théologique de l'effusion de l'Esprit après la résurrection et au moment de la glorification de Jésus. La proposition de Kuyper ne semble pas tenir exégétiquement si on considère les points de vue de Carson et de Buchhold. Par son accent mis sur l'aspect scientifique, ou rationnel, dans son interprétation des œuvres plus grandes (Jn 14.12), Kuyper ne montre-t-il pas une dépendance vis-à-vis du modernisme, dans lequel la science et la raison sont des facteurs de développement ? Néanmoins, sa proposition, pourrait-on dire, est une pensée librement associée, et de façon intéressante.

---

450. CARSON, *Évangile selon Jean*, p. 650.
451. KUYPER, *Pro Rege*, I, p. 156.

CHAPITRE 5

Interprétation et évaluation de la pensée de Kuyper

Une grande partie de notre travail a été consacrée à la description de la pensée de l'auteur. Le but de cette description a été de cerner autant que possible, sans trahir sa pensée, ce que l'auteur a pu dire ou écrire. Une simple description ne suffit pas pour saisir le sens de la pensée, puisqu'on ne peut pas tirer des conclusions à partir de celle-ci ; d'où l'importance pour nous de procéder à l'analyse et à l'interprétation du dire de l'auteur, comme pour prolonger un traitement dont la conclusion a été suspendue.

Mais il serait très osé de notre part de vouloir évaluer l'ensemble de la pensée de l'auteur. Un choix des thèses ou des idées à soumettre à l'analyse doit être fait. Quelles sont donc les thèses majeures à analyser, à interpréter et à évaluer ? Nous nous sommes laissé guider dans notre choix par les principales questions posées dans l'introduction de ce travail, en nous intéressant particulièrement aux aspects de la pensée qui semblent être critiques ou originaux, d'après notre propre observation ou d'après les critiques.

À ce titre, ce qui paraît critique et qui mérite d'abord une analyse et une évaluation est la façon dont Kuyper a conçu le rapport entre la nature et la personne du Christ. Toute tendance qui accentue la séparation de la nature d'avec la personne court le risque d'un nestorianisme que l'orthodoxie condamne. Comment interpréter le rapport entre la nature et la personne humaine chez Kuyper ? Ensuite, quant à la question de la nature humaine du Christ, Kuyper a un langage très proche de celui d'Irving, et des auteurs n'ont pas hésité à le rapprocher de ce dernier. Un tel rapprochement serait-il justifié ?

Le don de l'Esprit au Corps, impliquant la participation de l'individu aux dons de la grâce, ou dons de l'Esprit, invite à réfléchir plus sérieusement à la distinction que fait Kuyper entre la réception de l'Esprit par les croyants de l'Ancien Testament et par ceux du Nouveau Testament. Y a-t-il des points de continuité ou de discontinuité ? En partant de l'événement de la Pentecôte, les théologiens ont des avis assez différents, voire opposés sur les questions de continuité et de discontinuité de la réception de l'Esprit par les croyants des deux alliances. Qu'en est-il de Kuyper ?

Enfin la question du rapport du Christ à l'Esprit dans son ministère, cible de notre enquête, est un point dont les enjeux théologiques sont de taille. Que le Christ, dans les jours de sa chair, dépende de l'Esprit comme agent d'action serait difficile à contester. Mais que fait Kuyper de l'*extra-calvinisticum*, ou des fonctions cosmiques du *Logos*, quand il accentue la dépendance du Fils incarné à l'Esprit ? Il est important d'analyser et d'interpréter ce qu'a écrit Kuyper de ce rapport pour le situer dans le débat et par rapport à sa tradition réformée.

Pour donner une structure à ce chapitre d'interprétation et d'évaluation de la pensée de l'auteur, nous passerons en revue le rapport entre la nature et la personne du Christ dans l'incarnation, la définition de la nature humaine du Christ et le don de l'Esprit au Corps. Ces trois points correspondent aux questions majeures que notre recherche vise à élucider. Quant au dernier point de ce chapitre, après analyse et évaluation de la thèse de la dépendance du Fils à l'Esprit nous voulons proposer un essai théologique qui vise à montrer que la christologie pneumatique de l'auteur pourrait être définie comme une christologie kénotique.

Notre méthode, tout au long de ce travail, a consisté à décrire la pensée de l'auteur, à l'interpréter et à l'évaluer au moyen des outils techniques et des auteurs référents. Par conséquent, nos lecteurs verront par endroits, dans ce dernier chapitre, des répétitions d'idées ou d'auteurs. Cela s'explique d'une part par le fait que nous voulons rester fidèles à nos référents théologiques et d'autre part par le fait que les thèses majeures, cibles de notre enquête, méritent d'être successivement présentées, interprétées et évaluées. Que nos lecteurs nous excusent pour certaines redites !

A. Le sens de la pensée de Kuyper

I. Séparation de la nature humaine d'avec la personne divine du Fils

Le lecteur découvre chez Kuyper une forte tendance à séparer la nature humaine d'avec la personne. Il a affirmé que le Fils n'est jamais entré dans une personne humaine[1]. C'est précisément cette distinction entre la nature et la personne qui a rencontré beaucoup de résistance, selon Bavinck[2]. Face à un tel problème, que visait Kuyper en insistant sur l'assomption de la nature humaine et non de la personne humaine ? Voulait-il réellement parler d'une nature humaine qui existe par elle-même ou d'une nature humaine impersonnelle ? L'analyse de la pensée de l'auteur permettra de comprendre ce qu'il a voulu dire et quel était son but.

1. De l'anhypostasie à l'enhypostasie de la nature humaine selon Kuyper

Il est possible, pour comprendre la pensée de Kuyper sur la séparation de la nature humaine d'avec la personne, de recourir aux notions théologiques d'anhypostasie et d'enhypostasie, mises au point par Léonce de Byzance, selon Berkouwer cité par Blocher[3]. Comment ces termes devenus classiques sont-ils compris et utilisés en théologie pour exprimer le rapport de la nature humaine à la personne ? Le premier terme, l'anhypostasie, définit la nature humaine impersonnelle, une nature humaine sans hypostase. Le deuxième, l'enhypostasie, évoque l'appartenance de la nature humaine impersonnelle à la personne du Verbe. Blocher clarifie le sens de ces notions en écrivant :

> [l]'anhypostasie, l'absence d'une personne humaine (distincte du Verbe préexistant) pour posséder la nature humaine, a été traduite *impersonalitas* en latin ; l'enhypostasie, l'appartenance, de cette nature humaine à la personne du Verbe, qui la possède, s'est dite *in-personalitas*[4].

---

1. Kuyper, *WHS*, I, p. 32. « Christ never entered into a human *person*. »
2. Bavinck, *RD*, III, p. 306. « It is precisely this distinction between "nature" and "person", however, that encounters most resistance […]. »
3. Blocher, *La doctrine du Christ*, p. 151.
4. *Ibid.*

Le rapport nature et personne dans l'incarnation a été compris de cette façon par beaucoup de théologiens qui ont exprimé, chacun à sa façon, l'idée d'anhypostasie et d'enhypostasie. Turretin en fait usage pour montrer que le Fils éternel a assumé à l'incarnation la nature humaine impersonnelle pour la faire sienne[5], c'est-à-dire *in-personalitas*. Bavinck, sans les employer, les a sans doute à l'esprit en définissant l'incarnation comme l'assomption par le Fils d'une nature humaine formée dans et de Marie, et cette nature n'existait pas par elle-même ou pour elle-même[6]. Owen l'a affirmé en parlant d'une nature humaine « créée par le Saint-Esprit, donc préparée pour lui [c'est-à-dire pour le Fils], pour être sa propriété dès l'instant de sa formation[7] ». C'est l'effectivité de l'incarnation, car la Parole a été faite chair dès cet instant[8]. L. Berkhof, après définition des termes nature et personne[9], a affirmé que « la nature humaine du Christ comme telle ne constitue pas une personne humaine. Le *Logos* n'a pas adopté une personne humaine, de sorte que nous ayons deux personnes dans le Médiateur, mais il a simplement assumé une nature humaine[10] ». Le langage de Kuyper est très proche de celui de Berkhof en ce qui concerne l'assomption par le Fils incarné de la nature humaine et non de la personne. Barth, dans un langage simple, a dit que « le Fils de Dieu ne s'est pas incarné dans un être humain déjà existant[11] ». Tous affirment l'assomption de la nature humaine et non de la personne par le Fils.

Le langage de Kuyper pourrait certes conduire à une enhypostasie de la nature humaine, mais au-delà du langage, il ne vise en réalité qu'à affirmer

---

5. Turretin, *ET*, II, p. 311. « By this union […], the human nature (which was destitute of proper personality and was without subsistence [*anypostatos*] because otherwise it would have been a person) was assumed into the person of the *Logos* (*Logou*), and either conjoined with or adjoined to him in unity of person, so that now it is substantial with the *Logos* (*enypostatos Logô*). »
6. Bavinck, *RD*, III, p. 307. « The incarnation does mean, however, that the human nature that was formed in and from Mary did not for an instant exist by and for itself, but from the very first moment of conception was united with and incorporated in the person of the Son. »
7. J. Owen, *Pneumatologia*, Grand Rapids, Christian Classics Ethereal Library, 2010, p. 166.
8. *Ibid.*
9. L. Berkhof, *Systematic Theology*, Grand Rapids, Eerdmans, 1939, p. 321. « The term "nature" denotes the sum-total of all the essential qualities of a thing, that which makes it what it is. A nature is a substance possessed in common, with all the essential qualities of such a substance. The term "person" denotes a complete substance endowed with reason, and, consequently, a responsible subject of its own actions. »
10. *Ibid.*, p. 322.
11. Barth, *Dogmatique*, I, 2*, p. 138.

d'un côté l'idée selon laquelle la nature humaine du Fils ou du Verbe était une nature humaine *impersonalitas* ; et de l'autre côté affirmer que cette nature humaine a appartenu de façon *in-personalitas* dès l'incarnation au Médiateur ou à la personne du Médiateur. Pour lui, comme pour les autres auteurs ci-dessus cités, la nature humaine n'existe pas indépendamment de la personne qui la porte ; elle n'est pas une nature « prêt-à-porter » par le sujet, mais elle existe et vit par celui-ci. C'est pour confirmer cette vérité de l'anhypostasie et de l'enhypostasie que Kuyper a parlé d'une relation vivante entre la nature humaine impersonnelle et la personne du Fils dans l'union hypostatique[12]. De son avis, c'est la personne divine du Fils qui est entrée en contact avec la nature humaine impersonnelle pour former l'union hypostatique. Le langage de Kuyper, qui tend à séparer la nature humaine de la personne, ne doit pas être compris comme une personnalisation de la nature humaine. Il n'y a pas deux moments historiques distincts entre la création de la nature humaine impersonnelle et son assomption *in-personalitas* par le Fils. Les deux réalités constituent le même acte historique. Il n'y a pas, par conséquent, une nature humaine qui a existé indépendamment de la personne humaine et divine.

Par la même occasion, la question de l'absence de personne humaine assumée à l'incarnation, que le langage de Kuyper suggère aussi, trouve une réponse. En effet, Kuyper ne défend pas absolument l'absence de personne humaine à l'assomption de la nature humaine par le Fils. Il ne dit pas que le Médiateur n'a jamais été une personne humaine du tout. Ce qu'il rejette, c'est l'idée qu'une personne, de surcroît une personne humaine, autre que la personne du Fils, ait subsisté dans la nature humaine préparée pour le Fils. Ce qui ne serait pas possible du moment où, à la création, on a une nature humaine *impersonalitas* qui est devenue une nature humaine *in-personalitas* en la personne du Christ. C'est l'unité de la personne du Médiateur qu'il a bien défendue.

La pensée de Kuyper est en accord avec ce que d'autres théologiens ont affirmé de l'existence de la personne humaine dans le Christ à son incarnation. Selon Blocher, se référant à Berkhof, on « ne doit pas nier la présence d'une "personne humaine" dans le Christ incarné : il est une personne *humaine*

---

12. Kuyper, *WHS*, I, p. 82. « First, in the conception of Christ not a new person being was called into life as in all others cases, but One who had existed from eternity, and who then entered into vital relation with the human nature. »

puisqu'il a pris la nature humaine[13] ». Ainsi, « une fois l'Incarnation opérée, Jésus-Christ est bien un homme, à la nature duquel est jointe la divinité, dans lequel "habite corporellement toute la plénitude de la divinité" (Col 2.9)[14] ». Pour Bavinck, « une personne est ce qu'il ou ce qu'elle [s'agissant du *Logos* ou de la chair] est devenu(e)[15] ». Berkhof disait « qu'à proprement parler, la nature humaine du Christ n'était à aucun moment impersonnelle. Le *Logos* a adopté cette nature dans une subsistance personnelle en lui-même[16] ». C'est de cette même manière que Kuyper avait compris le passage de l'anhypostasie de la nature humaine à l'enhypostasie de cette même nature en Christ.

2. Motifs et justification de la pensée de Kuyper

Dans l'incarnation, l'union hypostatique constitue l'enjeu majeur du rapport de la personne divine à la nature humaine. Il faut articuler les deux réalités de façon à aboutir à une véritable union hypostatique et non à une union morale. Toute articulation qui reste purement morale court le risque du nestorianisme, qui a défendu la division de la nature d'avec la personne, suggérant donc l'existence de deux personnes en Christ. Bavinck l'a noté en écrivant : « [s]i la nature humaine en Christ avait sa propre existence personnelle, aucune union [hypostatique] n'aurait été possible, si ce n'est l'union morale[17]. » Blocher écrit aussi que « [l]union n'est ni morale ni physique, elle est *personnelle* ou *hypostatique*[18] ». *L'union hypostatique est personnelle si elle est une union de la personne du Fils éternel avec la nature humaine.*

Le concile de Chalcédoine a eu raison de combattre visiblement « *la conception nestorienne selon laquelle le Christ était deux personnes unies dans un seul corps*[19] ». Blocher, suivant l'orthodoxie, affirme qu'« [i]l n'y a aucune raison de supposer plus d'une personne en Jésus-Christ[20] ». Pour Berkhof, « le *Logos* n'a pas pris la personne humaine, de sorte que nous ayons deux personnes dans

---

13. BLOCHER, *La doctrine du Christ*, p. 152.
14. *Ibid*.
15. BAVINCK, *RD*, III, p. 302.
16. BERKHOF, *Systematic Theology*, p. 322.
17. BAVINCK, *RD*, III, p. 305.
18. BLOCHER, *La doctrine du Christ*, p. 159.
19. W. GRUDEM, *Théologie Systématique. Introduction à la doctrine biblique*, coll. OR, Charols, Excelsis, 2010, p. 612 ; Millard J. ERICKSON, *Christian Theology*, Grand Rapids, Baker, 1983, p. 732 ; BLOCHER, *La doctrine du Christ*, p. 159.
20. BLOCHER, *La doctrine du Christ*, p. 161.

le Médiateur[21] ». Tout cela montre qu'il s'agit, dans l'incarnation, d'une union hypostatique et non d'une union morale ou physique.

Kuyper voulait montrer qu'il y a en Christ un unique sujet, et c'est la personne du Fils qui est cet unique sujet[22]. Kuyper l'a exprimé en disant que le « Je » du Médiateur n'est rien d'autre que celui de la deuxième personne de la trinité[23]. Une thèse partagée par beaucoup d'autres théologiens. Bavinck a dit qu'il y avait en Christ le même sujet, la même personne et le même « Je »[24]. Selon Berkhof, « [...] il n'y a aucune distinction d'un "Je" et d'un "Toi" dans la vie intérieure du Médiateur[25] ». Pour Blocher, « [j]amais Jésus ne dialogue avec le Fils comme le Fils dialogue avec le Père. Il est question de lui au singulier, et il dit "Je", non pas "Nous" pour se désigner[26] ». Selon Grudem, « tout ce que fait sa nature divine ou sa nature humaine, il [Christ] se sent libre de dire que c'est *lui* qui l'a fait en tant que personne[27] ». Calvin aussi voyait également la centralité de l'unique personne dans les actes du Médiateur dans sa double nature[28].

En défendant l'idée qu'il y a en Christ le même sujet, le même « Je », Kuyper avait comme motif de défendre l'impeccabilité du Médiateur en partant de la personne divine. Blocher a affirmé que « Jésus-Christ ne pouvait pas pécher[29] », et la raison est la présence de la personne divine, car, dit-il, « il est impossible que Dieu pèche, même en son humanité[30] ». Grudem s'est appuyé également sur la personne divine pour dire que « [...] cela n'était pas possible. L'union de sa nature humaine et de sa nature divine en une seule

---

21. Berkhof, *Systematic Theology*, p. 322.
22. Kuyper, *WHS*, I, p. 83.
23. Kuijper, *VW*, p. 71. « Hierin ligt opgesloten, dat het subject in Jezus *niet* was een "menschelijk person" Jezus, maar dat het subject in Jezus was en is *de persoon des Zoons*. »
24. Bavinck, *RD*, III, p. 307. « It is always the same person, the same subject, the same "I", who lives and thinks, speaks and acts through the divine and the human nature. »
25. Berkhof, *Systematic Theology*, p. 323.
26. Blocher, *La doctrine du Christ*, p. 161.
27. Grudem, *Théologie Systématique*, p. 617.
28. Calvin, *IC*, II, xiv, 3. Il a écrit que : « c'est que tout ce qui concerne l'office du Médiateur n'est pas simplement dit de la nature humaine, ni de la nature divine », et critiquant l'erreur des anciens, Calvin a noté « qu'ils n'ont point considéré assez près la personne du Médiateur » ; Blocher a également affirmé dans le même sens que les actes du Médiateur sont « [...] de la personne composée », *La doctrine du Christ*, p. 164.
29. Blocher, *La doctrine du Christ*, p. 154.
30. *Ibid.*

personne rendait cela impossible³¹ ». Pour Bavinck, étant donné que Christ est le Fils de Dieu et Dieu, par conséquent « Christ ne pourrait pas pécher³² ». Si cela arrivait, « […] soit Dieu lui-même aurait été capable de pécher – ce qui est blasphématoire – soit l'union entre la nature divine et humaine [en Christ] est considérée destructible et niée en fait³³ ».

Une dernière vérité théologique, qui pourrait avoir motivé Kuyper à accentuer la séparation de la nature humaine d'avec la personne, est la constitution de Jésus comme tête d'une nouvelle humanité. Bavinck et Blocher, qui voient en Jésus une tête d'humanité, font le lien avec la nature impersonnelle du Christ. Ainsi pour Bavinck, sans la nature impersonnelle « Jésus aurait été un être humain spécifique avec sa propre individualité, non pas le second Adam, tête de la race humaine. […]³⁴ ». Sa mission de réconcilier l'homme avec Dieu n'aurait pas été possible, étant donné qu'il n'aurait pas été un individu à côté des autres³⁵, mais comme les autres. Blocher a écrit que « Jésus-Christ est homme, mais non pas un individu quelconque : il est homme, lui seul après Adam, Chef d'humanité³⁶ ». Être Chef d'humanité signifie, pour Christ, que « l'accent tombe sur sa procession directe de Dieu³⁷ », ce qui suppose l'anhypostasie de la nature humaine, qui libère le Fils de la dépendance d'Adam, pour qu'il ne soit pas « en Adam », afin d'être tête d'humanité.

La notion de tête d'humanité occupe une place importante dans la christologie et la sotériologie de Kuyper. Si Kuyper a insisté sur le fait que Jésus n'était pas un descendant d'Adam, c'est justement à cause de sa nature impersonnelle³⁸. C'est cela qui le constitue tête d'humanité, puisqu'il n'a pas Adam

---

31. GRUDEM, *Théologie Systématique*, p. 591.
32. BAVINCK, *RD*, III, p. 314.
33. *Ibid.*
34. *Ibid.*, p. 305.
35. *Ibid.*
36. BLOCHER, *La doctrine du Christ*, p. 157.
37. *Ibid.*, p. 158. La démonstration est faite à partir du lien étroit entre les deux singularités, l'humanité sans péché et Jésus comme chef d'humanité. Les deux singularités s'articulent comme suit : « Pour être sans péché, il faut que le Christ ne soit pas, comme les autres fils d'Adam, "*en Adam*" : autrement il hériterait l'état de péché et sa culpabilité ; il faut qu'il soit Chef d'humanité. Mais comment peut-il l'être s'il doit son existence même à la transmission de la vie depuis Adam ? L'anhypostasie de la nature, la préexistence de la personne du Fils, libère de cette dépendance. »
38. KUYPER, *WHS*, I, p. 87. « But Christ is not a descendant of Adam. He existed before Adam. He was not born passively as we, but Himself took upon Him the human flesh. »

comme tête d'humanité, mais lui-même en est une[39]. Christ n'est pas « en Adam » dans la mesure où il n'est pas descendant d'Adam et n'est pas entré dans une personne, mais il a seulement pris la nature humaine impersonnelle. Le choix de Kuyper a été guidé par un intérêt sotériologique : présenter un Christ qui soit homme, tête d'humanité et donc libéré de la dépendance du péché que vit tout homme « en Adam », car être « en Adam » annule la réalité de la constitution du Christ comme tête d'humanité et aussi la portée sotériologique de son œuvre.

II. Nature humaine du Fils : déchue et sanctifiée par l'Esprit selon Kuyper

Kuyper a tenu un langage assez proche de celui d'Irving. Mais Kuyper a-t-il réellement défendu la même thèse qu'Irving ? Le rapprochement entre les deux théologiens serait-il justifié ? Comment interpréter la pensée de Kuyper relative à la nature humaine du Christ en fonction de ses motivations et raisons théologiques ?

1. Le problème de la nature humaine du Christ et les thèses majeures

a. Le problème de la nature humaine du Christ

La difficulté à laquelle on est confronté quand on parle de la nature humaine est celle du rapport du péché à l'existence humaine. L'incarnation étant l'assomption de la nature humaine, la christologie ne peut pas passer sous silence ce problème, du moment où elle a une fin sotériologique. La question qui se pose est de savoir si la vraie nature humaine doit être déterminée en fonction de son rapport au péché ou non. Quelle que soit la réponse à cette préoccupation, il y a des enjeux pour la christologie et pour la sotériologie.

Kapic a bien fait ressortir les enjeux en écrivant ceci :

> [d]'une part, ceux qui cherchent à affirmer que le Fils a assumé une nature humaine déchue (chair pécheresse) sont souvent interprétés comme sacrifiant l'absence de péché en Jésus et laissant alors les croyants encore dans le besoin d'avoir un Sauveur. D'autre part, ceux qui affirment que le Fils a assumé une nature

---

39. *Ibid.*

humaine non déchue (cf. Adam avant le péché) sont souvent accusés de présenter un Jésus générique qui n'est pas vraiment homme, perdant alors la signification sotériologique de sa vie, mort, résurrection[40].

Il y a un réel souci de présenter un Christ vraiment humain, et pour cette fin on n'hésite pas à défendre d'une part l'idée selon laquelle il a assumé une nature humaine déchue ou la chair pécheresse, et d'autre part l'idée d'une nature humaine non déchue ou celle d'Adam avant le chute. Ceux qui défendent la thèse d'une nature humaine déchue pensent « que si Jésus n'a jamais péché, alors il n'était pas *vraiment* humain, car tous les hommes pèchent[41] ». La dimension sotériologique de l'incarnation, semble-t-il, serait totalement faussée avec ce docétisme implicite. Mais Adam n'était-il pas vrai homme avant sa désobéissance ?

Le nœud du problème se trouve au niveau de la façon de comprendre le rapport de la nature humaine au péché. Le péché est-il un élément constitutif de la nature humaine ? Deux tendances majeures résument le débat sur la question : il y a ceux qui défendent l'idée d'une nature humaine déchue et pécheresse avec Irving comme référent historique ; et il y a ceux qui affirment le contraire de la pensée d'Irving, parmi lesquels nous pouvons citer Calvin, Turretin, Owen et Bavinck. De quel côté peut-on ranger Kuyper dans ce débat ? Quels sont les arguments avancés par les uns et les autres ?

b. Les arguments en faveur de la nature humaine déchue et pécheresse du Christ

La thèse de la nature humaine déchue et pécheresse du Christ remonterait à Irving, car il est cité, avec d'autres auteurs, comme un pionnier de ladite thèse[42]. Il nous faut présenter et examiner les arguments de ladite thèse. MacLeod, en étudiant la pensée d'Irving, a retenu quatre arguments souvent avancés pour défendre l'idée de nature humaine déchue et pécheresse. Il y a le principe selon lequel ce qui n'est pas assumé n'est pas guéri[43], l'idée que

---

40. KAPIC, « The Son's Assumption of a Human Nature », p. 154.
41. GRUDEM, *Théologie Systématique*, p. 586.
42. KAPIC, « The Son's Assumption of a Human Nature », pp. 155-156 ; BERKHOF, *Systematic Theology*, p. 318 ; BLOCHER, *La doctrine du Christ*, p. 155 ; WEINANDY, *In the Likeness of Sinful Flesh*, p. 54 ; MACLEOD, *La personne du Christ*, p. 286.
43. MACLEOD, *La personne du Christ*, p. 289.

Christ a pris son humanité de la substance de sa mère[44], l'argument selon lequel si la nature humaine du Christ n'est pas déchue, il n'est pas comme nous[45], et l'argument de la réalité de la tentation du Christ en lien avec la déchéance de nature[46]. À partir d'Irving lui-même, de Barth, de Torrance et de Gunton, nous allons examiner de plus près la question.

« Ce qui n'est pas assumé n'est pas guéri »

On peut partir de Grégoire de Nazianze, qui a écrit ceci : « ce qui n'a pas été assumé n'a pas été guéri, mais c'est ce qui a été uni à Dieu qui est sauvé[47]. » Cette affirmation a servi la thèse de l'assomption par le Christ d'une nature humaine déchue. Historiquement, la pensée de Grégoire de Nazianze visait à affirmer l'idée que « Christ a pris un esprit humain, incluant l'intellect, la volonté et les affections[48] ». Le contexte montre, selon MacLeod, que « Grégoire met en cause la doctrine apollinarienne selon laquelle le Christ n'aurait pas assumé un esprit humain[49] ». Mais avec les défenseurs de la thèse de l'assomption de la nature humaine déchue, l'accent est mis sur l'aspect sotériologique de l'œuvre du Christ pour dire que si la nature humaine n'a pas été assumée par Christ, il n'y a pas de salut possible pour l'humanité.

À commencer par Irving, l'assomption de la nature humaine déchue par Christ est une preuve que Christ a voulu sauver l'humanité pécheresse au lieu de l'abandonner[50]. Sinon rien ne serait prouvé à l'endroit des créatures déchues s'il s'agissait d'une nature humaine non déchue, et il n'y aurait pas

---

44. *Ibid.*, p. 290.
45. *Ibid.*, p. 291.
46. *Ibid.*, p. 292 ; MacLeod, « The Doctrine of the Incarnation in Scottish Theology », pp. 45-47.
47. Grégoire de Nazianze, *Lettres Théologiques, 101, 32*, Introduction, texte critique, traduction par Paul Gallay, Paris, Cerf, 1998, p. 51.
48. MacLeod, « The Doctrine of the Incarnation in Scottish Theology », p. 45.
49. MacLeod, *La personne du Christ*, p. 289.
50. Edward Irving, *The Collected Writings of Edward Irving in Five Volume*, sous dir. Alexander Strachan, Londres, Carlyle, 1865, p. 148. « If Christ took upon himself our fallen and corruptible nature, and brought it through death into eternal glory, then is the act of the will of Christ not to lay down, but to assume or take up humanity into himself. »

non plus de réconciliation[51]. Barth a fait réception de la pensée d'Irving[52] en le réhabilitant[53]. Il a été aussi motivé par l'argument sotériologique en affirmant que Christ « est devenu solidaire de notre existence déchue et perdue » et « [c]'est à ce prix, dit-il, qu'il a "pu" y avoir une révélation et une réconciliation divines en notre faveur[54] ». Le barthien Thomas F. Torrance a parlé de solidarité complète du Christ avec l'humanité pécheresse pour nous sauver, sans devenir lui-même pécheur[55]. C. Gunton, préoccupé par la manière dont Christ a réellement assumé ce qui devait être sauvé[56], a évoqué l'aspect sotériologique tout en jugeant la position d'Irving conforme à l'enseignement patristique classique représenté par la pensée de Grégoire de Nazianze[57]. Le théologien catholique T. Weinandy se situe dans la tendance irvingienne[58].

L'humanité du Christ à partir de la substance de Marie

Selon Kapic, opposé à l'avis de Menno Simons, Marie n'a pas été un simple canal[59] quant à la transmission de la nature humaine au Christ. Son rôle a été déterminant en ce qui concerne la nature humaine du Fils incarné. Pour poser le problème du rapport de Jésus à sa mère Marie, Barth disait, avec raison, que « l'incarnation n'a pas été une création à partir du néant[60] ». Marie, ayant hérité d'Adam sa nature humaine déchue, a-t-elle pu concevoir le Christ sans péché ? Face à une telle question, on accueille, comme réponse possible, la

---

51. *Ibid.*, p. 158. « If Christ took not our substance in its fallen, but in its unfallen state, and brought this unto glory, then nothing whatever hath been proved with respect to fallen creatures, such as we are. The work of Christ is to toucheth not us who are fallen; there is not reconciliation of the fallen creature unto God. »
52. BARTH, *Dogmatique, I, 2**, p. 42.
53. BLOCHER, *La doctrine du Christ*, p. 156.
54. BARTH, *Dogmatique, I, 2**, p. 140.
55. T. F. TORRANCE, *Incarnation. The Person and Life of Christ*, Downers Grove, InterVarsity Press, 2008, p. 62.
56. C. GUNTON, *Theology Through the Theologian. Selected Essays 1972-1995*, Edinburgh, T&T Clark, 1996, p. 159.
57. *Ibid.*
58. WEINANDY, *In the Likeness of Sinful Flesh*, p. 28. « What we see emerging here is the principal soteriological argument that this study embraces and employs. Only if Jesus assumed a humanity at one with the fallen race of Adam could his death and resurrection heal and save that humanity. »
59. KAPIC, « The Son's Assumption of a Human Nature », p. 164 ; BERKHOF, *Systematic Theology*, p. 334.
60. BARTH, *Dogmatique, I, 2**, p. 127.

thèse de la nature humaine déchue en affirmant l'humanité déchue du Christ à partir de la substance de Marie.

Irving a affirmé que Christ « [...] a pris la substance déchue de la Vierge Marie[61] », et, du point de vue d'Irving, selon MacLeod, le Christ devrait donc avoir aussi une nature humaine déchue[62]. Sa position s'explique, selon McFarlane, par le fait qu'Irving est opposé à tout changement du corps ou de la substance du Christ à l'incarnation[63]. Gunton l'a suivi en parlant de « l'ontologie de la matière », car « [s]i Jésus est né dans l'histoire humaine d'une mère humaine, son corps est alors nécessairement constitué d'une matière qui participe à la déchéance du monde[64] ». L'idée est suggérée par Barth quand il affirme que « par sa mère, Jésus-Christ appartient vraiment à l'espèce humaine[65] » ; et elle est explicitée par le fait que la chair, selon Barth, contrairement à Calvin, évoque clairement la nature humaine déchue ou corrompue[66].

Identité de la nature humaine : Christ est comme nous

Irving a affirmé avec force que le Christ a pris la nature humaine déchue, car des trois possibilités envisageables il n'y avait que cette dernière qui existait et qui pouvait être prise par le Fils[67]. Ainsi, le Christ est comme nous, voire identique à nous en termes de nature humaine. Le contraire aurait créé une différence de nature entre le Christ et l'humanité. Par conséquent, il ne serait pas comme nous. L'humanité, telle qu'elle est comprise par Irving, se définit en termes de nature pécheresse ou déchue.

Si l'identité de nature appelle une solidarité de nature, il est possible de trouver la même logique ou argumentation chez Gunton avec son concept de « l'ontologie de la matière[68] » ; chez Torrance, c'est « une solidarité complète avec nous dans notre existence pécheresse[69] » ; McFarlane met en parallèle la

---

61. IRVING, *The Collected Writings of Edward Irving in Five Volume*, p. 117.
62. MACLEOD, *La personne du Christ*, p. 290.
63. MCFARLANE, *Christ and the Spirit*, p. 140.
64. GUNTON, *Theology Through the Theologian*, p. 158.
65. BARTH, *Dogmatique, I, 2**, p. 127.
66. *Ibid.*, p. 141.
67. IRVING, *The Collected Writings of Edward Irving in Five Volume*, pp. 115-116.
68. GUNTON, *Theology Through the Theologian*, p. 158.
69. TORRANCE, *Incarnation*, p. 62.

solidarité et l'identification complète du Christ avec l'humanité[70]. Ainsi, pour que Christ soit comme nous, il a fallu qu'il soit solidaire avec nous dans la déchéance de notre nature. Pour McFarlane, cette solidarité est bien possible, car « [l]'amour de Dieu transcende non seulement sa propre sainteté, mais il le fait de sorte à nous atteindre où nous sommes[71] ».

Jésus est-il allé jusqu'à sacrifier sa sainteté par amour pour assumer la nature humaine pécheresse ? McFarlane n'a vu aucun problème théologique dans le sacrifice de la sainteté divine au nom de l'amour de Dieu. Face à la thèse de la solidarité de Jésus avec l'humanité pécheresse, défendue par les auteurs de la tendance irvingienne, on s'interroge avec MacLeod : « [c]ela signifie-t-il que s'il n'avait pas été déchu, [Jésus] n'aurait pas été humain ?[72] » Les défenseurs de la thèse de la nature humaine déchue semblent l'affirmer.

Déchéance de la nature humaine et réalité de la tentation du Christ

La tentation est-elle possible et réelle dans une nature humaine non déchue ou dans une nature humaine déchue ? Ce questionnement est important en théologie, et en particulier pour la christologie, puisqu'on confesse que le Christ a été tenté en toutes choses comme nous. Comment le Christ a-t-il pu être tenté ? Pour donner un sens réel et vrai, loin de tout docétisme, à la tentation du Christ, pour les défenseurs de la thèse de la nature humaine déchue du Christ, l'explication la plus plausible est la déchéance de la nature humaine du Christ.

Irving lie la possibilité de souffrir réellement à la condition d'être une créature déchue, car « [...] comment la souffrance pourrait le toucher différemment que par un corps déchu[73] », s'est-il interrogé. La réalité de la tentation par la souffrance et la mort[74] présuppose l'assomption par le Christ d'une nature humaine déchue. Pour McFarlane, si Irving a identifié la place de la rédemption dans l'humanité déchue, c'est « pour donner un sens à la

---

70. McFarlane, *Christ and the Spirit*, p. 138. « In his solidarity with human race, Christ identifies completely with a humanity in its being what it should not be. »
71. *Ibid.*, p. 140.
72. MacLeod, *La personne du Christ*, p. 291.
73. Irving, *The Collected Writings of Edward Irving in Five Volume*, p. 213. « [...] how the suffering should reach Him otherwise than by a fallen body. »
74. Berkhof, *Systematic Theology*, p. 338. Pour Berkhof, la tentation et la souffrance sont deux réalités liées, puisqu'il a affirmé que « les tentations du Christ ont été une part intégrale de ses souffrances ».

souffrance du Christ[75] ». Gunton a pu dire aussi que « de façon cruciale, les tentations [du Christ] sont comprises dans leur pleine réalité. Parce que c'était une chair déchue [...][76] ».

Pour conclure la revue des arguments, il faut en noter un dernier, qui est d'ordre pneumatologique. En fait, pour certains tenants de la thèse de l'assomption de la nature humaine déchue, l'œuvre de l'Esprit n'est valorisée que dans une nature humaine déchue. C'est le cas pour Gunton, qui pense que le rejet de l'idée d'une nature humaine déchue serait « une dévaluation de l'œuvre de l'Esprit en relation avec le croyant et dans notre compréhension de la personne du Christ[77] ». Quelques questions subsistent : la tentation d'Adam avant la chute n'était-elle pas réelle ? En plus, l'œuvre de l'Esprit n'était-elle pas valorisée en Adam non déchu et dans la création avant le péché ?

2. *La nature humaine non déchue : Calvin, Turretin, Blocher et Grudem*

Les arguments des auteurs de la tendance irvingienne et barthienne ayant été présentés, il nous faut passer en revue les arguments du camp opposé, qui soutient l'idée de l'assomption par le Fils d'une nature humaine non déchue. Des auteurs comme Calvin, Turretin, Blocher et Grudem sont des défenseurs de ladite thèse. Comment l'ont-ils défendue ?

a. Le caractère accidentel du péché

De l'avis de Calvin, Turretin, Blocher et de Grudem le Christ n'avait pas nécessairement besoin d'assumer la nature humaine déchue et pécheresse pour être semblable ou identique à nous. En effet, la thèse de la nature humaine pécheresse du Christ semble occulter le caractère accidentel et non constitutif du péché dans l'expérience humaine à la création. Ainsi peut-on dire que le péché n'est pas consubstantiel à notre nature humaine, et la vraie humanité devrait être une humanité sans péché.

L'expression « sans vice ni macule (Rm 8.3)[78] », qu'on lit chez Calvin, est de la plus haute importance, puisque par elle la discontinuité radicale entre Christ et le reste de l'humanité est marquée. Calvin a surtout précisé que la

---

75. McFarlane, *Christ and the Spirit*, p. 145.
76. Gunton, *Theology Through the Theologian*, p. 162.
77. *Ibid.*, p. 158.
78. Calvin, *IC*, II, xiii, 4.

corruption « est survenue [dans la nature humaine] d'accident par la chute et ruine[79] ». Blocher dit que « [n]otre corruption est un accident, et tend à nous déshumaniser. Jésus sans péché est l'Homme[80] ». Pour Turretin, le péché est dit originel non pas en raison de sa première origine, mais en raison de la seconde, c'est-à-dire celle reçue des parents[81]. Étant dérivé de la seconde, et non de la première origine, le péché est accidentel et non créationnel, selon Turretin. Kapic[82] et Grudem[83] ont également noté le caractère accidentel du péché dans la nature humaine. Par conséquent plaider que le Christ devrait nécessairement assumer la nature humaine déchue pour être vrai homme, c'est ignorer que le péché ne relève pas de l'état normal ou originel de notre nature humaine.

b. L'exigence de la sainteté du nouveau chef d'humanité

L'assomption d'une nature humaine déchue et pécheresse par Jésus pose problème si on confesse avec l'Écriture que Jésus a été fait tête ou chef d'humanité, au sens de second Adam (1 Co 15.45, 47). N'est-ce pas parce que le premier Adam a désobéi que la nécessité du second s'est imposée ? Comment peut-on envisager la nécessité du second sans prendre au sérieux l'exigence de la sainteté du nouveau chef d'humanité ? Pour la thèse de l'assomption d'une nature humaine non déchue, ces questions sont importantes, et on ne peut bien y répondre qu'en affirmant l'état de sainteté originelle requis pour tout chef d'humanité.

Il faut valoriser l'existence personnelle du Christ acquise sans dépendance directe d'Adam[84]. En considérant la notion de tête, ou chef d'humanité, Calvin, Turretin et Bavinck ont des arguments solides pour affirmer que la nature

---

79. *Ibid.*
80. BLOCHER, *La doctrine du Christ*, p. 153.
81. TURRETIN, *ET*, I, p. 630. « It [original sin] is however so called not by reason of first origin (which man created by God had), but by reason of second origin (which it had from the first parent). »
82. KAPIC, « The Son's Assumption of a Human Nature. A Call for Clarity », p. 161. L'auteur, se référant à la thèse de Calvin, a écrit ceci : « Since the original creation of humanity was good, sin is considered accidental rather than essential to human nature. »
83. GRUDEM, *Théologie Systématique*, p. 586. « Certains ont objecté que si Jésus n'a jamais péché, alors il n'était pas *vraiment* humain, car tous les hommes pèchent. Mais ceux qui émettent cette objection oublient que les êtres humains sont maintenant dans une situation *anormale*. Dieu ne nous a pas créés pécheurs, mais saints et justes. »
84. BLOCHER, *La doctrine du Christ*, p. 158.

humaine du Christ ne pouvait pas être déchue et pécheresse. L'idée de tête d'humanité implique, selon Calvin, la réparation par Christ, second Adam, du préjudice porté à la nature humaine par le péché du premier Adam[85]. Christ, « le commencement et l'auteur de la vie céleste[86] », n'a pas connu la corruption de la nature humaine, puisqu'il « a été exempté de la corruption [...] par la seule providence de Dieu[87] ». Pour montrer que Christ, la nouvelle tête d'humanité, n'a pas connu la corruption de la nature humaine, Turretin a affirmé que Christ n'est pas descendant d'Adam en vertu de la promesse générale, mais en vertu de la promesse spéciale concernant la femme[88]. Pour Bavinck, étant donné que Christ était destiné à être une tête d'humanité, il était nécessaire, pour éviter de s'unir à une nature déjà hypostasiée, et donc pécheresse, d'assumer une nature humaine impersonnelle[89].

c. La réalité de la tentation et la nature humaine non déchue de Jésus

Irving, en se demandant « [...] comment la souffrance pourrait le toucher différemment que par un corps déchu[90] », a fait de la nature humaine déchue le lieu et le moyen d'une réelle tentation et de souffrance. Le problème de la tentation d'un être pur est vraiment complexe pour nous, car « nous n'imaginons pas la réalité de la tentation d'un être pur, tout simplement parce que nous ne sommes pas purs[91] ». Il est bien possible qu'un être pur soit tenté comme Jésus l'a été en raison de sa nature humaine. La faiblesse du Christ, attestée par l'Écriture (2 Co 13.4), suggère la possibilité de souffrir pour le Christ. Cette faiblesse, selon Blocher, « [...] suffit à garantir la réalité du

---

85. J. CALVIN, *Commentaires Bibliques*, tome 5, vol. 2, *Deuxième Épître aux Corinthiens*, Aix-en-Provence, Kerygma, 2000, p. 270. « Or le fait qu'il appelle Christ le dernier Adam, la raison en est que de même que le genre humain a été créé dans le premier homme, il est vrai aussi qu'il a été réparé par Christ. »
86. *Ibid.*, p. 271.
87. *Ibid.*
88. TURRETIN, *ET*, II, p. 310. « Hence although Christ sprang from Adam, a sinner, still he did not draw from him sin either imputed or inherent because he did not descend from him in virtue of the general promise [...] Rather he descended from him in virtue of the special promise concerning the seed of the woman. »
89. BAVINCK, *RD*, III, p. 305. « [...] on the contrary, his assignment was to assume the seed of Abraham, to be head of a new humanity and the firstborn of many brothers. To that end he had to assume an impersonal human nature. »
90. IRVING, *The Collected Writings of Edward Irving in Five Volume*, p. 213. « [...] how the suffering should reach Him otherwise than by a fallen body. »
91. BLOCHER, *La doctrine du Christ*, p. 154.

combat mené *dans son humanité* contre la tentation[92] ». Ainsi toute nature humaine est susceptible d'être tentée à cause de sa faiblesse. Mais s'agissant de Jésus, Dieu et homme, sa divinité entre en jeu dans ses tentations, et il pouvait être tenté, selon Grudem, « en un certain sens et ne pas être tenté dans un autre sens[93] ». Il pouvait être soumis à une tentation dont l'origine est extérieure à lui-même, mais, en lui-même, ou de l'intérieur, il ne peut être tenté[94].

La clé de la compréhension des tentations de Jésus et la possibilité de pécher ou de ne pas pécher, selon Grudem, résident dans la compréhension même de l'articulation des deux natures[95]. La nécessité même de l'événement dans le plan de Dieu joue aussi, car ce que Dieu n'a pas prévu n'a aucune chance d'arriver[96]. Ainsi « [a]u sens des caractères de sa nature humaine, Jésus "pouvait" pécher, mais l'événement était exclu[97] ». L'événement, c'est-à-dire la possibilité réelle de pécher est impossible, parce qu'il n'était pas prévu. L'envisager, c'est comme penser dans le vide, selon Blocher[98]. Bavinck plaide en faveur d'une nécessaire absence de péché, étant donné qu'il est le Fils de Dieu, le *Logos*, qui était au commencement avec Dieu et qui est lui-même Dieu[99]. Les tentations du Christ étaient bien réelles et avec une grande intensité, car « la tentation peut se faire plus aiguë et le combat plus ardent et dramatique pour celui qui est relativement pur, pour celui qui n'est pas encore tombé dans le domaine en cause[100] ». « Les tentations étaient réelles, selon Grudem, même s'il n'y a pas succombé. En fait, elles étaient plus réelles parce qu'il n'y a pas succombé[101]. »

Il faut réaffirmer, avec force, contre la tendance irvingienne, que c'est bien Adam sans péché qui a été tenté dans le jardin. Ainsi la déchéance de la nature humaine n'est pas une condition pour être tenté en tant qu'homme.

---

92. *Ibid.*
93. Grudem, *Théologie Systématique*, p. 590.
94. MacLeod, *La personne du Christ*, p. 292.
95. Grudem, *Théologie Systématique*, p. 590.
96. Blocher, *La doctrine du Christ*, p. 155.
97. *Ibid.*
98. *Ibid.*
99. Bavinck, *RD*, III, p. 314.
100. Blocher, *La doctrine du Christ*, p. 154.
101. Grudem, *Théologie Systématique*, p. 591.

La faiblesse humaine à elle seule suffit pour que l'être humain soit en mesure d'être tenté. Si Jésus n'a pas été tenté de l'intérieur, mais qu'il a été exposé et soumis aux conditions imposées par le péché, c'est parce qu'il n'avait pas en lui la convoitise pécheresse.

3. *La sanctification de la nature humaine du Fils selon Kuyper*

Il est très surprenant de voir que Kuyper a été classé parmi les théologiens qui ont défendu l'idée de l'assomption par le Christ de la nature humaine déchue. A-t-on vraiment bien interprété Kuyper ? En suivant la pensée de l'auteur de l'intérieur, on se rend compte qu'un effet du langage pourrait être la cause du rapprochement de Kuyper avec les défenseurs de la thèse de la nature humaine déchue. Il y a en plus le sens imprécis que peut avoir l'expression « nature déchue » en théologie.

a. La nature humaine déchue : le problème du langage

Le style et le langage de Kuyper

D'où vient l'idée selon laquelle Kuyper est souvent rapproché d'Irving sur le sujet ? Kuyper a-t-il simplement un langage aussi provocateur que celui d'Irving ? En ce qui concerne le langage, selon MacLeod, « Irving utilisait un langage extrêmement provocateur[102] » pour décrire la nature humaine du Christ. Irving a pu par exemple affirmer que « la chair du Christ, comme ma propre chair, était dans sa nature propre mortelle et corruptible[103] ». Kapic, par contre, a qualifié le même langage d'Irving comme étant « un langage fluide » qui a permis à Irving « de parler du Christ comme déchu avec une chair pécheresse et maintenir tout de même qu'il était sans péché[104] ». Pour Irving, il ne s'agissait pas d'une simple rhétorique, mais d'une conviction théologique profonde. Affirmer que Christ avait une nature humaine mortelle et corruptible, comme nous le lisons sous sa plume, est bien loin de toute forme de rhétorique.

En lisant Kuyper, le lecteur peut trouver qu'il se rapproche souvent d'Irving par le caractère provocateur dans la description de la nature humaine assumée

---

102. MacLeod, *La personne du Christ*, p. 287.
103. Irving, *The Collected Writings of Edward Irving in Five Volume*, p. 116. « […] the flesh of Christ, like my flesh, was in its proper nature mortal and corruptible".
104. Kapic, « The Son's Assumption of a Human Nature », p. 163.

par Christ. Il a pu écrire, entre autres, comme Irving, que la nature du Christ était entièrement semblable à la chair du péché[105] ; c'était une nature pécheresse et dépouillée de tout bien spirituel[106] ; c'est « notre nature déchue[107] » ; ou encore Christ s'est uni avec « notre nature déchue[108] ». On pourrait dire que le langage de Kuyper est aussi provocateur que celui du théologien écossais. Cela donnerait raison à ceux qui, s'en tenant au simple fait du langage, ont affirmé que notre auteur a défendu la même thèse qu'Irving. Ce que nous rejetons comme thèse venant de notre auteur.

La difficulté qu'on a à déterminer avec précision la position de Kuyper est due, en partie, au langage de l'auteur. Le langage semble ne pas être très précis, comme on pourrait l'attendre d'un grand théologien comme Kuyper. Mais le sens de la pensée de l'auteur, comme souligné au début de ce travail, ne doit pas être perdu de vue. Ainsi devrait-on se rappeler avant tout que Kuyper a souvent recours au style journalistique pour faire de la théologie, et il avait de surcroît la volonté de faire de la théologie orientée vers un auditoire populaire[109]. Il n'était donc pas très intéressé par l'articulation précise de la construction théologique, selon Bacote[110]. Le journaliste a la capacité et même l'art de simplifier le langage, peut-être à l'excès, pour le rendre accessible à tout le monde. Kuyper doit être souvent lu et interprété avec une connaissance de son arrière-plan de journaliste[111].

L'ambiguïté de l'usage de l'expression « nature humaine déchue ou pécheresse »

Deux aspects de la nature humaine font souvent l'objet de la réflexion théologique quand il s'agit de déterminer la nature humaine du Christ. Il y a la nature humaine avant le péché, et la nature humaine après et marquée par le péché. Cette dernière est généralement dite nature humaine déchue ou

---

105. KUIJPER, *VW*, p. 148. « […] dat hij zulk een arme en ellendige en vervallene en ingezonkene natuur wilde aannemen; geheel in de gelijkheid des zondigen vleesches. »
106. *Ibid.* « Ja, dit zelfs had de menschelijke natuur die de Zoon aannam, met ons zondig vleesch gemeen, dat in zijne natuur zoowel als in de onze geen goed meer woonde. Er was afwezigheid van alle geestelijk goed. »
107. KUYPER, *WHS*, I, p. 88.
108. *Ibid.*, p. 85.
109. BEACH, « Abraham Kuyper, Herman Bavinck, and The Conclusions of Utrecht 1905 », p. 11.
110. BACOTE, « Abraham Kuyper's Rhetorical Public Theology », p. 218.
111. BACOTE, *The Spirit in Public Theology*, p. 154.

pécheresse. Peu de théologiens sont prêts à affirmer que le Christ a assumé la nature humaine d'Adam avant le péché. Même l'analogie de Calvin, « comme avant la chute d'Adam[112] », pour décrire la nature humaine du Fils, ne permet pas d'attribuer à Calvin la thèse de l'assomption par le Christ d'une nature humaine d'Adam avant la chute. La plupart des théologiens sont pour l'idée que le Christ a pris la nature humaine d'après le péché. À ce niveau, deux tendances se dessinent : il y a ceux qui sont favorables à l'idée de « nature humaine déchue » et ceux qui défendent la thèse opposée. Pourquoi l'expression « nature humaine déchue ou pécheresse » rencontre-t-elle de la réticence ? Qu'est-ce qui est sous-entendu en elle et par elle ? Peut-on l'utiliser pour qualifier la nature humaine du Fils incarné sans danger ?

MacLeod, se référant au *Petit Catéchisme de Westminster*, avertit du danger de recourir à l'expression, car « être "déchu", c'est être dans un état de péché et d'injustice[113] », et il écrit encore que « [l]'Adam déchu est l'Adam pécheur. La nature déchue est la nature pécheresse, dominée par la "chair" (au sens paulinien), et caractérisée par la dépravation totale[114] ». Une telle définition ne permet pas l'application de l'expression à Christ. Car la possibilité de pécher, en ce qui concerne Jésus, est fortement suggérée lorsqu'on dit qu'il a assumé la nature humaine déchue, étant donné que la différence entre les termes « déchu » et « pécheur » est difficile à établir. Chemin sans issue, selon MacLeod, parce que « [c]omment sa nature humaine pouvait-elle être déchue sans que cela n'implique sa personne ?[115] »

L'idée de nature humaine déchue, nous semble-t-il, est fortement liée, et sans raison suffisante, à la naissance du Christ de Marie, donc en relation avec la substance pécheresse inhérente à sa nature. Cependant être né de Marie ne prouve pas en soi que la nature humaine du Christ est d'emblée déchue. Une telle déduction ne prend pas en compte deux autres vérités bibliques et théologiques : la conception par la puissance du Saint-Esprit et la virginité de Marie. Selon Bavinck, par la conception par la puissance de l'Esprit, le Fils de Dieu a pu devenir homme tout en restant la personne divine qu'il était,

---

112. CALVIN, *IC*, II, xiii, 4.
113. MACLEOD, *La personne du Christ*, p. 295.
114. *Ibid.*, pp. 295-296.
115. *Ibid.*, p. 295.

sans être affecté par le péché dans sa nature[116]. En effet, l'œuvre miraculeuse de l'Esprit dans la préparation du corps, et la personne du Fils, qui porte la nature, sont à prendre en compte pour éviter de vite conclure en faveur d'une nature humaine déchue prise de Marie. Le rôle de Marie a été de permettre l'effectivité de l'humanité du Christ[117], tandis que l'idée de « naissance virginale rend également possible la vraie humanité du Christ sans péché hérité[118] ».

b. Nature humaine du Christ sanctifiée par l'Esprit à l'assomption
Le but du recours à l'expression « nature humaine déchue » chez Kuyper

Nous avons noté l'ambiguïté de l'usage de l'expression « nature humaine déchue ». Il faut à présent préciser le sens et le but du recours à ladite expression par Kuyper. Berkouwer, dans son examen du débat entre Kuyper et Böhl sur l'imputation du péché originel à Christ, a affirmé qu'un accent est mis particulièrement « sur le fait que Christ est né dans la nature humaine de la situation d'après la chute – une idée que la tradition réformée a toujours acceptée et que Kuyper a affirmée[119] ». Kapic, qui cite Berkouwer, tire de la pensée de ce dernier l'idée de nature humaine déchue comme thèse probable de Kuyper[120]. Bernard L. Ramm a affirmé, plus explicitement que Berkouwer et Kapic, que la thèse de l'assomption d'une nature humaine déchue par Christ a été enseignée par des théologiens réformés comme Kuyper et Barth[121]. Le point commun de toutes ces affirmations est que Kuyper, comme Barth et Irving, a défendu l'idée selon laquelle la nature humaine du Christ était

---

116. Bavinck, *RD*, III, pp. 294-295. « [...] but it was only way in which he who already existed as a person and was appointed head of a new covenant could now also in a human way – in the flesh – be and remain who he was: the Christ, Son of God. »
117. Grudem, *Théologie Systématique*, p. 580. De la part apportée par Marie à la constitution du Christ, Grudem dit que « [c]'est afin que sa pleine humanité soit évidente pour nous du fait de sa naissance humaine ordinaire à partir d'une mère humaine ».
118. *Ibid.*, p. 581 ; Blocher, *La doctrine du Christ*, p. 158 affirme, dans le même sens, qu'on « peut établir (prudemment) un rapport entre la conception miraculeuse de Jésus et sa pureté sainte ».
119. Berkouwer, *The Person of Christ*, p. 342.
120. Kapic, « The Son's Assumption of a Human Nature », p. 166. « It may surprise many readers that the neo-Calvinist Kuyper freely speaks of the assumption of a fallen human nature, believing that this has always been the position of the Reformed tradition. »
121. Ramm, *An Evangelical Christology*, p. 80. « That Jesus took actually sinful nature to save us was taught by the great Reformed scholar of the nineteenth century, A. Kuyper and by K. Barth in the twentieth century. It is not affirmation that Jesus sinned, for part of his redeeming work was to overcome sin in his own experience, even though having a sinful nature. »

déchue et pécheresse, même si le Christ n'a jamais péché. A-t-on vraiment raison d'affirmer que Kuyper, Barth et Irving ont la même position sur le sujet ?

L'expression « *gevallene natuur* », qui se traduit par « nature déchue », est employée plusieurs fois par Kuyper, soit pour parler de la nature humaine déchue[122], soit pour parler d'Adam déchu[123]. Une autre expression semblable est la nature humaine d'Adam après la chute[124]. Berkouwer a donc pu, à partir desdites expressions, attribuer cette position à Kuyper. Du langage, ou des expressions, les uns et les autres ont plus ou moins raison de dire que Kuyper a été favorable à la thèse irvingienne. Toutefois une analyse de la pensée d'ensemble de l'auteur pourrait conduire à la thèse contraire.

Kuyper n'a pas modifié le sens que l'expression a dans le langage théologique courant. L'expression est une façon de rendre compte effectivement de la déchéance de la nature humaine due au péché d'Adam. Cela est prouvé par le fait que la nature humaine en cause n'est pas une nouvelle chair créée à partir de Marie[125]. Pour Kuyper, et Bavinck également, « elle n'a pas été celle d'avant la déchéance, mais plutôt [la nature humaine] telle qu'elle est devenue *par* et *après* la déchéance[126] ». L'expression « nature déchue » correspond bien à la réalité d'une nature humaine non créée à partir de Marie, mais plutôt marquée et caractérisée par le péché. Il n'est pas question d'une autre nature que celle d'Adam après la chute.

Si Kuyper n'a pas modifié le sens de l'expression, il poursuit bien un but avec toute la description faite de cette nature humaine. Le but de l'auteur est de montrer avec précision ce que la nature humaine déchue est en elle-même ou en sa souche, c'est-à-dire en Adam déchu. L'objectif de notre auteur est de montrer que la nature humaine, prise de Marie par le Fils, était une nature humaine déchue et pécheresse, c'est-à-dire provenant d'une souche impure, à savoir Marie[127]. Il s'agit surtout de démontrer l'état de déchéance de la nature humaine. En d'autres termes, l'expression sert à désigner, chez Kuyper,

---

122. Kuyper, *WHS*, I, pp. 84, 85, 88, 92. « […] of de Zone Gods is mensch geworden in onze gevallene natuur », *WHG*, I, p. 110.
123. *Ibid.*, p. 83.
124. Kuyper, *Locus de Christo*, Pars Secunda, p. 9.
125. Kuyper, *WHS*, I, p. 83.
126. *Ibid.*, p. 84 ; Bavinck, *RD*, III, pp. 309-310.
127. Kuijper, *VW*, p. 130. « zoo kan en mag en moet beleden, dat de menschelijke natuur, die de Persoon des Zoons uit Maria aannam, haar uit Adam toekwam door een stroom van zonde heen. »

la nature humaine après le péché et avant l'incarnation. C'est une nature humaine dans un état d'impureté et de souillure avant son assomption par le Christ[128]. Kuyper a décrit ce que la nature humaine est en tout homme et non ce qu'elle est réellement en Christ avec l'incarnation. Dans la citation précédente, les souillures et les impuretés caractérisent négativement la nature humaine ; mais le conditionnel, « si elles n'avaient pas été nettoyées et sanctifiées[129] », garde tout son sens et rend bien compte de ce qu'était réellement la nature humaine, sans l'œuvre de l'Esprit, avant l'instant de l'incarnation.

C'est le mérite de quelques auteurs d'avoir fait remarquer que Kuyper a fait appel au rôle éthique de l'Esprit pour justifier l'impeccabilité du Christ. C'est le cas de Chul Won Suh[130]. Mais ce qui n'est pas suffisamment dit de la démarche de notre auteur est le fait qu'il a pris soin de bien poser le problème en décrivant clairement l'état de déchéance de la nature humaine. En réalité, sa description de la nature humaine déchue prépare le rôle décisif que l'Esprit va jouer à l'incarnation. On pourrait conclure que la description de la nature humaine, en termes de nature déchue et corrompue, vise un intérêt pneumatologique et sotériologique.

La thèse kuypérienne de la sanctification de la nature humaine du Christ

Du passage de la nature humaine déchue en Adam à la nature humaine sanctifiée en Christ, un fait important, voire un grand changement ou un dépassement, a eu lieu. Il s'agit de la sanctification de la nature humaine déchue en Adam par l'Esprit pour qu'elle soit portée, sans péché, par le Christ. Telle est la thèse principale de notre auteur, et il l'a bien défendue en disant que si les souillures et impuretés liées à la nature humaine déchue n'avaient pas été nettoyées et sanctifiées, cette nature humaine serait passée à Christ dans cet état d'impuretés et de souillures[131]. Kuyper a bien dit du Médiateur

---

128. *Ibid.*, pp. 130-131. « [...] dat derhalve ook het vleesch en bloed, d. i. de menschelijke natuur in Maria waar uit de Persoon des Zoons zijn menschelijke natuur aannam, was een zondige, een onreine natuur, en dat derhalve deze onreine natuur ook onrein op Jezus zou zijn overgegaan, indien ze niet vooraf gereinigd en geheiligd ware. »

129. *Ibid.*, p. 131. « [...] indien ze niet vooraf gereinigd en geheiligd ware. »

130. Suh, *The Creation-Mediatorship of Jesus Christ*, pp. 178-179.

131. Kuijper, *VW*, pp. 130-131. « [...] de menschelijke natuur in Maria waar uit de Persoon des Zoons zijn menschelijke natuur aannam, was een zondige, een onreine natuur, en dat derhalve deze onreine natuur ook onrein op Jezus zou zijn overgegaan, indien ze niet vooraf gereinigd en geheiligd ware. »

qu'il est « celui qui a pris la nature humaine sans péché[132] ». Cette nature humaine a été sans péché parce que le Saint-Esprit l'avait déjà sanctifiée[133]. L'auteur part de la conception par la puissance du Saint-Esprit pour justifier la sainteté du Christ[134]. Il a écrit que l'Esprit a enlevé l'incitation à pécher[135] ; l'antagonisme, lié à la nature humaine, a été enlevé, et, en Christ, il ne pouvait plus se manifester[136].

Si Kuyper a pu écrire, par endroits, que le Médiateur a pris la nature humaine restaurée dans son pouvoir originel[137], ou la nature humaine originelle[138], il nous faut comprendre la portée sémantique de l'analogie « comme avant la chute d'Adam » ; comme Calvin l'a si bien exprimé en ces mots : « parce qu'il a été sanctifié du Saint-Esprit, afin que sa génération fût entière et sans macule, comme avant la chute d'Adam[139]. » Owen, théologien réformé et puritain, avait défendu la même thèse en disant que la nature humaine du Christ « était sanctifiée à l'instant même de sa conception[140] » et ne portait pas les traces du péché originel ou de la corruption venant d'Adam[141]. Lorsque Warfield affirme aussi que Christ « a pris la chair d'un homme non déchu[142] », il faudrait encore valoriser le rôle éthique de l'Esprit qui a permis au Christ

---

132. Kuyper, *Pro Rege*, I, p. 470. « That was why the first communion between God and humanity could occur only in Christ himself, the one who had taken on our human nature but without sin. »
133. Kuijper, *VW*, pp. 130, 131, 138.
134. *Ibid.*, p. 124.
135. *Ibid.*, pp. 142, 148. « [...] omdat door de ontvangenis uit den Heiligen Geest de prikkel tot zonde was weggenomen », p. 142.
136. *Ibid.*, p. 139. « [...] dat deze vijandschap er uit was weggenomen, er niet in kon komen, en zich dan ook nooit heft getoond. »
137. Kuyper, *Pro Rege*, I, p. 141. « [...] when Christ himself appeared and when, in the Son of Man, sinless humanity – that is, humanity in its original unbroken power – once again appeared. »
138. *Ibid.*, p. 144. Le texte original donne : « Die mensch was ondergegaan. Dien mensch vond men niet meer. Maar *school* zij al in de menschelijke natuur, onder vloek en zoned bedolven, de kiem voor dat alles was toch in onze menschelijke natuur gelegd. En die natuur nu nam Jezus aan », *Pro Rege*, I, p. 162. La dernière partie du texte original a été traduite par « It was that original human nature that Jesus adopted », Kuyper, *You Can Do Greater Things Than Christ*, p. 19.
139. Calvin, *IC*, II, xiii, 4.
140. Owen, *Pneumatologia*, p. 169.
141. *Ibid.*
142. Warfield, *The Person and Work of Christ*, p. 144.

de porter une nature humaine semblable ou analogue à celle d'un homme non déchu ou semblable à celle d'Adam avant la chute.

Irving, comparé à Kuyper sur le sujet, avait en vue la nature humaine telle qu'elle était en Christ. Il y a une différence de perspectives, car bien qu'Irving et Kuyper aient tous les deux voulu valoriser le rôle éthique de l'Esprit, Irving a parlé d'une nature humaine pécheresse portée par le Christ sans être sanctifiée au préalable, mais sanctifiée au quotidien par l'Esprit ; tandis que Kuyper a parlé d'une nature humaine déchue en Adam, mais déjà sanctifiée une fois pour toutes par l'Esprit à l'assomption, de telle sorte qu'elle a été semblable à la nature humaine avant le péché.

L'idée de non-changement de la nature humaine à l'assomption, soutenue par Irving, selon McFarlane[143], a certainement empêché le théologien écossais de percevoir la nécessité et la possibilité de la sanctification du Rédempteur dès le sein maternel. Pourtant cette sanctification est très importante pour la sotériologie aussi bien que pour la christologie. « L'intention d'Irving était, sans doute, selon Blocher, de promouvoir l'imitation du Christ, dont les chrétiens s'excusent en prétextant la différence des ressources[144]. » Mais ce motif ne suffit pas pour justifier l'idée de l'assomption d'une nature humaine déchue : l'imitation du Christ n'est pas en mesure de changer fondamentalement la nature humaine déchue en nous.

III. Le don de l'Esprit au Corps du Christ

Kuyper, en choisissant de mettre l'accent sur l'aspect corporatif du don de l'Esprit ainsi que ses dons, avait un but et une motivation. Pour mieux évaluer la pensée de l'auteur, il nous faut d'abord dire le sens de sa pensée en montrant ce qu'il visait. S'agit-il de l'utilité de l'Esprit pour le Corps, de sa résidence dans le Corps ou de son appartenance au Corps ? L'auteur semblait viser essentiellement, dans sa construction d'une ecclésiologie pneumatique, la constitution du Corps par l'unité de ses membres réalisée par l'Esprit à la Pentecôte.

---

143. McFarlane, *Christ and the Spirit*, p. 140.
144. Blocher, *La doctrine du Christ*, p. 155.

1. Le sens du don de l'Esprit au Corps : unité et diversité ecclésiale
a. Les interprétations du don de l'Esprit au Corps et leurs implications

Élucidation du « donné au Corps »

Notre description de la pensée de l'auteur nous a permis de rendre compte du don de l'Esprit au Corps. Le don, en ce qui concerne l'Esprit, implique son envoi, mais aussi sa réception. Ainsi Dieu le donne et le chrétien le reçoit, selon Blocher[145]. La destination du don ou de l'envoi de l'Esprit est soit le corps soit l'individu. Et si c'est le corps, comment comprendre la réalité de ce don selon Kuyper ? Il pourrait avoir trois lectures ou interprétations possibles. Il y a l'animation[146] et la vivification du Corps par l'Esprit[147], quand Kuyper parle de don de l'Esprit au Corps (voir notre chapitre 4). À ce sens on peut ajouter celui de la résidence permanente de l'Esprit dans le Corps[148]. Ce sens est lié à celui de l'animation, car pour bénéficier de la vie de l'Esprit, il faut être en contact avec lui ou être habité par lui. La dernière possibilité sur laquelle nous allons insister est celle qui consistera à interpréter le « donné au Corps » comme un fait constitutif de la naissance du Corps dans l'histoire.

L'insistance de Kuyper, selon laquelle l'Esprit est donné au Corps et non à l'individu, suggère l'animation du Corps et la résidence de l'Esprit dans le Corps. Le contraste entre corps et individu oriente la définition du « donné au Corps » vers l'aspect corporatif et communautaire du don de l'Esprit plutôt que vers l'aspect individuel[149]. L'aspect individuel du don, selon l'auteur, si on peut même parler de don, relève de l'ordre ancien, celui de l'ancien régime, puisqu'il a affirmé que cela a déjà eu lieu sous l'ancienne dispensation. Ainsi

---

145. BLOCHER, *La doctrine du péché et de la rédemption*, p. 222.
146. KUYPER, *OC*, p. 24.
147. KUYPER, *Meditations*, p. 118. « A church from which the Spirit has withdrawn is dead ; it is nothing but a dried up tree trunk and will be cast into fire. »
148. *Ibid.*, pp. 78-79. « After Pentecost, it is wholly impossible for there to be even one moment during which the Holy Spirit would be absent from the Church. That would deprive her of breath and she would be dead. Sometimes the living Spirit may *appear* to be absent, but in fact never is. Even during times of revival, the Holy Spirit never comes from outside the Church, for He always revives from within the Body » ; « For He [Holy Spirit] that came and abides with us can no more come to us », *WHS*, I, p. 127.
149. KUYPER, *WHS*, I, p. 124 ; « Just what exactly is this miracle of Pentecost ? It was not an outpouring of the Spirit in the hearts of a few individuals. That had already happened in the previous dispensation », *Meditations*, p. 70.

l'œuvre de l'Esprit, sous l'ancien régime, ne pouvait pas être comprise comme l'œuvre de l'Esprit donné au Corps.

L'explication et la justification se trouvent dans l'inexistence historique du Corps lui-même avant la Pentecôte[150]. L'affirmation est nette chez l'auteur, puisqu'il dit que ce Corps n'a pas existé avant que Christ soit glorifié au ciel[151]. Le moment historique important dans la constitution du Corps du Christ est la Pentecôte, car en ce jour le Corps du Christ a commencé à exister et à apparaître publiquement[152]. C'est à partir de cette naissance de l'Église que l'on peut véritablement, selon Kuyper, dire que l'Esprit a été donné au Corps, puisque celui-ci existe maintenant.

En fait, l'Église, ou le Corps du Christ, doit son existence dans l'histoire à l'œuvre de l'Esprit. On peut dire que, selon Kuyper, l'Esprit fait ou fonde l'Église, du moment où il considère la Pentecôte comme l'événement fondateur de l'Église. Kuyper a justement parlé de « première et réelle venue de l'Esprit dans l'Église[153] » ; il s'agit d'une venue constitutive et fondatrice de l'Esprit pour l'Église marquant sa naissance officielle dans le monde[154]. Le don de l'Esprit au Corps a par conséquent une dimension existentielle, parce qu'il a fait naître le Corps du Christ. La participation à l'Esprit est désormais communautaire ou corporative. Le sens du « donné au Corps » sous le régime nouveau contraste avec l'idée de l'Esprit qui agit de façon isolée dans les individus sous l'ancien régime. L'idée dominante, qui découle de l'interprétation, est celle de l'unité du Corps du Christ scellée par le baptême du Corps à la Pentecôte.

L'implication majeure de la pensée de Kuyper et l'ancrage biblique

L'unité organique est l'implication majeure du don de l'Esprit au Corps pour le constituer ou pour marquer sa naissance officielle dans l'histoire.

---

150. KUYPER, *Meditations*, p. 77.
151. KUYPER, *WHS*, I, p. 121.
152. KUYPER, *Meditations*, p. 77.
153. KUYPER, *WHS*, I, p. 115 ; « [...] on that day the Holy Spirit entered for the first time into the organic body of the Church », p. 124.
154. KUYPER, *Meditations*, p. 77. « This is precisely the pouring out of the Holy Spirit, that the Body of the Church on that day, freeing itself from womb of Israel, appeared on the scene, receiving the breath of life, consciously beginning to move on its own steam and opening its eye to the eternal light » ; *idem*, « The Body was originally *born* with the outpouring of the Holy Spirit, but it did definitely not begin its original existence on Pentecost. »

Selon Kuyper, le don de l'Esprit au Corps à la Pentecôte signifie le baptême de l'Église, car les croyants ont été tous baptisés dans l'Esprit par Christ[155]. Le baptême de l'Église dans l'Esprit renvoie à l'unité du Corps, car par l'Esprit ils ont été tous unis pour former un même corps. Il a fait savoir que les croyants d'autrefois, par exemple les apôtres avant la Pentecôte, ont eu part à l'Esprit, au moyen des dons spirituels, mais qu'ils n'ont pas été baptisés dans l'Esprit comme le Corps le sera à la Pentecôte[156]. Le baptême dans l'Esprit, facteur d'unité de tous les croyants, concerne aussi les croyants de l'ancienne alliance, puisqu'ils ont dû attendre la constitution du Corps du Christ dans lequel ils ont été inclus en vue de recevoir la promesse du baptême dans l'Esprit[157]. Le baptême du Corps dans l'Esprit est un signe de perfection ou d'accomplissement des temps et les croyants de l'Ancien Testament ne pouvaient pas recevoir la promesse avant ceux du Nouveau Testament.

Pour Kuyper, le baptême du Corps dans l'Esprit, ou selon l'expression en cause le « don de l'Esprit au Corps » ne pouvait pas être une réalité applicable seulement aux croyants vivant sous l'un des régimes sans ceux de l'autre régime, parce que le Corps du Christ est un tout uni. C'est pour cette raison que l'Esprit ne pouvait pas être donné avant la glorification du Christ (Jn 7.39) et la perfection de son Corps, temple de l'Esprit[158].

De l'ancrage biblique de la pensée de Kuyper, deux métaphores bibliques servent d'appui : la métaphore du corps (1 Co 12.12-27 ; Ep 1.22-23 ; 4.15-16) et celle du temple du Saint-Esprit (1 Co 3.16-17 ; 6.19 ; Ep 2.21-22). Le sens des métaphores est important pour saisir le sens de la pensée de Kuyper. Dans la première métaphore, celle du corps (1 Co 12.12-27), Paul décrit l'Église

---

155. Kuyper, *WHS*, I, p. 124. Partant de l'image du château d'eau à partir duquel toute une ville est servie en eau, Kuyper a compris la Pentecôte comme le baptême de l'Église dans l'Esprit : « [...] In similar sense Christ may be said to have baptized His Church with the Holy Spirit. »

156. *Ibid.*, p. 121. « [...] the apostles were born again long before Pentecost and received official gifts on the evening of the day of the resurrection, although the outpouring of the Holy Spirit in the body thus formed did not take place until Pentecost » ; « This agrees with the fact that Jesus during His ministry allowed His disciples to continue the baptism of John. And this shows that even before the crucifixion, John and Peter, Philip and Zaccheus, and many others received saving grace of the Holy Spirit, each for himself, but none of them was baptized with the Holy Spirit before the day of Pentecost », *WHS*, I, p. 125.

157. *Ibid.* « [...] the saint of the Old Testament did not receive the promise, that without us they should not be made perfect, waiting for that perfection until the formation of the body of Christ, into which they also were to be incorporated. »

158. *Ibid.*, pp. 120-121.

comme un corps sans que Christ y soit présenté comme la tête. Ensuite, Christ y est présenté comme étant la tête et les croyants sont les membres (Ep 1.22-23 ; 4.15-16). Dans la métaphore du corps comme temple du Saint-Esprit, la notion de vivification et d'union est suggérée.

De ces données scripturaires se dégage le thème de l'unité du corps ou des membres du corps que réalise l'Esprit. Il y a également le thème de la dépendance, car aucun membre n'est indépendant des autres membres et n'existe pour lui-même, mais chacun, au moyen du don reçu, participe à l'édification du corps tout entier (1 Co 12.7). S'agissant de la participation à l'Esprit, tous participent ensemble à la vie de l'unique Esprit.

b. Le don de l'Esprit au Corps selon d'autres théologiens

L'énoncé suggère une association de deux métaphores. L'accent, avec la métaphore du corps, comme Berkhof l'a souligné, est mis sur l'unité organique et la relation vivante entre les différents membres[159]. Cette unité organique de l'Église est une œuvre de l'Esprit qui réalise l'union des membres les uns avec autres et avec le Christ. La métaphore du corps, bien que considérée par certains, selon Berkhof, comme une définition complète de l'Église[160], ne suffit pas à elle seule, selon Erickson, pour rendre compte totalement de la réalité de l'Église[161]. Si le corps est un tout organique, il faut bien que ce tout organique vive grâce à la présence et à l'action de l'Esprit. C'est la raison d'être de la deuxième métaphore, celle du corps comme temple du Saint-Esprit (1 Co 3.16-17 ; 6.19). La thématique centrale des deux métaphores reste celle de l'unité organique et vivante des membres du corps.

Blocher a perçu dans la prière de Jésus relative au paraclet l'intention manifeste de Jésus pour l'unité de l'Église[162]. Nisus a montré comment cette unité souhaitée et attendue par Jésus s'est réalisée en disant qu'« [e]n les joignant au Christ, l'Esprit unit les croyants les uns aux autres en un seul

---

159. BERKHOF, *Systematic Theology*, p. 557. « It stresses the unity of the Church, whether local or universal, and particularly the fact that this unity is organic, and that the organism of the Church stands in vital relationship to Jesus Christ as her glorious head.
160. *Ibid.*
161. ERICKSON, *Christian Theology*, p. 1036.
162. BLOCHER, *La doctrine du péché et de la rédemption*, p. 233. « C'est aussi l'union en "un" des croyants que Jésus demande au Père, dans le prolongement de ses discours sur le *Paraclètos*, comme fruit du remplissement de la mission (Jn 17). »

corps (1 Co 12.13)[163] ». L'ecclésiologue catholique Congar disait également que « c'est parce qu'il y a un seul Esprit du Christ qu'il y a un seul corps, qui est le Corps du Christ[164] ». Le théologien évangélique Stott a affirmé la même chose en disant que « [l]'Église doit son unité à la *charis* (grâce) et sa diversité aux *charismata* (dons de la grâce)[165] », et il a précisé que « [l]'unité du corps est la conséquence de l'unité de l'Esprit[166] ». La *charis*, dans ce cas, suggère le don de l'Esprit, et ce don fonde l'unité du Corps. L'aspect organique du Corps du Christ, constitué par l'Esprit, est bien ce que Kuyper entendait par l'Esprit donné au Corps. C'est un aspect important pour comprendre le rapport de la pneumatologie à l'ecclésiologie chez Kuyper.

On réfère l'unité du Corps suggérée par la métaphore au baptême dans l'Esprit dont le Corps a été l'objet à la Pentecôte. Selon Bavinck, l'Église est le Corps du Christ[167], et les croyants, membres de son Corps, ont été tous baptisés en un seul corps pour être unis au Christ[168]. En même temps que l'Esprit réalise l'unité de tous les croyants, il fonde ou constitue l'Église tout entière par la même occasion. Blocher, s'exprimant sur le baptême dans l'Esprit à la Pentecôte, a affirmé que « l'indication la plus explicite, théologiquement, qu'on trouve à son propos l'attache à la constitution du corps des croyants, corps de Christ (1 Co 12.13)[169] ». Congar disait également de l'Esprit qu'« [i]l est Celui qui est *donné* pour produire tout ce qu'on pourrait résumer ainsi : la communauté des fils de Dieu, le corps universel du Fils unique fait homme[170] ». Kuyper lui-même, comme nous l'avons noté, a interprété la Pentecôte comme étant le baptême de l'Église dans l'Esprit, en vue de l'unité des membres du Corps, et il est donc un événement fondateur de l'Église.

L'unité et la diversité sont toutes les deux liées, puisque « dans cette unité l'Esprit ne supprime pas la diversité qui existe entre les croyants, mais il la

---

163. A. Nisus, *L'Église comme communion et comme institution : une lecture de l'ecclésiologie du Cardinal Congar à partir de la tradition des églises de professants*, coll. Cogitatio Fidei n°282, Paris, Cerf, 2012, p. 404.
164. Yves Congar, *La parole et le souffle*, Paris, Cerf, 1984, p. 26.
165. J. Stott, *Du baptême à la plénitude. L'œuvre du Saint-Esprit en notre temps*, Monnetier-Mornex, Éditions Emmanuel, 1975, p. 90.
166. *Ibid.*, p. 40.
167. Bavinck, *RD*, IV, p. 298.
168. *Ibid.*, p. 299.
169. Blocher, *La doctrine du péché et de la rédemption*, pp. 232-233.
170. Congar, *La parole et le souffle*, p. 193.

maintient et la confirme plutôt[171] ». Lorsque Kuyper parle de don de l'Esprit au Corps, appelé la *charis* par Stott[172], cela s'entend aussi des *charismata* ou dons de l'Esprit accordés au Corps. Tout comme l'Esprit a été donné au Corps, il en est de même pour les dons de l'Esprit. Selon Dunn, « [l]'Esprit est l'Esprit du Corps et [il] utilise les individus et les dons individuels pour le bien du Corps[173] ». Pour Bavinck, à la Pentecôte, l'Esprit s'est donné à l'Église avec tous les charismes[174]. Kuyper lui-même avait reconnu la précédence du don de la grâce, c'est-à-dire l'antériorité du don de l'Esprit, par rapport au don des *charismata*[175]. *Ce qui veut dire qu'il distingue, sans les séparer, le don de grâce des dons spirituels, tout comme Stott*[176] *et Blocher*[177].

2. Le contexte théologique et les arguments de l'auteur

Dans quel contexte Kuyper a-t-il évolué qui aurait eu une influence sur sa construction théologique ? Avec quels arguments l'a-t-il construite ? La théologie de l'alliance et la culture romantique semblent avoir joué un rôle dans la conception kuypérienne du corps ou Corps du Christ, constitué et animé par l'Esprit. Notre présentation des contextes de l'auteur, au premier chapitre, a permis de comprendre les différents contextes théologiques, philosophiques et historiques de Kuyper.

La culture romantique a exalté au XIXe siècle la notion d'organisme. Schelling y a recouru dans sa philosophie de la nature[178] ; Schleiermacher et Rothe ont tous recouru au concept dans leur construction théologique[179]. Or la description de l'organisme, une entité indépendante et exclusive ayant son propre principe de vie, est caractéristique de la nature de l'Église chez

---

171. Bavinck, *RD*, IV, p. 299.
172. Stott, *Du baptême à la plénitude*, p. 90.
173. Dunn, *The Christ and the Spirit*, p. 347.
174. Bavinck, *RD*, IV, p. 299. « […] on the day of Pentecost he communicated himself with all his *charismata* to the church of Christ. »
175. Kuyper, *WHS*, I, p. 181. « The work of grace is for our *own* salvation, joy, and upbuilding ; the charismata are given us for *others*. The first implies that we have received the Holy Spirit; the latter that He imparts gifts unto us. »
176. Stott, *Du baptême à la plénitude*, p. 90.
177. Blocher, *La doctrine du péché et de la rédemption*, p. 223. « Il ne faut pas confondre le don (*doréa*) qu'est ou qui est le Saint-Esprit, et les dons (*pneumatika, charismata*) du Saint-Esprit faits par lui. »
178. Zwaanstra, « Abraham Kuyper's Conception of the Church », p. 156.
179. *Ibid.*

Kuyper. Zwaanstra, qui cite P. A. Van Leeuwen, a pu dire que Kuyper a aussi adopté ce mode de pensée en le combinant avec des idées théologiques de la tradition réformée[180]. Selon Bratt, l'organisme, comme caractéristique du romantisme, a permis à Kuyper d'affirmer la notion de différence, le caractère individuel et la liberté tout en exaltant à la fois l'unité et l'ordre[181]. On pourrait dire que la pensée ecclésiologique de Kuyper s'inspire fortement du romantisme du moment, où elle postule que l'Esprit est donné au corps et que les individus y participent en étant unis au corps. C'est une unité, mais aussi une diversité que l'auteur tend à défendre avec sa thèse du don de l'Esprit au Corps du Christ.

La thèse de Kuyper sur le don de l'Esprit au Corps pourrait être également appuyée par la théologie de l'alliance telle qu'elle est comprise par la théologie réformée. En effet, conformément à la théologie de l'alliance, si l'Esprit est donné au Corps, les individus croyants peuvent néanmoins le recevoir de façon ordinaire, puisqu'ils appartiennent à la semence de l'Église ainsi qu'au Corps du Christ[182]. L'Esprit est donné sur la base de l'appartenance de l'individu au corps ecclésial. Cela semble être un argument qui justifie le don de l'Esprit au corps auquel les croyants prennent part dans leur union au corps. Selon Kuyper, l'Esprit et les dons qu'il fait au Corps sont au bénéfice des individus membres de l'alliance.

Ainsi, comme l'Esprit est donné au Corps, il est par conséquent aussi donné aux membres à cause du caractère organique du corps et des membres. En plus le caractère unique du don de l'Esprit à la Pentecôte appuie suffisamment l'idée selon laquelle le croyant participe à l'Esprit en étant membre du Corps de Christ. Étant donné que l'Esprit a été donné une fois pour toutes, les croyants d'hier, d'aujourd'hui et ceux de demain ne peuvent le recevoir qu'en étant en Christ, qui est la tête à partir de laquelle l'Esprit est répandu sur le reste de son Corps.

---

180. *Ibid.*
181. BRATT, *Abraham Kuyper. Modern Calvinist, Christian Democrat*, p. 183.
182. KUYPER, *WHS*, I, p. 127. « For they who are converted *among us* stand already in the *covenant*, belong already to the *seed of the Church* and to the *body of Christ*. Hence no new connection is formed, but a work of the Holy Spirit is wrought in a soul with which He was already related by means of the body. »

B. Évaluation des thèses majeures de l'auteur
I. L'anhypostasie de la nature humaine chez Kuyper

Irving, pour avoir séparé la nature humaine de la personne, a été accusé à juste raison de nestorianisme[183]. Peut-on aussi reprocher à Kuyper d'avoir défendu le nestorianisme dans son traitement du rapport de la nature humaine à la personne ? Peut-on expliciter le rapport du Christ à l'Esprit chez Kuyper en parlant d'anhypostasie et d'enhypostasie ?

1. Le problème du rapport nature et personne en théologie

La nature, selon Blocher, est « comme un ensemble de propriétés (*quidditas*)[184] » ; et « [l]a personne ou hypostase, c'est d'abord ce qui existe ou subsiste par soi[185] ». Bavinck a fait remarquer que « [s]i Christ est la Parole incarnée, alors l'incarnation est un fait central de toute l'histoire du monde[186] ». On ne peut donc guère parler de l'incarnation de la Parole sans poser le problème, très complexe, du rapport de la nature humaine à la personne. « C'est précisément cette distinction entre "nature" et "personne" qui rencontre beaucoup de résistances à la fois dans la doctrine de la trinité et dans la doctrine du Christ, et par conséquent aussi la source de la plupart des erreurs dans ces deux doctrines[187]. » Blocher a noté que la distinction entre la nature et la personne, bien que décisive, « n'est pas si facile à concevoir[188] ».

Les erreurs, les hérésies ou les formulations insuffisantes nées des différentes tentatives d'élucidation du rapport sont entre autres le nestorianisme, qui sépare nature et personne au point d'aboutir à l'existence de deux personnes, ou deux sujets en Christ[189] et l'eutychianisme qui défend la fusion des deux natures en une seule[190]. La compréhension de la communication des idiomes

---

183. MacLeod, *La personne du Christ*, p. 280.
184. H. Blocher, « Luther et Calvin en christologie », *Positions Luthériennes*, vol. 56, 1/2008, p. 76.
185. Blocher, *La doctrine du Christ*, p. 160.
186. Bavinck, *RD*, III, p. 274.
187. *Ibid.*, p. 306.
188. Blocher, « Luther et Calvin en christologie », p. 80.
189. Bavinck, *RD*, III, p. 302. ; Grudem, *Théologie Systématique*, p. 609. Le nestorianisme se définit, selon Grudem, comme étant la doctrine selon laquelle il y avait deux personnes distinctes en Christ, une personne humaine et une personne divine.
190. *Ibid.*, p. 303 ; Grudem, *Théologie Systématique*, p. 611.

par le luthérianisme, contrairement à celle de la tradition réformée, est à situer dans la famille des formulations insuffisantes et critiquables[191].

L'un des enjeux théologiques majeurs du rapport entre la nature et la personne humaine, en ce qui concerne le Fils incarné, est la question de l'impeccabilité du Christ. Si le rapport est mal articulé, l'impeccabilité du Christ serait remise en cause par l'idée selon laquelle le Fils incarné aurait assumé une nature humaine déjà hypostasiée. La valeur théologique de l'anhypostasie est que le Christ, par la préexistence de la personne du Fils, est libéré de la dépendance du péché originel d'Adam[192].

C'est pour trouver une solution à ce problème susceptible de naître d'une articulation malheureuse de la nature et la personne que les concepts de l'anhypostasie et de l'enhypostasie, importants en théologie, ont été mis au point. Face aux déviations doctrinales, ou formulations insuffisantes, l'orthodoxie chalcédonienne[193] a répondu en affirmant contre Nestorius que l'union est « sans division ni séparation », et contre Eutychès et le luthérianisme, elle a répondu que l'union est « sans changement ni confusion[194] ».

---

191. BLOCHER, « Luther et Calvin en christologie », pp. 75-76. Parlant de Luther sur le sujet, Blocher a écrit : « [...] on peut observer que sa nouvelle interprétation de la *communicatio idiomatum* n'est pas exempte de difficulté. La principale est sans doute celle-ci : comment dire la nature humaine du Christ *inchangée* alors qu'elle reçoit les propriétés du divin ? » ; *La doctrine du Christ*, p. 168.
192. BLOCHER, *La doctrine du péché et de la rédemption*, p. 158.
193. GRUDEM, *Théologie Systématique*, p. 612. Comme nous aurons à recourir régulièrement à cette confession dans notre évaluation de la pensée de Kuyper, nous avons jugé nécessaire de citer le texte intégral, rapporté par Grudem, comme suit : « Suivant donc les Saints Pères, nous enseignons tous d'une seule voix un seul et même Fils, Notre Seigneur Jésus-Christ, le même parfait en divinité, le même parfait en humanité, le même Dieu vraiment et homme vraiment, (fait) d'une âme raisonnable et d'un corps, consubstantiel au Père selon la divinité, consubstantiel à nous selon l'humanité, semblable à nous en tout hors le péché, engendré du Père avant les siècles quant à sa divinité, mais aux derniers jours, pour nous et notre salut, (engendré) de Marie la Vierge la *Theotokos* ("mère de Dieu") quant à son humanité, un seul et même Christ, Fils, Seigneur, Fils unique, que nous reconnaissons être en deux natures, sans confusion ni changement, sans division ni séparation ; la différence des natures n'est nullement supprimée par l'union, mais au contraire les propriétés de chacune des deux natures restent sauves, et se rencontrent en une seule personne (*prosôpon*) ou hypostase ; (nous confessons) non pas (un fils) partagé ou divisé en deux personnes, mais un seul et même Fils, Fils unique, Dieu, Verbe, Seigneur, Jésus-Christ, comme autrefois les prophètes l'ont dit de lui, comme le Seigneur Jésus-Christ lui-même nous a instruits, et comme le Symbole des Pères nous l'a transmis. »
194. TURRETIN, *ET*, II, pp. 317-318 ; GRUDEM, *Théologie Systématique*, p. 612 ; BLOCHER, « Luther et Calvin en christologie », p. 76.

2. La thèse de Kuyper à la lumière de la théologie réformée évangélique

Que disent les textes à caractère confessionnel auxquels les Églises de tradition réformée font allégeance ? La *Confession de la Foi belge* permet de dire que la tradition réformée ne s'est pas écartée de Chalcédoine, parce qu'elle déclare que « la personne du Fils a été unie et conjointe inséparablement avec la nature humaine, de sorte qu'il n'y a point deux Fils de Dieu ni deux personnes, mais deux natures unies en une seule personne, chaque nature retenant ses propriétés distinctes[195] ». Une telle formulation est celle que Kuyper a fait ressortir lorsqu'il a parlé de l'assomption par le Christ de la nature humaine et non de la personne.

La tradition réformée s'est enrichie au fil des siècles avec les constructions théologiques. Turretin[196], Owen[197], Berkhof[198] et Bavinck[199] ont tous opté globalement pour l'idée d'anhypostasie pour dire que la nature humaine prise par le Fils éternel à l'incarnation n'existait pas par elle-même. Chez Calvin, l'idée de « chair humaine prise par le Fils[200] » pourrait être comprise au sens de l'anhypostasie et de l'enhypostasie, puisque la personne préexistante du Fils a pris pour soi la nature humaine, dénommée chair sous la plume du réformateur avec un sens positif, à la différence de Barth.

La *Consultation sur les Affirmations Évangéliques*, tenue à *Trinity Evangelical Divinity School* en mai 1989, a affirmé la double nature et l'unipersonnalité du Christ[201]. La personne dans ce cas est bien une personne divine et humaine. Le *Manifeste de Manille* du 20 juillet 1989, texte final de

---

195. *La Confession de la Foi belge*, art. 19.
196. Turretin, *ET*, II, p. 311. « By this union […], the human nature (which was destitute of proper personality and was without subsistence [*anypostatos*] because otherwise it would have been a person) was assumed into the person of the *Logos* (*Logou*), and either conjoined with or adjoined to him in unity of person, so that now it is substantial with the *Logos* (*enypostatos Logô*). »
197. Owen, *Pneumatologia*, p. 166.
198. Berkhof, *Systematic Theology*, p. 321.
199. Bavinck, *RD*, III, p. 307. « The incarnation does mean, however, that the human nature that was formed in and from Mary did not for an instant exist by and for itself, but from the very first moment of conception was united with and incorporated in the person of the Son. »
200. Calvin, *IC*, II, xii, 3, 4, 6.
201. Kenneth S. Kantzer et Carl F. H. Henry, sous dir., *Evangelical Affirmations*, Grand Rapids, Zondervan Publishing House, 1990, p. 30. « We affirm that Jesus Christ is fully God and fully man with two distinct natures united in one person. »

la deuxième rencontre mondiale du *Mouvement de Lausanne*, déclare que Christ est « Fils éternel de Dieu, qui est devenu pleinement homme tout en restant pleinement Dieu[202] ». Pour la théologie évangélique, citons pour preuve Grudem, selon lequel la Bible enseigne très clairement que le Christ avait deux natures[203], unies en une seule personne, celle du Christ[204].

Ce qui semblait être problématique ou critique chez notre auteur, son insistance sur l'assomption de la nature et non de la personne n'est qu'un fait du langage. Son langage tend excessivement à séparer ou à diviser nature et personne, au point de le rapprocher du nestorianisme en donnant une certaine existence personnelle à la nature. Mais il convient de rappeler que la volonté de Kuyper a été d'insister plutôt sur l'anhypostasie de la nature assumée, et non sur l'assomption de la personne humaine par le Christ. Cela est bien conforme à l'orthodoxie chalcédonienne dans la mesure où celle-ci a parlé de l'assomption de la nature humaine en excluant, de façon sous-entendue, la personne humaine. Kuyper a réfléchi à partir des concepts d'anhypostasie et d'enhypostasie, tout comme les théologiens réformés et évangéliques desquels nous voulons rester très proches. À cet effet, l'auteur reste fidèle à la tradition réformée évangélique et à l'orthodoxie établie par Chalcédoine.

II. La thèse kuypérienne de la nature humaine déchue et sanctifiée

1. *La nature humaine déchue et sanctifiée et la tradition réformée*

Il y a deux positions relatives à la nature humaine du Christ. Il y a celle qui affirme que la nature humaine du Christ était déchue et pécheresse, représentée par Irving, et celle de la majorité, défendue par Kuyper, qui postule que la nature humaine du Christ a été sanctifiée dès la conception. Quant à la tradition réformée elle-même, Kapic a fait part des différentes tendances internes, illustrées par le débat entre Böhl et Kuyper, représentant deux versions de la thèse de la nature humaine déchue[205]. Tandis que Böhl est allé loin en affirmant la culpabilité et le péché personnels du Christ, Kuyper, pour sa

---

202. *Le Manifeste de Manille*, art. 3.
203. GRUDEM, *Théologie Systématique*, p. 612.
204. *Ibid.*, p. 613.
205. KAPIC, « The Son's Assumption of a Human Nature », p. 166.

part, s'est limité à la thèse de l'assomption de la nature humaine déchue[206]. La position de Kuyper serait conforme à la tradition réformée si elle est celle des textes à caractère confessionnel, et conforme aussi à celle des témoins importants de la tradition comme Calvin, Turretin, Owen et Bavinck.

L'expression « excepté le péché », qui parcourt l'ensemble des textes à caractère confessionnel de la tradition réformée[207], indique que Christ a vraiment pris la nature humaine débarrassée du péché. Car il a été fait semblable à tous ses frères, mais « excepté le péché ». La formule de Chalcédoine, selon le texte rapporté par Grudem, ne l'a pas non plus ignorée, car elle déclare Christ être semblable à nous en tout hors le péché[208]. L'expression associée à la conception par la puissance du Saint-Esprit fait allusion à l'œuvre de sanctification accomplie par le Saint-Esprit pour que Christ soit vrai homme sans péché.

Selon Kapic, les réformateurs ont recouru facilement au rôle du Saint-Esprit pour expliquer et concilier les affirmations théologiques contradictoires telles que « Christ fait péché » (2 Co 5.21) et « excepté le péché[209] ». Après avoir examiné quelques textes confessionnels de la Réforme, notamment la *Confession d'Augsburg*, le *Catéchisme de Heidelberg*, les *Articles de la religion*, et la *Confession de foi de Westminster*, Kapic a conclu que ce rôle du Saint-Esprit à la conception du Sauveur a été toujours perçu par la Réforme comme la solution au problème christologique de la nature humaine déchue[210]. La thèse de l'assomption par Christ d'une nature humaine sanctifiée ne souffre donc d'aucun doute du point de vue confessionnel.

Il y a des constructions théologiques qui se sont voulues fidèles à ce que la tradition réformée avait déjà posé comme base théologique. Certains théologiens s'inscrivent dans la continuité de la tradition réformée pour confesser que Christ a été fait homme avec une nature humaine sanctifiée. Calvin, le théologien du Saint-Esprit, avait perçu la dimension christologique du rôle

---

206. *Ibid*. « Both represent versions of the fallen position, but Böhl wants to go farther than Kuyper; the later does not want to speak of Jesus having personal sin, guilt, or any inward impurity. »
207. *La Confession de la Foi belge*, art. 18 ; le *Catéchisme de Heidelberg*, art. 35, *les Canons de Dordrecht*, III-IV, 2.
208. Grudem, *Théologie Systématique*, p. 612.
209. Kapic, « The Son's Assumption of a Human Nature », p. 162. « This conclusion was always overcome as a Christological problem by assigning great significance to the Holy Spirit's role in the conception of the Savior. »
210. *Ibid*.

de l'Esprit en affirmant la génération du Christ sans macule grâce à l'œuvre du Saint-Esprit[211] ; par conséquent Christ a été « séparé du rang commun pour n'être point enveloppé en la condamnation[212] ». L'expression « sans macule » pourrait renvoyer à la courte formule théologique « excepté le péché », que nous lisons dans les textes à caractère confessionnel et dans le texte de Chalcédoine.

La pensée de Kuyper est très proche de celle de Calvin, car il a reconnu, comme celui-ci, que la nature humaine du Christ avait été sanctifiée par l'Esprit[213]. L'expression « excepté le péché » (*without sin*), cause de la discontinuité entre Christ et le reste de l'humanité, peut se lire aussi sous la plume de notre auteur[214]. En plus de la conformité de la pensée de Kuyper à celle de Calvin, elle reflète bien celle de l'orthodoxie réformée si nous prenons, par exemple, Turretin comme repère. Turretin, contre les anabaptistes, a affirmé que la nature humaine du Christ était semblable à la nôtre, excepté le péché, et prise de la substance de Marie[215]. Il a également noté la participation commune de toute l'humanité au péché, à l'exception du Christ[216] ; et grâce à l'Esprit, l'agent d'opération du Christ, Christ a été libre de toute corruption de sa nature humaine[217]. Il y a, à notre avis, un parfait accord entre Kuyper, Calvin et Turretin, car tous les trois reconnaissent le rôle actif de l'Esprit dans la création et dans la mise à part de Jésus quant à sa nature humaine.

2. La nature humaine sanctifiée du Christ comme une affirmation évangélique

Le monde évangélique, face à la pensée moderne, a tenu à confesser fermement la vie sans péché du Christ. Être évangélique au début du XXe siècle prenait en compte cette vérité, car selon C. Henry, « [ê]tre un évangélique était de confesser parmi tant d'autres confessions la singularité unique de

---

211. CALVIN, *IC*, II, xiii, 4.
212. *Ibid.*
213. KUIJPER, *VW*, pp. 130, 131, 138.
214. KUYPER, *Pro Rege*, I, p. 470. « […] Christ himself, the one who had taken on our human nature but without sin. »
215. TURRETIN, *ET*, II, pp. 306, 307.
216. *Ibid.*, p. 310. « And although he was in Adam as to nature, yet not as to person and moral state or federal relation, by which it happens that all the posterity of Adam (Christ excepted) partake of his sin. »
217. *Ibid.*, p. 340.

l'incarnation de Dieu en Christ ; sa naissance virginale, sa vie sans péché, mort substitutive et la résurrection du corps[218] ». Il a ajouté que la Bonne Nouvelle, c'est d'annoncer que « dans notre nature humaine Jésus a vécu une vie sans péché[219] ». Il ne s'agit pas là d'une sanctification purement morale du Christ, mais de la conception sans péché du Christ.

Il est difficile de trouver dans les différentes déclarations du *Mouvement de Lausanne* des affirmations claires sur la nature humaine sans péché du Christ. Peut-être que l'idée serait implicitement affirmée dans la notion de justification contenue dans la formule « pleinement homme tout en restant pleinement Dieu ; [...] L'échange de sa justice et de notre injustice » du *Manifeste de Manille*. Il faudrait aussi prendre en compte la conception de Jésus par l'Esprit, qui est attestée par *L'engagement du Cap* du 25 janvier 2011, pour arriver à l'idée de nature humaine sans péché. Le manque d'affirmation théologique claire et détaillée dans les documents du *Mouvement de Lausanne* pourrait s'expliquer par le fait que le Mouvement, sans être un cadre de réflexion sur des questions d'intérêt théologique, a surtout pour vocation essentielle la promotion de l'évangélisation. Mais ce manque d'affirmations théologiques claires ne signifie pas un rejet de l'idée de la nature humaine sans péché du Christ.

Le rôle du théologien évangélique, pour clarifier et préciser les affirmations théologiques sous-entendues dans les différents textes confessionnels, s'avère donc très important. Quelques théologiens, comme Grudem, Erickson et Blocher, ont apporté de la lumière sur le problème tout en affichant une position évangélique. Grudem s'est appuyé fermement sur le caractère virginal de la conception pour écarter la transmission du péché par Joseph[220]. Il explique cela par le fait que la ligne généalogique de Jésus, qui ne dépend pas totalement de Joseph, a été interrompue par la conception par la puissance du Saint-Esprit[221].

---

218. Kantzer et Henry, *Evangelical Affirmations*, p. 17.
219. C. Henry, « Who Are The Evangelicals ? », dans *Evangelical Affirmations*, sous dir. Kenneth S. Kantzer et Carl F. H. Henry, Grand Rapids, Zondervan Publishing House, 1990, p. 77.
220. Grudem, *Théologie Systématique*, p. 581.
221. *Ibid.* « Mais le fait que Jésus n'ait pas eu de père humain signifie que sa ligne généalogique à partir d'Adam est partiellement interrompue. [...] Et cela nous aide à comprendre pourquoi le Christ était exempt de la culpabilité légale et de la corruption morale qui affectent tous les autres êtres humains. »

Il y a de surcroît le rôle sanctificateur de l'Esprit à la conception, dont la conséquence a été la sainteté du Christ, car, selon Grudem, c'est « [p]arce que le Saint-Esprit est à l'origine de la conception de Jésus dans le sein de Marie, [que] l'enfant sera appelé "saint" »[222]. Cette sanctification a également empêché la transmission du péché par Marie. L'Évangile de Luc (1.35) lui a servi d'appui pour établir un lien entre la conception par le Saint-Esprit et la sainteté et la pureté morale du Christ[223]. Selon Grudem, « [u]ne meilleure solution consiste à dire que l'œuvre du Saint-Esprit en Marie doit avoir empêché non seulement la transmission du péché par Joseph [...] mais aussi, de manière miraculeuse, la transmission du péché par Marie[224] ». Cet empêchement de la transmission du péché de la nature humaine à Christ pourrait se comprendre par l'interruption partielle de la ligne généalogique et par la sanctification de la nature humaine du Christ par l'Esprit.

L'argumentation d'Erickson n'est pas, comme chez Grudem, appuyée sur la conception virginale[225]. Le problème trouve plutôt sa solution avec le rôle du Saint-Esprit qui a sanctifié la nature humaine du Christ. Erickson a mis l'accent sur l'œuvre de sanctification de l'Esprit (Lc 1.35)[226]. Pour Blocher, l'impeccabilité du Christ est claire dans son concept et fortement attestée[227] ; elle est justifiée par l'aspect sacrificiel de sa mort expiatoire et propitiatoire[228], ainsi que par l'existence indépendante de la personne de Jésus par rapport à Adam, chef d'humanité[229]. Selon Blocher, « on peut établir (prudemment) un rapport entre la conception miraculeuse de Jésus et sa pureté sainte (Lc 1.35)[230] » ; et cela parce que le croisement de deux lignées généalogiques n'a pas eu lieu dans

---

222. *Ibid.*
223. *Ibid.*
224. *Ibid.*, p. 582.
225. ERICKSON, *Christian Theology*, p. 756. « We conclude that Jesus's sinlessness was not dependent upon the virgin conception. »
226. *Ibid.* « It seems likely that the influence of the Holy Spirit was so powerful and sanctifying in its effect that there was no conveyance of depravity or of guilt from Mary to Jesus. Without that special sanctifying influence, he would have possessed the same depraved nature that all of us have. »
227. BLOCHER, *La doctrine du Christ*, p. 153.
228. *Ibid.* Il écrit que « c'est seulement pur comme il l'était que le Christ a pu s'offrir en sacrifice propitiatoire ; s'il avait été coupable de la moindre faute, il aurait mérité la mort pour lui-même, il n'aurait alors pas pu donner sa vie en substitution pour la nôtre ».
229. *Ibid.*, p. 158.
230. *Ibid.*

la conception de Jésus[231]. On peut déduire le rôle sanctificateur de l'Esprit de toutes ces affirmations en y ajoutant le rôle de l'Esprit dans l'exigence d'un « commencement pur[232] » pour le Nouvel Adam.

Pour évaluer, du point de vue de la théologie évangélique, la thèse kuypérienne de la sanctification de la nature humaine de Jésus, il y a un accord entre Kuyper et les théologiens évangéliques tels que Grudem, Erickson et Blocher. Tous ces auteurs affirment de façon générale, comme Kuyper, en suivant le dogme de Chalcédoine, que la nature humaine de Jésus a été sanctifiée afin d'être portée par le Fils éternel. Du côté catholique, l'appui vient de Congar, qui a affirmé l'idée de sanctification de la nature humaine du Christ par l'Esprit[233]. Il ne s'agit en aucun cas de l'assomption d'une nature humaine déchue. L'interruption partielle de la ligne généalogique, l'œuvre miraculeuse de la conception par l'Esprit et l'œuvre sanctificatrice de l'Esprit constituent les thèmes autour desquels l'accord théologique est trouvé, entre les théologiens, en vue de mettre en lumière l'humanité sans péché de Jésus.

3. L'examen de la thèse à partir des données bibliques

Si les auteurs cités ont tous affirmé l'humanité sans péché de Jésus, grâce à l'œuvre de l'Esprit dans la vie de Jésus, une telle position peut-elle être validée par l'Écriture ? Il est important de confirmer, par un examen de l'Écriture, la thèse de l'assomption de la nature humaine sanctifiée. La confirmation scripturaire vient d'abord des textes prophétiques de l'A.T. Le chant du serviteur souffrant a, par anticipation, annoncé que l'homme Jésus n'a point commis de violence et il n'y eut point de fraude dans sa bouche (Es 53.9) ; et dans le livret d'Emmanuël, le prophète annonce sa naissance d'une jeune fille (Es 7.14). L'annonce de la naissance de Jésus à la vierge Marie (Lc 1.35) fait écho déjà à ce texte prophétique d'Ésaïe (7.14).

Jésus est décrit par le N.T. comme un homme sans péché, bien qu'il ait été fait semblable à ses frères à tous points de vue (Hé 2.17) ; il est envoyé par le Père dans une chair semblable à celle du péché (Rm 8.3), il a donc été tenté comme ses frères, mais sans pécher (Hé 4.15). Il est par conséquent

---

231. *Ibid.*, p. 194.
232. *Ibid.*, p. 195.
233. CONGAR, *La parole et le souffle*, p. 149. « Il […] a été *"in forma servi"*, en la chair. Là, il a reçu l'Esprit, il a été sanctifié et il a agi par lui, en particulier dans sa lutte contre le démon. »

appelé le saint et le juste (Lc 1.35 ; Ac 3.14 ; 1 P 3.18). Ces affirmations sont vraies, quand bien même il est fait aussi mention des faiblesses de sa nature humaine (2 Co 13.4) ; mais la faiblesse n'est pas synonyme de péché ou de nature pécheresse, car elle relève de l'ordre créationnel de toute nature humaine. Cette faiblesse « suffit, selon Blocher, à garantir la réalité du combat mené *dans son humanité* contre la tentation[234] ». Sa ressemblance à la chair du péché ne fait pas non plus de lui un pécheur (Rm 8.3).

Le texte de l'annonciation (Lc 1.35) mérite une attention plus particulière, car il associe l'œuvre de l'Esprit à la naissance virginale du Christ. Cette association justifie certaines vérités relatives au Christ. Par elle l'humanité, aussi bien que la divinité du Christ, unie à la personne unique du Fils, est affirmée. La naissance virginale a rendu l'union hypostatique possible, car c'est le moyen utilisé par Dieu pour faire venir son Fils dans le monde (Ga 4.4). Ensuite l'association atteste aussi l'idée de conception sans péché, à cause de l'interruption partielle de la ligne généalogique de Jésus. Bien qu'Erickson récuse l'idée de nature sans péché liée à la naissance virginale[235], cette dernière, rendue possible par l'opération de l'Esprit, est quand même une vérité scripturaire importante à prendre en compte pour que Christ soit le Nouvel Adam, la nouvelle tête d'humanité. Pour être tête d'humanité, ou humanité en chef, Jésus devait être absolument sans péché. Dans ce sens, le rôle de l'Esprit a été décisif dans la mise à part de Jésus du reste de l'humanité.

Kuyper, pour sa part, a reconnu Jésus comme tête d'humanité ou Nouvel Adam. De ce fait, il ne pouvait que défendre l'idée de sanctification de sa nature humaine prise de Marie. Il ne contredit pas les données bibliques, mais au contraire il les confesse et les explique mieux que beaucoup de théologiens, au regard des détails fournis sur le sujet. Les données bibliques présentent Jésus, dès sa conception par la puissance de l'Esprit, comme un homme saint et sans macule. C'est justement la thèse de la nature humaine sanctifiée dès le sein de Marie que Kuyper a défendue contrairement à Irving, qui s'est beaucoup éloigné de l'orthodoxie biblique en défendant l'idée de nature humaine déchue et pécheresse.

---

234. Blocher, *La doctrine du Christ*, p. 154.
235. Erickson, *Christian Theology*, p. 756.

III. L'Esprit donné au Corps selon Kuyper

La divergence de points de vue entre les théologiens est grande lorsqu'il s'agit de définir le degré de participation des croyants de l'ancienne alliance et de ceux de la nouvelle alliance à l'Esprit. En considérant les croyants des deux alliances, du point de vue de la théologie de l'alliance, peut-on déceler des continuités ou des discontinuités radicales dans l'œuvre de l'Esprit ? Si Kuyper a tant insisté sur le don de l'Esprit au Corps, a-t-il exclu, dans le cadre de l'alliance de grâce, le don de l'Esprit directement aux individus sans médiation de l'Église ? Sur ces questions, Kuyper semble avoir un point de vue assez original qui mérite d'être examiné, en commençant par ce qui semble être le nœud du problème, la théologie de l'alliance, pour des clarifications importantes.

1. Le nœud du problème : vers une nouvelle perspective de la théologie de l'alliance

Il est important de noter que la théologie de l'alliance, dont on trouve les traces chez Calvin, chez Bullinger aussi[236], assez développée par Zwingli dans sa dispute avec les anabaptistes[237], est un système d'interprétation des données bibliques ou de l'histoire du salut. Il soutient essentiellement que le plan de Dieu pour la rédemption prend en compte les trois alliances[238] ; et cette unité, au lieu d'être une faiblesse, est plutôt une force[239]. On admet généralement que la théologie de l'alliance est la principale forme de la doctrine de l'orthodoxie réformée[240].

---

236. BEACH, « Abraham Kuyper, Herman Bavinck, and The Conclusions of Utrecht 1905 », p. 21.
237. H. BLOCHER, « Old Covenant, New Covenant », dans *Always Reforming. Explorations in Systematic Theology*, Andrew T. B. MACGOWAN, sous dir., Leicester, Apollos, 2006, p. 240 ; Mark KARLBERG, *Covenant Theology in Reformed Perspective*, Eugene, Wipf and Stock, 2000, p. 20.
238. Michael J. VLACH, « New Covenant Theology Compared with Covenantalism », *The Master's Seminary Journal (TMSJ)* vol. 18, 1/2007, p. 202. Les trois alliances en question sont l'alliance des œuvres, l'alliance de grâce et l'alliance de la rédemption.
239. BLOCHER, « Old Covenant, New Covenant », p. 243. « The recognition of the unity of God's purpose of redemption unfolding from Abel (probably even Adam and Eve) to us, is a strength, not a weakness! »
240. *Ibid.*, p. 240 ; D. MACLEOD, « Covenant Theology. An Oppressive Legalism? », dans *Banner of Truth*, 125/1974, pp. 21-28. Ce même article est publié sur le site internet de l'auteur : http://donaldmacleod.org.uk/dm/covenant-theology.

Comme Blocher l'a fait remarquer, « la théologie de l'alliance, dans les versions qui ont été dominantes dans la tradition, tend à aplanir, à niveler la diversité entre l'ancien et le nouveau[241] ». Romerowski, critiquant cet aspect de nivellement de la théologie de l'alliance, a fait remarquer qu'« on supprime quasiment l'opposition entre l'alliance de la lettre et l'alliance de l'Esprit[242] ». Mais si cette théologie doit prendre en compte l'unité du plan de Dieu pour la rédemption, il est possible que des éléments de continuité, mais aussi de discontinuité, entre l'ancienne alliance et la nouvelle, puissent être dégagés. Kuyper lui-même a affirmé l'unité des deux principales alliances, tout en notant soigneusement la possibilité de différentiation[243]. C'est avec raison qu'il faut suggérer, avec Blocher, une forme de théologie de l'alliance qui prenne en compte la continuité, mais aussi la discontinuité entre les deux alliances[244]. Blocher a été suivi par Romerowski quant à la conformité à l'Écriture en ce qui concerne la théologie de l'alliance[245].

Kuyper, on peut le dire, est l'un des nombreux théologiens de l'alliance[246], c'est-à-dire qu'il a travaillé à partir des concepts de l'alliance pour systématiser la vérité chrétienne[247]. Il a réfléchi au problème de la participation du croyant à l'Esprit en se mettant dans le contexte de la théologie de l'alliance.

---

241. *Ibid.*, p. 245.
242. S. ROMEROWSKI, *L'œuvre du Saint-Esprit dans l'histoire du Salut*, coll. Théologie biblique, Charols, Excelsis, 2005, p. 356.
243. KUYPER, *WHS*, III, pp. 572-573. « And herein lies the unity of the Old and New Covenant. But, although we fully acknowledge this unity, we may not overlook the fact that, in different dispensations and circumstances, the saints sustain different relations to their Lord. »
244. BLOCHER, « Old Covenant, New Covenant », p. 242. Dans l'introduction de son article, « Old Covenant, New Covenant », il a écrit : « It will revisit the doctrine of the covenant and its economies, spot the weakness of dominant forms and suggest a revised one: a form that should give more space to discontinuity without jeopardizing overall and essential unity. »
245. ROMEROWSKI, *L'œuvre du Saint-Esprit dans l'histoire du Salut*, p. 357. Romerowski, ayant constaté l'insuffisance du dispensationalisme et de la théologie de l'alliance, a écrit ce qui suit : « [c]ette constatation rend d'autant plus nécessaire les efforts fournis par des baptistes calvinistes comme D. Kingdon ou H. Blocher pour parvenir à une présentation beaucoup plus conforme à l'enseignement scripturaire. »
246. KARLBERG, *Covenant Theology in Reformed Perspective*, pp. 35, 42, 43. Kuyper est cité avec Bavinck et bien d'autres, comme L. Berkhof, Geerhardus Vos et John Ball, comme l'un des théologiens qui ont développé cette théologie.
247. MACLEOD, http://donaldmacleod.org.uk/dm/covenant-theology.

De la participation du croyant à l'Esprit, répandu déjà sur le Corps, il a pu écrire :

> [C]ela explique aujourd'hui pourquoi des personnes nouvellement converties reçoivent le Saint-Esprit seulement de façon ordinaire. Car celles qui ont été converties *parmi nous* sont déjà dans l'alliance, appartiennent déjà à la *semence de l'Église* et *au corps du Christ*. Alors aucune nouvelle connexion n'est faite, mais une œuvre du Saint-Esprit est réalisée dans une âme avec laquelle il [l'Esprit] était déjà en relation au moyen du corps[248].

La pensée de l'auteur n'exclut pas la continuité en ce qui concerne la réception de l'Esprit par les croyants dans le cadre de la théologie de l'alliance ; elle l'affirme plutôt. Mais une telle réception ne signifie par forcement, pour Kuyper, que l'Esprit travaille de la même manière et à degré égal dans l'ancienne que dans la nouvelle alliance. Contrairement à la tendance des versions dominantes de la théologie de l'alliance à niveler la diversité entre l'ancien et le nouveau, selon Blocher, nous verrons que Kuyper sait garder l'équilibre entre la continuité et la discontinuité dans l'œuvre de l'Esprit.

2. La continuité et la discontinuité de l'œuvre de l'Esprit

Selon Blocher, « [...] la pentecôte [est] comme l'événement capital dans "l'histoire du salut"[249] ». Son importance est due au fait qu'elle est le point de départ pour les éventuelles discontinuités dans l'œuvre de l'Esprit. Romerowski affirme justement que « divers facteurs importants, liés à l'œuvre de l'Esprit, font la différence entre la situation du peuple de Dieu à partir de la Pentecôte, et celle de l'ancien Israël[250] ». Quels sont les éléments qui illustrent, chez Kuyper, la continuité et la discontinuité de l'œuvre de l'Esprit ?

a. Réception de l'Esprit comme don

Parmi les œuvres étroitement liées à la Pentecôte, en termes de point de départ ou de changement très significatif dans l'économie de l'Esprit, il y a l'idée même du don de l'Esprit Saint accordé seulement aux croyants qui le

---

248. KUYPER, *WHS*, I, p. 127. L'italique est de l'auteur lui-même.
249. BLOCHER, *La doctrine du péché et de la rédemption*, p. 230.
250. ROMEROWSKI, *L'œuvre du Saint-Esprit dans l'histoire du Salut*, p. 317.

reçoivent une fois[251]. Stott a parlé de réception du « don de l'Esprit que Dieu avait promis avant le jour de la Pentecôte[252] ». L'événement est si unique qu'il n'y a « pas de dédoublement[253] ». L'expression « baptiser dans l'Esprit Saint », selon Blocher, paraît même réservée à cette communication unique de l'Esprit à partir de la Pentecôte[254]. Pour Romerowski, il s'agit également de baptême des membres dans le Saint-Esprit à partir de la Pentecôte[255]. Ce qui caractérise la nouvelle alliance est donc l'idée de don de l'Esprit ou du baptême de l'Esprit.

On peut évoquer l'aspect universel de la réception de l'Esprit à partir de la Pentecôte. L'accent, au lieu d'être mis sur la réception individuelle de l'Esprit, sous l'ancienne alliance, est plutôt mis sur le caractère universel. L'Esprit est donné à tous ceux qui ont cru et qui croiront encore. Pour Stott, il s'agit d'une bénédiction universelle et pas seulement d'une bénédiction spécifique[256], car, dit-il, « tous les croyants, toute chair, ont maintenant part à la bénédiction du Saint-Esprit[257] ». La différence d'avec les croyants de l'ancienne alliance, selon Blocher, tient également à l'aspect quantitatif et universel de l'œuvre de l'Esprit[258].

La prophétie de Joël (2.28 ; 3.1ss) sert d'appui scripturaire pour affirmer une telle discontinuité, même si nos auteurs n'excluent guère l'idée que les croyants de l'ancienne alliance aient fait l'expérience de l'Esprit. Stott l'a affirmé en disant que l'Esprit descendait sur des individus pour opérer certaines actions, mais que son action est plus étendue aujourd'hui, c'est-à-dire sous la nouvelle alliance[259]. C'est à titre individuel, selon Blocher, que cer-

---

251. BLOCHER, *La doctrine du péché et de la rédemption*, p. 236. « À partir de la Pentecôte, on voit le don (*dôréa*) du Saint-Esprit accordé seulement *une* fois aux croyants qui le reçoivent. »
252. STOTT, *Du baptême à la plénitude*, p. 25.
253. BLOCHER, *La doctrine du péché et de la rédemption*, p. 236.
254. *Ibid.*, p. 232.
255. ROMEROWSKI, *L'œuvre du Saint-Esprit dans l'histoire du Salut*, p. 317.
256. STOTT, *Du baptême à la plénitude*, p. 26.
257. *Ibid.*, p. 27.
258. BLOCHER, *La doctrine du péché et de la rédemption*, pp. 232, 233 ; STOTT, *Du baptême à la plénitude*, p. 23.
259. STOTT, *Du baptême à la plénitude*, p. 27. Il a écrit que « le Saint-Esprit descendait sur certains individus, à certains moments, pour certains ministères. […] Mais aujourd'hui son ministère est plus étendu et plus profond qu'il ne l'était aux jours de l'Ancien Testament ».

tains croyants, sous l'ancienne alliance, avaient part à l'Esprit[260]. Cela montre que l'expérience que les croyants de la nouvelle alliance, auxquels Joël a fait référence, ont de l'Esprit est aussi le partage de ceux de l'ancienne alliance, mais elle diffère en étendue. Il s'agit d'une continuité et en même temps d'une discontinuité de l'œuvre de l'Esprit, si on passe de la participation individuelle à la participation universelle des croyants à l'Esprit.

Kuyper, en ce qui concerne le rapport des croyants des deux alliances à l'Esprit, note la continuité, mais la discontinuité est aussi marquée, car, s'appuyant sur l'Écriture, il a considéré la Pentecôte comme la première et réelle venue de l'Esprit dans l'Église[261]. Cette première et réelle venue de l'Esprit se définit en termes de don de l'Esprit. Il s'appuie sur les textes prophétiques (Es 32.14-17 ; Ez 26.25 ; Jl 2.30, 31 ; Za 2.10) pour reconnaître l'œuvre de l'Esprit sous l'ancienne alliance, mais c'était une œuvre imparfaite ; c'est aux jours du Messie que l'Esprit est venu dans toute sa plénitude et sa gloire[262]. Il y avait certes une participation des croyants de l'ancienne alliance à l'Esprit, mais elle n'était que partielle sans la plénitude de l'Esprit révélée aux jours du Messie et à partir de la Pentecôte. Cette imperfection, ou insuffisance de l'œuvre de l'Esprit sous l'ancienne alliance, est liée à la constitution du Corps du Christ, qui n'avait pas été définitive avant l'ascension. Par conséquent on ne pouvait pas parler de don de l'Esprit et de la réception du don par les croyants de l'ancienne alliance. Le « donné au Corps » est typique à l'époque du Nouveau Testament et décrit la participation commune et universelle des croyants de la nouvelle alliance et de ceux de l'ancienne à l'Esprit.

b. L'œuvre extérieure et l'œuvre intérieure de l'Esprit

Peut-on dire que la continuité et la discontinuité dans l'œuvre de l'Esprit résident dans la distinction entre œuvre extérieure et œuvre intérieure de l'Esprit ? Une œuvre intérieure de l'Esprit comme marqueur de discontinuité ne fait pas l'unanimité, car s'il faut lui conférer une valeur de discontinuité radicale, Blocher émet des réserves. Après une analyse des prépositions *dans*,

---

260. BLOCHER, *La doctrine du péché et de la rédemption*, p. 233.
261. KUYPER, *WHS*, I, p. 115.
262. *Ibid.*, p. 114. « But these prophecies are evidence of Old Testament prophetic conviction that the dispensation of the Holy Spirit in those days was exceedingly imperfect; that the real dispensation of the Holy Spirit was still tarrying; and that only in the days of the Messiah was it to come in all its fulness [sic] and glory. »

sur, avec et *en* associées à l'action de l'Esprit, il trouve que c'est simplifier à l'excès une action uniquement extérieure de l'Esprit pour les croyants de l'ancienne alliance[263].

En admettant, comme Blocher, Stott et Romerowski, la régénération des croyants de l'ancien régime par l'Esprit[264], on ne peut guère soutenir l'idée d'une action uniquement extérieure de l'Esprit. La régénération est une œuvre intérieure de l'Esprit dans le cœur du croyant. Kuyper ne s'oppose pas à une telle conception de la régénération, étant donné qu'il la définit comme l'implantation du principe d'une nouvelle vie spirituelle[265]. Disons avec Blocher qu'il « serait peu sage d'affirmer que la présence de l'Esprit *dans* l'homme constitue la nouveauté distinctive du Nouveau Testament[266] ». Car la régénération des croyants de l'ancienne alliance est une preuve que l'Esprit agissait aussi en eux.

L'œuvre intérieure de l'Esprit est-elle l'élément de la discontinuité radicale chez Kuyper ? L'œuvre de l'Esprit est comprise de diverses manières. L'Esprit, comme l'a fait remarquer Romerowski, dans le cas de Saül, pouvait agir dans la vie d'un individu sans la régénération[267]. Il affirme, citation à l'appui, que « [c]'était là l'avis de Kuyper qui écrit qu'avec le cas de Saül, nous avons la meilleure preuve d'une œuvre de l'Esprit purement extérieure et temporaire[268] ». Mais Kuyper ajoute qu'il y avait dans l'A.T. aussi une œuvre intérieure de l'Esprit, car les croyants de l'A.T. étaient sauvés, parce qu'ils avaient la grâce qui sauve et qui est étroitement liée à l'œuvre intérieure de l'Esprit Saint[269].

---

263. BLOCHER, *La doctrine du péché et de la rédemption*, p. 226.
264. *Ibid.*, p. 227. « L'Ancien Testament n'enseigne pas de façon nette que les croyants étaient régénérés par l'œuvre du Saint-Esprit en eux ; mais il enseigne encore moins le contraire ! Outre les suggestions des psaumes, des raisons théologiques favorisent la thèse de la régénération. On se heurte à d'insurmontables difficultés si on la nie » ; STOTT, *Du baptême à la plénitude*, p. 28 ; ROMEROWSKI, *L'œuvre du Saint-Esprit dans l'histoire du Salut*, p. 303. Il écrit ceci de la régénération qu'effectue l'Esprit : « [c]ette régénération avait déjà été expérimentée par les croyants sous l'ancienne alliance […]. »
265. KUYPER, *WHS*, II, p. 293. « God comes to one born in iniquity and dead in trespasses and sins, and plants the principle of a new spiritual life in the soul. Hence he is born again. »
266. BLOCHER, *La doctrine du péché et de la rédemption*, p. 232.
267. ROMEROWSKI, *L'œuvre du Saint-Esprit dans l'histoire du Salut*, p. 24. « L'exemple de Saül est intéressant en ce que son expérience semble avoir été différente d'une régénération. »
268. *Ibid.* ; KUYPER, *WHS*, I, p. 119. « […] although in him [Saül] we find the best evidence of the fact that they [spirit's operations] are only outward and temporal. »
269. KUYPER, *WHS*, I, p. 119. « But in the Old Testament there was also an inward operation in believers. Believing Israelites were saved. Hence they must have received saving grace.

Selon Kuyper, la régénération et la foi des croyants de l'A.T sont une œuvre intérieure de l'Esprit. Il est allé plus loin en affirmant que l'œuvre de l'Esprit sur des individus dans l'A.T. ne suffit pas pour décrire la réalité de son œuvre à partir de la Pentecôte[270]. C'est dire que l'aspect intérieur de l'œuvre de l'Esprit n'est pas une discontinuité radicale de la dispensation de l'Esprit à partir de la Pentecôte, selon notre auteur.

À partir de la Pentecôte, l'intériorité deviendra la caractéristique essentielle de l'œuvre de l'Esprit dans la nouvelle alliance, selon Kuyper[271], comme Blocher l'a aussi noté[272]. Cette intériorité de l'œuvre de l'Esprit est due à la présence de l'Esprit dans le Corps à partir de la Pentecôte. À ce titre, Kuyper a bien pu considérer la Pentecôte comme une nouveauté[273]. Même si Kuyper a insisté sur l'œuvre intérieure de l'Esprit, la nouveauté n'est pas tant l'aspect intérieur, mais plutôt l'aspect communautaire ou corporatif du don et de l'œuvre de l'Esprit, puisqu'il a reconnu que, même dans l'ancienne alliance, l'Esprit agissait sur et dans des individus.

c. L'Esprit et l'unité organique des croyants

Qu'est-ce que la Pentecôte a apporté de nouveau dans l'expérience du peuple de Dieu dans son rapport à l'Esprit ? L'unité organique des croyants semble être un élément de discontinuité radicale de l'œuvre de l'Esprit entre les deux alliances. Il n'est point besoin de revenir sur la conception organique de l'Église selon Kuyper telle que nous l'avons déjà présentée dans ce travail. Il s'agit de montrer en quoi sa conception ecclésiologique nous paraît originale.

And since saving grace is out of the question without an inward working of the Holy Spirit, it follows that He was the Worker of faith in Abraham as well in ourselves. »

270. *Ibid.*, p. 120.
271. Kuyper, *WHS*, III, p. 573. « In fact, His work in the souls of men is as old as the generation of the elect, and originates in Paradise. But to the saints under the Old Covenant this operation came from *without*; while now, being freed from the fetters of Israel, the body of the Church itself becomes bearer of the Holy Spirit, who descends upon it, dwells within it, and thus works upon its members from *within*. »
272. Blocher, « Old Covenant, New Covenant », p. 261. Tirant profit de la pensée de Kuyper selon laquelle à la Pentecôte, pour la première fois, l'Esprit est entré dans le corps organique de l'Église maintenant constitué définitivement, Blocher affirme que cela implique une intériorité de l'œuvre de l'Esprit (« This entails a new inwardness : the Holy Spirit works on Christians "from *within*" »).
273. Kuyper, *WHS*, III, p. 573. « This is the *new* thing. This is Pentecost. This is all the difference between the dispensation before and after Christ's resurrection. This is His promise to and for His disciples and for all His saints. »

Le premier élément à saisir est l'idée de la constitution définitive du peuple de Dieu à l'ascension et à la glorification du Messie. En effet, Kuyper a affirmé que le Corps du Christ n'a pas pu exister avant son ascension et sa glorification au ciel où il lui a été donné d'être la tête de l'Église[274]. Romerowski, s'agissant de l'unité organique des croyants à partir de la Pentecôte telle que comprise par Kuyper, a écrit ceci :

> […] à partir de la Pentecôte, les membres du peuple de Dieu sont baptisés dans le Saint-Esprit par le Messie. Ce baptême les unit organiquement à Christ incarné et les uns aux autres, en sorte qu'ils constituent comme un corps dont Christ serait la tête. Cette union organique n'existait pas auparavant, comme le soulignait Kuyper[275].

Il ressort de cette citation que le baptême de l'Esprit, créant l'unité organique des croyants, fonde ou constitue l'Église[276]. Blocher décrit la nouveauté de l'œuvre de l'Esprit en disant que « [d]ans la nouvelle alliance, l'œuvre de l'Esprit n'est pas seulement plus libre, plus large et plus clairement révélée que dans l'Ancien Testament, *elle assure l'unité organique de tous les membres du peuple de Dieu*[277] ». *Le caractère organique de l'œuvre de l'Esprit constitue réellement une discontinuité dans l'œuvre de l'Esprit entre les deux régimes.*

Kuyper a clairement montré que le peuple de Dieu est un tout organique et que les croyants de l'ancienne alliance et ceux de la nouvelle constituent, au moyen du baptême de l'Esprit à la Pentecôte, un seul corps. L'unité ecclésiale est une réalité nouvelle qui n'aurait pas pu être faite sous l'ancien régime, avant que le Messie ne soit fait vrai homme et temple du Saint-Esprit, répandant ainsi son Esprit sur ses membres[278]. C'est cette unité organique ecclésiale que Romerowski a appelée « une nouvelle communauté composée de croyants

---

274. Kuyper, *WHS*, I, p. 121. « […] this body did not exist until Christ ascended to heaven and, sitting at the right hand of God, bestowed upon this body its unity, in that God gave Him to be Head over all things to the Church. »
275. Romerowski, *L'œuvre du Saint-Esprit dans l'histoire du Salut*, p. 17.
276. *Ibid.*, p. 319. « […] pour Luc, c'est le don de l'Esprit qui fait entrer dans le nouveau peuple de Dieu, et qui constitue ainsi la marque de l'appartenance à ce peuple » ; « Nous avions d'ailleurs conclu de l'étude de l'œuvre de Luc que la nouveauté apportée par le baptême dans l'Esprit, c'est le nouveau peuple de Dieu, que le baptême dans l'Esprit est constitutif d'un nouveau peuple de Dieu », p. 325.
277. Blocher, *La doctrine du péché et de la rédemption*, p. 233.
278. Kuyper, *WHS*, I, pp. 120-121.

unis au Messie et les uns aux autres par l'Esprit[279] ». D'autres théologiens, tels que Stott[280], Grudem[281], Erickson[282] et Harrison[283] ont aussi souligné la notion de l'unité ecclésiale réalisée par l'Esprit à la Pentecôte. Calvin[284] et Turretin[285], sans nier l'unité ecclésiale au bptême de l'Esprit à la Pentecôte, ont parlé de l'unité du Corps du Christ à partir du baptême dans un seul Esprit. Ce qui laisse supposer le baptême dans un seul Esprit à la Pentecôte.

On peut dire que, selon Kuyper, l'Église, composée des croyants d'hier et d'aujourd'hui, a été fondée réellement et « définitivement[286] » à la Pentecôte, quand le Christ glorifié a baptisé son Corps de l'Esprit reçu[287]. « La nouveauté apportée par la Pentecôte, c'est donc aussi l'Église, fondée par le baptême dans l'Esprit ce jour-là[288]. » Ainsi, à bien comprendre notre auteur, l'attente du don

---

279. Romerowski, *L'œuvre du Saint-Esprit dans l'histoire du Salut*, p. 305.
280. Stott, *Du baptême à la plénitude*, p. 40. « L'unicité du corps est la conséquence de l'unicité de l'Esprit », selon Stott.
281. Grudem, *Théologie Systématique*, p. 845. Grudem, en référence au baptême (1 Co 12.13), a dit que « c'est ce baptême qui fait d'eux [les Corinthiens] des membres du corps de Christ, l'Église ».
282. Erickson, *Christian Theology*, p. 1039. « The Church is now indwelt by the Spirit, on both an individual and a collective basis » ; « […] the spirit, being one, also produces a unity within the body. This does not mean that uniformity, but a oneness in aim and action », p. 1040.
283. R. Harrison, *Bouleversé par l'Esprit. Une étude biblique sur la découverte de l'Esprit*, Abidjan, Les Presses de la FATEAC, 2016, p. 151. Dans son examen du texte de 1 Co 12, l'auteur a écrit que « [l]a notion de l'action unique de l'Esprit est le fil conducteur de tout le passage et l'argument principal pour l'unité de la communauté malgré la diversité des dons et ministères ».
284. Calvin, *Première Épître aux Corinthiens*, p. 212. Il écrit que « [n]ous sommes entés par le baptême au corps du Christ, afin que par un lien mutuel nous soyons liés ensemble, comme membres, et vivions une même vie ».
285. Turretin, *ET*, III, p. 28. « Hence the apostle adjoins unity of spirit to unity of body (1 Co. 12:13 ; Eph. 4:4). » S'agissant du rapport entre l'unité et le baptême d'Esprit, il a aussi écrit ceci : « Thus neither a multitude of believers, nor diversity of offices, age, disposition can prevent their being one in Christ : For by one Spirit are we all baptized into one body […] », p. 27.
286. Kuyper, *WHS*, I, p. 179. Selon Kuyper, l'Église qui est déjà dans le décret de Dieu est devenue l'Église universelle, quand, à la Pentecôte, le Christ-Roi s'est uni, de façon définitive, à son peuple par son propre sang.
287. *Ibid.*, p. 122. Kuyper note trois éléments indispensables à la constitution définitive du corps du Christ : 1. l'union avec le Saint-Esprit qui dépend de l'union avec le corps mystique du Christ, qui est sa tête ; 2. les élus doivent former un corps ; et 3. ce corps n'a commencé à exister que lorsqu'il a reçu sa tête.
288. Romerowski, *L'œuvre du Saint-Esprit dans l'histoire du Salut*, p. 304.

de l'Esprit (Jn 7.39) s'est accomplie, puisque le Christ glorifié a maintenant répandu l'Esprit sur son Corps existant.

Le deuxième élément de nouveauté est l'idée selon laquelle les chrétiens ne participent pas séparément et de façon isolée à l'Esprit, comme ce fut le cas des croyants de l'ancienne alliance. Il s'agit d'une dimension corporative du don de l'Esprit qui suggère que la participation de l'individu à l'Esprit passe d'une participation personnelle sous l'ancien régime à une participation communautaire sous le nouveau. Blocher, qui s'inspire de Romerowski, a fait clairement ressortir cet aspect de la pensée de Kuyper comme une nouveauté. Le fait que l'Esprit crée « *l'unité organique de tous les membres du peuple de Dieu* » est un fait nouveau :

> [c]ela n'était pas sous l'ancien régime car le peuple de Dieu y avait une définition externe : à titre individuel seulement certains avaient part à l'Esprit. À partir de la Pentecôte, le Saint-Esprit est également communautaire et personnel [...] Abraham Kuyper l'avait vu et exprimé par une image hardie : dans l'Israël d'autrefois chaque croyant « buvait » du Saint-Esprit séparément ; dans le Nouveau Testament il le fait en union organique avec tous[289].

La participation communautaire de tous les croyants au Saint-Esprit est due au fait que l'Esprit, répandu à la Pentecôte, est celui du Christ et celui du Corps aussi. Ce Corps étant maintenant constitué, ce qui était une condition pour le baptême de l'Esprit[290], on peut passer de la participation individuelle à l'Esprit à la participation communautaire en Christ, tête de l'Église[291]. Kuyper a lui-même reconnu que la condition était maintenant remplie pour

---

289. BLOCHER, *La doctrine du péché et de la rédemption*, p. 233.
290. BLOCHER, « Old Covenant, New Covenant », p. 261. « Abraham Kuyper brought forward a most interesting scheme, which gives precise contours to the "not yet" of the Old Testament. It centres on the idea that the elect and regenerate are only constituted a *body* by the fulfillment of Christ's mission in the flesh, and that it was the condition of the promised "baptism in the Holy Spirit". »
291. KUYPER, *WHS*, I, p. 124. « Formerly isolation, every man for himself ; now organic union of all the members under their one Head : this is the difference between the days before and after Pentecost. The essential fact of Pentecost consisted in this, that on that day the Holy Spirit entered for the first time into the organic body of the Church, and individuals came to drink, not each by himself, but all together in organic union. »

le baptême du Corps dans l'Esprit[292]. À ce titre, les croyants participent tous ensemble à la vie de l'Esprit, qui anime tout le corps organique depuis la tête.

On peut remarquer le christocentrisme de l'ecclésiologie pneumatique de l'auteur, car les croyants, dans leur rapport à l'Esprit, dépendent de leur union au Christ, qui est la fontaine de toutes les eaux vives du Saint-Esprit, à laquelle tous les membres sont connectés[293]. Au centre de la conception du rapport du croyant à l'Esprit, on retrouve le thème de l'union avec Christ, si présent chez Calvin, par exemple[294].

3. Mise au point sur le don de l'Esprit à l'individu selon Kuyper
a. Quelques critiques recevables à l'endroit de Kuyper

Dans l'interprétation de la pensée de Kuyper sur la conception de l'Église comme un organisme, nous avons relevé que Kuyper avait subi l'influence théologique de Schelling, de Rothe et de Schleiermacher. Même si Calvin a reconnu que le recours à l'idée de corps, ou d'organisme, pour décrire l'Église était « une façon de parler assez commune[295] », Kuyper a semblé avoir recours au concept à l'excès. Edward E. Ericson, un défenseur de notre auteur contre la critique de sa dépendance au romantisme[296], a fait savoir que le champ

---

292. *Ibid.*, pp. 123-124. « And when, after His ascension, [the] connection with His saints was completed, and He had received the Holy Spirit from His Father, then the last obstacle was removed and the full stream of the Holy Spirit came rushing through the connecting channels into the heart of every believer. »

293. *Ibid.*, p. 123. « Then there came a change : for He [Christ] gathered the full stream of the Holy Spirit for us, *in His own Person*. With Him all saints are connected by the channels of faith. »

294. CALVIN, *IC*, IV, xvii, 12. « Le lien de cette conjonction est donc le Saint-Esprit, par lequel nous sommes unis ensemble, et est comme le canal ou conduit, par lequel tout ce que Christ est et possède, descend jusqu'à nous » ; plus loin dans le même paragraphe, il écrit encore que « l'Esprit est le seul moyen par lequel nous possédons Christ, et l'avons habitant en nous » ; CALVIN, *IC*, III, i, 1 nous lisons encore : « En bref, le Saint-Esprit est comme le lien par lequel le Fils de Dieu nous unit à soi avec efficacité » ; et « […] il ne s'unit avec nous que par son Esprit, et par la grâce et vertu de cet Esprit il nous fait ses membres pour nous retenir à soi et pour être à son tour possédé de nous », *IC*, III, i, 3.

295. CALVIN, *Première Épître aux Corinthiens*, p. 212.

296. Edward E. ERICSON, « Abraham Kuyper. Cultural Critic », dans BISHOP et KOK, *On Kuyper*, p. 181. « I raise the question – and devote the rest of this essay to it – because I have heard two distinguished lectures on Kuyper, both of whom consider themselves his direct inheritors, say that he was influenced by the Romantic movement. I doubt that assertion, even though it reflects the received opinion about Kuyper. »

d'application du concept est très large chez Kuyper[297]. Kuyper, par son recours excessif au concept, étant donné l'étendue du champ d'application, montre sa dépendance vis-à-vis des théologiens ci-dessus cités.

En étudiant le concept de l'Église comme un organisme dans l'ecclésiologie de Calvin, Milner a fait ressortir l'aspect historique de l'organisme en présentant l'Église comme un organisme qui se développe historiquement[298]. L'aspect historique ressort de la définition de l'organisme par Milner[299]. Dans ce sens, selon lui, l'Église est conçue et née, elle grandit de l'enfance à la jeunesse, et elle atteint l'âge adulte[300]. L'analyse de Milner se confirme lorsqu'on se tourne effectivement vers Calvin lui-même. Il décrit Abraham, comme l'a dit Milner[301], comme le Père de l'Église[302]. Une telle description historique de l'Église est différente de celle de Kuyper, qui tend à décrire de façon mystique l'Église comme un organisme. Il a parlé de l'union avec le Christ comme d'une union mystique, parce que les croyants ont leur « battement de cœur *non* dans [leur] âme, mais hors d['eux], au ciel, en Christ Jésus[303] » ; la source de l'énergie de l'âme des régénérés est hors d'eux-mêmes et se trouve au ciel en Christ[304].

Selon Zwaanstra, la conception kuypérienne du corps organique du Christ est différente de la présentation de l'Église comme un organisme chez Calvin. Selon lui, « la conception kuypérienne de l'Église est spéculative et métaphysique plutôt qu'historique[305] ». On peut dire que sa description n'est pas aussi spéculative, comme le dit Zwaanstra, puisqu'il s'est appuyé sur des données et des concepts bibliques, notamment les métaphores de corps et de temple

---

297. *Ibid.*, p. 187. « Here is an inexhaustive list of the subjects to which Kuyper applies the term *organic* : the organic unity of humanity, the organic unity of the Body of Christ, the organic unity of the cosmos, the organic character of the encyclopedia, the organism of science, the organism of theology, theology as an independent (!) organ, the organic division (!) of scientific study. »
298. Benjamin Charles MILNER, *Calvin's Doctrine of the Church*, Leiden, Brill, 1970, pp. 7-9.
299. *Ibid.*, p. 7. « […] an organism, i.e., to a created, living, and historically evolving reality. »
300. *Ibid.*
301. *Ibid.*, p. 8.
302. CALVIN, *Évangile selon Saint Jean*, p. 263.
303. KUYPER, *WHS*, II, p. 337.
304. *Ibid.*, p. 279.
305. ZWAANSTRA, « Abraham Kuyper's Conception of the Church », p. 157.

du Saint-Esprit. Mais l'interprétation des données semble être effectivement métaphysique, donc une compréhension philosophique de l'organisme[306].

Si Kuyper peut être critiqué sur ce point, on peut tout autant critiquer la façon dont le sujet est métaphysiquement présenté dans la confession réformée[307], tout comme chez Kuyper. La même critique pourrait être faite à l'endroit de Calvin, qui semble avoir réfléchi à la question plus que tout autre réformateur, selon Kuyper[308]. En des termes semblables à ceux de Kuyper, Calvin aussi a pensé le sujet de l'union avec Christ[309]. Le problème pourrait être davantage élucidé en saisissant véritablement la nature de l'union avec Christ. Est-elle mystique ou spirituelle ? Peut-on opposer mystique et spirituel ? Pour Niesel, par exemple, il n'y a rien de mystique au sens de la mystique traditionnelle introduisant l'homme dans le divin sous la plume de Calvin[310].

b. L'individu et le don de l'Esprit

L'insistance de Kuyper sur le don de l'Esprit au Corps peut susciter une question importante. L'Esprit ne peut-il pas être donné directement à l'individu, dans le cadre de l'alliance de grâce, sans médiation de l'Église ? Comment la foi, une création directe de l'Esprit, peut-elle aussi être une condition pour le don de l'Esprit ? Il y a de vrais enjeux théologiques quand le rapport du croyant à l'Esprit est médiatisé par l'Église. Kuyper avait senti le problème et, même s'il a voulu être fidèle aux données bibliques, sa résolution du problème cache une certaine contradiction.

Il est important, pour comprendre la position de Kuyper relative à la médiation de l'Église pour la réception de l'Esprit, de préciser qu'il n'appréciait pas une forme de médiation dans la religion. Dans ses *Lectures on Calvinism*, la question de la médiation de la religion est posée, et Kuyper s'aligne derrière

---

306. *Ibid.*, p. 163.
307. Le *Catéchisme de Heidelberg* laisse entendre une compréhension mystique de la notion du corps de Christ puisqu'il écrit : « […] être de plus en plus unis au corps sacré de Jésus, par le Saint-Esprit qui habite en lui et en nous, de sorte que, bien que Jésus soit au ciel et nous sur la terre, nous soyons pourtant chair de sa chair et os de ses os » (Q.76).
308. Kuyper, *WHS*, II, p. 324.
309. Calvin, *IC*, III, i, 3. Faisant une comparaison entre le lien sacré du mariage et l'union avec Christ, Calvin a écrit ceci : « À ce même but tend le mariage sacré, par lequel nous sommes faits chair de sa chair et os de ses os, et comme un avec lui (Ep 5.30) ».
310. W. Niesel, *The Theology of Calvin*, Philadelphia, The Westminster Press, 1956, p. 126. « That union of the faithful with Christ which Calvin teaches has nothing whatever to do with the absorption of the pious mystic into the sphere of the divine being. »

la position de Calvin pour qui la religion devrait être comprise comme *nullis mediis interpositis*, c'est-à-dire une pratique religieuse qui se passe de toute médiation venant du côté de la créature pour permettre que le cœur de l'homme soit en contact direct avec Dieu[311]. Il a critiqué la théologie de médiation de l'Église catholique en affirmant que c'est seulement là où la médiation des prêtres a perdu de son importance que la religion atteint son idéal[312]. Dans le même sens, Bratt, qui interprète notre auteur, a noté, en ce qui concerne l'union du croyant au Christ, que cette union n'était médiatisée par aucune institution ni communauté[313]. Le refus de valoriser l'Église comme une institution, à un moment donné de l'histoire théologique de l'auteur, vient du fait que Kuyper tenait à mettre l'accent sur l'aspect organique. Bratt a situé ce moment où Kuyper s'est tourné vers l'aspect organique de l'Église dans la troisième et dernière phase du développement théologique de l'auteur, sous l'influence de la poésie romantique et de la philosophie idéaliste[314].

S'opposant ainsi à la médiation de l'Église dans la pratique religieuse, Kuyper a affirmé que le chrétien a part directement à l'Esprit par la foi grâce au ministère de la Parole. Traitant de l'importance du ministère de la Parole, Kuyper a écrit que « [p]ersonne n'a part à son sacrifice, à son intercession, ou à son Esprit, qu'au moyen de la foi, et seule la foi en la Parole applique ses réalités sacrées dans l'âme[315] ». Selon Kuyper, l'Esprit peut être donné directement au chrétien sans aucune médiation de l'Église. Avec une telle affirmation, Kuyper, qui insiste tant sur l'Esprit donné uniquement au Corps, bascule vers la thèse opposée qui est celle du don de l'Esprit à l'individu sans la médiation. Kuyper n'a pas maintenu de façon ferme sa thèse du don de l'Esprit uniquement au Corps, à partir duquel le croyant en fait l'expérience. Ici se glisse de façon claire une contradiction chez notre auteur.

---

311. KUYPER, *Lectures on Calvinism*, p. 29. « On this point also it was Calvin, and he alone, who attained to the full realization of the ideal of pure spiritual religion. Religion, as he conceived it, must "*nullis mediis interpositis*", i.e. without any creaturely intercession, realize the direct communion between God and human heart. »
312. *Ibid.*, pp. 30-31. « Only where all priestly intervention disappears, where God's sovereign election from all eternity binds the inward soul directly to God himself, and where the ray of divine light enters straightway into the depth of our heart – only there does religion, in its most absolute sense, gain its ideal realization. »
313. BRATT, *Abraham Kuyper. Modern Calvinist, Christian Democract*, p. 179.
314. *Ibid.*, p. 183.
315. KUYPER, *OC*, p. 92. « No one has any part in his sacrifice, his intercession, or his Spirit, except through faith, and faith in the Word applies these sacred realities to the soul. »

Au regard du rôle de la foi dans la constitution du Corps et dans la participation de ses membres à l'Esprit, Kuyper a pu décrire l'Église sur terre non pas comme une institution qui dispense les grâces de Dieu, mais plutôt comme une communauté de régénérés et de confessants[316]. Avec de telles convictions théologiques, il est impossible de se contenter d'affirmer que, selon Kuyper, l'Esprit est seulement donné au Corps sans être également donné directement à l'individu dans le cadre de l'alliance de grâce.

Le rapport de l'Esprit à la foi est assez complexe : la foi est considérée comme un produit de l'Esprit d'une part, et d'autre part c'est l'Esprit qui est donné comme réponse à la foi. Calvin avait noté que la foi est le chef-d'œuvre de l'Esprit[317]. Selon Stott et Nisus, la foi est une création directe de l'Esprit[318]. Gisel affirme que « [s]uspendre la foi à l'Esprit [...] est classique[319] ». Le théologien catholique Congar peut être aussi compris dans ce sens lorsqu'il écrit « [...] que l'Esprit *agit* pour faire entrer dans le Corps, mais il est *donné* au Corps et c'est en celui-ci qu'on en reçoit le don[320] ». Dans ce cas, l'Esprit agit pour faire entrer dans le Corps en créant la foi, sans laquelle on ne peut appartenir au Corps. Le donné biblique le plus explicite est l'idée selon laquelle personne ne confesse Jésus comme Seigneur si ce n'est par l'Esprit (1 Co 12.3). C'est une affirmation que l'Esprit « crée la foi et reste le facteur d'unité des croyants.

Mais la nuance que nous faisons, en disant que le don de l'Esprit est une réponse à la foi, concerne le don initial de l'Esprit, et ce don n'est possible que dans un processus confessant. Si Kuyper a dit que l'Esprit est directement donné sur la base de la foi, au moyen de l'écoute de la Parole, il faut comprendre cela à la lumière de ce que Pierre disait à la Pentecôte. En effet, à ceux qui

---

316. Kuyper, *Lectures on Calvinism*, p. 38. « The Church on earth is not an institution for the dispensation of grace, as if it were a dispensary of spiritual medicines. There is no mystical, spiritual order gifted with mystical powers to operate with magical influence upon laymen. There are only regenerated and confessing individuals, who, in accordance with the Scriptural command, and under the influence of the sociological element of all religion, have formed a society, and are endeavoring to live together in subordination to Christ as their king. »

317. Calvin, *IC*, III, i, 4. S'agissant de l'Esprit, Calvin a écrit que « [...] la foi est son principal chef-d'œuvre ».

318. Stott, *Du baptême à la plénitude*, pp. 25, 28, 30 ; Nisus, *L'Église comme communion et comme institution*, pp. 404, 405, 406.

319. P. Gisel, *Le Christ de Calvin*, coll. Jésus et Jésus-Christ, vol. 44, Paris, Desclée, 2009, p. 166.

320. Congar, *La parole et le souffle*, p. 26.

répondent à l'appel de Dieu par la foi, l'Esprit leur est donné (Ac 2.37-41). Deux choses semblent être liées dans ce contexte : le pardon des péchés et la réception de l'Esprit (Ac 2.39). Ces deux éléments sont étroitement liés à la foi ou à la confession personnelle comme réponse.

Stott a exprimé, ce qui semble être normatif dans le rapport, de cette manière : « [c]e qui est normatif, par contre, c'est la promesse que Pierre fit, dans sa conclusion, à tous ceux qui à l'appel de Dieu se repentent et croient : ils reçoivent à la fois le pardon et le Saint-Esprit[321]. » L'Esprit est accordé en tant que don aux croyants[322] ; cela suggère que la base du don de l'Esprit est la foi. Harrison l'a exprimé en disant que le don de l'Esprit « [...] est présenté comme une partie intégrale du salut pour ceux qui se repentent[323] » ou encore « [n]ormalement, Dieu donne son Esprit aux croyants à la conversion[324] ». Le schéma le plus simple du rapport de l'Esprit à la foi, selon Blocher, est de faire coïncider le don de l'Esprit et la naissance de la foi[325]. La coïncidence serait que lorsque l'Esprit est donné, il crée au même moment la foi, et l'Esprit, y compris ses dons, est donné en réponse à la foi. Si chez Luc le don est associé au baptême (Ac 2.38), ce dernier n'est pas une condition, mais un signe de la réception de l'Esprit. L'Écriture sert de confirmation pour la thèse du don de l'Esprit en réponse à la foi ou à la conversion (Ac 2.38-39 ; 1 Th 1.6 ; Ga 3.2, 14).

C. La thèse de la dépendance du Fils incarné à l'Esprit

I. Rapport du Christ à l'Esprit : les différentes approches ou interprétations

La question du rapport du Fils incarné à l'Esprit n'a pas toujours eu la même réponse parmi les théologiens. Il s'est créé une bipolarisation, car pendant que certains n'hésitent pas à défendre une approche trinitaire, d'autres, ne trouvant pas cette réponse satisfaisante, parlent plutôt de dépendance

---

321. STOTT, *Du baptême à la plénitude*, p. 30.
322. BLOCHER, *La doctrine du péché et de la rédemption*, p. 236.
323. HARRISON, *Bouleversé par l'Esprit*, p. 33.
324. *Ibid.*, p. 34.
325. BLOCHER, *La doctrine du péché et de la rédemption*, p. 235. « [...] [l]a plus simple de structure, fait coïncider le don de l'Esprit avec le début de la foi chrétienne. »

spirituelle. Au regard des arguments avancés de part et d'autre, quelle est la réponse la plus proche de l'orthodoxie biblique ? Plus importante encore est la question qui concerne le recours, par le Fils incarné, aux ressources de la nature divine dans la sphère où s'exerce l'humanité. Le Christ a-t-il recouru à ces ressources ? La dépendance vis-à-vis de l'Esprit s'articule-t-elle harmonieusement avec les fonctions cosmiques du *Logos* ? Si nous voulons déterminer la nature du rapport du Christ à l'Esprit chez Kuyper, pour le situer dans le débat, le survol des tendances est un préalable pour poser le problème.

1. L'approche ou l'œuvre trinitaire

Selon Keith Johnson, l'œuvre trinitaire se définit par « la manière par laquelle le Père, le Fils et l'Esprit travaillent toujours ensemble dans la création, la providence, et dans la rédemption[326] ». Selon Blocher, l'œuvre trinitaire est « l'implication active des Trois dans toute œuvre externe, mais avec une nette différenciation des rôles[327] ». Ainsi « tout récit visant l'œuvre de l'Esprit dans la vie du Christ doit intégrer un élément fondamental de la foi trinitaire historique confessée par l'Église[328] ». Les arguments ne manquent pas pour cette approche telle qu'elle est définie.

Le premier argument, très classique en théologie trinitaire, est le caractère inséparable des œuvres externes de la trinité[329], « l'axiome des théologiens », selon Turretin[330]. On remonte à saint Augustin pour qui les œuvres du Père et celles du Fils sont inséparables, appartenant aux trois personnes de la trinité[331], et le Fils n'a pas pu être envoyé par le Père sans le Saint-Esprit[332]. Bavinck a épousé l'idée en disant que les œuvres *ad extra* de Dieu sont indivisibles

---

326. Keith Johnson, « Trinitarian Agency and the Eternal Subordination of the Son. An Augustinian Perspective », *Themelios* 36, 1/2011, p. 7.
327. Blocher, « Les appropriations trinitaires », p. 42.
328. Keith Johnson, « The Work of the Holy Spirit in the Ministry of Jesus Christ. A Trinitarian Perspective », *TrinJ*, 38/2017, p. 147.
329. Turretin, *ET*, II, p. 304.
330. *Ibid.*
331. Saint Augustin, *De la trinité*, IV, xxi, 30. Le texte cité, sous le titre court que nous avons retenu pour l'ouvrage, est de l'édition Raulx, 1868.
332. *Ibid.*, I, i, 8.

et que c'est toujours le même et unique Dieu qui agit[333] ; Blocher qualifie la tendance trinitaire de « saine[334] ».

Elle se justifie parce qu'elle est une implication directe et une expression de l'unité intratrinitaire[335], car étant unies, les personnes divines agissent aussi à l'unisson. Pour saint Augustin, le Père, le Fils et le Saint-Esprit ne font qu'un seul Dieu (Rm 11.36)[336] ; et par conséquent les choses faites par le Père le sont par le Fils[337] et aussi par l'Esprit, puisque le Père, le Fils et l'Esprit ne font qu'un[338]. L'unité divine, chez Bavinck, sert à la même démonstration, car, selon lui, « c'est toujours le seul et même Dieu qui agit dans la création et dans la recréation[339] ». Ainsi, « la trinité économique est le reflet de la trinité ontologique[340] ». Selon Johnson, « parce que le Père, le Fils et le Saint-Esprit sont un seul Dieu, ils agissent toujours à l'unisson[341] ».

On évoque encore en faveur de l'approche trinitaire le principe de l'ordre de la subsistance des personnes qui crée une relation entre elles. Selon Owen, « des œuvres divines qui sont extérieures à Dieu, il y a une marque spécifique de l'ordre d'opération de chaque personne, avec respect de leur subsistance naturelle et nécessaire[342] ». La subsistance, selon Johnson, explique le caractère indivis des œuvres externes de la trinité[343] ; le Fils travaille toujours avec le Père conformément au principe de l'engendrement [344] ; et l'Esprit à partir du

---

333. BAVINCK, *RD*, II, p. 318. « God's works *ad extra* are indivisible. […] It is always one and the same God who acts both in creation and in re-creation. »
334. BLOCHER, « Les appropriations trinitaires », p. 42. L'approche trinitaire, qui veut que les œuvres externes soient indivises, est accueillie par Blocher pour qui cette tendance trinitaire paraît saine.
335. JOHNSON, « The Work of the Holy Spirit in the Ministry of Jesus Christ », p. 152. « Inseparable operation is a direct implication and economic expression of intra-Trinitarian unity (i.e., monotheism). »
336. SAINT AUGUSTIN, *De la trinité*, I, vi, 12.
337. *Ibid.*
338. *Ibid.*
339. BAVINCK, *RD*, II, p. 318.
340. *Ibid.* « The "ontological" Trinity is mirrored in the "economic" Trinity. »
341. JOHNSON, « The Work of the Holy Spirit in the Ministry of Jesus Christ », p. 152.
342. OWEN, *Pneumatologia*, p. 95.
343. JOHNSON, « The Work of the Holy Spirit in the Ministry of Jesus Christ », p. 153. « […] the divine persons work in a way that reflects their eternal mode of subsistence. »
344. *Ibid.* « The Son acts inseparably with Father and Spirit according to his mode of being "from the Father" (generation). »

Père et du Fils à cause de sa double procession[345]. Saint Augustin a dit que le Fils « tient l'opérer de celui de qui il tient l'être, c'est-à-dire du Père[346] ». Il y a un rapport étroit entre l'être, ou la subsistance, et l'action indivise des personnes divines, car les deux autres personnes agissent toujours avec le Père de qui elles détiennent leur subsistance.

2. La thèse de la dépendance spirituelle

Contrairement à l'approche trinitaire, les rapports entre le Fils incarné et l'Esprit sont compris en termes de dépendance du Fils incarné à l'Esprit. Pour justifier la dépendance du Fils incarné à l'Esprit, on convoque premièrement le rôle de l'Esprit dans la nature humaine. En effet, il est allégué que l'Esprit ne peut se manifester pleinement que dans la nature humaine et non dans la nature divine du Fils incarné. Bavinck justifie la dépendance par le fait de la limitation de la nature humaine de Jésus[347] ; c'est donc, selon lui, « [...] par l'Esprit [que] Christ a accompli toute son œuvre[348] ». Il va même faire de la thèse de la dépendance un point de vue, parmi tant d'autres, de la tradition réformée[349]. On peut citer dans le même sens Erickson[350], Albert Benjamin Simpson, fondateur de la *Christian and Missionary Alliance* (*C.M.A.*)[351], Randall A. Harrison[352], le théologien catholique Weinandy[353], et

---

345. *Ibid.* « The Spirit acts inseparably with the Father and Son according to his mode of being "from the Father and the Son" (procession). »
346. Saint Augustin, *De la trinité*, II, ii, 3.
347. Bavinck, *RD*, III, p. 315.
348. Bavinck, *RD*, IV, p. 88.
349. Bavinck, *RD*, III, p. 432. « [...] during his humiliation he never for a moment used his divine power and divine attributes to please himself and to defeat his enemies. »
350. Erickson, *Christian Theology*, p. 871. « Not only his teaching and miracles, but Jesus' whole life at this point was "in the Holy Spirit". »
351. Albert B. Simpson, *The Holy Spirit. Power from on High*, sous dir. Keith M. Bailley, Camp Hill, Christian Publications, 1994, p. 309. « [...] for the Holy Spirit was added to the Christ, and in the strength of this indwelling Spirit, henceforth He wrought His works, spoke His words and accomplished His ministry on earth » ; « Henceforth all His teachings, all His works, all His miracles of power were attributed directly to the Holy Spirit », p. 313.
352. Harrison, *Bouleversé par l'Esprit*, p. 175. Partant de l'idée selon laquelle Jésus, tout comme ses disciples, a reçu l'onction prophétique (pp. 109-110), cet auteur a affirmé, selon sa compréhension de l'expression « rempli de l'Esprit », que « les actes de puissance et les qualités démontrées dans la vie de Jésus et de ses disciples sont le résultat de l'influence de l'Esprit » (p. 175).
353. Weinandy, *In the Likeness of Sinful Flesh*, p. 15. « As incarnate, the eternal Son never said or did anything *qua* God, but always *qua* man. »

Hawthorne[354]. Ce dernier s'est approprié le cri du cœur de Kuyper quant à l'insuffisance de la reconnaissance par l'Église de l'influence du Saint-Esprit dans l'œuvre du Fils incarné[355].

Le deuxième argument est le fait de proposer Jésus, dans son rapport à l'Esprit, comme un modèle pour les croyants. Turner use de réserve à l'égard du langage du modèle[356], mais ce n'est pas le cas pour Simpson, G. Hawthorne et K. Issler. Simpson, ayant affirmé que « le Saint-Esprit en nous est le même Saint-Esprit qui était en Christ[357] », a ajouté que Jésus est un modèle pour les croyants[358]. Pour Hawthorne, Jésus est devenu un encouragement et un espoir pour tout croyant qui aspire à l'imiter[359]. Issler n'a pas hésité à voir en Jésus son héros, un modèle à imiter[360], parce qu'il était la première personne qui a vécu une vie pleinement humaine tout en dépendant du Saint-Esprit[361]. L'intention des uns et des autres, comme Blocher l'a dit en parlant d'Irving, est « de promouvoir l'imitation du Christ, dont les chrétiens s'excusent en prétextant la différence des ressources[362] ».

II. La nature du rapport du Fils incarné à l'Esprit chez Kuyper

Kuyper est-il à rapprocher de l'une ou de l'autre approche que nous avons présentée ? A-t-il défendu la dépendance du Fils incarné à l'Esprit ou l'œuvre

---

354. HAWTHORNE, *The Presence and the Power*, p. 35. « The Holy Spirit in the life of Jesus is but one additional proof of the genuineness of his humanity, for the significance of the Spirit in his life lies precisely in this: that the Holy Spirit was the divine power by which Jesus overcame his human limitations, rose above his human weakness, and won out over his human mortality. It will be the purpose of the major part of this volume to show how this is so. »
355. *Ibid.*, p. 3. Kuyper est cité par l'auteur en ces termes : « l'Église n'a jamais confessé suffisamment l'influence que le Saint-Esprit a exercée sur l'œuvre du Christ ».
356. M. TURNER, « Jésus et l'Esprit d'après Luc », *Hokhma*, 26/1984, p. 36. Il dit que « nous ne pouvons pas parler sans restriction de la réception de l'Esprit que Jésus vécut comme d'un archétype ».
357. SIMPSON, *The Holy Spirit*, p. 313.
358. *Ibid.*, p. 314. « And so He went through life in the position of dependence, that He might be our public example and teach us that we, too, have the same secret of strength and power that He possessed, and that as surely as He overcame through the Holy Spirit, so may we. »
359. HAWTHORNE, *The Presence and the Power*, p. 291.
360. Klaus ISSLER, *Living into the Life of Jesus. The Formation of Christian Character*, Downers Grove, InterVarsity Press, 2012, p. 16.
361. *Ibid.*, p. 15.
362. BLOCHER, *La doctrine du Christ*, p. 155.

trinitaire ? Même si Kuyper n'ignore pas l'approche trinitaire, son traitement du sujet tend vers la thèse de la dépendance du Fils incarné à l'Esprit au regard des arguments avancés pour ladite thèse. Qu'entend-on par dépendance chez le théologien hollandais, et que visait-il ? Comment qualifier la christologie de Kuyper dans son rapport à l'Esprit ?

1. Le but théologique de Kuyper : valorisation de l'œuvre appropriée à l'Esprit

Le sens du langage de Kuyper, en ce qui concerne le rapport du Christ à l'Esprit, pourrait être déterminé si nous considérons le but théologique poursuivi par Kuyper et indiqué dans l'*Œuvre du Saint-Esprit*. En partant d'une perspective trinitaire, l'auteur a voulu montrer le rôle particulier de l'Esprit ou approprié à l'Esprit. Y aurait-il un danger théologique à défendre, dans le cadre des appropriations trinitaires, l'œuvre spécifique de l'Esprit, lorsqu'on défend également le caractère inséparable des *opera ad extra* ?

McGoldrick a déclaré Kuyper être, comme tout orthodoxe, un trinitaire strict en matière de théologie trinitaire[363]. À titre d'exemple, l'auteur lui-même a écrit que les œuvres intérieures de l'Esprit sont communes aux trois personnes de la trinité[364]. Il récuse l'idée de division et préfère le terme de distribution dans les œuvres externes de la trinité[365]. Il voit l'implication du Père, du Fils et de l'Esprit dans l'incarnation[366]. En affirmant l'inséparabilité des œuvres externes de la trinité, Kuyper ne dit rien de différent que ce que nous avons noté chez saint Augustin, chez Turretin, et chez Bavinck.

Le projet théologique de Kuyper, en écrivant sur le rôle du Saint-Esprit, visait essentiellement à valoriser le rôle particulier de l'Esprit dans le cadre des appropriations trinitaires. La légitimité et la nécessité d'une telle entreprise ne souffrent d'aucun doute selon l'auteur[367]. Il ne se considère pas comme pionnier en la matière ; il a su reconnaître, en particulier, l'œuvre des Pères grecs

---

363. McGoldrick, « Every Inch for Christ », p. 106. « Like all orthodox Christians before him, Abraham Kuyper was a strict Trinitarian in his view of God. »
364. Kuyper, *WHS*, I, p. 15. « As, therefore, the indwelling works of the Holy Spirit are common to the three Persons of the Godhead. »
365. *Ibid.*, p. 31. « There is *distribution*, no, *division*, in the divine activities. »
366. *Ibid.*, p. 80.
367. *Ibid.*, p. 19. « Hence the question concerning the work of the Holy Spirit as distinguished from that of the Father and of the Son is quite legitimate and necessary. »

dont il prolonge la réflexion[368]. Il s'agissait pour lui d'examiner la question des appropriations trinitaires et de repérer surtout les actions particulières de l'Esprit. Il a fait plusieurs fois mention de cette particularité ou spécificité de l'œuvre de l'Esprit par laquelle il est intéressé[369].

Il n'y a pas de danger ou de problème théologique dans la démarche de notre auteur. Le sens des appropriations trinitaires autorise une telle approche « particularisante », ou « privilégiante » ; car on entend par appropriation, selon Blocher, « une attribution "faible", non exclusive […] une attribution "privilégiante" à l'Un des Trois[370] » de la trinité. Pour l'Esprit, il s'agit des « attributs et [des] rôles qui ont avec lui, sans lui appartenir exclusivement, une affinité remarquable[371] ». Si l'attribution du rôle n'est pas exclusive, mais dénote d'une correspondance significative[372], il n'y a pas de problème avec l'œuvre trinitaire. Même Owen, avec sa perspective très trinitaire, reconnaît aussi les propriétés personnelles de l'Esprit[373], et lui approprie par exemple la perfection[374]. L'intention de l'auteur a été de faire un travail axé sur la pneumatologie, en ayant en vue les appropriations, tout comme Owen[375].

2. Les arguments de la thèse de la dépendance spirituelle chez Kuyper

La thèse kuypérienne à examiner en vue de bien déterminer le sens du langage de Kuyper est la dépendance du Fils incarné à l'Esprit. Kuyper a-t-il défendu la dépendance spirituelle au même titre, et avec les mêmes arguments, que des auteurs comme Simpson, Hawthorne, Weinandy et Issler ? Il

---

368. *Ibid.*
369. *Ibid.*, pp. 21, 27, 29, 80, 88.
370. BLOCHER, « Les appropriations trinitaires », p. 41.
371. BLOCHER, *La doctrine du péché et de la rédemption*, p. 220.
372. H. BLOCHER, « Immanence and Transcendence in Trinitarian Theology », dans Kevin J. VANHOOZER, sous dir., *The Trinity in a Pluralistic Age. Theological Essays on Culture and Religion*, Eerdmans, Grand Rapids, 1997, p. 121. Il apporte une nuance importante en disant : « it does not mean an exclusive tie, but a significant correspondence ».
373. OWEN, *Pneumatologia*, p. 78.
374. *Ibid.*, p. 96. « Now, the forming and perfecting of *his host* of heaven and earth is that which is assigned peculiarly to the Spirit of God; and hereby the work of creation was completed and finished. »
375. *Ibid.*, p. 93. L'auteur avait la même intention que Kuyper lorsqu'il écrit ceci : « Intending to treat of the *operations of the Holy Spirit*, or those which are peculiar unto him […] ».

faut interpréter Kuyper à la lumière des principaux arguments en faveur de la dépendance spirituelle.

a. Le non-recours aux ressources divines par le Fils incarné

La thèse de la dépendance spirituelle bénéficie de l'argument selon lequel le Fils incarné n'a pas recouru à ses ressources divines durant les jours de sa chair pour accomplir son ministère. En lieu et place, l'Esprit a été pour lui l'agent principal par lequel il a agi. En effet, le langage de Kuyper a beaucoup de ressemblance avec celui de certains défenseurs de la thèse de la dépendance. Par exemple, Kuyper a affirmé que le Fils incarné n'a rien révélé de sa majesté divine[376] ; il ne s'est pas révélé dans sa divinité, mais en tant que Fils de l'homme[377]. Weinandy est aussi de cet avis[378]. MacLeod, après examen de la kénose biblique, a conclu que Christ n'a déployé « aucune ressource supérieure à celles dont dispose un homme rempli de l'Esprit[379] ». Pour Simpson[380] et pour Hawthorne[381], le Fils n'a jamais fait usage de son pouvoir divin comme Dieu. Globalement, tous sont pour le non-recours aux ressources de la nature divine par le Fils incarné.

C'est un état de dépendance voulue par le Fils volontairement, car c'est lui qui n'a pas eu recours à son pouvoir divin. Ce qui conduit à l'idée de kénose biblique. Simpson a noté l'aspect volitif de la dépendance[382], tout comme Kuyper[383]. Dans le même sens, Calvin, Turretin et Bavinck ont parlé de voile de la chair sous lequel le Fils a caché sa gloire divine[384]. Pour Braumann, le non-recours aux ressources divines s'expliquerait par le mode d'existence du

---

376. Kuyper, *Pro Rege*, I, p. 141.
377. *Ibid.*, p. 142.
378. Weinandy, *In the Likeness of Sinful Flesh*, p. 15.
379. MacLeod, *La personne du Christ*, p. 284.
380. Simpson, *The Holy Spirit*, p. 313. « But when He came down from the heights of glory, He suspended the direct operation of His own independent power and became voluntarily dependent upon the power of God through the Holy Spirit » ; Kuyper, *WHS*, I, p. 103.
381. Hawthorne, *The Presence and the Power*, p. 35.
382. Simpson, *The Holy Spirit*, p. 313.
383. Kuyper, *WHS*, I, p. 105. « […] [l]e Fils était consentant à renoncer à lui-même afin qu'il soit possible à sa nature humaine de passer par la mort éternelle ; et pour cette fin, il l'a laissée être remplie avec toute la puissance de Dieu. »
384. Calvin, *Commentaire sur l'Épître aux Philippiens*, p. 270 ; Turretin, *ET*, II, p. 314 ; Bavinck, *RD*, III, p. 432

Christ qui a changé³⁸⁵. Ainsi le passage de la μορφῇ θεοῦ à la μορφὴν δούλου ne s'est pas fait sans changement, mais ce changement, comme Turretin a su le noter, n'a pas affecté l'être du Christ³⁸⁶. Kuyper, à la suite de Turretin, a affirmé que l'être à égalité avec Dieu (τὸ εἶναι ἴσα θεῷ), c'est-à-dire l'essence ou la *ousia* divine, n'a pas changé ou été perdu (*verloor*)³⁸⁷ ; Christ n'a donc pas cessé d'être Dieu dans son état d'humiliation³⁸⁸, bien qu'il se soit dépouillé de sa forme de Dieu pour revêtir la forme d'homme. Il y a un changement de mode d'existence et non un changement d'être.

b. Jésus, modèle pour les croyants

Jésus est une personne à imiter selon Hawthorne³⁸⁹, un modèle ou un héros selon Issler³⁹⁰. Pour Simpson, il est un exemple à suivre en matière de sanctification pour revivre la vie du Christ et reproduire son œuvre³⁹¹ ; il est modèle de sainteté, selon Ivor Davidson, car en lui la sainteté divine est expliquée pour les chrétiens³⁹². Cette exemplarité de Jésus se justifie par le fait qu'il a vécu une vie de dépendance à l'Esprit. En fait, comme Johnson l'a écrit, l'exemplarité de Jésus signifie qu'« aucune différence essentielle n'existe entre la manière par laquelle Jésus dépendait du Saint-Esprit et la manière par laquelle les autres humains dépendent de l'Esprit³⁹³ ».

Pour être un modèle pour les chrétiens, il faut affirmer l'humanité du Médiateur conjointement au rôle de l'Esprit dans une relation dynamique. On pourrait affirmer avec Johnson que, dans ce cas, « la pneumatologie offre une clé qui permet d'affirmer la pleine humanité du Christ³⁹⁴ ». Issler a vu juste-

---

385. BRAUMANN et BROWN, « Μορφή, Σχῆμα », p. 706.
386. TURRETIN, *ET*, II, p. 314.
387. KUYPER, *Locus de Christo*, Pars Prima, p. 148. « Hij verloor de ουσια θεου niet en verwisselde die niet met de ουσια ανθρωπων; maar Hij legde alleen de μορφὴ θεου af en nu, in de ουσια θεου blijvende, nam Hij de μορφὴ ανθρωπων aan. »
388. KUYPER, *Pro Rege*, I, p. 323.
389. HAWTHORNE, *The Presence and the Power*, p. 291.
390. ISSLER, *Living into the Life of Jesus*, p. 16.
391. SIMPSON, *The Holy Spirit*, p. 315.
392. Ivor J. DAVIDSON, « Gospel Holiness. Some Dogmatic Reflections », dans Kelly KAPIC, sous dir., *Sanctification. Explorations in Theology and Practice*, Downers Grove, InterVarsity Press, 2014, p. 204.
393. JOHNSON, « The Work of the Holy Spirit in the Ministry of Jesus Christ », p. 149.
394. *Ibid.*, p. 148.

ment en Jésus la première personne à vivre une vie pleinement humaine[395]. Kuyper part de l'humanité du Christ en établissant cette vérité, car c'est la nature humaine qui a reçu le Saint-Esprit[396] ; Christ, dit-il, en vertu de sa nature humaine, a été revêtu de glorieux dons du Saint-Esprit[397] ; et c'est en référence à sa nature humaine que l'on peut parler de dépendance constante au Saint-Esprit[398]. Peut-on trouver chez notre auteur l'idée de modèle comme appui à la thèse de la dépendance ?

L'idée de modèle pourrait bien rapprocher notre auteur de Hawthorne, Issler et de Simpson. Jésus est modèle de la plénitude du Saint-Esprit, selon Kuyper, parce qu'en tant qu'humanité restaurée[399], il est le temple du Saint-Esprit[400]. Kuyper a vu Jésus comme un modèle pour les croyants dans des domaines différents. Il est modèle dans le combat spirituel, car il a détruit le pouvoir de Satan, et ses apôtres, ou ses disciples, ont fait de même à la suite de Jésus[401]. Les disciples accompliront également des miracles, avec référence aux plus grandes œuvres (Jn 14.12), en suivant l'exemple de Christ[402]. Le Christ est encore donné comme modèle dans la glorification, car ceux qui ont été rachetés par Christ seront glorifiés à l'image de Christ[403].

Ce qui peut servir d'appui à la thèse de la dépendance est que toutes ces différentes actions énumérées ont été accomplies par un pouvoir que Jésus avait reçu et qui s'exerçait dans les limites de la nature humaine[404] ; ou encore, parlant de Jésus, Kuyper a écrit que « son pouvoir de faire des miracles demeure un pouvoir humain[405] ». On est amenés à croire que les disciples feront ce qu'a fait Jésus par l'Esprit, car Jésus lui-même n'a pas fait une différence entre les miracles qu'il a accomplis et ceux qu'accompliront les disciples[406].

---

395. Issler, *Living into the Life of Jesus*, p. 15.
396. Kuyper, *WHS*, I, p. 94.
397. *Ibid.*, p. 95.
398. *Ibid.*, p. 96.
399. Kuyper, *Pro Rege*, I, pp. 142, 144.
400. *Ibid.*, p. 468.
401. *Ibid.*, p. 143.
402. *Ibid.*, pp. 145, 148.
403. *Ibid.*, p. 142.
404. *Ibid.*, p. 143.
405. *Ibid.*, p. 142.
406. *Ibid.*, p. 141. « He never drew a fundamental distinction between his own miracles and those for which he would equip his apostles. »

La même dépendance vaut par conséquent pour les disciples, car Jésus et ses disciples ont l'humanité en commun et c'est le lieu de déploiement de la puissance de l'Esprit.

3. Un regard critique de la thèse de la dépendance spirituelle du Fils incarné

a. La dépendance spirituelle et l'*extra calvinisticum*

La thèse de la dépendance du Fils incarné à l'Esprit, si on sait l'articuler avec la thèse de l'approche trinitaire en tenant compte des appropriations, n'est pas indéfendable. Owen, par exemple, défend l'approche trinitaire, mais reconnaît aussi la dépendance du Fils incarné à l'Esprit[407]. Kuyper, décrit comme un théologien orthodoxe trinitaire[408], défend également la thèse de la dépendance du Fils incarné à l'Esprit, comme nous l'avons démontré, mais il reconnaît également l'aspect trinitaire des *opera ad extra*. On peut comprendre que le problème n'est pas de savoir si le Fils incarné dépend de l'Esprit, mais la vraie préoccupation est de s'assurer que la fonction cosmique du *Logos* est préservée lorsqu'on parle de dépendance spirituelle.

Il nous faut donc encore aller plus loin et aborder le problème en fonction du rôle cosmique du *Logos*, ou l'*extra calvinisticum*, et prendre en compte également l'unité numérique de la nature divine. Ce point se veut une analyse critique de la thèse de la dépendance, avec l'intention de montrer qu'une dépendance à l'Esprit, même avérée, ne devrait pas s'affranchir du caractère trinitaire de l'œuvre divine.

L'*extra calvinisticum* est reconnu en général, par la littérature moderne, avec l'appui de François Wendel[409], comme une conception théologique venant de Calvin[410], mais sans être au centre de sa théologie, selon Niesel[411]. Par

---

407. OWEN, *Pneumatologia*, pp. 78, 96.
408. McGOLDRICK, « Every Inch for Christ », p. 106.
409. F. WENDEL, *Calvin. Sources et évolution de sa pensée religieuse*, Paris, Presses Universitaires de France, 1950, p. 168.
410. David E. WILLIS, *Calvin's Catholic Theology. The Function of the So-called Extra Calvinisticum in Calvin's Theology*, Leiden, Brill, 1966, p. 1. « In modern literature on the subject there is also general consensus identifying the "extra Calvinisticum" as Calvin's doctrine about the life and reality of the Eternal Son even beyong the flesh » ; H. BLOCHER, « Luther et Calvin en christologie », p. 71.
411. NIESEL, *The Theology of Calvin*, p. 118. « It might be objected that it is false to regard the *Extra Calvinisticum* as the most essential feature of Calvinistic Christology, as is customary. For the Extra of the Godhead is not expounded by Calvin in any positive doctrine but

cette expression, l'énoncé est que le Verbe est « dans la chair et hors (*extra*) de la chair à la fois[412] » et, à cet effet, non limité dans la chair ou prisonnier de celle-ci[413]. C'est un énoncé très important pour la compréhension de l'action du Saint-Esprit, mais aussi de la christologie selon Heiko Oberman, cité par Rordorf[414].

L'enjeu théologique, selon Rordorf, est de ne surtout pas réduire la divinité du Christ[415]. C'est la transcendance du Christ, importante pour notre réflexion, qui est en jeu ; elle est l'un des enjeux notés par Gisel[416]. Il y a transcendance, car la notion suggère fortement l'idée que « le Fils éternel n'est pas prisonnier de sa nature humaine, il jouit de ses prérogatives divines même hors de sa chair, *etiam extra carnem*[417] ». Étant donné que le concept « marque un principe de transcendance au cœur même du christologique[418] », il est possible de repousser l'idée de la dépendance du Fils incarné à l'Esprit,

---

simply referred to in a very few passages arising in the course of debate with opponents. This objection is important. It is not the case that the Extra constitutes the centre of Calvinistic Christology. »

412. BLOCHER, *La doctrine du Christ*, p. 107 ; NIESEL, *The Theology of Calvin*, p. 118, « The paradoxical principle: God wholly within Jesus of Nazareth and yet wholly outside Him » ; GISEL, *Le Christ de Calvin*, p. 97. Gisel écrit : « [t]echniquement: le Seigneur incarné n'a jamais cessé d'avoir son existence et sa vérité "aussi hors de sa chair" (*etiam extra carnem*) ».

413. David E. WILLIS, *Calvins's Catholic Theology. The Function of the So-called Extra Calvinisticum in Calvin's Theology*, p. 1. « The so-called *extra Calvinisticum* teaches that the Eternal Son of God, even after the Incarnation, was united to the human nature to form One Person but was not restricted to the flesh. »

414. RORDORF, « Etiam Extra Ecclesiam », p. 348.

415. *Ibid.* « L'enjeu immédiat de *l'extra calvinisticum* est de marquer la distinction entre le Christ incarné, présent parmi nous, et le Christ dans sa divinité céleste, afin de bien faire comprendre que cette divinité ne se trouve en aucune manière réduite et absorbée dans l'incarnation. Le Christ ne peut nous devenir proche comme celui qu'il est, comme le Verbe éternel de Dieu, que s'il se garde en retrait, dans sa proximité même, pour ne pas devenir une présence simplement disponible ». La réflexion de Rordorf est intéressante, car il applique aussi le principe de *l'extra calvinisticum* à l'Esprit, car ce dernier, tout comme le Christ incarné, ne doit pas être enclos dans la créature, notamment l'Église, qu'il anime par sa présence. Il dit à cet effet que « [l]e même Esprit qui est principe de vie pour les membres fidèles de l'Église est aussi *extra ecclesiam*, à l'extérieur de l'Église, principe de vie pour toutes les créatures de Dieu », p. 349. Il y a une suggestion de la pneumatologie cosmique dans ce que dit cet auteur, et cela explique l'idée que l'Esprit soit *extra ecclesiam*.

416. GISEL, *Le Christ de Calvin*, p. 101. Il fait ressortir trois enjeux qui sont la préservation de la transcendance de Dieu, le maintien de l'humanité sans changement, et une réelle articulation de la rédemption sur la création.

417. BLOCHER, « Luther et Calvin en christologie », p. 72.

418. GISEL, *Le Christ de Calvin*, p. 110.

telle que cette dépendance est défendue par des auteurs tels que Hawthorne, Simpson, Weinandy et Issler.

L'explication est que si la transcendance sied ou est appropriée au Père, il est toutefois possible qu'elle réfère aussi au Fils et à l'Esprit[419] ; et si l'immanence sied à l'Esprit, il est aussi toutefois possible que le Fils soit immanent dans la créature comme l'Esprit, et, de cette manière, « il remplit toute chose comme l'Esprit le fait[420] ». On peut joindre les deux vérités bibliques en parlant d'une immanence transcendantale pour le Fils éternel. Gunton, au sujet de l'incarnation, a justement parlé d'une immanence transcendantale du Fils éternel[421]. *Ainsi, le Logos*, étant immanent dans la créature, et, jouissant dans sa transcendance de ses prérogatives hors de sa chair, a pu agir dans la vie de la personne du Christ durant les jours de sa chair. Cela a pu se faire sans contredire absolument l'œuvre de l'Esprit dans la vie et l'œuvre du Fils incarné. L'Écriture va dans le sens du rôle cosmique du Fils incarné lorsqu'elle affirme qu'en Christ Dieu a tout récapitulé (Ep 1.10), ou encore, s'agissant de Christ, elle parle de « la plénitude de celui qui remplit tout en tous » (Ep 1.10, 23).

b. La nature divine, numériquement une

La thèse de la dépendance spirituelle mérite d'être réexaminée également à la lumière du dogme selon lequel la nature divine est numériquement une ; et toute division de ladite nature court le risque d'un trithéisme. Comme réponse du concile de Chalcédoine au trithéisme, le Christ est déclaré « consubstantiel au Père selon la divinité[422] ». Calvin s'était déjà opposé à toute division de l'essence divine, et pour cette raison il a avancé la simplicité de Dieu[423]. L'argument de Calvin est fort, parce que la simplicité de Dieu exclut l'idée de division de l'essence. L'unité numérique de la divinité est attestée, selon Turretin, par le terme *homoousion*, que le concile de Nicée a fait valoir contre Arius[424]. Blocher rappelle le « consubstantiel » nicéen défendu par les

---

419. BLOCHER, « Immanence and Transcendence », p. 121.
420. *Ibid.*, p. 122.
421. GUNTON, *Theology Through the Theologian*, p. 119.
422. GRUDEM, *Théologie Systématique*, p. 1303.
423. CALVIN, *IC*, I, xiii, 2. Selon lui, « […] l'essence de Dieu est simple, et ne reçoit aucun partage ».
424. TURRETIN, *ET*, I, p. 256. « […] the orthodox […] declared in the Council of Nicea that the Son was *homoousion* (i.e., of the same nature and essence with the Father). »

Pères grecs, et affirme que ceux-ci « réfèrent l'unité à l'essence, ou nature, ou divinité[425] ».

Si la périchorèse, concept très élastique selon Barbara Nichtweiss, cité par Blocher[426], se réfère d'abord à la nature divine, avant d'être une compénétration des personnes, la notion évoquerait aussi l'unité numérique de cette nature[427]. Quand le même concept se réfère aux personnes de la trinité, comme cela est aussi le cas sous la plume de Turretin, c'est le caractère inséparable de l'œuvre trinitaire qui se confirme[428]. La périchorèse des personnes, appuyée solidement sur leur unité de nature, explique le caractère indivis des *opera ad extra*.

Le risque théologique de la division de l'essence divine est le trithéisme, observable même dans les milieux évangéliques, comme Grudem le fait remarquer, lorsque l'unité de la nature divine et son caractère indivisible ne sont pas affirmés[429]. Turretin, pour sa part, parle à cet effet de polythéisme, lorsque l'unité de la nature divine est rejetée[430]. Blocher avertit aussi du risque de polythéisme en affirmant que « le Dieu unique doit comprendre la fondation *et* de l'Un *et* du Multiple, sinon le principe du Multiple se dresse, à l'opposé de lui, comme un second dieu ou principe absolu[431] ».

À ce titre, le langage de certains défenseurs de la thèse de la dépendance spirituelle laisse planer un soupçon de trithéisme de leur part. Quand on

---

425. BLOCHER, « La trinité, une communauté an-archique », p. 10.
426. *Ibid.*, p. 19.
427. *Ibid.*, p. 11. On peut comprendre la pensée de Blocher dans ce sens lorsqu'il écrit que « [l]a communion des personnes et leur périchorèse apparaissent davantage comme l'effet de la commune possession de l'essence que comme la cause de l'unité ».
428. TURRETIN, *ET*, I, p. 257. « They thought this mystery could not be better expressed than by the phrase *enallêlon emperichôrêsin* (i.e., a mutual intertwining or inexistence and immanence), so as to designate thus that union by which the divine persons embrace each other and permeate [...] each other. So that although always remaining distinct, yet they are never separated from each other, but always coexist; wherever one is, there the other also really is. »
429. GRUDEM, *Théologie Systématique*, p. 256. « [...] peut-être beaucoup d'évangéliques aujourd'hui tendent-ils involontairement vers des conceptions trithéistes de la Trinité, reconnaissant la distinction entre le Père, le Fils et le Saint-Esprit, mais étant rarement conscients de l'unité de Dieu et du caractère indivisible de son être. »
430. TURRETIN, *ET*, I, p. 182.
431. BLOCHER, « La trinité, une communauté an-archique », p. 19.

affirme fermement, comme c'est le cas de Hawthorne[432], Simpson[433] ou Weinandy[434], que le Fils incarné n'a rien révélé de sa divinité, mais qu'il a toujours agi par l'Esprit, le risque est grand d'introduire une division dans la nature divine une numériquement. Cette division de la nature divine conduit au trithéisme.

c. Réajustement de la thèse de la dépendance à l'Esprit selon Kuyper

Un examen approfondi de la thèse de la dépendance à l'Esprit, défendue par Kuyper, pourrait apporter plus d'éclairage encore sur les enjeux théologiques de ladite thèse lorsqu'on la met en tension avec la fonction cosmique du *Logos* et avec l'unité numérique de la nature divine. Pour introduire le premier point, qui a trait au non-recours aux ressources divines dans la sphère où s'exerce l'humanité, le domaine de la souffrance et de la mort du Christ se prête comme le meilleur champ de prospection.

À l'image de Weinandy, Hawthorne et de Simpson, Kuyper a affirmé aussi que le Fils incarné n'a rien révélé de sa divinité ou qu'il ne s'est pas révélé comme Dieu[435] ; les miracles ne sont jamais, pour Jésus, une preuve de sa divinité[436]. Étant donné qu'une telle affirmation pourrait remettre en cause la fonction cosmique du Christ, ce que notre auteur a écrit du rôle de l'Esprit dans la souffrance et mort du Christ apporte une nuance importante quant à l'implication du Fils éternel dans la mort du Christ. Kuyper, comme pour concilier la position de Calvin et celle de Bèze et Gomarus sur le sens de l'Esprit éternel (Hé 9.14)[437], a affirmé que l'expression « Esprit éternel » signifie que la personne divine et humaine du Christ est entrée dans une union indissoluble

---

432. Hawthorne, *The Presence and the Power*, p. 35.
433. Simpson, *The Holy Spirit. Power from on High*, p. 313. « But when He came down from the heights of glory, He suspended the direct operation of His own independent power and became voluntarily dependent upon the power of God through the Holy Spirit » ; Kuyper, *WHS*, I, p. 103.
434. Weinandy, *In the Likeness of Sinful Flesh*, p. 15. « As incarnate, the eternal Son never said or did anything *qua* God, but always *qua* man. »
435. Kuyper, *Pro Rege*, I, pp. 141, 142.
436. *Ibid.*
437. Kuyper, *WHS*, I, pp. 102-106. Calvin a soutenu que l'Esprit éternel renvoie au Saint-Esprit uniquement, tandis que Bèze et Gomarus y ont vu la divinité uniquement, c'est-à-dire le Fils éternel. La position de Kuyper est une synthèse de deux, puisqu'il réfère l'expression à l'union indissoluble de la personne divine et humaine du Fils avec le Saint-Esprit.

avec le Saint-Esprit[438]. Comme la personne du Christ est la personne du Fils éternel, une telle communion de l'Esprit avec le Fils éternel suggère, chez l'auteur, que dans la mort le Médiateur n'a pas dépendu seulement de l'Esprit, mais que le Fils éternel était bien à l'œuvre avec l'Esprit.

Pour Kuyper, à cause de l'union entre la divinité du Christ et l'Esprit, le Christ a toujours été victorieux[439]. La divinité, ici attribuée au Christ, fait penser à la divinité du Fils éternel. De ce fait, l'action du Médiateur par l'Esprit est aussi celle du Fils éternel. La notion de volonté, accompagnée de celle de l'amour, nous semble-t-il, est mise en valeur par l'auteur pour montrer que le Fils éternel agit avec ou aux côtés de l'Esprit[440]. Kuyper, bien qu'il mette plus en avant l'œuvre de l'Esprit, maintient fermement que le Fils éternel est bien présent activement dans ce que le Médiateur a pu faire[441]. L'idée de coopération entre le Fils de Dieu et l'Esprit dans l'incarnation ne permet pas de parler de dépendance spirituelle chez Kuyper. On ne peut pas lui reprocher de trahir le sens et la portée de l'*extra calvinisticum* en excluant tout recours aux ressources divines par le Médiateur dans le domaine où s'exerce l'humanité, comme à la mort par exemple. Comme l'a souligné Gisel, l'*extra calvinisticum* marque clairement « que, dans l'*abaissement* que constitue l'incarnation, le Christ n'abdique pas son pouvoir ou sa seigneurie[442] ». Ailleurs Kuyper a clairement affirmé que dans son humiliation l'humanité du Médiateur a été soutenue par sa divinité[443] ; ce qui veut dire que les fonctions cosmiques du

---

438. Kuyper, *WHS*, I, p. 104. « The term "Eternal Spirit" was chosen to indicate that the divine-human Person of Christ entered into such indissoluble fellowship with the Holy Spirit as even eternal death could not break. »

439. *Ibid.*, p. 103. « Christ was always victorious because His divinity never relaxed His hold upon the Holy Spirit in His Humanity, but embraced Him and clave unto Him with all the love and energy of the Son of God » ; cf. Kuijper, *WHG*, I, p. 138, « en Jezus' overwinnen en zegepralen had dáárin zijn oorzaak, dat de godheid geen enkel oogenblik den Heiligen Geest in zijn menschheid losliet, maar dien Heiligen Geest omklemde en aan Hem kleefde met een mogendheid der liefde en een drang der innigheid, als alleen in den Zoon denkbaar is. »

440. *Ibid.* ; « […] then it is evident that His human nature could not exercise such consecration without the inworking of the Holy Spirit ; and again that the Holy Spirit could not have effected such inworking unless the Son willed and desired it », p. 105.

441. *Ibid.*, p. 101. « For the Son having adopted the human nature in union with His Person, was cooperating with the Holy Spirit. »

442. Gisel, *Le Christ de Calvin*, p. 109.

443. Kuyper, *Meditations*, p. 101. « During His state of humiliation, the Mediator supported His humanity with His divinity, so that he was not defeated and lost. »

Logos non incarné ont été préservées et la divinité du Fils éternel n'était pas réduite ou absorbée dans l'incarnation.

Une analyse encore plus poussée de la relation du Fils éternel à l'Esprit, dans l'incarnation, montre plutôt une certaine dépendance de l'Esprit au Fils éternel. En effet, Kuyper affirme que sans le soutien du Fils éternel, l'Esprit à lui seul ne pouvait pas permettre au Médiateur de triompher de la mort éternelle. Cette mort avait la capacité de dissoudre la relation de l'Esprit à la nature humaine du Christ. Il écrit dans ce sens : « [l]a nature humaine du Christ aurait été submergée par elle [la mort éternelle], la lumière du Saint-Esprit aurait cessé si sa nature divine, c'est-à-dire la puissance infinie de sa divinité, n'avait pas été en dessous pour parer à cela[444]. » Quand on considère le sens littéral du verbe hollandais *ondervangen*, on peut dire que c'est la présence active du Fils de Dieu, avec l'Esprit qui a été le véritable rempart du Médiateur face à la mort.

Pour corriger un déficit, celui de l'absence de l'œuvre du Fils éternel dans la vie du Médiateur, Kuyper semble, à notre avis, tomber dans un autre extrême en jugeant insuffisante la puissance de l'Esprit face à la mort. L'Esprit, dans la théologie trinitaire, est considéré comme « la vertu et efficace de toute action[445] » au sein de la trinité, et aussi vu comme celui qui donne la vie ou l'anime[446]. L'insuffisance de la vertu de l'Esprit serait synonyme de l'insuffisance de la vertu d'opération de la trinité, car il est l'Esprit du Père et du Fils, et c'est par l'Esprit que Dieu agit. Mais cette pensée de Kuyper met quand même en valeur la complémentarité des personnes de la trinité.

On peut également noter chez l'auteur une tension, qui frise la contradiction, entre l'affirmation selon laquelle le Fils incarné n'a rien révélé de sa divinité et l'affirmation de l'efficacité de l'Esprit dans son union avec le Fils. Comment peut-on affirmer que, face à la mort éternelle, par exemple, l'efficacité de l'Esprit s'est fondée sur son union avec le Fils éternel tout en maintenant l'idée que la divinité du Fils n'a pas été révélée ? Si le fondement

---

444. Kuyper, *WHS*, I, p. 104 ; Kuijper, *WHG*, I, p. 138. « Dat zou ook niet hebben kunnen plaatsgrijpen, daar zou Jezus' menschelijke natuur ook onder bedolven zijn, dat zou zelfs de instraling van den Heiligen Geest ten leste hebben verbroken, indien niet de godheid des Zoons die menschelijke natuur had gesteund, d. w. z indien de oneindige mogendheid der goddelijke natuur de menschelijke natuur bij haar inzinking niet had ondervangen. »

445. Calvin, *IC*, I, xiii, 18.

446. Blocher, *La doctrine du péché et de la rédemption*, p. 221 ; Grudem, *Théologie Systématique*, p. 701 ; J. Calvin, *IC*, I, xiii, 14 ; Blocher, « Immanence and transcendence », pp. 111, 122.

de l'efficacité de l'œuvre de l'Esprit est la divinité du Christ, la divinité du Christ a bien été révélée, et la mort a été le lieu théologique de cette révélation.

Sur ce point, la pensée de notre auteur se trahit, et on ne peut pas dire que le Fils incarné, tout en agissant par l'Esprit, n'a rien révélé de sa divinité. C'est comme si on pouvait séparer la divinité du Fils incarné de celle de l'Esprit. La notion de périchorèse des personnes de la trinité, leur unité numérique, et le caractère inséparable des *opera ad extra* des personnes de la trinité n'autorisent pas une telle séparation de l'œuvre de l'Esprit d'avec celle du Fils incarné ni d'avec celle du Père en matière de révélation.

L'Écriture affirme que l'Esprit révèle le Père et le Fils en enseignant, ou faisant connaître les vérités relatives au Père et au Fils (Jn 14. 26). La Bible dit, dans le sens de la révélation, que l'Esprit ne parlera pas de lui-même, mais prendra ce qui est du Christ, et du Père aussi, pour l'annoncer (Jn 16.13-14) ; cela laisse supposer que la révélation du Fils et l'appropriation des bienfaits de sa mort se réalisent par l'Esprit.

Il reste à mettre en lumière la pensée de Kuyper en considérant l'unité numérique de la nature divine. En quoi l'unité de la nature divine unique pourrait-elle être remise en cause par Kuyper ? Chez Hawthorne, Simpson, Weinandy et Issler, l'idée critique est celle qui consiste à dire que le Médiateur n'a rien révélé de sa divinité, mais a agi par l'Esprit. Kuyper a également des propos similaires où il affirme que le Fils incarné ne s'est pas révélé comme Dieu ou n'a rien révélé de sa divinité. Selon lui, on se trompe si le pouvoir qu'avait Jésus pour opérer les miracles est considéré comme propre à lui-même en tant que Dieu ; mais c'est plutôt un pouvoir qui lui a été donné[447]. La conclusion qu'il tire est que Jésus, dans ses miracles et signes accomplis, ne s'est pas révélé dans sa divinité[448].

Ce pouvoir reçu est sans doute le Saint-Esprit qui lui a été donné sans mesure[449] ; et l'expression « sa divinité », sous la plume de l'auteur, renvoie à la personne du Fils éternel. En clair, le Médiateur ne s'est pas révélé comme Fils éternel, quand bien même il a agi par l'Esprit reçu sans mesure. Dire que la divinité du Fils n'a pas été révélée alors qu'il a agi par l'Esprit, dans son union essentielle avec le Fils éternel et le Père, est difficile à comprendre. La

---

447. KUYPER, *Pro Rege*, I, p. 142.
448. *Ibid.*
449. *Ibid.*, p. 141.

divinité du Fils est-elle séparée ou séparable de celle de l'Esprit ? Aller dans ce sens, c'est courir le risque d'un trithéisme, puisqu'on crée une division dans la nature divine une numériquement. Turretin a écrit à son sujet en disant qu'elle est une unité numérique singulière communiquée aux trois personnes de la trinité. À cause de cette singularité, elle est indivise[450].

Ailleurs, en parlant des œuvres et de la distinction des personnes de la trinité, il semble encore séparer la nature du Fils éternel de celle de l'Esprit ainsi que de celle du Père, quand il parle de la « propre nature du Fils[451] ». L'expression « sa propre nature » (*zijn eigen natuur*), en parlant du Fils, est floue et critiquable. S'il s'agit de la nature divine, celle-ci ne saurait être qualifiée de « propre » au Fils, étant donné qu'elle est une et qu'elle est le partage du Père, du Fils et de l'Esprit. Mais s'il s'agit aussi du Fils incarné, donc de la double nature, le qualificatif ne tient pas non plus, car la nature humaine n'a pas toujours appartenu au Fils. Celle-ci a été ajoutée, avec la nature divine préexistante du Fils, par un devenir décisif[452]. Kuyper semble confondre les propriétés propres aux personnes, comme le veut le sens du mot « propriété », et la nature divine commune aux trois personnes. Son emploi du terme « nature » n'est pas assez précis dans ce contexte, et cela explique le glissement possible vers le trithéisme. Mais Kuyper, il faut le rappeler, était lui-même opposé au trithéisme, car toute séparation dans la trinité divine pourrait trahir et détruire la confession de la trinité pour donner lieu au trithéisme[453].

La révélation de Dieu en son Fils unique occupe une place importante dans l'Écriture. La divinité du Fils éternel, bien que cachée sous le voile de la chair, a été bien perceptible selon les textes bibliques. L'Évangile de Jean indique clairement que la gloire du Fils a été perçue comme une gloire du Fils unique issu du Père (Jn 1.14). L'Esprit révèle ou enseigne, objectivement

---

450. TURRETIN, *ET*, I, p. 265.
451. KUYPER, *WHS*, I, p. 103. « [...] Nor could the Son according to His own nature take the place of the Holy Spirit [...] » ; « dat de Zoon bij zijn eigen natuur de plaats van den Heiligen Geest niet *kon* vervangen, [...] », *WHG*, I, p. 137.
452. BLOCHER, *La doctrine du Christ*, p. 151. « Il n'y a pas de symétrie entre les deux natures : sa divinité préexiste avec sa personne, alors que la qualité d'homme s'ajoute par un devenir décisif. »
453. KUYPER, *WHS*, II, p. 212. Parlant de la manière dont le Fils est révélé par l'Esprit, et dont le Fils révèle le Père, Kuyper met en garde contre toute séparation au sein de la trinité, en écrivant ceci : « But this does not imply any separation, even in thought, between the Persons of the Godhead. This would destroy the confession of the Trinity, substituting for it the false confession of tri-theism. »

dirons-nous, et selon l'Écriture, le Fils (Jn 14.26)[454] ; l'Esprit a joué ce rôle en tant qu'autre témoin « prolongeant pour ainsi dire le témoignage que Jésus, pendant sa vie publique, avait porté sur lui-même (5.31 ; 8.13, 14, 18)[455] ». Le Fils, l'image du Père, révèle donc ce dernier (Hé 1.3 ; Jn 1.18). Il est difficile d'affirmer la révélation de l'une des personnes de la trinité sans affirmer celle des autres implicitement. La notion de périchorèse des personnes et l'unité numérique de la nature divine ne l'autorisent pas, à notre avis. Avec les multiples travaux consacrés à la réflexion sur le Saint-Esprit depuis plusieurs décennies, le Saint-Esprit n'est plus « l'enfant mal aimé[456] » en Occident, comme Moltmann l'avait fait savoir. Mais la question sur laquelle il faudrait davantage réfléchir en théologie, en vue de faire avancer la pneumatologie, est celle de la révélation de l'Esprit. Comment l'Esprit est-il révélé, si sa mission consiste à manifester le Père et le Fils et non à beaucoup parler de lui-même, comme Kuyper l'a fait remarquer[457] ?

III. Vers une christologie kénotique

Xavier Gué a fait remarquer que « [l]'éclatement du savoir concernant Jésus caractérise notre époque[458] ». On peut désormais parler de christologie anhypostatique[459], de christologie d'en haut et de christologie d'en bas[460], ou de christologie kénotique[461]. Si l'éclatement du savoir concernant Christ justifie la variété christologique, quelle christologie avons-nous chez Kuyper ? Notre intention n'est pas d'étudier ces types de christologies énumérées, mais

---

454. I. DE LA POTTERIE, *La vérité dans Saint Jean, Tome I, Le Christ et la vérité. L'Esprit et la vérité*, Analecta Biblia, vol. 73, Rome, Editrice Pontificio Istituto Biblico (E.P.I.B), 1999, p. 362. Selon de la Potterie, « ce texte concentre directement l'attention sur la nature du rapport mystérieux qui unit l'enseignement de l'Esprit et celui de Jésus ».

455. *Ibid.*, p. 343.

456. J. MOLTMANN, *L'Esprit qui donne la vie. Une pneumatologie intégrale ; suivi de mon intinéraire théologique*, Paris, Cerf, 1999, p. 15.

457. KUYPER, *WHS*, I, p. 7. « Because of His unrevealed character the Church has taught and studied the Spirit's work much less than Christ's […] We might say, since He gave the Word and illuminated the Church, He spoke much more of the father and the Son than of Himself. »

458. Xavier GUÉ, *La christologie de Wolfhart Pannenberg. De la Modernité à la postmodernité*, vol. 9, coll. Études de théologie et éthique, vol. 9, Denis MULLER, sous dir., Zurich, LitVerlag, 2016, p. 10.

459. ERICKSON, *Christian Theology*, p. 732.

460. WEINANDY, *In the Likeness of Sinful Flesh*, pp. 14-16.

461. HAWTHORNE, *The Presence and the Power*, p. 208.

de nous intéresser à la christologie de Kuyper, en vue de déterminer sa nature et de l'évaluer. À partir des traits caractéristiques de la christologie kénotique, il est possible de définir la christologie kuypérienne comme une christologie kénotique. C'est ce que cet essai vise à démontrer. »

1. *Renoncement volontaire du Christ*

« Aucune christologie ne peut ignorer que le Christ s'est dépouillé lui-même (Ph 2.7), ou qu'étant riche, il s'est fait pauvre (2 Co 8.9) », selon MacLeod[462]. Blocher reconnaît « qu'il y a eu *kénôsis* selon Philippiens 2.7, et qu'elle ne doit pas être étrangère à l'humble humanité du portrait de Jésus dans les Évangiles[463] ». L'idée de renoncement est au cœur de la christologie kénotique définie par Hawthorne comme une christologie dans laquelle le Fils éternel de Dieu, prenant la chair humaine, renonce volontairement à l'exercice de ses pouvoirs divins, attributs, prérogatives, de sorte à vivre pleinement dans les limites inhérentes à la nature humaine[464]. Son interprétation de la kénose montre que le Fils s'est dépouillé lui-même, en se mettant totalement au service du peuple[465] par le fait de prendre la forme de serviteur[466].

Au regard de la définition de la christologie kénotique, il y a une différence d'avec la christologie kénotiste, ou le kénotisme. Selon Geoffroi Thomasius, le kénotisme implique un abandon des attributs relatifs ou économiques par le Fils[467] ; pour Wolfgang-Friedr Gess, il y a un abandon des attributs essentiels[468], ou même un abandon de la divinité selon A. Gretillat[469]. Ces thèses

---

462. MacLeod, *La personne du Christ*, p. 272.
463. Blocher, *La doctrine du Christ*, p. 178.
464. Hawthorne, *The Presence and the Power*, p. 208.
465. Hawthorne *et al.*, *Philippians*, p. 86. Ayant rejeté un certain nombre d'interprétations, Hawthorne propose de comprendre l'expression ἑαυτὸν ἐκένωσεν comme le fait de se dépouiller pour se mettre à la disposition du peuple. Voici ce qu'il a écrit : « Rather, it is a poetic, hymnlike way of saying that Christ poured out himself, putting himself totally at the disposal of people. »
466. *Ibid.* « The expression ἑαυτὸν ἐκένωσεν is now defined more precisely by the participial phrases that follow – "taking (λαβών) the form of a slave". »
467. Blocher, *La doctrine du Christ*, p. 116 ; R. J. Feenstra et Cornelius Plantinga, sous dir., *Trinity, Incarnation, and Atonement. Philosophical and Theological Essays*, Notre Dame, University of Notre Dame Press, 1989, p. 130 ; MacLeod, *La personne du Christ*, p. 263.
468. MacLeod, *La personne du Christ*, p. 263.
469. Blocher, *La doctrine du Christ*, p. 116.

du kénotisme ont été présentées par des auteurs tels qu'Erickson[470], Grudem[471] et MacLeod[472]. Il ne s'agit pas, pour nous, de concevoir la kénose en termes de négation de la divinité, et quelques théologiens et exégètes s'accordent pour dire qu'il s'agit d'un renoncement du Fils éternel soit à faire valoir ses droits à sa gloire, soit à l'exploitation de son statut et rang d'égalité avec Dieu comme l'être à égalité avec Dieu. À ce titre, le sens du terme *harpagmos* (Ph 2.6) est décisif, puisque l'accent est mis sur l'exploitation du rang et non sur le rang lui-même[473].

Avec Blocher, suivant la thèse de l'exégète Hoover, l'accent est mis sur le refus de « traiter son égalité avec Dieu comme une aubaine dont on profite pour soi seul[474] » ; l'objet du renoncement porte sur l'exploitation du rang et non sur le rang lui-même[475]. Pour Calvin[476], tout comme pour MacLeod, c'est la non-considération des droits par le Fils incarné[477]. Le renoncement, selon Grudem, renvoie à l'abaissement en vue d'accepter un statut et une position humbles[478], et, selon Erickson, c'est l'adoption de la forme de serviteur[479].

Du côté des exégètes, O'Brien, favorable à la thèse de Hoover, a suggéré, pour le sens de l'expression idiomatique, le refus d'utiliser comme un gain

---

470. ERICKSON, *Christian Theology*, p. 732. « According to this view, Jesus emptied himself of was the form of God (μορφῇ θεοῦ v.6). The Second Person of the Trinity laid aside his distinctly divine attributes (omnipotence, omnipresence, etc.) and took on human qualities instead. »
471. GRUDEM, *Théologie Systématique. Introduction à la doctrine biblique*, p. 603. « Selon cette théorie, le Christ s'est "dépouillé lui-même" de certains de ses attributs divins, tels que l'omniscience, l'omniprésence et l'omnipotence, quand il était sur terre en tant qu'homme. »
472. MACLEOD, *La personne du Christ*, p. 263. « [...] la théorie kénotiste de l'incarnation, selon laquelle le Christ est devenu homme en se "vidant" d'une manière ou d'une autre de sa nature divine. »
473. BLOCHER, *La doctrine du Christ*, p. 177.
474. *Ibid.*
475. *Ibid.*
476. CALVIN, *Épîtres aux Galates, Éphésiens, Philippiens et Colossiens*, p. 269. Selon Calvin, « n'eût point réputé d'être égal à Dieu » peut être compris au sens où Christ « savait bien que cela lui était permis et qu'il avait le droit de le faire ; afin que nous sachions que son abaissement a été volontaire et non point par nécessité ». L'italique est de l'auteur.
477. MACLEOD, *La personne du Christ*, p. 275. « [...] mais il ne les a pas considérés comme une proie à arracher (*harpagmos*). »
478. GRUDEM, *Théologie Systématique*, p. 604.
479. ERICKSON, *Christian Theology*, p. 735.

personnel la gloire divine possédée[480]. Ce qui rejoint l'idée de Hawthorne et de C. F. Moule, qu'il suit, qui affirme que Christ n'a pas considéré l'être à égalité avec Dieu comme un gain dont il faut profiter personnellement, mais plutôt un droit auquel il faut renoncer pour les autres[481].

Parlant du devenir homme du Fils éternel, chez Kuyper, il faut noter que le renoncement porte sur tout ce que le cœur et la chair peuvent désirer[482], sur le statut royal au profit de la forme de serviteur ou d'esclave[483], ou sur la souveraineté du Fils éternel[484]. Ce renoncement traduit l'idée selon laquelle le Fils éternel, dans sa kénose, n'a pas considéré comme une aubaine à saisir d'être égal à Dieu (Ph 2.6). Ainsi, si Kuyper a tant insisté sur l'idée que le Fils ne s'est jamais révélé, dans ses miracles, comme Dieu[485], il nous faut interpréter cette affirmation dans le sens du non-recours à ses ressources divines. Car recourir à ses ressources divines, pour le Fils incarné, serait une manière de prouver sa divinité, puisque quiconque se révélant comme Dieu n'a pas besoin du soutien des anges[486].

L'idée de renoncement, caractéristique de la christologie kénotique selon la définition de Hawthorne, est bien au centre de la pensée de Kuyper et le rapproche de Calvin, Turretin, Bavinck, Blocher et de MacLeod, qui ont tous reconnu la réalité du renoncement dans la vie du Fils incarné. À partir de ce critère d'évaluation de la christologie pneumatique de notre auteur, il est possible de qualifier la christologie pneumatique de Kuyper de christologie kénotique, car Christ a vraiment pris la condition humaine et l'a vécue dans le renoncement total à ses prérogatives divines. La christologie pneumatique de Kuyper laisse apparaître tout son aspect kénotique, si on définit la kénose, en suivant Blocher, comme « le fait même de prendre la condition humaine et humiliée et de la vivre comme telle sans tricher[487] ».

---

480. O'Brien, *The Epistle to the Philippians*, p. 216. « The expression […] emphasizes that Jesus refused to use for his own gain the glory that he had from the beginning. »
481. Hawthorne et al., *Philippians*, p. 85.
482. Kuyper, *WHS*, I, p. 107. « Il a renoncé à tout ce qui pouvait être cher au cœur et à la chair. »
483. *Ibid.*, p. 105.
484. Kuyper, *Locus de Christo*, Pars Prima, p. 148.
485. Kuyper, *Pro Rege*, I, p. 142.
486. *Ibid.*, pp. 141-142.
487. Blocher, *La doctrine du Christ*, p. 179.

2. Un voile mis sur la gloire divine

Calvin, Turretin et Bavinck ont compris que l'objet du renoncement était la gloire ou la majesté divine, ou les droits non exploités par le Fils éternel. Calvin a dit que Christ, sans se révéler tel qu'il est[488], « s'est toutefois démis de sa gloire, quand, dans la chair, il a montré une apparence de serviteur[489] » pour être dans une divinité, ou gloire, tenue cachée pour quelque temps[490]. Selon Turretin, c'est comme si c'était une gloire abandonnée[491]. Bavinck, rendant compte des convictions de la tradition réformée sur la kénose, citant entre autres D. Chamier, M. Wendellin, P. van Mastricht, H. Witsius et Turretin, a affirmé, comme troisième point, que le Fils incarné « a abandonné la majesté et la gloire, la forme de Dieu, dans laquelle il existait avant l'incarnation, ou qu'il l'a plutôt cachée derrière la forme de serviteur dans laquelle il a vécu sur terre[492] ». La nuance apportée par Bavinck quant à l'abandon de la forme de Dieu par le Fils incarné est importante et permet d'éviter le piège du kénotisme, qui affirme que le Fils incarné a renoncé à la divinité.

Le thème de la gloire, non manifestée par le Fils incarné, ou celui du voile sous lequel cette gloire fut cachée apparaît clairement chez Kuyper. Il a écrit que le Christ « n'a pas montré sa gloire comme Dieu[493] » ; ou encore, Christ « a caché sa majesté de Prince[494] » pour ne pas la révéler. Selon lui, le passage

---

488. CALVIN, *Épîtres aux Galates, Éphésiens, Philippiens et Colossiens*, p. 269. « [Christ] ne s'est point montré en apparence tel qu'il était et n'a point pris ouvertement devant les hommes ce qui lui était propre de droit. »
489. *Ibid.*, p. 270.
490. *Ibid.*
491. TURRETIN, *ET*, II, p. 314. « […] he concealed the divine glory under the veil of flesh and as it were laid it aside. »
492. BAVINCK, *RD*, III, p. 432. « The theologians of the Reformed confession, accordingly, unanimously taught that Christ's humiliation accordingly to the divine nature consisted int the fact that (1) in the pact of salvation he had from all eternity voluntarily taken upon himself to be the acquisitor and administrator of our salvation and thus the Servant of the Lord ; that (2) in the fullness of time he assumed the human nature, one that was like ours in all respects, only excepting sin ; that (3) *he laid aside the divine majesty and glory, the form of God, in which he existed before the incarnation, or rather canceled it behing the form of a servant in which he went about on earth* ; and that (4) during his humiliation he never for a moment used his divine power and divine attributes to please himself and to defeat his enemies. He fought and won with no other weapon than the cross. Self-denial was the secret of his life. » Le caractère en italique, correspondant au texte en anglais que nous avons cité, est de nous.
493. KUYPER, *Pro Rege*, I, p. 141.
494. KUYPER, *WHS*, I, p. 105.

de l'état de gloire à l'état d'homme implique une réduction de la gloire[495]. L'explication théologique du voile de la gloire pourrait être l'accommodation divine, selon Kuyper[496].

Tout en affirmant le renoncement ou le voile de la divinité par le Fils éternel incarné, il faut repousser avec force l'idée d'un renoncement à la divinité elle-même, idée défendue par les kénotistes. Saint Augustin a gardé l'équilibre en disant « qu'il s'est anéanti lui-même non pas en changeant sa divinité, mais en prenant notre nature changeante[497] ». Calvin a aussi dit non au renoncement à la divinité, mais plutôt aux droits[498], et selon Turretin, c'est de façon extrinsèque et non intrinsèque que la notion de réduction, ou de voile mis sur la gloire, doit être saisie[499]. Selon MacLeod, « [...] il est parfaitement possible de parler d'un réel renoncement sans le définir comme un renoncement à la divinité[500] ». Kuyper a bien affirmé également que rien ne trahissait la divinité du Fils, même dans le fait de se dépouiller[501].

3. Insistance sur l'humanité et le rôle de l'Esprit

Une christologie kénotique pourrait expliquer comment le Christ, humilié et dépouillé, a fonctionné et accompli son office de Médiateur. Dans ce sens, Johnson s'est demandé : comment un homme, ou un être humain, a-t-il guéri des malades, rendu la vue aux aveugles, chassé des démons[502] ? Dès lors que ce problème est posé, le rôle de l'Esprit dans la nature humaine du Christ est attendu. Si Christ doit « prendre la condition humaine et humiliée et [...] la vivre comme telle sans tricher[503] », il lui faut des ressources appropriées à la vie et au développement de sa nature humaine. Agir autrement, avec ses

---

495. KUYPER, *Locus de Christo*, Pars Secunda, p. 69.
496. KUYPER, *WHS*, I, p. 94. « [...] toute œuvre interne de la vie divine, lumière et pouvoirs pourraient se manifester seulement en s'accommodant aux particularités et limitations de la nature humaine. »
497. SAINT AUGUSTIN, *De la trinité*, VII, 3, 5.
498. CALVIN, *Épîtres aux Galates, Éphésiens, Philippiens et Colossiens*, p. 270.
499. TURRETIN, *ET*, II, p. 314. « God cannot be emptied by a diminution of glory, but by its concealment (*occultationem*); not in the sight of God intrinsically, but extrinsically as to men. »
500. MACLEOD, *La personne du Christ*, pp. 282-283.
501. KUYPER, *WHS*, I, p. 105.
502. JOHNSON, « The Work of the Holy Spirit in the Ministry of Jesus Christ », p. 147.
503. BLOCHER, *La doctrine du Christ*, p. 179.

ressources divines, « aurait été contraire même à la vérité de l'incarnation », selon Weinandy[504]. Ainsi l'Esprit a constitué cette ressource spirituelle nécessaire et indispensable à la nature humaine du Fils incarné. MacLeod a écrit, avec raison, que « [n]e déployant aucune ressource supérieure à celle dont dispose un homme rempli de l'Esprit, [Christ] a fait face à l'ennemi dans la chair et a triomphé en tant qu'homme[505] ». Ayant écarté d'emblée tout besoin d'aide pour Jésus, au regard de sa divinité, Terry L. Cross a estimé qu'il est approprié de dire que Jésus n'a pas choisi d'entrer dans le ministère seul, mais avec la présence continue de l'Esprit[506].

Kuyper a écrit, entre autres, que la nature humaine, en général, ne peut pas se passer de l'Esprit, comme la rose ne peut se passer des rayons solaires[507], ou encore, comme la vie biologique ne peut se passer de l'air[508]. Nous avons pu montrer que la thèse de la dépendance du Christ à l'Esprit peut se justifier en raison de la nature humaine du Christ. En partant de la nature humaine du Christ, Kuyper a affirmé que le Fils dépend toujours de l'Esprit en vertu de son union avec la nature humaine[509]. L'argument principal, pour justifier le rapport de l'Esprit à la nature humaine, est la création dans la nature humaine d'un espace théologique nécessaire à l'œuvre de l'Esprit. Un argument qu'on retrouve chez Johnson[510]. La kénose du Fils permet effectivement une articulation harmonieuse de la pneumatologie avec l'humanité du Christ en créant cet espace théologique nécessaire à l'œuvre de l'Esprit dans la personne et l'œuvre du Fils incarné.

Dans ce chapitre d'interprétation et d'évaluation de la pensée de Kuyper, nous avons montré que le but théologique de Kuyper était de valoriser l'œuvre spécifique ou l'œuvre particulière de l'Esprit[511]. Cette œuvre particulière de

---

504. Weinandy, *In the Likeness of Sinful Flesh*, p. 15.
505. MacLeod, *La personne du Christ*, p. 284.
506. Terry Cross, « The Holy Spirit », dans *The Cambridge Companion to Evangelical Theology*, Timothy Larsen et Daniel J. Treier, sous dir., Cambridge, Cambidge University Press, 2007, p. 98.
507. Kuyper, *WHS*, I, pp. 100-101.
508. *Ibid.*, p. 108.
509. *Ibid.*, p. 103. « [...] the Son [...], in the divine economy, by virtue of His union with the human nature ever depended upon the Holy Spirit. »
510. Johnson, « The Work of the Holy Spirit in the Ministry of Jesus Christ », p. 148. « La pneumatologie offre une clé qui permet d'affirmer la pleine humanité du Christ. »
511. Kuyper, *WHS*, I, pp. 21, 27, 29.

l'Esprit peut se comprendre en raison de l'affinité entre l'œuvre de l'Esprit et la nature humaine du Christ, ou en termes d'appropriations trinitaires. Selon le principe des appropriations, « l'appropriation se fonde sur une "ressemblance ou parenté avec le caractère particulier" de l'une des personnes qui devient "représentant" de ce qu'on attribue[512] ». De ce point de vue, l'insistance sur le rapport étroit entre l'humanité du Christ et le rôle de l'Esprit, dans la christologie pneumatique de Kuyper, se comprend en termes d'affinité entre la nature humaine et l'œuvre de l'Esprit. Kuyper a noté la « ressemblance ou la parenté », en disant que la nature humaine est adaptée, dès la création, à l'œuvre intérieure de l'Esprit[513].

Une christologie kénotique peut articuler harmonieusement le renoncement du Fils à ses droits et prérogatives avec la mise en valeur du rôle de l'Esprit dans la vie et l'œuvre du Christ. Pour avoir articulé le rôle de l'Esprit avec l'humanité du Christ, la christologie pneumatique de notre auteur peut bien se définir comme une christologie kénotique. Toutefois peut-on épouser totalement, sans réserve, la pensée de l'auteur sur certains points de sa christologie kénotique ? Comment se positionner par rapport à la christologie kénotique de Kuyper ?

La souveraineté de Dieu comme un attribut auquel Christ n'a pas recouru ou auquel il a renoncé[514] reste discutable, dans la mesure où un tel renoncement compromet les fonctions cosmiques du Christ et son pouvoir. Cet attribut, tout comme les autres attributs non moraux tels que l'omniprésence, l'omniscience et l'omnipotence sont importants pour préserver les fonctions cosmiques du Christ. Bien que la kénose implique « un dépouillement au moins partiel », selon Blocher, « [e]n même temps, il faut absolument maintenir les fonctions cosmiques du *Logos*, et sa résidence, tout au long, dans le sein du Père[515] », ou sauvegarder le principe de transcendance au cœur même du christologique que marque l'*extra calvinisticum*, selon les termes de Gisel[516]. La christologie kénotique de Kuyper, qui se passe de la souveraineté de Dieu,

---

512. BLOCHER, « Les appropriations trinitaires », pp. 41-42.
513. KUYPER, *WHS*, I, p. 100.
514. KUYPER, *Locus de Christo*, Pars Prima, p. 148. « Μορφῆ θεου is de Souvereiniteit; die legde Hij af en nam aan de onderdaansgestalte (μορφῆ δουλοῦ). »
515. BLOCHER, *La doctrine du Christ*, p. 178.
516. GISEL, *Le Christ de Calvin*, p. 110.

est une variante assez proche de celle des kénotistes, celle de G. Thomasius par exemple, qui sacrifie les attributs relatifs ou essentiels[517].

En suivant l'avis de Turretin, il est impossible, du point de vue de l'orthodoxie, de séparer les attributs de Dieu, définis comme des qualités ou propriétés, de l'essence divine elle-même[518]. À ce titre, la christologie kénotique de notre auteur est discutable, dans la mesure où elle sacrifit la souveraineté du Fils incarné qui implique le pouvoir ou la puissance de Dieu. La question est d'autant plus cruciale que la souveraineté de Dieu est mise en tension avec la puissance ou le pouvoir de Dieu. Turretin l'a fait savoir en disant que la souveraineté de Dieu devrait être liée au pouvoir de Dieu ; et il l'a définie comme le droit et l'autorité de faire ce qui lui revient[519]. Cette domination est essentielle, selon Turretin, parce qu'elle est commune à toute l'essence divine[520], et elle est économique parce qu'elle est exercée par Christ et lui appartient du point de vue de l'économie[521]. Si elle est essentielle, le Christ peut-il s'en passer dans l'économique sans conséquence pour l'union trinitaire ?

Le Christ, au regard de l'Écriture, a montré qu'il était souverain, et libre, par exemple, de donner sa vie de lui-même et de la reprendre aussi (Jn 10.18). Il peut faire vivre qui il veut (Jn 5.21). Ailleurs, le Christ ressuscité a déclaré que tout pouvoir lui a été donné dans le ciel et sur la terre (Mt 28.18). L'ensemble des textes cités confirment que le Christ n'a pas été moins souverain dans les jours de sa chair que dans son état de glorification. Il faut bien reconnaître et confesser avec l'Écriture que Christ est Dieu manifesté dans la chair (ἐφανερώθη ἐν σαρκί, 1 Tm 3.16). Une telle manifestation de Dieu par le Fils incarné implique sans doute la mise en œuvre des attributs divins.

---

517. Feenstra et Plantinga, *Trinity, Incarnation, and Atonement*, p. 130. « The attributes of omnipotence, omniscience, and omnipresence are relative, says Thomasius, because they are the external manifestation of immanent, or essential, divine attributes. The self-divesting of the Son of God in the Incarnation, then, involved his giving up these relative attributes. »

518. Turretin, *ET*, I, p. 188. « The orthodox teach that they are really the same with his essence, but are to be distinguished from it virtually and eminently. »

519. *Ibid.*, p. 250. « With the power of God [...] ought always to be connected his sovereignty from which the right and authority of doing what he does belongs to him. But sovereingnty arises from his dominion, concerning which this question is now taken up. »

520. *Ibid.*, p. 251.

521. *Ibid.*, p. 250.

Conclusion générale

L'entreprise théologique de relecture de la pensée de Kuyper, à laquelle nous nous sommes adonnés, est à son terme. Il s'est agi de relire le théologien hollandais sur sa conception du rapport du Fils incarné à l'Esprit en vue de le situer, si possible, dans la continuité de la tradition réformée évangélique que l'auteur lui-même défendait. Un tel travail, avec sa délicatesse due à l'abondance des écrits de l'auteur et à la nature du sujet lui-même, ne pouvait se faire sans difficulté. Il nous a fallu une approche de lecture, synchronique et diachronique, pour découvrir la pensée de l'auteur malgré la difficulté liée à la langue d'expression de l'auteur qu'est le hollandais.

Il était nécessaire d'avoir des repères théologiques comme instruments de mesure ou d'évaluation de la pensée de l'auteur. À cet effet, en plus de l'Écriture, la norme normative, des référents comme Calvin, Turretin, Owen et Bavinck ont servi à mettre en lumière, à évaluer, ou même à critiquer la pensée de l'auteur. Ils ne sont certes pas les seuls référents pour définir ou déterminer la ligne théologique de la tradition réformée. Mais nous les avons trouvés assez représentatifs de ladite tradition et de l'orthodoxie. C'est à ce titre qu'ils ont été pour nous, parmi tant d'autres théologiens, un cadre théologique référentiel pour lire notre auteur.

Après examen des questions majeures de notre recherche, dont la reprise en cette partie conclusive relève du superflu, grâce à nos référents, à l'exégèse des textes clés, et aussi avec l'apport des différents contextes, nous pouvons proposer un sens à la pensée de l'auteur. En effet, comme notre démarche le voulait, toute suggestion de sens de la pensée de l'auteur était prématurée sans la présentation, l'interprétation et l'évaluation des thèses majeures de Kuyper. Pour une telle démarche, il était difficile d'éviter des répétitions par endroits dans la mesure où l'intention était de présenter les mêmes thèses, de les interpréter avant de les évaluer pour enfin proposer des réponses comme résultats de l'enquête. Ces étapes ayant été franchies, il convient à présent dans la conclusion de formuler des réponses, assez explicites, aux différentes questions qui ont constitué notre problématique.

La première hypothèse, selon laquelle Kuyper ne s'était pas exprimé de la manière la plus rigoureuse et la plus transparente au sujet de l'union hypostatique, ne peut pas être confirmée. Au terme de notre enquête, nous affirmons plutôt que l'auteur rend compte de l'union hypostatique de façon orthodoxe en ayant recours aux concepts théologiques de l'anhypostasie et de l'enhypostasie. À cet effet, l'insistance de notre auteur sur la non-assomption d'une personne humaine par le Fils à l'incarnation ne visait rien d'autre que l'affirmation forte de l'anhypostasie pour rendre possible l'enhypostasie. La difficulté théologique de la distinction nature humaine et personne, perçue comme source de beaucoup d'erreurs par Bavinck[1], a été bien appréhendée par l'auteur, qui a su éviter d'hypostasier la nature humaine du Christ dans sa conception de l'union hypostatique. Le contraire aurait rendu impossible l'union hypostatique avec toutes les conséquences christologiques et sotériologiques. Kuyper a su tirer profit de cette thèse pour défendre l'impeccabilité du Christ, thèse défendue par l'orthodoxie biblique et réformée.

Le rapprochement entre Kuyper, Irving et Barth, noté chez Kapic[2] ainsi que chez Ramm[3], sur la question de l'assomption d'une nature humaine pécheresse par le Christ, ne peut pas être confirmé, car notre relecture de l'auteur a plutôt montré une thèse contraire. En voulant valoriser l'œuvre sanctificatrice de l'Esprit, notre auteur a décrit la corruption et la déchéance de la nature humaine du Christ. Un tel état de déchéance et de corruption vaut pour la nature humaine en général après le péché d'Adam. Mais « en Christ », si on peut se permettre l'expression ici, la nature humaine a été sanctifiée par l'Esprit. La nature humaine déchue en Adam est devenue une nouvelle créature en Christ, c'est-à-dire dans l'union hypostatique. On pourrait, pour prolonger la réflexion, trouver en cette idée de sanctification de la nature humaine du Christ le point de départ d'une réflexion sur la nouvelle créature de toute chose en Christ (2 Co 5.17) par la puissance du Saint-Esprit.

---

1. Bavinck, *RD*, III, p. 306.
2. Kapic, « The Son's Assumption of a Human Nature », p. 166.
3. Ramm, *An Evangelical Christology*, p. 80.

Kuyper, sur ce point très critique pour la sotériologie et la christologie, n'est donc pas irvingien. Du point de vue de la pneumatologie, notre auteur reste dans la ligne des réformateurs, en ayant vu l'Esprit comme la cause de la sanctification de la nature humaine du Christ pour que, dès sa conception, Christ soit sans péché[4]. À ce titre, l'expression « immaculée conception », sous la plume de l'auteur, garde tout son sens lorsqu'elle est appliquée au Christ. L'Écriture confirme fermement la sainteté originelle de Jésus, ou l'immaculée conception du Christ, en affirmant que cet enfant, Jésus, parce que conçu par la puissance du Saint-Esprit, sera « saint » (Lc 1.35). C'est cette sainteté de la nature humaine du Christ, consécutive à l'œuvre du Saint-Esprit, que Kuyper a mise en lumière conformément à l'Écriture.

Dans la christologie de Kuyper, reconnaissons-le, la pneumatologie est très marquée, parce que l'auteur a voulu mettre en lumière l'œuvre spécifique de l'Esprit. Cet accent sur la pneumatologie se comprend mieux si on saisit le but poursuivi par Kuyper. Ce but a été de mettre en lumière les œuvres appropriées à l'Esprit. Bien que sa formulation du rapport du Fils incarné à l'Esprit tende à le rapprocher fortement de la thèse de la dépendance spirituelle, il a su se démarquer de ladite thèse en affirmant, par exemple, que la résurrection du Christ a été le fruit de l'œuvre conjointe de l'Esprit et du Fils éternel. À ce titre, la dépendance du Fils incarné à l'Esprit n'est pas exclusive chez Kuyper, puisqu'il n'a pas exclu l'idée de l'implication du Fils éternel dans l'œuvre du Médiateur. Il a, en fait, une théologie trinitaire, suivant la tradition réformée, comme l'a relevé justement A. van Egmond[5]. Cette théologie trinitaire est bien attestée par l'auteur pour qui les *opera ad extra* sont bien indivises[6]. Si on a souvent fait remonter l'approche trinitaire à Augustin, Kuyper pourrait bien être situé dans la ligne augustinienne.

Sur le rapport de la christologie pneumatique à l'ecclésiologie, l'analyse de la thèse de l'Esprit donné au Corps a révélé une originalité de la pensée de Kuyper. Le don de l'Esprit au Corps est typique du régime de la nouvelle alliance ; et, sous ce régime, la participation des croyants à l'Esprit devient

---

4. Kapic, « The Son's Assumption of a Human nature », p. 162.
5. Egmond, « Kuyper's Dogmatic Theology », p. 87.
6. Kuyper, *WHS*, I, p. 16. « Even so in the holy, mysterious economy of the divine Being, every operation of the Father upon the Son and of both upon the Holy Spirit is distinct; but in every outgoing act it is always the one divine Being, the thoughts of whose heart are for all His creatures. »

plus communautaire qu'individuelle, dans la mesure où l'Esprit est l'Esprit du Corps. L'originalité de la pensée de Kuyper tient à l'idée de discontinuité de l'œuvre de l'Esprit dans la création de l'unité organique du Corps de Christ. En fait, l'unité organique des croyants, ceux de l'ancien régime et ceux du nouveau, n'a pas pu être une réalité avant la Pentecôte. L'Esprit étant celui du Corps, il ne pouvait pas être donné avant la constitution définitive du Corps à l'ascension. Il y a chez notre auteur une compréhension originale de l'idée du Corps constitué et animé par l'Esprit à partir de la Pentecôte.

En considérant les réponses explicites aux questions de recherche, Kuyper est un théologien calviniste qui a su donner un souffle nouveau au calvinisme dans son pays, tout en restant aussi fidèle à sa tradition réformée dans la formulation d'une christologie pneumatique. Dans la théologie de Kuyper, le rôle de l'Esprit apparaît clairement dans la création, dans l'incarnation et dans la glorification du Fils incarné avec principalement ses fonctions majeures d'animation, de revêtement spirituel et de constitution et d'animation de l'Église, Corps du Christ. Kuyper a, de ce fait, montré comment toute la créature vit en relation avec l'Esprit. Mettant aussi le Christ en relation avec l'Esprit, au même titre que toute créature, Kuyper n'a-t-il pas pris le risque de considérer uniquement l'humanité du Christ ? Si Christ, dans son rapport à l'Esprit, doit être un modèle pour les croyants, il n'y a pas de problème à faire ressortir le rôle de l'Esprit dans la vie et l'œuvre du Christ, pourvu qu'on ne rejette pas sa double nature.

Kuyper, intéressé surtout par ce que Blocher a appelé « la seconde vérité à confesser sur la personne de Jésus-Christ[7] », c'est-à-dire son humanité, a pu éviter cet écueil pour rester fidèle à l'orthodoxie chalcédonienne quant à la double nature du Christ. Toutefois nous pensons qu'un travail théologique doit être fait sur ce point pour élucider le statut du Christ en tant que créature dépendante du Saint-Esprit, sans tomber dans le piège christologique tel que l'arianisme ou toute autre hérésie christologique en oubliant de confesser la première vérité sur la personne du Christ, à savoir sa divinité[8].

Un autre sujet que ce travail a effleuré sans le traiter véritablement, étant donné qu'il n'était pas notre cible, est celui du rapport de la christologie pneumatique à la pneumatologie cosmique. Nous pensons qu'une contribution à ce

---

7. BLOCHER, *La doctrine du Christ*, p. 145.
8. *Ibid.*, p. 125. Blocher a écrit que « [s]a divinité est la première vérité de son être à confesser ».

niveau mettrait encore plus en lumière, dans un contexte plus large, le rapport du Christ à l'Esprit à l'aide de catégories pneumatologiques bien choisies. Bacote a reconnu que la pneumatologie cosmique de Kuyper est en général utile et elle se montrera indispensable quand les théologiens continueront à réfléchir sur la pneumatologie du futur[9]. Une telle affirmation confirme que le champ de prospection de la pensée de notre auteur offre encore des domaines et des thématiques à explorer pour faire avancer la pneumatologie. Le constat de Hans Boersma, selon lequel la pneumatologie de Kuyper n'a pas encore fait l'objet de recherches approfondies[10], vaut la peine d'être rappelé pour montrer que la christologie pneumatique de l'auteur mérite qu'on s'y penche.

On peut ne pas partager l'avis de Kuyper sur certains points, notamment sa conception trop rationnelle des œuvres plus grandes, conception guidée par ce qu'il a appelé *l'interprétation nouvelle* de la notion en cause (Jn 14.12) ; on peut trouver que sa conception du Corps du Christ est teintée de mysticisme. On peut même relever, chez l'auteur, une tension, à la limite de la contradiction, entre son idée du don de l'Esprit à l'individu médiatisé par le Corps et en même temps son rejet de toute forme de médiation. On peut encore le critiquer pour le fait que certaines formulations, notamment sa façon trop osée de décrire la nature humaine du Christ, éveille à juste titre des soupçons et suscite des malentendus. Mais, du reste, la pensée de Kuyper, on peut le dire sans hésiter, est recevable et reste d'actualité.

Sa conception du rapport du Christ à l'Esprit ouvre la voie à d'éventuelles recherches dans le domaine de la pneumatologie. Elle est d'actualité et ouverte à la recherche, parce que la pneumatologie, qui a été d'un intérêt particulier pour lui, est, de nos jours, le champ théologique le plus cultivé, et le rôle du Saint-Esprit de plus en plus débattu de nos jours avec la montée des mouvements pentecôtistes et charismatiques. Il est possible d'entrer en débat avec lesdits mouvements en prenant Kuyper comme une aide, comme nous l'avons fait pour contribuer aux débats en cours sur le rapport du Christ à l'Esprit. À ce titre, Kuyper pourrait constituer un référent important,

---

9. Bacote, *The Spirit in Public Theology*, p. 151. « While Kuyper was a late-nineteenth- to early-twentieth-century figure, his neo-Calvinism is in fact a catalyst for further theological development. While one may not find all of Kuyper's approach valuable, his cosmic pneumatology is generally useful and will prove indispensable as theologians continue to develop approaches to pneumatology for the future. »
10. Boersma, « Blessing and Glory », p. 207.

puisqu'il a milité, un tant soit peu, dans les mouvements de réveil des XVIIIe et XIXe siècles qui ont ouvert la voie aux mouvements pentecôtistes et charismatiques d'aujourd'hui. Un dialogue fructueux entre Kuyper et les mouvements pentecôtistes et charismatiques actuels pourrait naître et faire connaître encore plus notre auteur et contribuer également aux débats christologiques.

Nous n'avons fait que contribuer de façon modeste, par notre travail, à faire connaître une petite partie de la riche pensée de Kuyper au monde francophone, où Kuyper est moins connu, comparativement au monde américain ou anglo-saxon. Nous avons proposé des réponses explicites aux questions qui nous ont préoccupé dans la relecture de Kuyper. Nous espérons vivement que d'autres travaux suivront et feront de ce siècle, pour le monde francophone en particulier, celui de Kuyper, comme l'a affirmé Steve Bishop[11]. À cet effet, des travaux de recherche sur la pensée de l'auteur et la traduction en langue française de l'abondante œuvre de Kuyper, chemin inévitable pour la connaissance de la pensée de l'auteur, sont à encourager. Cela permettrait une plus grande connaissance de la théologie du néo-calviniste hollandais. Ce serait sans doute des travaux complémentaires très utiles à notre travail, qui n'a pas la prétention d'avoir tout dit sur le dire de Kuyper, et de l'avoir bien dit.

---

11. Steve BISHOP, « On Kuyper. An Introduction », p. 2.

Bibliographie

1. Dictionnaires

BOGAARDS Paul, *Néerlandais-français et français-néerlandais*, Paris, Le Robert et Van Dale, 2007.

BROWN Colin, sous dir., *New International Dictionary of New Testament Theology*, 3 vols., Grand Rapids, Zondervan, 1975.

CARREZ M., MOREL F., *Dictionnaire grec-français du Nouveau Testament*, Genève, Labor et Fides, 1995.

ELWELL Walter A., sous dir., *Evangelical Dictionary of Theology*, Grand Rapids, Baker Book House, 1984.

PHILIPPE Reymond, *Dictionnaire d'Hébreu et d'Araméen Bibliques*, Paris, Cerf, 1991.

2. Écrits d'Abraham Kuyper

a. Écrits en hollandais

KUIJPER Abraham, *De Menschwording Gods het Levensbeginsel der Kerk. Intreerede Uitgesproken in de Domekerk te Utrecht den 10en November 1867*, Utrecht, J. H van Peursem, 1867.

KUIJPER Abraham, *De Vleeschwording Des Woords*, Amsterdam, Wormser, 1887.

KUIJPER Abraham, *Het Werk van Den Heiligen Geest*, 3 vols., Amsterdam, Wormser, 1888.

KUIJPER Abraham, *Nabij God te zijn*, Kampen, Kok, 1908.

KUYPER, Abraham, *Souvereiniteit in Eigen Kring. Rede Ter Inwijding van de Vrije Universiteit, Den 20sten October 1880 Gehouden, in Het Koor Der Nieuwe Kerk Te Amsterdam*, Amsterdam, J. H. Kruyt, 1880.

KUIJPER Abraham, *Encyclopedie der Heilige Godgeleerdheid*, 3 vols., Amsterdam, Wormser, 1894.

Kuijper Abraham, *De Gemeene Gratie*, 3 vols., Leiden, D. Donner, 1902-1904.
Kuijper Abraham, *E Voto Dordraceno. Toelichting Op Den Heidelbergschen Catechismus*, 4 vols., Amsterdam, Wormser, 1893, 1904.
Kuijper Abraham, *Dictaten Dogmatiek*, 5 vols., Kampen, Kok, 1910.
Kuijper Abraham, *Pro Rege. Het Koningschap van Christus*, 3 vols., Kampen, Kok, 1912.
Kuijper Abraham, *Van de Voleinding*, 4 vols., Kampen, Kok, 1929.

b. Écrits traduits en anglais

Kuyper Abraham, *Encyclopedia of Sacred Theology. Its Principles*, sous dir. J. Hendrik de Vries, New York, Charles Scribners Sons, 1898.
Kuyper Abraham, *The Work of the Holy Spirit*, 3 vols., New York, Funk & Wagnalls Company, 1900.
Kuyper Abraham, *To Be Near Unto God*, Grand Rapids, Eerdmans, 1918.
Kuyper Abraham, *Lectures on Calvinism*, Lafayette, Sovereign Grace Publishers, 2001.
Kuyper Abraham, *Rooted & Grounded. The Church as Organism and Institution*, Grand Rapids, Christian's Library Press, 2013.
Kuyper Abraham, *The Ascent of the Son-The Descent of the Spirit. 26 Meditations on Ascension and Pentecost*, Grand Rapids, Christian Classics Ethereal Library, 2014.
Kuyper Abraham, *On the Church*, Bellingham, Lexham Press, 2016.
Kuyper Abraham, *Pro Rege. Living Under Christ's Kingship*, 3 vols., sous dir. John Kok et Nelson D. Kloosterman, Bellingham, Lexham Press, 2016, 2017.
Kuyper Abraham, *Common Grace. God's Gifts for a Fallen World*, 3 vols., sous dir. Jordan Ballor et Stephen Grabill, Lexham Press, Bellingham, 2016.

3. Commentaires et monographies
a. Commentaires bibliques et exégétiques

Barth Karl, *L'Épître aux Romains*, trad. par Pierre Jundt, Genève, Labor et Fides, 1967.
Bénétreau Samuel, *L'Épître aux Hébreux, Tome II, Commentaires Évangéliques de La Bible (C.E.B.)*, Vaux-sur-Seine, Édifac, 1989.
Bénétreau Samuel, *L'Épître de Paul aux Romains, Tome I, C.E.B.*, Vaux-sur-Seine, Édifac, 1996.
Calvin Jean, *Commentaires Bibliques, vol. 6, Épîtres aux Galates, Éphésiens, Philippiens et Colossiens*, Aix-en-Provence, Kerygma, 1978.
Calvin Jean, *Commentaires Bibliques, tome 2, Évangile de Jean*, Aix-en-Provence, Kerygma, 1978.

CALVIN Jean, *Commentaires Bibliques, tome 4, Épître aux Romains*, Aix-en-Provence, Kerygma, 1978.
CALVIN Jean, *Commentaires Bibliques, tome 8, vol. 1, Épître aux Hébreux*, Aix-en-Provence, Kerygma, 1990.
CALVIN Jean, *Commentaires Bibliques, tome 5, vol. 1, Première Épître aux Corinthiens*, Aix-en-Provence, Kerygma, 1996.
CALVIN Jean, *Commentaires Bibliques, tome 5, vol. 2, Deuxième Épître aux Corinthiens*, Aix-en-Provence, Kerygma, 2000.
CARSON D. A., *Évangile selon Jean*, traduit de l'anglais par Antoine Doriath et Christophe Paya, Charols, Excelsis, 2011.
DUNN James D. G., HUBBARD David A., sous dir., *Romans 1-8, vol. 38, Word Biblical Commentary (WBC)*, Waco, Word Books, 1988.
FITZMYER Joseph A., sous dir., *Romans. A New Translation with Introduction and Commentary*, The Anchor Bible, vol. 33, New York, Doubleday, 1993.
HAWTHORNE Gerald F., HUBBARD David A., sous dir., *Philippians, WBC*, Waco, Word Books, 1983.
KOESTER Craig R., sous dir., *Hebrews. A New Translation with Introduction and Commentary*, The Anchor Bible, vol. 36, New York, Doubleday, 2001.
LEGASSE Simon, *L'Épître de Paul aux Romains*, Paris, Cerf, 2002.
O'BRIEN Peter Thomas, *The Epistle to the Philippians. A Commentary on the Greek Text, The New International Greek Testament Commentary*, Grand Rapids, Eerdmans, 1991.
TANNEHILL Robert C., *Luke, Abingdon New Testament Commentaries (ANTC)*, Nashville, Abingdon Press, 1996.
ZUMSTEIN Jean, *L'Évangile selon Saint Jean (13-21), Commentaire du Nouveau Testament, IVb*, Genève, Labor et Fides, 2007.

b. Monographies

BACOTE Vincent, *The Spirit in Public Theology. Appropriating the Legacy of Abraham Kuyper*, Eugene, Wipf & Stock, 2010.
BARTH Karl, *Dogmatique. 1ᵉʳ vol., La Doctrine de la Parole de Dieu. Prolégomènes à la Dogmatique, tome deuxième*, Genève, Labor et Fides, 1954.
BARTH Karl, *Dogmatique. 4ᵉ vol, La doctrine de la réconciliation, tome troisième*, Genève, Labor et Fides, 1974.
BAVINCK Herman, *Reformed Dogmatics*, 4 vols., Grand Rapids, Baker Academic, 2003.
BEACH Mark J., *Christ and the Covenant. Francis Turretin's Federal Theology as a Defense of the Doctrine of Grace*, Göttingen, Vandenhoeck & Ruprecht, 2015.
BENNETT Malcolm David, *Edward Irving Reconsidered. The Man, His Controversies and the Pentecostal Movment*, Eugene, Wipf and Stock, 2014.
BERKHOF L., *Systematic Theology*, Grand Rapids, Eerdmans, 1939.

BERKOUWER C. G., *The Person of Christ. Studies in Dogmatics*, Grand Rapids, Eerdmans, 1954.
BISHOP Steve, KOK H. John, sous dir., *On Kuyper. A Collection of Readings on the Life, Work & Legacy of Abraham Kuyper*, Sioux, Dordt College Press, 2013.
BLOCHER Henri, *La doctrine du péché et de la rédemption*, coll. Didaskalia, Vaux-sur-Seine, Édifac, 2000.
BLOCHER Henri, *La doctrine du Christ*, coll. Didaskalia, Vaux-sur-Seine, Édifac, 2002.
BLOCHER Henri, *Original Sin. Illuminating the Riddle, New Studies in Biblical Theology*, vol. 5, Downers Grove, InterVarsity Press, 2004.
BLOCHER Henri, *La Bible au microscope. Exégèse et théologie biblique*, vol. 1, Vaux-sur-Seine, Édifac, 2006.
BOLT John, *A Free Church, A Holy Nation. Abraham Kuyper's America Public Theology*, Grand Rapids, Eerdmans, 2001.
BOSCH-HEIJ Deborah (van den), *Spirit and Healing in Africa. A Reformed Pneumatological Perspective*, Bloemfontein, Bloemfontein University, 2012.
BRATT James D., *Abraham Kuyper. A Centennial Reader*, Grand Rapids, Eerdmans, 1998.
BRATT James D., *Abraham Kuyper. Modern Calvinist, Christian Democrat*, Grand Rapids, Eerdmans, 2013.
BRUIJN J. (de), *Abraham Kuyper. A Pictorial Biography*, Grand Rapids, Eerdmans, 2014.
CALVIN Jean, *Institution Chrétienne*, 4 vols., Aix-en-Provence, Kerygma, 1978.
CONGAR Yves, *La parole et le souffle*, Paris, Cerf, 1984.
CONRADIE Ernst M., *Creation and Salvation. Dialogue on Abraham Kuyper's Legacy for Contemporary Ecotheology*, Leiden, Brill, 2011.
DUNN James, *The Christ and the Spirit*, vol. 2, *Pneumatology*, Édimbourg, T&T Clark, 1998.
DUNN James, *Baptism in the Holy Spirit. A Re-examination of the New Testament Teaching on the Gift of the Spirit in Relation to Pentecostalism today*, Londres, SCM Press, 2010.
Dorries David W., *Edward Irving's Incarnational Christology*, Fairfax, Xulon Press, 2002.
EERDMANS Bernardus Dirk, *De Theologie van Dr. A. Kuyper*, Leiden, van Doesburgh, 1909.
EGLINTON Perman James, *Trinity and Organism. Towards a New Reading of Herman Bavinck's Organism Motif*, Londres, T&T Clark, 2012.
ERICKSON Millard, *Christian Theology*, Grand Rapids, Baker, 1994.
ESCALANTE Peter, LITTLEJOHN W. Bradford, sous dir., *For the Healing of the Nations. Essays on Creation, Redemption, and Neo-Calvinism. Proceeding of the 2nd Annual Convivium Irenicum*, San Francisco, Young Museum, 2014.

FEENSTRA Ronald Jay, PLANTINGA Cornelius, sous dir., *Trinity, Incarnation, and Atonement. Philosophical and Theological Essays*, Notre Dame, University of Notre Dame Press, 1989.

FERNHOUT Harry, *Man, Faith and Religion in Bavinck, Kuyper and Dooyeweerd*, Toronto, The Association for the Advancement of Christian Scholarship, 1977.

FORSTER Thomas R., *Eduard Böhl's (1836-1903) Concept for a Re-Emergence of Reformation Thought*, New York, Peter Lang, 2009.

GAFFIN Richard B., *God's Word in Servant Form. Abraham Kuyper and Herman Bavinck on the Doctrine of Scripture*, Jackson, Reformed Academic Press, 2008.

GISEL Pierre, *Le Christ de Calvin*, coll. Jésus et Jésus-Christ, vol. 44, Paris, Desclée, 2009.

GORDON Strachan, *The Pentecostal Theology of Edward Irving*, Peabody, Hendrickson Publishers, 1988.

GRÉGOIRE de Nazianze, *Lettres Théologiques, 101, 32*, Introduction, texte critique, traduction par Paul Gallay, Paris, Cerf, 1998.

GRUDEM Wayne, *Théologie Systématique. Introduction à la doctrine biblique*, coll. OR, Charols, Excelsis, 2010.

GUE Xavier, *La christologie de Wolfhart Pannenberg. De la modernité à la postmodernité*, coll. Études de théologie et éthique, vol. 9, sous dir. Denis Muller, Zurich, LitVerlag, 2016.

GUNTON Colin E., *Theology Through the Theologian. Selected Essays 1972-1995*, Edinburgh, T&T Clark, 1996.

HARRISON Randall, *Bouleversé par l'Esprit. Une étude biblique sur la découverte de l'Esprit*, Abidjan, Les Presses de la FATEAC, 2016.

HAWTHORNE Gerald F., *The Presence and the Power. The Significance of the Holy Spirit in the Life and Ministry of Jesus Christ*, Eugene, Wipf and Stock, 1991.

HESLAM Peter S., *Creating a Christian Worldview. Abraham Kuyper's "Lectures on Calvinism"*, Grand Rapids, Eerdmans, 1998.

HUGO Luis E., sous dir., *Religion, Pluralism and Public Life. Abraham Kuyper's Legacy for the Twenty-first Century*, Grand Rapids, Eerdmans, 2000.

IRVING Edward, *The Collected Writings of Edward Irving in Five Volume*, sous dir. Alexander Strachan, Londres, Carlyle, 1865.

ISSLER Klaus, *Living into the Life of Jesus. The Formation of Christian Character*, Downers Grove, InterVarsity Press, 2012.

KARLBERG W. Mark, *Covenant Theology in Reformed Perspective*, Eugene, Wipf and Stock, 2000.

KANTZER Kenneth S., HENRY Carl F. H., sous dir., *Evangelical Affirmations*, Grand Rapids, Zondervan Publishing House, 1990.

KAPIC Kelly M., sous dir., *Sanctification. Explorations in Theology and Practice*, Downers Grove, InterVarsity Press, 2014.

KOBES Wayne A., *Spheres of Sovereingty and the University. Theological Foundations of Abraham Kuyper's View of the University and Its Role in Society*, Florida, Florida University, 1993.

KOOI Cornelis (van der), BRUIJN J. (de), sous dir., *Kuyper reconsidered. Aspects of his Life and Work*, Amsterdam, VU Uitgeverij, 1999.

KUIPERS Tjitze, sous dir., *Abraham Kuyper. An Annotated Bibliography 1857-2010*, Leiden, Brill, 2011.

LANGLEY McKendree R., « Emancipation and Apologetics. The Formation of Abraham Kuyper's Anti-Revolutionary Party in the Netherlands, 1872-1880 », Westminster Theological Seminary, Philadelphie, 1995.

LARSEN Timothy, TREIER Daniel J., sous dir., *The Cambridge Companion to Evangelical Theology*, Cambridge, Cambidge University Press, 2007.

LEE Byung Sun, « *Christ's Sinful Flesh* ». *Edward Irving's Christological Theology within the Context of his Life and Times*, Newcastle, Cambridge Scholars, 2013.

MACLEOD Donald, *La personne du Christ*, traduit de l'anglais par C. Paya, coll. Théologie, Charols, Excelsis 2009.

MCFARLANE Graham, *Christ and the Spirit. The Doctrine of the Incarnation According to Edward Irving*, Cumbria, Paternoster Press, 1996.

MCGOLDRICK James Edward, *God's Renaissance Man. The Life and Work of Abraham Kuyper*, Auburn, Evangelical Press, 2000.

MILNER Charles Benjamin, *Calvin's Doctrine of the Church*, Leiden, Brill, 1970.

MOLTMANN Jürgen, *L'Esprit qui donne la vie. Une pneumatologie intégrale ; suivi de mon intinéraire théologique*, Paris, Cerf, 1999.

NIESEL Wilhelm, *The Theology of Calvin*, Philadelphia, The Westminster Press, 1956.

NISUS Alain, *L'Église comme communion et comme institution. Une lecture de l'ecclésiologie du Cardinal Congar à partir de la tradition des églises de professants*, coll. Cogitatio Fidei n°282, Paris, Cerf, 2012.

OWEN John, *Pneumatologia,* Grand Rapids, Christian Classics Ethereal Library, 2010.

POTTERIE Ignace (de la), *La vérité dans Saint Jean, tome I, Le Christ et la vérité, L'Esprit et la vérité*, Analecta Biblia, vol. 73, Roma, Editrice Pontificio Istituto Biblico (E.P.I.B), 1999.

RAMM Bernard, *An Evangelical Christology. Ecumenic and Historic*, Vancouver, Regent College Publishing, 1993.

ROMEROWSKI Sylvain, *L'œuvre du Saint-Esprit dans l'histoire du Salut*, coll. Théologie biblique, Charols, Excelsis, 2005.

SAINT AUGUSTIN, *De la trinité*, texte établi par Raulx, L. Guérin & Cie, 1868.

SCHÜMMER Léopold, *L'Ecclésiologie de Calvin à la lumière de l'Ecclesia Mater. Son apport aux recherches ecclésiologiques tendant à exprimer l'unité en voie de manifestation*, Bern, P. Lang, 1981.

SELDERHUIS Herman J., sous dir., *The Calvin Handbook*, traduit par Henry J. Baron et Judith J. Guder, Grand Rapids, Eerdmans, 2009.

SIMPSON Albert Benjamin, *The Holy Spirit. Power from on High*, sous dir. Keith M. Bailley, Camp Hill, Christian Publications, 1994.

SPICQ Celas, *L'Épître aux Hébreux*, Paris, Librairie Lecoffre, 1977.

STOTT John R. W., *Du baptême à la plénitude. L'œuvre du Saint-Esprit en notre temps*, Monnetier-Mornex, Éditions Emmanuel, 1975.

SUH Won Chul, *The Creation-Mediatorship of Jesus Christ. A Study in the Relation of the Incarnation and the Creation*, Amsterdam, Rodopi, 1982.

TORRANCE Thomas, *Incarnation. The Person and Life of Christ*, Downers Grove, InterVarsity Press, 2008.

TURRETIN François, *Institutes of Elenctic Theology*, 3 vols., Phillipsburg, P&R Publishing, 1992, 1997.

TWELFTREE Graham H., *Jesus the Miracles Worker. A Historical & Theological Study*, Downers Grove, InterVarsity Press, 1999.

VANHOOZER Kevin J., sous dir., *The Trinity in a Pluralistic Age. Theological Essays on Culture and Religion*, Grand Rapids, Eerdmans, 1997.

VELEMA W. H, *De Leer van de Heilige Geest bj Abraham Kuyper*, Gravenhage, Keulen, 1957.

VREE Jasperet ZWAN, Johan, *Abraham Kuyper's Commentatio (1860). The Young Kuyper about Calvin, a Lasco, and the Church*, Leiden, Brill, 2005.

WARFIELD B. Benjamin, *The Person and Work of Christ*, Philadelphie, Presbyterian and Reformed, 1950.

WARFIELD B. Benjamin, *Calvinism and Augustine*, sous dir. S. G. Craig, Philadelphie, Presbyterian and Reformed, 1956.

WARFIELD B. Benjamin, *Perfectionism*, vol. vii, Grand Rapids, Baker Book House, 1932.

WEINANDY Thomas G, *In the Likeness of Sinful Flesh. An Essay on the Humanity of Christ*, Londres, T&T Clark, 2006.

WENDEL François, *Calvin. Sources et évolution de sa pensée religieuse*, Paris, Presses Universitaires de France, 1950.

WILLIS David E., *Calvin's Catholic Theology. The Function of the So-Called Extra Calvinisticum in Calvin's Theology*, Leiden, Brill, 1966.

4. Articles et revues

ANDERSON Clifford Blake, « A Canopy of Grace. Common and Particular Grace in Abraham Kuyper's Theology of Science », *The Princeton Seminary Bulletin*, 24, 1/2003, pp. 122-140.

BACOTE Vincent, « Abraham Kuyper's Rhetorical Public Theology with Implications for Faith and Learning », dans *On Kuyper. A Collection* of *Readings on the Life, Work and Legacy of Abraham Kuyper*, sous dir. Steve Bishop et John H. Kok, Dordt, Dordt College Press, 2013, pp. 205-220.

Beach Mark J, « Abraham Kuyper, Herman Bavinck, and The Conclusions of Utrecht 1905 », *Mid-America Journal of Theology (MJT)*, 19/2008, pp. 11-68.

Beek A. (van de), « The Spirit of the Body of Christ. The Holy Spirit's Indwelling in the Church », *Acta Theologica*, 1/2013, pp. 252-265.

Bénétreau Samuel, « La mort du Christ selon l'Épître aux Hébreux », *Hokhma*, 39/1989, pp. 25-47.

Bishop Steve, « On Kuyper. An Introduction », dans *On Kuyper. A Collection of Readings on the Life, Work and Legacy of Abraham Kuyper*, sous dir. Steve Bishop et John H. Kok, Dordt, Dordt College Press, 2013, pp. 1-5.

Bishop Steve, « A Bibliography of Works On/About Abraham Kuyper », dans *On Kuyper. A Collection of Readings on the Life, Work and Legacy of Abraham Kuyper*, sous dir. Steve Bishop et John H. Kok, Dordt, Dordt College Press, 2013, pp. 453-471.

Blocher Henri, « Immanence and Transcendence in Trinitarian Theology », dans *The Trinity in a Pluralistic Age. Theological Essays on Culture and Religion*, sous dir. Kevin J. Vanhoozer, Grand Rapids, Eerdmans, 1997, pp. 104-123.

Blocher Henri, « La trinité, une communauté an-archique », *ThEv*, vol. 1, 2/2002, pp. 3-20.

Blocher Henri, « Les appropriations trinitaires », *Hokhma*, 104/2013, pp. 41-55.

Blocher Henri, « Luther et Calvin en christologie », *Positions Luthériennes*, vol. 56, 1/2008, pp. 55-85.

Blocher Henri, « Old Covenant, New Covenant », dans *Always Reforming. Explorations in Systematic Theology*, sous dir. Andrew T. B. MacGowan, Leicester, Apollos, 2006, pp. 240-270.

Boersma Hans, « Blessing and Glory. Abraham Kuyper on the Beatific Vision », *Calvin Theological Journal*, 52/2 (2017), pp. 205-241.

Bratt James, « Abraham Kuyper. Puritain, Victorian, Modern », dans *Kuyper Reconsidered. Aspects of his Life and Work*, sous dir. Cornelis van der Kooi et Jan de Bruijn, Amsterdam, VU Uitgervije, 1999, pp. 53-68.

Bratt James, « Abraham Kuyper. A Compact Introduction », dans *For the Healing of the Nations. Essays on Creation, Redemption, and Neo-Calvinism. Proceeding of the 2nd Annual Convivium Irenicum*, sous dir. Peter Escalante et Bradford W. Littlejohn, San Francisco, Young Museum, 2014, pp. 1-20.

Braumann G., « Μορφή, Σχῆμα », dans *New Internatonal Dictionary of New Testament Theology*, sous dir. Colin Brown, vol. 1, Grand Rapids, Zondervan, 1975, pp. 705-710.

Brautigam Michael, « The Christian as homo politicus. Abraham Kuyper and Democratic Imbalance in Post-Democratic Times », dans *The Kuyper Center*

Review. New Essays in Reformed Theology and Public Life, vol. 4 Calvinism and Democracy, sous dir. John Bowlin, Grand Rapids, Eerdmans, 2014, pp. 67-85.

BRUIJN Jan (de), « Abraham Kuyper as a Romantic », dans Kuyper Reconsidered. Aspects of his Life and Work, sous dir. Cornelis van der Kooi et Jan de Bruijn, Amsterdam, VU Uitgeverij 1999, pp. 42-52.

BUCHHOLD Jacques, « De plus grandes œuvres que celles de Jésus ! », ThEv, vol. 4, 3/2005, pp. 3-22.

BUCHHOLD Jacques, « Jésus ou l'énigme du Fils de l'homme », ThEv, vol. 1, 2/2006, pp. 21-46.

CAMERON Nigel M. de S., « Incarnation and Inscripturation. The Christological Analogy in the Light of Recent Discussion », The Scottish Bulletin of Evangelical Theology, vol. 3, 2/1985, pp. 35-46.

CLIVE Pearson, « Constructing a Public Theology of Common Grace. From Constantine to Abraham Kuyper », St Mark's Review, vol. 225, 2013, pp. 58-69.

COURTHIAL Pierre, « Le mouvement réformé de reconstruction chrétienne », Hokhma, 14/1980, pp. 44-70.

CROSS Terry L., « The Holy Spirit », dans The Cambridge Companion to Evangelical Theology, sous dir. Timoty Larsenet Daniel J. Treier, Cambridge, Cambidge University Press, 2007, pp. 93-108.

DAVIDSON Ivor J., « Gospel Holiness. Some Dogmatic Reflections », dans Sanctification. Explorations in Theology and Practice, Downers Grove, InterVarsity Press, 2014, pp. 189-211.

DYKE Harry (van), « Abraham Kuyper. Heir of an Anti-revolutionary Tradition », dans On Kuyper. A Collection of Readings on the Life, Work and Legacy of Abraham Kuyper, sous dir. Steve Bishop et John H. Kok, Dordt, Dordt College Press, 2013, pp. 7-26.

EGMOND A. (van), « Kuyper's Dogmatic Theology », dans Kuyper Reconsidered. Aspects of his Life and Work, sous dir. Cornelis van der Kooi et Jan de Bruijn, Amsterdam, VU Uitgeverije, 1999, pp. 85-94.

ERICSON Edward E., « Abraham Kuyper. Cultural Critic », dans On Kuyper. A Collection of Readings on the Life, Work and Legacy of Abraham Kuyper, sous dir. Steve Bishop et John H. Kok, Dordt, Dordt College Press, 2013, pp. 179-192.

FABER J., « Incarnation of the Word », traduit par R. Koat, première publication en hollandais : « Kuyper over de Vlesswording des Words », The Canadian Reformed Magazine, 1970, pp. 5-9.

GOUSMETT Chris, « Abraham Kuyper on Creation and Miracle », dans On Kuyper. A Collection of Readings on the Life, Work and Legacy of Abraham Kuyper, sous dir. Steve Bishop et John H. Kok, Dordt, Dordt College Press, 2013, pp. 115-124.

HAMILTON James M. Jr, « Old Covenant Believers and the Indwelling Spirit. A Survey of the Spectrum of Opinion », *TrinJ*, 24/2003, pp. 35-54.

HARINCK George, « Being Public. On Abraham Kuyper and His Publications », dans *Abraham Kuyper. An Annotated Bibliography 1857-2010*, sous dir. Tjitze Kuipers, pp. vii-xxii.

HENDERSON R. D., « How Abraham Kuyper Became a Kuyperian », dans *On Kuyper. A Collection of Readings on the Life, Work and Legacy of Abraham Kuyper*, sous dir. Steve Bishop et John H. Kok, Dordt, Dordt College Press, 2013, pp. 39-52.

HENRY Carl F. H, « Who Are The Evangelicals? », dans *Evangelical Affirmations*, sous dir. Kenneth S. Kantzer et Carl F H. Henry, Grand Rapids, Zondervan Publishing House, 1990, pp. 69-94.

HESLAM Peter S., « Prophet of a Third Way. The Shape of Kuyper's Sociopolitical Vision », *Journal of Markets & Morality*, vol. 5, 1/2002, pp. 11-33.

INAGAKI Hisakazu, « Comparative Study of Kuyperian Palingenesis. The Transcendent and Human Ego in Japanese Thought », dans *Kuyper Reconsidered. Aspects of his Life and Work*, Amsterdam, sous dir. Cornelis van der Kooi et Jan de Bruijn, VU Uitgeverije, 1999, pp. 166-176.

JOHNSON Keith, « The Work of the Holy Spirit in the Ministry of Jesus Christ. A Trinitarian Perspective », *TrinJ*, 38/2017, pp. 147-67.

JOHNSON Keith, « Trinitarian Agency and the Eternal Subordination of the Son. An Augustinian Perspective », *Themelios* 36, 1/2011, pp. 7-25.

KALTWASSER Cambria Janae, « Assessing the Christological Foundation of Kuyper's Doctrine of Common Grace », dans *The Kuyper Center Review, vol. 2, Revelation and Common Grace*, sous dir. John Bowlin, Grand Rapids, Eerdmans, 2011, pp. 200-220.

KAPIC Kelly, « The Son's Assumption of a Human Nature. A Call for Clarity », *International Journal of Systematic Theology* 3, 2/2001, pp. 154-66.

KEULEN Dirk (van), « The Internal Tension in Kuyper's Doctrine of Organic Inspiration of Scripture », dans *Kuyper Reconsidered. Aspects of his Life and Work*, sous dir. Cornelis van der Kooi et Jan de Bruijn, Amsterdam, VU Uitgeverije, 1999, pp. 123-130.

KUYPER Catherine M. E., « Abraham Kuyper. His Early Life and Conversion », dans *On Kuyper. A Collection of Readings on the Life, Work and Legacy of Abraham Kuyper*, sous dir. Steve Bishop et John H. Kok, Dordt, Dordt College Press, 2013, pp. 27-32.

LANGLEY McKendree R., « The Political Spirituality of Abraham Kuyper », dans *On Kuyper. A Collection of Readings on the Life, Work and Legacy of Abraham Kuyper*, sous dir. Steve Bishop et John H. Kok, Dordt, Dordt College Press, 2013, pp. 65-74.

MacLeod Donald, « The Doctrine of the Incarnation in Scottish Theology. Edward Irving », *Scottish Bulletin of Evangelical Theology* 9, 1/1991, pp. 44-50.

MacLeod Donald, « Covenant Theology. An Oppressive Legalism? », *Banner of Truth*, 125/1974, pp. 21-28.

McConnel Timothy I., « Kuyper and Sphere of Sovereignty », dans *On Kuyper. A Collection of Readings on the Life, Work and Legacy of Abraham Kuyper*, sous dir. Steve Bishop et John H. Kok, Dordt, Dordt College Press, 2013, pp. 303-316.

McGoldrick James Edward, « Every Inch for Christ », dans *On Kuyper. A Collection of Readings on the Life, Work and Legacy of Abraham Kuyper*, sous dir. Steve Bishop et John H. Kok, Dordt, Dordt College Press, 2013, pp. 75-80.

Palmer Timothy P., « The Two-Kingdom Doctrine. A Comparative Study of Martin Luther and Abraham Kuyper », *Pro Rege*, vol. xxxvii, n°3, sous dir. Mary Dengler, Iowa, Sioux Center, 2009, pp. 13-25.

Romein Jan, « Abraham Kuyper, 1837-1920. De klokkenist der kleine luyden », dans *Erflaters van onze beschaving*, sous dir. Jan et Annie Romein, Amsterdam, Querido's, 1971, pp. 747-770.

RK Bernard, « Etiam Extra Ecclesiam. L'action de l'Esprit selon Saint Calvin », *ETR* 3, 84/2009, pp. 345-357.

Skillen J. W., « Why Kuyper Now? », dans *Religion, Pluralism and Public Life. Abraham Kuyper's Legacy for the Twenty-first Century*, sous dir. Luis E. Hugo, Grand Rapids, Eerdmans, 2000, pp. 47-68.

Smit Kobus, « Horse Cheese Has Never Been made – On the Anthropology of Kuyper », dans *Kuyper Reconsidered. Aspects of his Life and Work*, sous dir. Cornelis van der Kooi et Jan de Bruijn, Amsterdam, VU Uitgeverije, 1999, pp. 131-144.

Strange Daniel, « Rooted and Grounded? The Legitimacy of Abraham Kuyper's Distinction Between Church as Institute and Church as Organism, and Its Usefulness in Constructing an Evangelical Public Theology », *Themelios*, vol. 40, 3/2015, pp. 429-444.

Turner Max, « Jésus et l'Esprit d'après Luc », *Hokhma*, 26/1984, pp. 19-46.

Velema W. H., « Abraham Kuyper Als Theoloog. Een Persoonlijke Evaluatie Na Dertig Jaar », *Die Skriflig*, 23 (3), (1989), pp. 56-73.

Vlach Michael J., « New Covenant Theology Compared with Covenantalism », *The Master's Seminary Journal (TMSJ)* vol. 18, 1/2007, pp. 201-219.

Wagenman Michael R., « Abraham Kuyper and the Church. From Calvin to the Neo-Calvinists », dans *On Kuyper. A Collection of Readings on the Life, Work and Legacy of Abraham Kuyper*, sous dir. Steve Bishop et John H. Kok, Dordt, Dordt College Press, 2013, pp. 125-139.

Waterink Jan, « Dr Kuyper als volksleider », *Antirevolutionaire Staatkunde (ARS)*, 1937, pp. 434-450.

Wood John Hasley, « Abraham Kuyper and the Challenge of the Church », dans *Rooted and Grounded. The Church as organism and Institution*, sous dir. Abraham Kuyper, Grand Rapids, Christian's Library Press, 2013, pp. xiii-xxi.

Wolterstorff Nicholas, « Abraham's Kuyper's Model of a Democratic Polity for Societies with a Religiously Diverse Citizenry », dans *Kuyper Reconsidered. Aspects of his Life and Work*, sous dir. Cornelis van der Kooi et Jan de Bruijn, Amsterdam, VU Uitgeverije, 1999, pp. 190-205.

Zwaanstra Henry, « Abraham Kuyper's Conception of the Church », *Calvin Theological Journal*, vol. 9, 2/1974, pp. 149-81.

5. Textes à caractère confessionnel

Le Catéchisme de Heidelberg (1563).
La Confession de la Foi belge (Confessio Belgica 1566).
Les Canons de Dordrecht (1566 et 1619).
Le Manifeste de Manille du 20 juillet 1989.
L'engagement du Cap du 25 janvier 2011.

6. Sources électroniques

http://donaldmacleod.org.uk/dm/covenant-theology.
http://www.worldcat.org.
http://www.allofliferedeemed.co.uk.

Table des matières

Remerciements vii
Sigles et abréviations ix
Introduction générale 1
   Justification, limites du sujet et méthodologie de travail
     I. Justification et limites du sujet 1
        1. Justification du sujet 1
        2. Les limites du sujet 4
     II. État de la question et questions à élucider par la recherche 5
        1. État de la question 5
        2. Les questions à élucider par la recherche 7
     III. Méthodologie de travail 9
        1. La diversité des écrits et la méthode de relecture 9
        2. L'interprétation de la pensée de Kuyper 12
        3. Quelques outils et théologiens de référence 13
     IV. L'intention, la contribution et l'organisation du travail 16
        1. Intention et contribution du travail 16
        2. Articulation du travail 17

Chapitre 1 19
   Contextes de la vie de Kuyper et survol de sa théologie
     A. La vie de Kuyper et les contextes d'influence 19
        I. Le cursus scolaire et universitaire 20
        II. Cursus professionnel 21
        III. L'itinéraire spirituel de Kuyper 23
        IV. Les contextes historiques et théologiques de l'auteur 26
     B. Le survol de la théologie de Kuyper 34
        I. Méthodologie théologique 34
        II. Survol du champ dogmatique 37

Chapitre 2 61
   Création, anthropologie théologique et Esprit chez Kuyper
     A. La création du monde et la trinité divine 61
        I. Terminologie et fondement de la doctrine de la création 61
        II. Création comme *opus ad extra* de la trinité 65
     B. L'anthropologie théologique de Kuyper 75
        I. Homme image de Dieu 76
        II. Création et constitution de l'homme 85

  III. Péché de l'homme et déchéance de la nature humaine..........91
 C. L'Esprit dans la création 105
  I. Principe de vie et d'animation...106
  II. Cause téléologique et perfection de la création 111
  III. L'Esprit et la restriction du pouvoir destructeur du péché 117

Chapitre 3 123
Incarnation, impeccabilité du Christ et Esprit Saint
 A. Incarnation et nature humaine du Fils 123
  I. La conception par l'Esprit et la naissance virginale................123
  II. L'humanité du Fils incarné 134
 B. Les deux états du Christ et leur rapport à l'Esprit 157
  I. Humiliation, exaltation et kénose 157
  II. Les espaces théologiques pour l'action de l'Esprit 168
 C. L'impeccabilité du Christ et le rôle de l'Esprit 174
  I. L'identité de la Personne du Christ 175
  II. La sanctification du Christ par l'Esprit....................................178
  III. Rapport du Christ aux péchés de l'humanité 184

Chapitre 4 191
L'Esprit dans le ministère du médiateur Jésus-Christ
 A. La plénitude de l'Esprit et le ministère terrestre du Christ 191
  I. L'onction et la consécration du Médiateur à son ministère...191
  II. L'Esprit et les miracles du Christ 197
  III. La passion, la mort et la résurrection du Christ et le
   rôle de l'Esprit..207
 B. L'Esprit du Christ glorifié et l'Église 215
  I. Église, Corps du Christ glorifié 215
  II. L'Esprit et le Corps du Christ glorifié.....................................223
  III. Corps du Christ, dons de l'Esprit et ministères 235

Chapitre 5 253
Interprétation et évaluation de la pensée de Kuyper
 A. Le sens de la pensée de Kuyper...255
  I. Séparation de la nature humaine d'avec la personne
   divine du Fils..255
  II. Nature humaine du Fils : déchue et sanctifiée par
   l'Esprit selon Kuyper 261
  III. Le don de l'Esprit au Corps du Christ...................................278
 B. Évaluation des thèses majeures de l'auteur...................................286
  I. L'anhypostasie de la nature humaine chez Kuyper.................286
  II. La thèse kuypérienne de la nature humaine déchue et
   sanctifiée 289

    III. L'Esprit donné au Corps selon Kuyper 296
  C. La thèse de la dépendance du Fils incarné à l'Esprit 311
    I. Rapport du Christ à l'Esprit : les différentes approches
        ou interprétations 311
    II. La nature du rapport du Fils incarné à l'Esprit chez
        Kuyper 315
    III. Vers une christologie kénotique 330

Conclusion générale 339
Bibliographie 345

Langham Literature, et sa branche éditoriale, est un ministère de Langham Partnership.

Langham Partnership est un organisme chrétien international et interdénominationnel qui poursuit la vision reçue de Dieu par son fondateur, John Stott :

> *promouvoir la croissance de l'église vers la maturité en Christ en relevant la qualité de la prédication et de l'enseignement de la Parole de Dieu.*

Notre vision est de voir des églises équipées pour la mission, croissant en maturité en Christ, par le ministère de pasteurs et de responsables qui croient, qui enseignent et qui vivent la Parole de Dieu.

Notre mission est de renforcer le ministère de la Parole de Dieu de trois manières :
- par la mise en place de mouvements nationaux de formation à la prédication biblique
- par la rédaction et la distribution de livres évangéliques
- par la formation d'enseignants théologiques évangéliques qualifiés qui formeront ensuite des pasteurs et responsables d'églises dans leurs pays respectifs

Notre ministère

Langham Preaching collabore avec des responsables nationaux en vue de la création de mouvements de prédication biblique dirigés par les nationaux eux-mêmes. Ces mouvements, qui naissent progressivement un peu partout dans le monde, rassemblent non seulement des pasteurs mais aussi des laïcs. Nos équipes de formateurs venus de beaucoup de pays différents proposent une formation pratique qui comporte plusieurs niveaux, suivie d'une formation de facilitateurs locaux. La continuité est assurée par des groupes de prédicateurs locaux et par des réseaux régionaux et nationaux. Ainsi nous espérons bâtir des mouvements solides et dynamiques, constitués de prédicateurs entièrement consacrés à la prédication biblique.

Langham Literature fournit des livres évangéliques et des ressources électroniques par la publication et la distribution, par des subventions et des réductions à des leaders et futurs leaders, à des étudiants et bibliothèques de séminaires dans le monde majoritaire. Nous encourageons aussi la rédaction de livres évangéliques originaux dans de nombreuses langues nationales par le biais de bourses pour des écrivains, en soutenant des maisons d'éditions évangéliques locales, et en investissant dans quelques projets majeurs comme *le Commentaire Biblique Contemporain* qui est un commentaire de la Bible en un seul volume rédigé par des auteurs africains pour l'Afrique.

Langham Scholars soutient financièrement des doctorants évangéliques du monde majoritaire dans le but de les voir retourner dans leurs pays d'origine pour former des pasteurs et d'autres chrétiens nationaux en leur proposant un enseignement biblique et théologique solide. Cette branche de Langham cherche donc à équiper ceux qui en équiperont d'autres. Langham Scholars travaille aussi en partenariat avec des séminaires dans le monde majoritaire afin de renforcer l'éducation théologique évangélique sur place. De ce fait, un nombre croissant de « Langham Scholars » (le nom « Scholars » signifie « boursiers ») peut aujourd'hui suivre des programmes doctoraux de haut niveau au cœur même du monde majoritaire. Une fois leurs études terminées, ces « Langham Scholars » vont non seulement former à leur tour une nouvelle génération de pasteurs mais exercer une grande influence par leurs écrits et par leur leadership.

Pour plus d'informations, consultez notre site : langham.org

www.ingramcontent.com/pod-product-compliance
Lightning Source LLC
Chambersburg PA
CBHW052011290426
44112CB00014B/2198